高等职业教育新形态一体化教材

高职
心理健康教育

（配活动手册）

主　编
李吉珊　莫海燕
副主编
李　健　祁云鹤　卜　清　牛　舜　刘朝霞

中国教育出版传媒集团

高等教育出版社·北京

内容提要

本书贯彻党的二十大精神，落实立德树人根本任务，坚持以高素质技术技能人才培养目标为导向，突出项目化、活动化教学理念，以项目课程理论作为指导，针对高职学生心理发展需求，结合高职学生心理咨询案例，构建模块化课程体系。本书包括适应心理、自我探索、情绪管理、学习心理、人际心理、健康心理、择业心理、生命教育 8 个模块，由 16 个项目、32 个任务构成内容体系。结合高职学生心理咨询实践，增设"接纳原生家庭"项目内容；根据积极心理学要求，增设"赋予生命意义""活出最佳状态"项目内容。

本书配有一体化设计的《高职心理健康教育活动手册》，从"课前热身"到"课中活动"、再到"课后训练"，为读者提供一站式活动组织与指导服务。

本书配套教学资源丰富，包括 PPT、教案。省级在线精品课程"高职心理健康教育"已在国内主流平台上线，可以助力开展线上线下教学，满足不同教学场景的切换需要。授课教师如需获得本书配套教辅资源，请登录"高等教育出版社产品信息检索系统"（http://xuanshu.hep.com.cn/）搜索下载，首次使用本系统的用户，请先进行注册并完成教师资格认证。

本书既可作为高职院校"大学生心理健康教育"课程的教材和心理团体训练用书，也可供高校教育管理人员、心理咨询师、心理学爱好者及相关工作者阅读和参考。

图书在版编目（CIP）数据

高职心理健康教育 ：配活动手册 / 李吉珊，莫海燕主编. -- 北京 ： 高等教育出版社，2024.8. -- ISBN 978-7-04-062544-8

Ⅰ. G444

中国国家版本馆CIP数据核字第2024AK9908号

Gaozhi Xinli Jiankang Jiaoyu（Pei Huodong Shouce）

策划编辑	李岳璟	责任编辑　李岳璟	封面设计　贺雅馨	版式设计	李彩丽
责任绘图	马天驰	责任校对　吕红颖	责任印制　高　峰		

出版发行	高等教育出版社	网　　址	http://www.hep.edu.cn
社　　址	北京市西城区德外大街 4 号		http://www.hep.com.cn
邮政编码	100120	网上订购	http://www.hepmall.com.cn
印　　刷	北京市艺辉印刷有限公司		http://www.hepmall.com
开　　本	787 mm×1092 mm 1/16		http://www.hepmall.cn
本册印张	20		
本册字数	410 千字	版　　次	2024 年 8 月第 1 版
购书热线	010-58581118	印　　次	2024 年 12 月第 2 次印刷
咨询电话	400-810-0598	总 定 价	49.80 元

《高职心理健康教育》编写组

主　编：李吉珊　长沙职业技术学院

　　　　莫海燕　广西交通职业技术学院

副主编：李　健　辽阳职业技术学院

　　　　祁云鹤　河北旅游职业学院

　　　　卜　清　长沙文创艺术职业学院

　　　　牛　舜　抚顺职业技术学院

　　　　刘朝霞　长沙职业技术学院

主　审：程　明　湖南省第二人民医院

编　者：彭申珍　长沙幼儿师范高等专科学校

　　　　王　燕　抚顺职业技术学院

　　　　娄星明　长沙职业技术学院

　　　　文冰洁　长沙职业技术学院

　　　　张　平　长沙职业技术学院

　　　　张　倩　长沙职业技术学院

　　　　陈映红　长沙职业技术学院

　　　　冷　眉　济南工程职业技术学院

　　　　张国萍　辽阳职业技术学院

　　　　王语芝　长沙职业技术学院

　　　　李成蹊　长沙幼儿师范高等专科学校

　　　　徐庆春　长沙职业技术学院

　　　　樊毓美　广西交通职业技术学院

　　　　温小珍　广西交通职业技术学院

　　　　陆　芸　广西交通职业技术学院

　　　　李　丽　抚顺职业技术学院

　　　　谭庆香　长沙职业技术学院

　　　　单学敏　河北旅游职业学院

前言

党的二十大报告强调，推进健康中国建设，重视心理健康和精神卫生，倡导文明健康生活方式。《全面加强和改进新时代学生心理健康工作专项行动计划（2023—2025年）》（以下简称《行动计划》）也明确指出，坚持健康第一的教育理念，切实把心理健康工作摆在更加突出的位置。可见，提升心理健康教育工作的实践成效是摆在每个心理健康教育工作者面前的重要课题。

开设心理健康教育课是开展高职心理健康教育的重要途径。自2006年以来，长沙职业技术学院致力于创新心理健康教育教学方法和手段，通过线上线下相结合的混合式教学模式，运用案例教学、活动体验、行为训练和心理情景剧等多元化的教学方式，来提升课堂教学成效。

教材作为课程的核心载体，是提高心理健康教育工作实效的重要保障，也是改革教育方法的突破口。为贯彻落实上述文件精神，编者借鉴了相关科研成果，开展积极心理学与团体心理辅导的实践探索，汇聚多年心理健康教育实践经验，编写了本书。本书主要具有以下四个特点。

一、编排内容："模块－项目－任务"式

《行动计划》要求培育学生热爱生活、珍视生命、自尊自信、理性平和、乐观向上的心理品质和不懈奋斗、荣辱不惊、百折不挠的意志品质，重点关注面临学业就业压力、经济困难、情感危机、家庭变故、校园欺凌等风险因素及校外实习、社会实践等学习生活环境变化的学生。对此，本书打破学科化知识体系，以"模块－项目－任务"的编排方式，针对高职学生人才培养目标与心理发展需求，涵盖了自我意识、情绪管理、人际交往、压力应对、职业规划等主题，结合600余例高职学生心理咨询案例，最终构建了较为完善的内容体系。项目化的设计更有针对性，它将教学内容与实际生活紧密结合起来，能更好地满足学生的个性化成长需求，有助于教师在实际教学中对教学内容进行灵活调整。

二、开发范式："主教材＋活动手册"

本书共包含两个分册。其中，《高职心理健康教育》为主教材，以"课前－课中－课后"的编排逻辑，层层推进，充分促进师生互动，使学生在体验、感悟、内省、习得的过程中，形成正确观念，产生积极情感体验，培养良好行为品质。《高职心理健康教育活动手册》为配套活动手册，以实际操作为导向，通过一系列生动有趣、实操性强的活动，

让学生在实践中深化对心理健康知识的理解和应用。同时，在主教材中，设有"课前活动""心随我动""修心践行"等栏目，其目的在于与活动手册内容相互配合，实现教学资源的优化整合。

三、教材内容："活动式"教学为主线

本书立足高职学生的成长规律和心理需求，设置"勤学善思""心理解码""案例析心""心灵感悟"等栏目。在正式讲解各知识点之前及学习过程中，本书巧妙地融入了生动且丰富的活动，将传统课堂教学转化为分组研讨、心理情景剧表演、意象对话、投射测试、团体心理训练等形式，真正实现了"做中学"的教学理念，不仅凸显了以学生为中心的理念，极大地提升了课堂教学效益，还推动了学生心理知识的内化和心理素质的全面提升。

四、配套资源：丰富完备，满足需求

本书配套的在线课程"高职学生心理健康教育"已被评为湖南省职业教育在线精品课程，可以为学生提供丰富、专业的学习资源。学生通过扫描书中二维码，可以随时随地学习心理健康教育知识，提升个人的心理素质和心理健康水平。此外，本书还配有教学课件、PPT、在线题库等资源，方便教师更加便捷地备课和教学，提高教学效果。

本书由长沙职业技术学院、广西交通职业技术学院、辽阳职业技术学院、抚顺职业技术学院、长沙幼儿师范高等专科学校、长沙文创艺术职业学院、河北旅游职业学院、济南工程职业技术学院等八所高职院校及湖南省第二人民医院联合编写，采用集体讨论、分头执笔、交叉审阅、统稿修改的方式进行。本书总体框架由李吉珊、莫海燕设计，活动手册由彭赛红设计，心理案例由程明主审，刘朝霞、文冰洁负责统稿，李健、卜清、祁云鹤、牛舜负责审稿。具体编写分工如下：项目一由张倩编写，项目二由陈映红编写，项目三由娄星明、冷眉编写，项目四由李健编写，项目五由张国萍编写，项目六由莫海燕编写，项目七由文冰洁编写，项目八由刘朝霞、谭庆香编写，项目九由王语芝编写，项目十由彭申珍、李成蹊编写，项目十一由张平编写，项目十二由徐庆春、单学敏编写，项目十三由樊毓美、温小珍编写，项目十四由王燕编写，项目十五由陆芸、樊毓美编写，项目十六由李丽编写。在编写过程中，参与教师充分发扬团队合作精神，紧密围绕教材的主题进行深入探讨和研究，同时结合自身教学经验和实际需求，为教材提供了丰富的内容和实践案例。这种编写模式保证了本书的严谨性和实用性，编写团队致力于将本书打造

成一部贴近实际、符合职业教育特点的教材。

感谢在本书中被提名和未被提名的引用文作者，是他们研究成果的注入，使得本书更加充实。

由于编者水平有限，书中难免存在不足之处，敬请广大读者指正和谅解。

编　者

2024 年 5 月

目录

模块一

适应心理

化蛹成蝶

项目一 ——适应高职生活

　　蛹看着美丽的蝴蝶在花丛中飞舞，感到非常羡慕，就问："我能不能像你一样在阳光下自由地飞翔？"

　　"当然可以，但是，"蝴蝶告诉它，"第一，你必须渴望飞翔；第二，你必须有脱离你曾经非常安全、非常温暖的巢穴的勇气，并适应外面的变化。"

　　蛹问蝴蝶："这是不是意味着死亡？"

　　蝴蝶告诉它："从蛹的生命意义上说，你已经死亡；从蝴蝶的生命意义上说，你获得了新生。"

　　这个寓言表达了一个关于生命成长的道理。要变成美丽的蝴蝶，不仅要忍受切肤之痛，还要积极面向未来，主动适应新的环境。

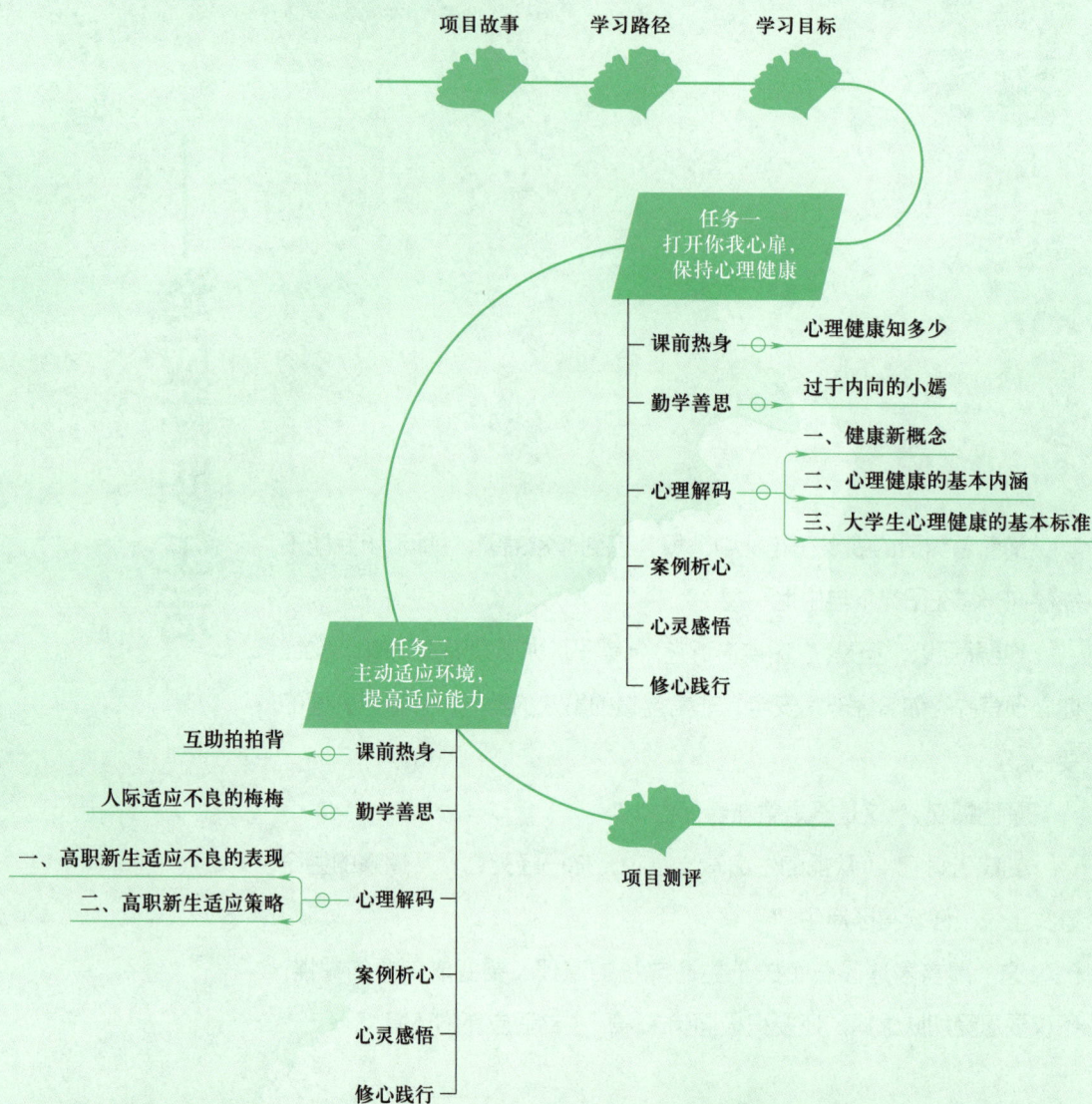

项目故事　学习路径　学习目标

任务一
打开你我心扉，
保持心理健康

课前热身 ⊸ 心理健康知多少

勤学善思 ⊸ 过于内向的小嫣

心理解码 ⊸ 一、健康新概念
二、心理健康的基本内涵
三、大学生心理健康的基本标准

案例析心

心灵感悟

修心践行

任务二
主动适应环境，
提高适应能力

互助拍拍背 ⊸ 课前热身

人际适应不良的梅梅 ⊸ 勤学善思

一、高职新生适应不良的表现
二、高职新生适应策略 ⊸ 心理解码

案例析心

心灵感悟

修心践行

项目测评

学习目标

1. 知识目标：了解健康的概念，掌握大学生心理健康的基本标准。

2. 能力目标：面对新的校园生活，能够积极适应环境、调整心理状态。

3. 素养目标：形成乐观的情绪和人生态度。

打开你我心扉，保持心理健康

🌿 **课前热身**

请结合《高职心理健康教育活动手册》项目一任务一的"课前热身"，完成"心理健康知多少"。

🌿 **勤学善思**

过于内向的小嫣

小嫣，女，大学一年级学生，从小性格内向孤僻，没有伙伴。考进大学后，她虽然内心深处渴望与人交往，但是缺乏勇气和信心，不敢与同学来往。当有同学找她说话时，她会突然脸红心跳、心慌出汗。她极易受到旁人突然发出的声音的惊吓，并且在一段时间内难以平静。她避免前往食堂就餐，避免去浴室洗澡，上课也从不抬头，避免置身于人群之中。她拒绝参与任何集体活动，时常感受到自身的不足，担忧他人注视自己的目光，因而难以投入正常的学习生活中。

思考：从心理健康标准角度看，小嫣存在哪些不健康状态？

🌿 **心理解码**

一、健康新概念

世界卫生组织（WHO）在《世界卫生组织组织法》中定义："健康不仅为疾病或羸弱之消除，而系体格、精神与社会之完全健康状态。"由此可见，健康应包括生理、心理和社会适应等方面。因此一个健康的人，不仅要有健康的身体，还要有健康的心理和行为。根据现代生物—心理—社会医学模式，世界卫生组织确定了个体健康的十项标准。

（1）有足够的、充沛的精力，能从容不迫地应付日常生活和工作的压力而不感到过分紧张。

（2）处事乐观，态度积极，乐于承担责任，事无巨细，不挑剔。

（3）善于休息，睡眠良好。

（4）应变能力强，能适应环境的各种变化。

（5）能够抵抗一般性感冒和传染病。

（6）体重适当，身材匀称，站立时头、臂、臀位置协调。

（7）眼睛明亮，反应敏锐，眼睑不发炎。

（8）牙齿清洁、无空洞、无痛感，齿龈颜色正常、无出血现象。

（9）头发有光泽、无头屑。

（10）肌肉、皮肤富有弹性，走路感觉轻松。

心随我动

请结合《高职心理健康教育活动手册》项目一任务一的"课中训练 训练一"，完成"组建心理学习小组"。

二、心理健康的基本内涵

什么是心理健康？精神病学家梅尼格尔认为："心理健康是指人们对于环境及相互之间具有最高效率以及快乐的适应情况。心理健康者应能保持平静的情绪，有敏锐的观察力、适应社会环境的行为和令人愉快的气质。"社会学家波孟认为，心理健康是合乎某一水准的社会行为，一方面能为社会所接受，另一方面能为本身带来快乐。心理学家英格里士认为："心理健康是一种持续的心理状况，当事者在那种情况下能做良好适应，具有生命的活力，并能充分发展其身心的潜能。"

中国传统的心理健康思想是长期生活实践特别是医学实践的产物，主张形神统一、天人合一的整体观。通常，我们认为一个具有较高道德水平的人，就会具有较高的身心健康水平，重视个人道德修养在心身健康中的作用。中国传统的心理健康思想理论基础可归结为"形与神俱，形神兼养"八字，意即人的形体（身）与精神（心）是结合在一起的，因此，既要保养形体，以促进心理健康，也要保养精神，以促进身体健康。

对于心理健康的定义，学者钱革认为，心理健康的人应有满意的心境、和谐的人际关系，人格完整，个人与社会协调，情绪稳定。学者林崇德认为，心理健康是一种个人的主观体验，既包括积极的情绪情感和消极的情绪情感，也包括个人生活的方方面面，其核心是自尊。

综上所述，尽管人们对心理健康从各自的角度提出了不同的看法，但是我们可以从精神实质上对其内涵有一个最基本的认识。所谓心理健康，是指人对内部环境具有安定感，对外部环境能以特定社会形式去适应的一种状态。

三、大学生心理健康的基本标准

大学生的普遍年龄在 18～23 岁，正处于青年初期。大学生的心理具有青年初期的许多特点，但作为一个特殊群体，大学生又不能完全等同于社会上的青年。心理是否健康一般采用量表测量，其标准不是固定不变的。心理健康标准随着时代变迁、文化背景的变化而变化。根据我国大学生的实际情况，应根据以下几个标准来评判大学生的心理健康水平（图 1-1）。

情绪调控适当，乐观进取　　自我意识明确，有自知之明　　人际关系和谐，乐于交往

人格完整，和谐健全　　适应社会生活，协调一致

图 1-1　大学生心理健康的基本标准

1. 自我意识明确，有自知之明

著名心理学家罗杰斯提出"理想自我"的概念，即个人所希望的自我形象。他认为，如果理想自我与真实自我的差距太大，则会使人感到痛苦和抑郁；如果理想自我与真实自我的差距较小，则会使人感到幸福和愉快。

一个心理健康的大学生能够体会到自己存在的价值，既能了解自己又能接受自己，有自知之明。他们不会对自己提出苛刻的、非分的期望与要求；能设定切合实际的生活目标和理想，因而对自己总是满意的；同时，努力发展自身的潜能，即使自己存在无法补救的缺陷，也能安之若素；对自己的能力性格及优缺点都能做出较客观的评价，既不妄自尊大，也不妄自菲薄。心理健康的大学生能把"理想的我"与"现实的我"有机地统一起来，并且"理想的我"总能在"现实的我"中得到体现，他们能根据自己的认识和评价来调控自己的行为，使自己与环境等保持平衡（图 1-2）。

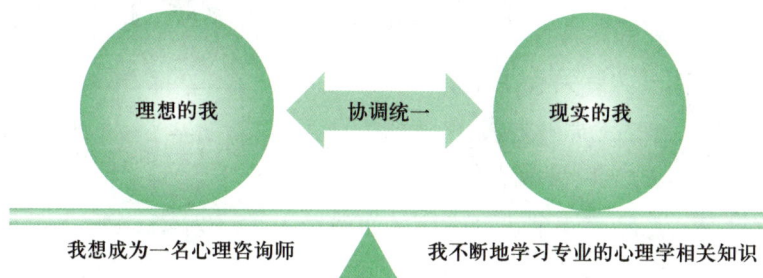

理想的我　　协调统一　　现实的我

我想成为一名心理咨询师　　我不断地学习专业的心理学相关知识

图 1-2　"理想的我"与"现实的我"有机统一

2. 情绪调控适当，乐观进取

心理学家倾向于把对情绪的调节与控制看作一种能力，这种能力在20世纪90年代初被学者们描述为"情感智商"（Emotional Quotient，EQ，以下简称情商）。心理学家一致认为，在一个人能否取得职业成功或生活成功方面，情商是较智商更为有效的东西，它较好地反映了个体的社会适应性，反映了由情绪引起、激发和促进心智良性发展的可能性，因而成为一个人衡量自身心理健康的重要标准和尺度。

心理健康的大学生对客体有合理的态度和正确的认知，在绝大多数情况下，能产生适度的情感体验和积极的情绪反应，愉快、乐观等积极情绪状态总是占优势的。如果大学生出现过强（小刺激大反应）、过弱（大刺激小反应）、不适当或歪曲的情感反应，即心理不健康的表现，且达到一定程度和持续一定时间，大学生就可能出现心理疾病的症状，如无名焦虑、情绪与境遇不相称的忽高忽低等。

3. 人际关系和谐，乐于交往

心理学家沙利文认为，心理障碍源于人际关系。良好的人际关系氛围，有助于个人情绪的稳定，能够增强自信心，促进能力的拓展。因此，大学生应该学会处理人际关系，接受和学习人际交往的技巧与方法，善于表达自己，虚心接受对方，学会关心、赞美、理解与换位思考等相处方式，一点一滴地拓展交际的广度和深度。如此一来，大学生在与人交往中就能体验到生活的乐趣与自身的价值，将人际交往变成一件愉悦人心的事情。

心理健康的大学生在人际交往方面有以下表现。

（1）乐于与人交往，有稳定的广泛的人际关系网络，有知心朋友。

（2）在交往中不卑不亢，保持独立完整的人格，能客观地评价别人，悦纳别人，取人之长。

（3）交往动机端正；对他人尊重、诚挚、热情、富于同情心和友爱心。

（4）在群体中，一方面，具有合作与竞争的协调意识，既不强迫别人更改意见，又能向他人提出自己的看法；另一方面，具有独立自主的意识和能力，既不随意附和他人，又能适当地听取他人的意见。

（5）能与异性同学保持热情而理智的交往。

（6）能为他人所理解，为他人和集体所接受，能与他人相互沟通和交往，人际关系协调和谐（图1-3）。

（7）在生活的集体中无孤独之感。

（8）在与人相处时，积极的态度（如同情、友善、信任、尊敬等）总是多于消极的态度（如猜疑、嫉妒、畏惧、敌视等）。

良好的人际关系能让大学生在社会生活中有较强

图1-3　人际关系协调和谐

的适应能力和安全感，一个心理不健康的人，总是与集体、与周围的人格格不入。

4. 人格完整，和谐健全

人格的相对稳定性是判断心理健康的三条原则之一。人格结构包括气质、性格、能力、理想、信念、兴趣和世界观等方面。人格完整指人格结构各要素完整统一，是具有正确的自我意识，不产生自我同一性混乱的重要条件。人格完整的人能以积极进取的人生观作为人格的核心，并以此为中心把自己的需要、目标和行动统一起来。

心理健康的大学生，其人格各方面会平衡发展，思考问题的方式是适中和合理的，待人接物能采取恰当灵活的态度，对外界的刺激不会有偏颇的情绪或过激的行为反应，能够与社会发展协调，也能与集体融为一体。

5. 适应社会生活，协调一致

在纷繁复杂的社会环境中，人们难免会遭遇心理波动，甚至在短期内出现不适和异常。心理健康的人往往能够控制自我言行，擅长进行有效的心理调适，保持与社会的良好互动。

大学生要面对现实，和社会保持良好的接触，正确地认识环境，处理好个人与环境的关系。心理健康的人能能动地适应现实，进一步改造现实，而不是逃避现实；对周围事物和环境能做出客观的认识和评价，并能与现实环境保持良好的接触；既有高于现实的理想，又不会沉湎于不切实际的幻想与奢望。他们对自己的力量有充分的信心，能妥善处理生活、学习和工作中的各种困难及挑战。心理不健康的人往往以幻想代替现实，而不敢面对现实，没有足够的勇气接受现实的挑战；总是抱怨自己"生不逢时"或责怪社会环境对自己不公而怨天尤人，因而无法认识现实环境。

心随我动

请结合《高职心理健康教育活动手册》项目一任务一的"课中训练训练二"，完成"自我介绍体验活动"。

此活动旨在通过体验活动强调准确地记住他人的名字是与陌生人打交道的第一技巧，这样能够表达对他人的关心和重视。

心理视窗·知识卡片

心态健康的几个特征

要想拥有健康人生，就必须保持心态健康。什么样的心态才算是正常的、健康的？

一、几乎热爱生活的每个内容

心态健康的人希望享受生活中的所有乐趣：喜欢郊游、野餐、看电影、读书、运动、听音乐会——总之喜欢生活的一切。他们很少抱怨生活，很少悲叹命运，甚至很少叹息。如果需要改变现实，他们就积极做出努力，并从中获得乐趣。

二、从不沉湎往事而不能自拔

心态健康的人从不悲叹过去，从不想叫人感到内疚。他们知道，在现实中悔恨过去只会破坏自我形象，从往事中汲取教训则比悲叹往事更为有益。他们紧抓生活的每时每刻，实现自己的愿望和抱负。

三、从不企图取悦他人

即使没有别人的赞许与喝彩，心态健康的人也能积极地生活。他们以内心准则指导言行，并不在意别人的评头论足。他们胸怀坦荡，敢于直言，因为他们不必字斟句酌地取悦别人。当有人谈到他们的缺点与不足时，他们也不会因此懈怠懒惰或一蹶不振，而是根据自己的价值标准予以分析，提取其中的有益部分，促进自身发展。

四、不为世俗常规折腰

心态健康的人不是叛逆者，他们只是有自己的选择与行为准则。他们将社会视为生活的一个重要部分，他们总是清醒、明智地生活。他们接受自己和自然界，不会虚伪做作，没有任何牢骚埋怨，只是理智地接受。他们是乐观看待世界、愉快生活的实干家。

五、张显机敏睿智

心态健康的人能够洞察别人的行为，极少张皇失措。在生活中遇到问题时，会积极解决，而不是将其视为反映个人价值的标准。在任何情况下，他们都能切实生活，做事情善于思考，充满想象，而不以死板的方式对待事情。

六、永葆激情活力

心态健康的人不是满面病容的人。他们十分爱护身体，经常进行体育锻炼，精力充沛，能力过人。任何事情都是他们思考、感受、实干和生活的良好机会，并且知道如何将精力高效地用于各种活动之中，将别人花在厌烦上的精力用于促进自身发展。因而，他们总是充实、快乐和幸福的。

（资料来源：《人民日报》，内容有删改）

🌿 **案例析心**

问题回顾：从心理健康标准角度看，小嫣存在哪些不健康状态？

案例解析：小嫣存在以下不健康状态：① 社交焦虑。小嫣在人多的场合感到害怕，不敢参与集体活动，这是社交焦虑的典型症状。社交焦虑不仅仅表现为羞涩，还表现为一种深刻的恐惧感，对个人的日常生活和社交活动产生重大影响。② 自我评价低下。小嫣不敢抬头上课和避免在食堂就餐等行为反映出她对自己能力的低估和对自我价值的贬低。这种自我评价可能导致她在社交和学业上的进一步退缩。

造成的因素如下：① 环境因素。小嫣的行为可能受到家庭环境和学校环境的影响。如果家庭环境不够支持或者学校环境不够包容，可能加剧她的焦虑和自我评价问题。② 个性和气质因素。某些人可能天生更敏感或害羞，这种天性在没有得到适当的引导和支持的情况下，可能演变成更复杂的社交焦虑。

针对小嫣的现状，可以从以下几个方面改变：① 寻求心理咨询支持。建议小嫣寻求专业的心理咨询帮助。心理咨询师可以使用认知行为疗法等帮助她重新评估和调整对社交场合的恐惧感及对自我价值的看法。② 逐步暴露。逐渐让小嫣在安全和受到支持的环境中进行社交。例如，从小型、熟悉的群体开始，逐步扩大到更多样的社交环境。③ 加强自我认同。通过正面的自我对话和成就记录，帮助小嫣重建自信，形成自我认同。让她参与感兴趣的活动，可以帮助她体验成功和成就感，进而提高其自我价值感，只有自己认可自己，才会有勇气和信心赢得别人的支持与肯定。④ 获得家庭和学校的支持。家庭成员和学校教师应提供更多的支持与理解，创造一个鼓励和安全的环境，使小嫣感受到被接纳与支持。⑤ 培养兴趣和技能。鼓励小嫣探索个人兴趣和发展特长。通过成功的体验和个人成长，她可以逐渐建立自我效能感和对生活的积极态度。

🌱 心灵感悟

一、放松训练

将你的右手握成拳，攥紧一些，再紧一些，感受手和前臂的紧张状态，让这种感觉进到手指、手掌和前臂，然后放松你的右手，体验放松的感觉。

头向后仰，尽量靠向后背，收紧脖子后面的肌肉，专注于收紧颈部肌肉的动作，保持 10 秒，然后放松 15 秒。同样依次绷紧与放松肱二头肌、肱三头肌，体验紧张的消除。

放松音频：拜日式

二、吟诵一句禅

- 悦纳自己，适应社会，做一个心理健康的人。
- 宠辱不惊，看庭前花开花落；去留无意，望天空云卷云舒。

● 健康心理，快乐人生，始于今日，成于日常。

随着教师的带读闭目吟诵，体会自己向自己心灵倾诉的感动，将心理观念嵌入自己的潜意识中。

🍃 修心践行

请结合《高职心理健康教育活动手册》项目一任务一的"课后训练"，完成"打卡心理健康中心"。

---------------------------- 🍃 任务二 🍃 ----------------------------

主动适应环境，提高适应能力

🍃 课前热身

请结合《高职心理健康教育活动手册》项目一任务二的"课前热身"，完成"互助拍拍背"。

🍃 勤学善思

人际适应不良的梅梅

梅梅，女，20岁，山西省大同市某村人，是某大学一年级学生，家中有一个弟弟和一个妹妹，父母均为小学文化水平，父亲身体残疾，母亲在家务农。

因父母外出打工，梅梅自幼和祖父母一起生活。梅梅从小身体健康，生性腼腆，懂事听话。初中时，梅梅个子瘦小，脸上开始出现明显的雀斑，个别同学经常为此取笑她，使她认为自己容貌丑陋，感到自卑。初三时，父母回老家和她一起生活，但是她始终无法与父母产生亲密感，经常为此感到苦恼，只能用努力学习来掩饰内心的烦恼。高中时，父亲因车祸致残，家庭经济状况变差。高考后，她考入理想的大学，却自觉和同学存在差距，认为同学瞧不起她，经常独来独往，不愿参加班级活动。近期她心情低落，焦虑烦恼，偶尔失眠，上课时注意力无法集中，内心感到非常痛苦却无力改变，有逃课的行为和退学的想法。

思考：请分析梅梅出现人际适应不良的原因。

🍃 心理解码

一个人置身于一个新的环境中，若无法适应，则面临两种选择：一是尝试改变环境，使之迎合自己的需求；二是接受环境的不适应，否则便可能被新环境所淘汰。然而，期望环境为一个人做出调整是不切实际的，"既来之，则安之"，这句至理名言告诫我们，在生活中要学会适应社会、环境和他人，以坦然之心面对周围的一切，这是最基本的生存法则。

随着大学生活逐步稳定并步入正轨，常态化的学习进程开始展开，最初的好奇与激情逐渐逝去，对于缺乏心理准备的高职新生来说，在这个心理转型与重塑的过程中，可能会产生不同程度的适应困难。

一、高职新生适应不良的表现

（一）校园环境适应不良

进入大学，高职新生需要面对一个全新的校园环境，最直观的变化体现在衣食起居和生活习惯方面。一方面，高职新生要独立处理各种生活事务；另一方面，高职新生在集体生活的环境里，要面临来自不同地区的同学生活习惯不同的问题，要协调好与同学的各种关系。因此，如何合理安排和计划自己的生活、如何养成良好的生活习惯、如何与同学和睦相处，都是高职新生在新环境中面临的新问题。如果没有处理好这些问题，高职新生就会经常被孤独、不安、焦虑所困扰。

（二）社会角色适应不良

高职新生与中学生所扮演的社会角色不同，中学生的心理和思想处于发展中的阶段，职业方向和社会角色不够明确；而高职新生的职业方向基本确定，社会对高职生也有着更高的期望和要求。因此，高职新生要实现从中学生到高职生这种社会角色的变化，就应严格要求自己，让自己变得更加优秀。社会角色适应不良的现象有：高考失利，未能进入理想大学，进入高职院校后感到迷茫，自我迷失；对未来发展没有明确的方向；感到没有知心朋友，被人遗忘、忽略。

（三）学习适应不良

高职学习的特点是专业性、自主性、探索性和多元性。在高职阶段，教师不再面面俱到地检查、督促学生学习，而是通过指导启发的方式，帮助学生开阔视野，激发学习兴趣，培养和发展学生的自学能力和创造性思维。

与中学相比，高职生的自主学习时间相对增多，对这些学习时间的支配和利用，包括学习计划的制定、学习资料的选择等，都要根据情况自己安排。这些变化，往往会使刚进入高职院校的新生感觉突然之间失去了学习的动力和压力，变得不知所措。事实证明，如果高职新生不能及时转变学习和思维的方式，不能及时适应已经变化了的学习环境，就容易陷入被动的学习状态。

（四）社交活动适应不良

高职新生入校，面对新的集体，缺乏个体亲密感与归属感，与他人建立社交关系是满足个体亲密感和归属感的有效办法。但高职新生在社交活动中存在以下适应不良情况：在人多的场合觉得特别拘谨；与同学相处时不知道如何化解矛盾冲突，总觉得自己与周围人格格不入，难以融入其中；与异性相处缺乏分寸感；回避各种集体活动；等等。

心随我动

请结合《高职心理健康教育活动手册》项目一任务二的"课中训练训练一"，完成"测一测你的适应能力"。

此活动旨在通过完成测评，让学生了解自己的适应能力。

二、高职新生适应策略

（一）培养生活自理能力，适应生活环境

1. 适应物理环境变化

云微课

适应高职生活

适应物理环境变化是高职新生步入校园后的首要任务，亦是展开高职生活不可或缺的环节。

（1）分析物理环境变化。高职新生首先要识别校园的物理环境。高职校园的物理环境主要包括校园环境、教学设施、可利用资源三个方面。首先思考自己能否接受这样的变化，不能接受这些变化的同时应该如何改善；其次明确"可调整因素"与"须接纳因素"的界限。在环境中，哪些因素是可以改变的？又有哪些因素是无法改变而必须予以接纳的？请依据上述说明，对这两类因素进行明确区分。

（2）接受新环境中不可改变的因素。面对新环境中不可改变的因素，高职新生要学会接受环境的变化。首先，调整关注点，积极参与学校举办的集体活动，从而避免过度沉浸于对新环境的不满，将注意力转向对环境变化的满意之处，并每日记录心得。其次，面对环境中的不合理之处，高职新生不仅应调整心态、转移注意力，还须勇敢面对。

（3）改变环境中可以改善的因素

在面对可改善的环境因素时，高职新生应当立即采取行动。具体的改善措施有：首先尽快熟悉周边环境，包括教学楼、图书馆、校园及附近的超市等；其次向教师及高年级同学请教如何有效利用图书馆资源和学习方法等。

2. 适应心理环境

心理环境的适应关键在于对自身形成客观且准确的认知。这可通过以下方式实现：① 借助专业心理测试以评估个人能力水平；② 对比自我评价与身边同学、朋友、老师对我的评价；③ 记录成长过程中取得的成功与遭遇的失败，以及这些经历对提高自身能力的作用。

3. 培养生活自理能力

（1）学会独立生活。独立性是应对社会挑战的关键要素，而独立生活则是大学阶段最具挑战性的任务。要实现自我独立，应从以下三个方面着手。第一，自行处理个人事务，包括衣、食、住、行等基本生活方面。只有妥善处理这些应尽之事，才能逐步实现独立。第二，养成良好的生活习惯。具体而言，须找出适合自己的生活规律：何时学习效果最佳？何时需要休息？何时进行锻炼？此外，可通过记录日志或在家中显眼处张贴提醒标志，不断提醒自己。第三，掌握基本技能，包括基本的交往技巧（如微笑、认同、赞美、倾听等）、礼仪规范（如握手、问好、打电话、着装礼仪等）及表达能力（如清晰、有技巧地表达自己的观点等）。

（2）适度消费。为了确保消费的合理性与可持续性，高职学生应当对自身当前的消费状况进行全面的审视与定位，包括学业相关的支出，如教材费、培训费等，以及非学业支出，如餐饮费、服饰费、通信费等。在此基础上，高职学生需要制订一份详尽且务实的消费计划，确保各项支出均在可承受范围内，如图1-4所示。具体而言，高职学生应制定合理的饮食预算，保证营养均衡；对于文具、书籍等学习用品的支出，应结合实际学习需求做预算规划；对于聚餐或请客等社交活动的花费，应适度控制，避免铺张浪费；对于服饰及化妆品的选购，应注重考虑性价比；对于恋爱花费，应根据双方经济状况合理规划；对于手机、网络等的通信费用，应选择性价比较高的套餐。

图1-4 制订消费计划

在制订消费计划时，还需要充分考虑生活费的来源，具体包括家庭资助、勤工俭学、奖学金等多种途径。通过合理安排收入与支出，高职学生可以更好地掌控自己的消费状况，实现理性消费。此外，为了提高自身的财务管理能力，高职学生还应当积极学习金融理财知识。通过阅读专业的金融理财书籍，高职学生可以了解基本的投资理念、风险控制方法及资产配置策略，为未来的财务规划奠定坚实基础。

（二）认清角色要求，转换社会角色

要成功实现角色转换，需要认清高职学生的权利、义务及规范，做好目标定位，投身

角色实践，最终完成角色的转变。

1. 认识新角色规范与要求，摆脱角色固恋

角色固恋指高职学生进入大学后仍然采用过去中学时期的思想观念和行为模式，这是不适应大学生活的表现之一。要避免出现角色固恋，首先应认清社会对高职学生的相关规范与要求。

（1）了解——接触新生活。了解并遵循大学生的相关规范与要求，如《大学生日常行为规范》《高等学校学生行为准则》《普通高等学校学生管理规定》《学生学籍管理规定》《学生综合素质考评实施细则》《学生奖励办法》《学生纪律处分规定》。

（2）清零——与过去告别。只有告别过去，才能真正立足于现在，而对于过去，主要应清除以下内容。

过去熟悉的环境优势：身边朋友很多，以学习成绩为主要评价标准……

过去收获的优势心态：我成绩很好，我很优秀，我很受老师重视……

过去固定而单纯的学习方式：教师安排学习内容，知识获取途径为教师讲授……

过去养成的习惯：家人安排消费收支，家人包揽学习外的日常事务……

（3）重建——立足于现在。告别了过去，高职学生需要重建新的生活方式。重建过程需要外在监督，方法有：① 告诉身边的好友，请朋友监督；② 将自己要做出改变的事告诉周围所有认识的人，将监督的影响扩大到群体，每天留出固定的时间，总结当天的坚持情况，同时做好下一天的坚持计划。

2. 做好目标定位，调整角色混乱

角色混乱是指高职学生在角色发展的某个阶段，出现了与该角色不相符合的行为模式的现象。我们通常所说的"迷失了自我"即角色混乱的典型表现。针对这种情况，高职学生需要确定大学期间的发展目标。

（1）目标重要性排序。首先确立大学阶段自己需要达到的十个目标，然后说明确立该目标的理由、实现目标的途径，最后将十个目标按照重要性进行排序。当目标之间发生时间冲突时，按照重要性的排序进行优先选择。

（2）目标实施阶段。按照目标途径实施，同时做好记录。

（3）调整目标。根据实施目标的结果及过程分析，找出实施该目标的有利因素及阻碍因素，适当调整目标。

3. 投入角色实践，巩固新角色

要形成新的行为模式，就需要按照新角色的要求来行动并养成新的习惯。关于新习惯的形成有个著名的"21天效应"，指一个人的动作或想法，若要形成习惯，则至少需要重复21天。因此可以坚持记录每天的学习表现。

（三）积极参加社会活动，完成综合能力转变

高职学生的社会活动主要包括学习活动、人际交往活动、实践活动及休闲活动。

1. 完成学习方式的转变

（1）写出高中与大学的区别。高中与大学为两个不同的阶段，只有明确二者的区别，才能找到合适的学习方式。

（2）学会制订个人学习计划。例如，完成学业需要修读多少门课程？有没有需要补修的课程？需要多少时间学习？每周有多少业余时间可以用来学习？打算每个学期各修读哪几门课程？这些课程的关系和难易程度如何？

2. 完成人际交往方式的转变

（1）学习人际交往的技巧。记住别人的名字、讨论别人感兴趣的话题、学会倾听。

（2）用心建立人际关系。请别人帮点小忙、给对方某些"特殊对待"。

（3）避免与人争辩。发生争辩时请对方陈述理由、请第三方说话。

（4）批评别人前首先检讨自我。严以律己，宽以待人。

3. 完成实践方式的转变

（1）积极主动参与各种实践活动。参加班委会、学生会、团总支及学校的各种社团等的活动。

（2）增强口头表达能力。经常进行朗读、背诵；将熟悉的内容进行口头复述，如对文章或者插图进行复述；编写复述提纲；观看辩论赛并进行模仿……

4. 完成休闲方式的转变

（1）从"单一休闲方式"转变为"健康休闲方式"。"单一休闲方式"是指以一种活动为主所进行的休闲，如玩网络游戏。"健康休闲方式"则是指通过有益身心的多种活动进行的休闲，包括逛街购物、体育运动、旅游、上网、唱歌、跳舞、下棋、看书、听音乐、看电影、运动和进行社团工作……

（2）合理安排休闲时间。根据每天学习任务情况，确定当天具体放松的时间及放松的活动，如每天看电视半个小时、晚饭后一个小时散步等。

（四）寻求社会支持和帮助

1. 寻求身边的社会支持系统

当我们需要借助他人的支持力量时，首先要寻求身边存在的社会支持系统。

2. 建立外围的社会支持系统

要建立外围的支持系统，首先需要确定周围有哪些可以建立的社会支持系统。潜在资源包括专业课老师、心理咨询老师、辅导员、学姐学长、图书馆等。

请结合《高职心理健康教育活动手册》项目一任务二的"课中训练训练二",完成"心有千千结"。

心随我动

此活动旨在让学生学会适应遇到的困难。

🌱 心理视窗·身边故事

克服适应障碍的大一新生

小华（化名），男，18岁，湖南人，大一新生，独生子，性格乖巧听话，但自我感觉人际关系一般，知心朋友不多，不善与人交流。小华在学习之外没有发展自己的业余爱好，在家里，母亲除了让他学习外，很少让他做其他事情，初中、高中阶段都由母亲陪读。他现在每天都要和父母打3～4小时的电话，晚上休息较晚，导致第二天精力不足，同时也影响了同学的正常作息。小华给父母打电话的原因是不认识其他同学，父母不在身边感觉很害怕。因为平时很多事情都是由父母代劳，小华什么也不需要做，所以现在他一个人自理能力较差。小华自报到以来就感到孤独，食欲减退，睡眠较差，注意力不集中且记忆力减退，压力较大，基于自身情况小华主动咨询了心理医生，被诊断为适应障碍、社交恐惧。帮助小华改变不合理的认知、形成正确的信念、改善人际关系、增强适应能力，需要采取以下三个措施：学校与家长共同做好学生适应新环境的工作，鼓励其积极参加集体活动，帮助其改变认知并树立正确的人际交往观。通过辅导员谈心谈话、家长陪同和心理咨询师的帮助，小华的生理症状（如失眠、头疼、食欲不振等）逐渐消失，心理症状（如情绪低落）得到改善，社会功能（如人际关系）得到发展，看待事物的态度及信念逐渐转变，对自己的认识加深，实现了自我成长。

（资料来源：冒蕾，刘学生，刘小川，等．一例大一新生适应障碍与社交恐惧心理咨询案例报告[J]．卫生职业教育，2018，36（21）：154-156.）

🌿 案例析心

问题回顾：请分析梅梅出现人际适应不良的原因。

案例解析：梅梅出现人际适应不良的原因主要有以下几个方面：① 生理原因。无躯体疾病，无器质性病变。② 社会原因。梅梅认为自己外貌不佳，家庭经济困难，父母却不能提供有效的情感支持。尤其是进入大学后，生活环境和周围的同学都发生了较大变化，造成梅梅自卑感加重、调节适应能力差，不能与同学建立正常的人际交往关系。③ 心理原因。存在认知偏差，梅梅认为同学们会因外貌不佳、家庭经济困难而不愿与自己交往，她自卑感强，性格内向，缺乏有效解决问题的行为模式。

🌿 心灵感悟

一、放松训练

将你的右手握成拳，攥紧些，再紧一些，感受手和前臂的紧张状态，让这种感觉进到手指、手掌和前臂，然后放松你的右手，体验放松的感觉。

头向后仰，尽量靠向后背，收紧脖子后面的肌肉，专注于收紧颈部肌肉的动作，保持 10 秒，然后放松 15 秒。同样依次绷紧与放松肱二头肌、肱三头肌，体验紧张的消除。

放松音频：
秋水悠悠

二、吟诵一句禅

- 既然不能驾驭外界，我就驾驭自己；如果外界不适应我，那么我就去适应它。
- 只有服从大自然，才能战胜大自然。
- 适应是生命中不可或缺的一部分，它使我们能够在不断变化的环境中生存下去。

随着教师的带读闭目吟诵，体会自己向自己心灵倾诉的感动，将健康心理观念嵌入自己的潜意识中。

🌱 修心践行

请结合《高职心理健康教育活动手册》项目一任务二的"课后训练"，完成"适应能力实操训练"。

🌿 项目测评

一、学习检测

项目一自测题

请扫描上方二维码，完成"项目一自测题"，测测你对本项目知识的学习情况。

二、自我评估

请完成《高职心理健康教育活动手册》项目一的"项目评估",对你的学习情况进行自我评价。

模块二

自我探索

02

陕西渭南的农村女孩邢小颖高考失利，没有考上本科。父母建议她复读一年。经过一番纠结，邢小颖最终选择就读于陕西工业职业技术学院材料成型与控制技术专业。

邢小颖高职毕业后，以专业排名第一的成绩成为清华大学实践教学指导老师。在清华任教的十年中，邢小颖报考了中国地质大学的专升本，顺利拿到学士学位；考取热加工工艺方面的教师资格证；获评工程师职称；连续八年获评清华大学基础工业训练中心实践教学特等奖和一等奖……

邢小颖的经历告诉我们，作为一名高职生，只要认准方向，找准定位，发掘自身优势，努力奋斗，就能在自己擅长的领域获得成功。就像邢小颖所说："别人的看法，我无所谓，我知道自己的路怎么走。不管起点高低，努力总会带来希望。"

项目故事　　学习路径　　学习目标

任务一
正确认识自我，
接纳真实自我

课前热身 ─── 测一测你的自尊程度

勤学善思 ─── 晓晴的迷茫与挣扎

　　　　　　　　一、认识自我意识
心理解码 ───
　　　　　　　　二、大学生自我意识的发展状况

案例析心

心灵感悟

修心践行

任务二
构建积极自我，
达成理想自我

变"废"为宝 ──○── 课前热身

小林的游戏沉迷与自我救赎 ──○── 勤学善思

一、大学生自我意识发展的任务
二、大学生健全自我意识的培养 ──○── 心理解码

案例析心

心灵感悟 　　　　　　　项目测评

修心践行

　　1. 知识目标：理解自我意识的概念；了解大学生自我意识发展的特点、矛盾和任务。

　　2. 能力目标：能够客观全面地认识自我；学会积极进行自我激励；加强自我调控，不断超越自我。

　　3. 素养目标：激发成长成才的强烈意愿；培养自信、自立、自强的个性特征。

正确认识自我，接纳真实自我

课前热身

请结合《高职心理健康教育活动手册》项目二任务一的"课前热身"，完成"测一测你的自尊程度"。

勤学善思

晓晴的迷茫与挣扎

晓晴是一位19岁的高职大一学生，她的父母都是农民，家境一般。进入大学后，她经常情绪低落，注意力不集中，学习效果不佳。晓晴在心理辅导中告诉教师："我学习成绩很差，只能考上高职学校；我喜欢猫、狗、兔子等小动物，想成为一名宠物医生，但父母不同意，认为学习这个专业没有前途，不好找工作，我只好勉强选择了自己不喜欢的专业；我没什么能力，学习比别人慢，比别人吃力，估计以后很难找到工作；别人都比我优秀，我很想提升自己，但又不知该怎么办；我长相普通，没什么优点，也不讨别人喜欢；我不相信别人，觉得别人都瞧不起自己，害怕与人交往，害怕当众讲话，因此我也没什么朋友。我每天浑浑噩噩，无所适从，感觉大学生活非常没有意思，没有什么快乐。"

思考：请分析晓晴苦恼的原因，如果你是晓晴的同学，你打算怎么帮助她？

心理解码

两千多年前，中国思想家庄周梦见蝴蝶，醒后却犯了迷糊，便在《庄子·齐物论》中写道："不知周之梦为胡蝶与？胡蝶之梦为周与？"于是提出了"我是谁？谁是我？"这样一个关于自我认识的问题。那么究竟要怎样正确认识自我？今天的我从哪里来？我又要到哪里去？我有什么特点？我需要什么？我追求什么？我满意自己哪些方面？别人是怎样看待我的？现在就让我们走进"自我意识"，在这个广袤的世界中开启一趟自我发现之旅。

一、认识自我意识

（一）自我意识的内涵

自我意识又被称为自我观念或自我观，是一个人对自己生理状况、心理状况、自己与别人及与周围世界的关系的认识和评价。

我们认为的"我"未必是客观的我，有些人会低估自己的价值，有些人会高估自己的能力，这是因为我们的自我意识具有主观性。有时你会发现，真实的你是一个样子，你眼中的自己是与之不同的样子，而别人眼中的你又是另一个样子，三者之间有着或大或小、或多或少的区别。这是怎么回事呢？著名的"乔哈里之窗"说明了这个问题。

乔哈里之窗（图 2-1）是由乔瑟夫·勒夫和哈里·英格拉姆在 20 世纪 50 年代提出的。他们认为人的自我有四个区域：公开区、盲目区、隐藏区、未知区。公开的自我，是透明真实的自我，这部分自己很了解，别人也很了解；盲目的自我，是别人看得很清楚、自己却不了解的部分；隐藏的自我，是自己了解但别人不了解的部分；未知的自我，是别人和自己都不了解的潜在部分，通过一些契机可以激发出来。

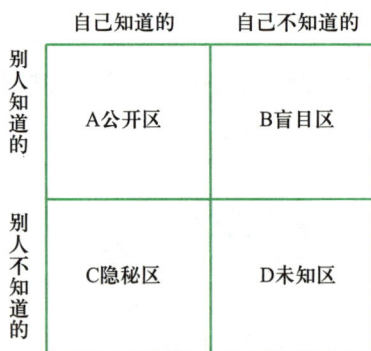

图 2-1　乔哈里之窗

只有从自我和他人的角度客观地认识自己，才能更全面地了解自己，形成清晰的自我意识。

（二）自我意识的结构

1. 自我认知、自我体验和自我调节

从知、情、意三个方面分析，自我意识是由自我认知、自我体验和自我调节三个要素构成的。

自我认知是自我意识的认知成分，是主观自我对客观自我的认识与评价，是自己对自己身心特征的认识。它包括自我感觉、自我观察、自我分析和自我评价等。自我认知是对自己身心特征的认识，自我评价是在自我认知的基础上对自己做出的判断。自我评价是自我认知的核心成分，是自我意识发展的主要标志，是在认识自己的行为和活动的基础上产生的。

自我体验是自我意识的情感成分，是由主体我对客体我的认识引发的内心情感体验，或是持有的一种态度，如自信、自卑、自尊、自满、内疚、羞耻、优越感等。自我体验往往与自我认知、自我评价有关，也与自己对社会规范、价值标准的认识有关，良好的自我体验有助于自我的发展。

自我调节是自我意识的意志成分，主要表现为个人对自己的行为、活动和态度的调控，包括自我检查、自我监督、自我控制等。它具体表现为两个方面：一是发动作用；二是制止作用，也就是支配某一行为，抑制与该行为无关或有碍于该行为进行的行为。自我调节是自我意识中直接作用于个体行为的环节，它是一个人自我教育、自我发展的重要机制，良好的自我调控力是自我意识成熟的重要标志。

自我认识是自我意识中最基础的部分，决定着自我体验的主导心境及自我调节的主要

内容；自我体验又强化着自我认识，决定了自我调节的行动力度；自我调节则是完善自我的实际途径，对自我认识、自我体验都有着调节作用。三个要素整合一致，便形成了完整的自我意识。

2. 生理自我、心理自我与社会自我

从自我意识活动内容来看，自我意识包括生理自我、心理自我与社会自我。

自我意识最原始的形态是生理自我。生理自我是个体对自己身体的意识，包括对自己躯体的占有感、支配感和爱护感。对自己身材、容貌和性别等的认知，以及对生理病痛、温饱饥饿等的感受体验都属于生理自我。

心理自我是个体对自己心理活动、个性特征、心理品质的认识、体验和愿望，包括对自己的感知、记忆、思维、智力、能力、性格、气质、情绪、爱好、行为特点等的认识和体验。

社会自我是个体对自己在社会关系、人际关系中的角色的认识，包括个人对自己在客观环境及各种社会关系中的角色、地位、权利、义务、责任、力量等的认识。随着自我意识的发展，个体的社会角色渐渐浮出水面并占据重要位置，与此相应的责任感、义务感、角色感都在增长。

生理自我、心理自我与社会自我是密切联系、相互影响的，它们都包含不同的自我认知、自我体验与自我调节，如表 2-1 所示，但由于搭配和比例的不同，构成了个体自我意识之间的差异，也使得每个人都有对人、对己、对社会的独特看法和体验。当我们进行自我观察、自我分析、自我评价时，就形成了自我概念。

表 2-1 自我意识的内容与结构

三个自我	自我认知	自我体验	自我调节
生理自我	对自己的身体、外貌、衣着、风度、性别、病痛、饱饿等的认识，如帅气、漂亮、有吸引力、迷人等	占有感、支配感、爱护感	追求外表的整洁、出众，追求物质欲望的满足等
心理自我	对自己的智力、性格、气质、兴趣、能力、记忆、思维等特点的认识，如有能力、聪明、优雅、敏感、迟钝、细腻、暴躁、冲动、温和等	自尊、自信、自爱、自豪、自卑、自怜、自责、自贱、自弃等	追求信仰，追求言行符合社会规范，追求智力与能力的发展等
社会自我	对自己的名誉、地位、角色、权利、义务、责任、力量的认识，如有名望、有地位、受尊敬、受欢迎、被接纳等	责任感、义务感、优越感、成就感等	追求名誉地位，与他人竞争，争取得到他人的好感或认可等

（三）自我意识的作用

自我意识水平的高低不但是个体心理发展水平的重要标志，而且将影响和制约个体的人生选择及行为取向。自我意识的作用包括以下几点。

1. 目标导向作用

目标是个体发展的导航机制。一个人要想成就一番事业，就必须从自身的实际出发，制定明确的目标，只有如此才会调动自身的潜能，激发强大的动力。个体通过正确的自我认识，确立较为合理的"理想自我"的内容，就为个人将来的发展确定了目标，对个人的认知、情感、意志、行动会产生很大影响。目标导向的过程机制如图2-2所示。

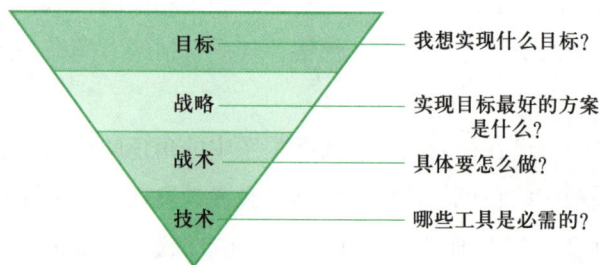

目标	——— 我想实现什么目标？
战略	——— 实现目标最好的方案是什么？
战术	——— 具体要怎么做？
技术	——— 哪些工具是必需的？

图 2-2　目标导向的过程机制

2. 自我控制作用

一个人要获得发展、取得成就，光有目标是不行的，还必须具备自制的意识，对自己的情感、行动加以调节和控制。自我控制是自我意识发挥能动作用的一个重要方面，它是目标的守护神，是成功的卫士。缺乏自我控制意识的人，将是一个情绪化的、缺乏毅力的人，终将一事无成。

3. 内省作用

内省是个体成长中所进行的自我监督和自我教育，要想使自己的天赋和才能得到充分的开发和利用，成为自我实现的人，就需要有积极的自我意识，随时对自我的认识、情感、意志、行为加以反省和审察。

4. 激励作用

积极的自我意识可以激励个体大胆尝试、积极进取，最大限度地调动个体的潜能，激发思维活动的功能，帮助个体获得成就；在这一过程中，不断克服个体负性的自我意识，强化正性的自我意识，形成个体自我意识的良性循环。

> 🌱 **心理视窗·知识卡片**
>
> **弗洛伊德的"三我"理论**
>
> 弗洛伊德是奥地利心理学家、精神分析学派创始人。他认为人格包括本我、自我

和超我三个层次（图2-3）。

一、本我

本我包含生存所需的基本欲望、冲动和生命力，本我是一切心理能量之源，它唯一的追求是获得快乐，避免痛苦。本我的目标是求得个体的舒适、生存及繁殖。本我是无意识、非理性的我，是生物本能的我，遵循"快乐原则"。

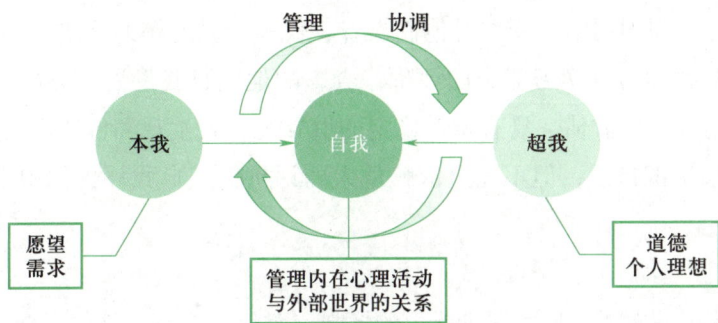

图2-3　弗洛伊德的"三我"理论

二、自我

自我是从本我中逐渐分化出来的，主要调节本我与超我之间的矛盾。当本我与现实社会的准则产生冲突时，自我会站在现实的角度上，适度满足本我的需要，同时避免违背社会规范和道德准则。自我是心理社会的我，遵循"现实原则"。

三、超我

超我是人格中最具有道德含义的成分，是一种理想化的自我，它是个体在成长过程中通过内化道德规范和社会文化环境的价值观念形成的，其机能主要为监督、批判及管束自己的行为。超我根据社会道德进行思考，不考虑自身需要和愿望，遵循"道德原则"。

在一个健康的人格中，本我、自我、超我之间的作用是均衡的、协调的。本我是生存的必要原动力，超我监督和控制主体按照社会道德标准行事，自我对外适应现实环境，对内调节心理平衡。若这三种力量不能保持动态的平衡，就将导致心理失常。

二、大学生自我意识的发展状况

大学阶段是一个人从青春期向成年期转变的重要时期，也是个体的自我意识急剧增长、迅速发展和走向完善的重要时期。

（一）大学生自我意识发展的特点

1. 自我认识的主动性增强

大学生对自我形象的认识与高中生相比发生了很大变化。自我意识更为明晰，他们能从更多角度、更多层次对自己进行观察和评价；自我形象逐渐丰富和完善，他们不但对自己的外表相当重视，而且重视自己的意志水平、智力水平、人际交往能力等。但也有一部分大学生存在不能客观认识自己的能力，不能客观分析自己的优缺点的问题。

2. 自我评价趋于成熟

进入大学后，与同学、朋友的交往使得大学生的社会比较增多。大学生更多地将自己的相貌、能力、学习、品德、娱乐等与别人做比较，也尝试通过教师、同学对自己的评价来认识自己。周围同学、朋友对他们衣着、仪表、风度等的看法，会改变他们对自我的认识；学校教师对其学习能力的评价，会影响他们自我发展的方向；父母的态度、大众传媒的作用也不可低估。具有相对稳定的世界观、人生观和价值观的大学生借助一定的社会评价来认识自己，但不完全依赖他人的评价，其自我评价比中学阶段更客观、更理性。

3. 自我体验丰富深刻

随着自我认识的发展、自我评价能力的增强，对社会规范、价值标准的进一步认识，大学生有了更加丰富深刻的内心情绪体验，如自卑、自豪、自信、自尊、内疚、羞耻等。自我体验的丰富深刻，导致其对外部世界和自己内心世界的某些方面反应非常敏感，涉及"我"及与"我"相关的事物容易迅速引起他们情绪上的反应。

4. 自我控制能力提高

在大学的学习环境中，大学生需要安排自己的学习，照料自己的生活，组织自己的活动，解决自己的问题。同时，由于自我认识、自我体验的发展，大学生的自我控制能力得到进一步提高。他们对自己的行为、活动和态度的调控愿望增强，有一定的自我设计、自我规划、自我完善、自我超越的意愿，期望充分发展其独立性，摆脱依赖性和幼稚性，能够更好地进行自我检查和自我监督，自觉地调节自我行为。

心随我动

请结合《高职心理健康教育活动手册》项目二任务一的"课中训练训练一"，完成"SWOT自我分析"。

此活动旨在根据大学三年的学习目标分析自己具备的优势、存在的劣势、面临的机遇和威胁，确定大学三年自我优化的目标和策略。

（二）大学生自我意识发展的矛盾

大学生的自我意识在大学阶段快速发展、健全完善，他们除具有上面这些积极的特点外，还面临一系列的矛盾冲突。

1. 理想自我与现实自我的矛盾

理想自我与现实自我的差距是大学生自我意识最突出、最集中的矛盾表现。富于理想、抱负水平高，但由于缺乏自信或现实能力不足，很难把理想与现实有机地结合起来，给大学生带来很大的苦恼和冲突。这种冲突和差距，一方面成为激发大学生积极进取、发奋学习的动力；另一方面如果理想自我与现实自我很难趋近、协同、统一，则会引起自我的失衡，导致一系列心理不适等心理问题。

2. 独立意识与依附心理的冲突

上大学后，大学生的独立意识迅速发展。在人与人的关系中，主要表现为不依赖他人而独立行动的意向。他们希望能在经济、生活、学习、思想等方面独立，希望摆脱家长的管束，自主地处理所遇到的一些问题。但是，大多数大学生在心理上、经济上仍然依赖家长等，无法真正做到人格上的独立。这种自我的独立与依赖的矛盾，束缚了大学生健全自我意识的发展。

3. 强烈的自我改变意愿与意志品质滞后的矛盾

大学生中颇多人或许面临一种矛盾心理：心中所想与实际行动存在落差。他们内心深处怀有强烈的自我改变意愿，但在意志品质发展不够成熟的情况下，他们的自觉性、果断性、自制力和坚韧性还有所欠缺，自控能力和自我改变意愿产生较大矛盾。

（三）大学生自我意识的常见偏差

在自我意识发展成熟的过程中，大学生虽然不断进行自我意识的调整、整合，但他们在处理各种自我矛盾时，往往面临着因自我意识偏差而产生的诸多情绪和行为问题。

1. 自我认知的偏差——过分的自我中心和盲目的从众行为

当大学生的自我中心倾向与个人主义、自私自利等不健康思想，以及过强的自尊心、唯我独尊等心理特征结合时，就会强化自我中心，变成过分注重和强调自己，忽视他人及与他人关系，形成只顾自己不顾他人的自我认知缺陷。

与大学生过分地以自我为中心相反，另一种自我认知问题是盲目的从众行为。从众是指个体在群体的影响和压力下，放弃自己的意见而采取与大多数人保持一致的自我保护行为，是一种普遍的社会心理现象。学习从众、消费从众（图2-4）、恋爱从众、娱乐从众、择业从众现象在高职校园内相当普遍。缺乏分析，不独立思考，一味地服从多数，随大流，是消极的盲目从众。盲目的从众行为，反映出部分大学生自我意识弱化，独立性较差，缺乏个体倾向性的世界观、人生观和价值观，缺乏主见，遇到问题束手无策，这会影响他们的心理健康发展。

2. 消极的自我体验——过度的自负和过强的自卑

部分大学生的自我评价存在走极端的倾向，要么因评价过高而产生自负的情绪体验，要么因评价过低而产生自卑的心理。

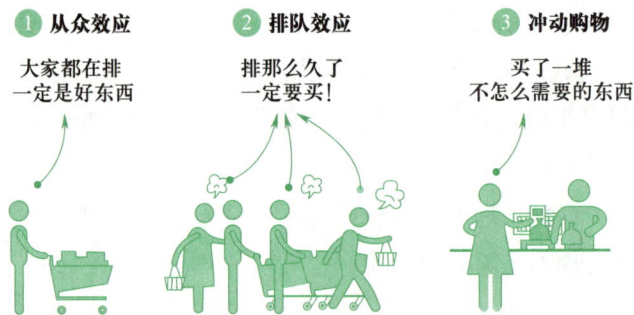

1 从众效应
大家都在排
一定是好东西

2 排队效应
排那么久了
一定要买!

3 冲动购物
买了一堆
不怎么需要的东西

图 2-4　消费从众

自负是个体自以为是、自命不凡的一种情绪体验。自负的大学生会过高地评价自己，听不进他人的建议或忠告，希望方方面面都超过别人，处处显示自己的优越感，处理不好人际关系；在遭遇挫折之后，又不善于自我反省，总是归因客观，抱怨他人，甚至愤世嫉俗，觉得怀才不遇。因此，自负的学生容易失败，也容易受伤害，适应社会的能力很差。

自卑是因个体存在自我认识偏差等而形成的自我轻视和自我否定的情绪体验。过度自卑表现为对自己认识不足，对自己的品质和能力评价过低，看不到自己的优点，过于夸大自己的缺点，总认为自己不如别人，轻视自己、否定自己，怕别人鄙视自己，特别容易受挫折，显得郁闷、沮丧、失落，缺乏活动的积极性，缺乏竞争意识。这种体验在性格内向的学生身上表现得尤其明显。大学生产生自卑的原因有很多，如身体外貌、家庭经济条件、技术能力和挫折经历等。从表面上看，是客观原因造成了自卑，但实际上，自卑源于不合理的认知。大学生要将自身不足或遭遇的挫折化为促进自己积极上进的动力。

3. 消极的自我控制——逆反和放纵

逆反是指个体在生理基本成熟，心理迅速走向成熟而又没达到真正成熟的时候，渴望在思想、行动和经济上尽快独立，表现出较强独立意识的心理态势。逆反心理是个体试图确立自我形象、寻求自我肯定、强调个人意志的愿望，也是个体心理发展的自然要求。但有些大学生逆反心理的表现过于突出，主要表现在：对师长的教诲或周围的正常人或事持消极、冷漠、反感和抗拒的态度；越是被禁止的或自己感兴趣而不允许做的事情越要做，常常以"对着干"来显示自己的与众不同；对正面教育和宣传持怀疑、不认同的抵制态度，对社会、人生和个人前途玩世不恭。

放纵指个体不能约束自己的行为和克制自己的情绪。处于青春期的大学生容易感情用事，容易冲动，对待问题容易偏激和情绪化，往往是情感比理智占上风，自我调节能力较低。例如，部分大学生在学习过程中，往往缺乏坚定的决心与恒心；在面对挑战与困境时，他们易退缩；部分大学生沉浸在游戏与娱乐之中，消极懈怠，仅求获得一纸文凭。

大学生自我意识发展中的偏差是心理不成熟的表现，这是由其身心发展状况和成长背景决定的，并不是某个人的缺点，而是所有大学生或多或少都要亲身经历的问题，是整个年龄阶段的特征，是普遍的、正常的，但也是必须调整的。

心随我动

请结合《高职心理健康教育活动手册》项目二任务一的"课中训练训练二"，完成"同学眼中的我"。

此活动旨在通过了解别人对自己的看法，增进对自己的了解。

案例析心

问题回顾：请分析晓晴苦恼的原因，如果你是晓晴的同学，你打算怎么帮助她？

案例解析：晓晴苦恼的根本原因在于对自己的品质和能力的评价过低，不能形成正确的自我概念。她只看到自己的劣势和不足，看不到自己的优点，总认为自己不如别人，轻视自己、否定自己，怕别人鄙视自己，从而陷入自卑的情绪中。她对自己的身材相貌、学习成绩、个人能力、人际关系的评价都是负面的，对前途未来也缺乏信心，使得她长期郁闷苦恼、行为退缩，产生心理问题。

对于类似晓晴的大学生，我们可以采取以下措施帮助他们：首先，引导他们客观评价自己，使他们既能看到自己的不足，又能认识到自己的优势，学会用一分为二的观点评价自己，提高自我评价能力；其次，主动与他们交往，从生活和学习上给予他们关心与帮助，让他们感受到自己是受人欢迎的，提升其在人际交往方面的自信，帮助他们树立学习信心，培养专业兴趣；最后，鼓励他们参加社会实践、勤工俭学、假期兼职等，改善经济条件，提升个人能力，增加其对未来的期望和信心。

心灵感悟

一、放松训练

耸起你的肩部向耳部靠拢（左右分开做，每次只耸一个），保持10秒，然后放松15秒，体验放松的感觉。同样依次向上向下绷紧与放松双腿、脚趾，体验紧张的消除。

深吸气，使其充满你的胸腔，憋一会。感觉整个胸部和腹部的紧张状态，保持6~10秒，然后放松。

放松音频：
禅修

二、吟诵一句禅

- 人生有三见：见天地，见众生，见自己。
- 知人者智，自知者明，胜人者力，自胜者强。
- 博学之，审问之，慎思之，明辨之，笃行之。

随着教师的带读闭目吟诵，体会自己向自己心灵倾诉的感动，将健康的心理观念嵌入自己的潜意识中。

🍃 修心践行

请结合《高职心理健康教育活动手册》项目二任务一的"课后训练"，完成"自我探索：我是谁"。

任务二

构建积极自我，达成理想自我

🍃 课前热身

请结合《高职心理健康教育活动手册》项目二任务二的"课前热身"，完成变"废"为"宝"。

🍃 勤学善思

小林的游戏沉迷与自我救赎

小林是一所职业院校的大一男生，性格内向，喜欢独处，朋友不多，兴趣爱好较少，从小爱玩网络游戏。进入大学以后，学习压力减轻，课余时间增多，并且没有了教师和父母的督促，小林越发沉迷网络游戏，几乎天天熬夜玩游戏，有时甚至通宵，导致旷课和上课睡觉。小林虽然从心里认为这样做不好，辜负了父母的期望，浪费了大好的学习时间，但一边内心深深自责，一边控制不了自己。他多次告诫自己控制玩游戏的时间，暗暗下决心以后努力学习，但仍然沉迷游戏无法自拔，既无法好好学习，又没有得到真正的放松，近一年来他一直处于这样的精神内耗中。

思考：请分析小林沉迷网络游戏的原因。

🍃 心理解码

一、大学生自我意识发展的任务

埃里克森是著名心理学家，他认为人的自我意识发展持续一生，他把自我意识的形成和发展过程划分为八个阶段，他认为每个阶段都有一个特殊的社会心理发展任务和心理发展矛盾，矛盾的顺利解决是人格健康发展的前提。

自我同一性的确立和防止社会角色的混乱是青年期自我意识的主要发展任务。自我同一性是关于个体是谁、个体价值和个体理想是什么的一种稳定的意识。每个人都在青年期探索并尝试建立稳定的自我认同感。对于当代中国大学生来说，自我同一性的确立，是高考结束后面临的第一个重要挑战。

当青少年可以在职业、意识形态（包括宗教信仰、政治倾向和一般性的世界观）、性取向这三个主要领域做出决定和承诺时，他们就获得了自我同一性。自我同一性的确立主要表现为主观我和客观我的统一、自我与环境的统一、理想我与现实我的统一，也表现为自我认识、自我体验、自我调节的和谐统一。按照心理健康的标准，个体无论通过哪种途径确立自我同一性，只要统一后的自我是完整的、协调的、充实的、有力的，就是积极健康的自我意识。

二、大学生健全自我意识的培养

一位哲人曾经说过：一个自我意识尚未觉醒的人，不是一个完整意义上的人；一个自我意识不成熟的人，不是一个真正健全的人。那么大学生如何才能从觉醒到成熟，不断提升自我意识，成为更好的自己？我们可以通过自我认识、自我体验、自我调控三个方面的自我教育来实现这些目标。

（一）正确认识自我

你认识自己吗？你知道自己是谁吗？在表面上这是很简单的问题，但事实上很多人并不真正了解自己。古诗云："不识庐山真面目，只缘身在此山中。"古语云："旁观者清，当局者迷。"这些都说明要真实地了解自己很难。老子说"知人者智，自知者明"，中国俗语说"人贵有自知之明"，全面而正确的自我认知是培养健全自我意识的基础。

认识自我就要全面地了解自己的身体和个性，包括自己的身高、体重、相貌等生理特点，也包括自己的气质、性格、能力、兴趣、爱好、意志、品质等心理特质，还包括自己在群体中的位置，在周围人际交往环境中的形象，以及自己的职业理想等。

如果一个人能够全面、正确地认识自己，客观、准确地评价自己，就能够量力而行，确立合适的奋斗目标，并为实现这一目标不懈努力。正确认识自我通常有以下几种方法。

1. 比较法

比较法是指通过与他人比较而认识自我的方法。他人是自己的镜子，社会比较是个人获得自我观念的主要途径。在与他人比较中认识自己的优势和不足，从而能够吸取他人之长以补己之短，缩短主观自我与客观自我的差距。通过与他人比较认识自己虽然是自我认知的重要方法，但是应该先确立一个合理的参照系，明确与谁比较、从哪些方面进行比较。如果比较的参照系不恰当，就可能会产生适得其反的结果。例如，有的大学生在与他人比较时关注的是相貌、家世等不能改变的条件，因为自己条件不如别人而影响心态和情绪。大学生应该多从学识、能力、才华、品质、态度、努力程度等方面与他人比较，要比可变的因素，激励自我努力发展改变。

2. 内省法

"吾日三省吾身"，内省法是通过我与自己的关系来认识自我，通过反省分析来深入了解自己的方法。个人通过自我观察、自我反思、自我评价认识自己的身材、容貌，分析自己的需要、兴趣、性格、能力、价值观、人际关系、日常言行等；也可以通过将以前的自己与现在的自己进行比较，来发现自己的成长和不足。

（二）积极悦纳自我

自我悦纳就是要对真实的自己持肯定、认可的态度，是自我意识健康发展的关键所在。积极悦纳自我既要无条件地接受自己的一切，包括自己满意的、不满意的，以及优势和劣势等，也要笃信"天生我材必有用"，具体包括两个方面。第一，自我接受：接受自己的全部，无论优点与缺点，成功与失败；无条件地接受自己，接受自己的程度不以自己是否做错事而有所改变，允许自己犯错。第二，自我肯定：喜欢自己、欣赏自己，体会自我的独特性，相信自己存在的价值，认可自己的能力，并在此基础上体验价值感、幸福感、愉快感与满足感。积极悦纳自我可以从以下几个方面着手。

云微课

悦纳自我，
成长的开始

1. 创造机会获得成功体验

心理学研究表明：自信源于一点一滴的成功体验（图 2-5）。一般地讲，成功的体验可以消除自卑、树立自尊，可以使人奋发向上。成功的喜悦将成为个人强大的内在动力，推动个人去争取更大的成功。大学校园生活丰富多彩，大学生要积极参加各种活动，在活动中获得成功的体验。大学生要有意识地选择适合自己、有兴趣、有专长的项目，扬长避短，以自己的优势来证明自己的能力，享受成功体验；对于自己不擅长又需要提升的项目，要看到自己的成长和进步，同时向擅长该项目的同学学习，主动提升自己；要积极去做一些力所能及的事情，如上课认真听讲、按时完成作业、争取上台发言等，哪怕是规律作息、保持健康的饮食和进行适量的运动，也能提升大学生的稳定感和自信心。

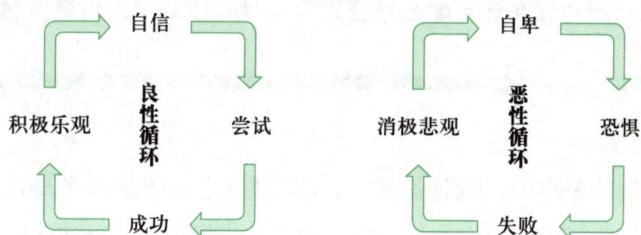

图 2-5　成功—失败示意图

2. 及时调整自己的期望值

自我期望是指个人在进行某项实际工作之前估计自己所能达到的成绩目标，通俗的说法叫"抱负"。自我期望值是评判自我成功感和自我失败感的个人标准。自我期望值与实际成就之间的差距导致产生成功感和失败感两种情绪体验。自我期望值小于实际成就可体验成功的喜悦，自我期望值大于实际成就会体验失败的痛苦。因此，大学生既不要过分追求完美，也不要期望太低，要学会调整控制自己的期望值，建立适中的理想目标，把自我期望和自己的实际情况紧密结合起来，只有这样才能符合现状、适应社会和发展自己，最终实现自己的理想。

🌱 心理视窗·知识卡片

加德纳的多元智能理论

教育家、心理学家霍华德·加德纳提出人类至少有八项智能：语言智能、逻辑数理智能、音乐节奏智能、视觉空间智能、身体动觉智能、交往交流智能、自知自省智能和自然观察智能。

加德纳的研究表明，多元智能具有独特性。每个人在智能上的表现是不同的，同时，每项智能都有不同的表现方法。由于大脑具有可塑性，所以每种智能都能够得到强化，每个人都有可能将任何一种智能发展到令人满意的水平。

多元智能具有差异性。多元智能的发展是不均衡的，不但各项智能之间表现出差异性，而且人与人之间的智能组合也表现出差异性。对于世界上每个人来说，不存在谁聪明的问题，只存在不同的个体各自在哪个方面聪明及如何聪明的问题。

心随我动 请结合《高职心理健康教育活动手册》项目二任务二的"课中训练训练一"，完成"积极自我心理暗示"。

此活动旨在让大学生学会进行积极心理暗示，增强自信，悦纳自我。

（三）有效调控自我

在实现人生目标的旅途中，既有各种本能欲望的干扰，又有各种外部诱惑的侵袭，而有效调控自我是健全自我意识的根本途径。对高职学生来说，在社会实践中锻炼意志品质尤其重要。在社会实践活动中，个人通过自我判断、自我选择、自我提升，获得对人生和世界的正确看法。同时，自我评价、自我激励和自我教育的实现也需要一个实践过程。因此，高职学生要多参加社会实践活动，通过参加勤工助学、志愿服务、社会调查、参观考察、教学实习等各种形式的社会实践活动，逐步提高自我认知能力、自我调控能力和自我教育能力。

（四）不断超越自我

人本主义心理学家认为，人具有一种本能，这种本能总是促使人朝着自我完善和自我实现的方向发展。认识自我、接纳自我都是为了塑造自我、完善自我、超越自我。对于大学生而言，超越自我是努力的目标。人们常说，人最大的竞争对手是自己。因此，我们只有理智地分析自我，有效地调控自我，不断地超越自我，才能成就更坚强、更积极、更美好的自己，才能创造更有意义、有价值的人生。

心随我动 请结合《高职心理健康教育活动手册》项目二任务二的"课中训练训练二"，完成"自我超越游戏：一分钟击掌"。

此活动旨在激励学生挖掘自身潜力，发挥自身优势，突破自身局限，不断超越自己，成为更好的自己。

案例析心

问题回顾：请分析小林沉迷网络游戏的原因。

案例解析：首先，小林兴趣爱好较少，性格内向，喜欢独处，朋友不多，休闲娱乐方式比较单一，主要以玩网络游戏的方式度过课余时间。

其次，小林进入大学后，没能及时融入大学生活，适应大学学习方式较慢，尚未养成良好的生活习惯，不具备成熟的自主学习能力，学习目标不明确，学习方法不恰当，学习兴趣不浓厚，不知如何利用课余时间提升自己，只好通过玩网络游戏来消磨时间。

最后，小林有强烈的自我改变意愿，但自我控制能力较弱，自我改变意愿和自我管理能力之间形成激烈冲突，产生较强的精神内耗，越内耗越不愿改变，越难以走出舒适圈。

🌿 心灵感悟

一、放松训练

耸起你的肩部向耳部靠拢（左右分开做，每次只耸一个），保持 10 秒，然后放松 15 秒，体验放松的感觉。同样依次向上向下绷紧与放松双腿、脚趾，体验紧张的消除。

深吸气，使其充满你的胸腔，憋一会。感觉整个胸部和腹部的紧张状态，保持 6 ~ 10 秒，然后放松。

放松音频：
烟雨江南

二、吟诵一句禅

- 恢弘志士之气，不宜妄自菲薄。
- 人非圣贤，孰能无过？
- 发现自己的美好，成就美好的自己。

随着教师的带读闭目吟诵，体会自己向自己心灵倾诉的感动，将心理观念嵌入自己的潜意识中。

🌿 修心践行

请结合《高职心理健康教育活动手册》项目二任务二的"课后训练"，完成"自我调节实操训练"。

🌿 项目测评

一、学习检测

项目二自测题

请扫描上方二维码，完成"项目二自测题"，测测你对本项目知识的学习情况。

二、自我评估

请完成《高职心理健康教育活动手册》项目二的"项目评估"，对你的学习情况进行自我评价。

曹雪芹的巨著《红楼梦》是一部描绘了中国封建社会家族兴衰、人性百态的经典之作。在这部小说中，作者巧妙地塑造了众多性格各异、特点鲜明的人物形象，真实生动的刻画使他们仿佛就生活在我们的身边，譬如率性多情的贾宝玉、敏感细腻的林黛玉等，他们的言行举止深入人心，多舛的命运让人感慨万分。

人格，这个由多种因素共同塑造的独特存在，影响着每个人的性格、价值观和行为方式。正是由于人格特质的千差万别，使得人们在面对生活中的种种挑战时，有着不同的思维模式和应对策略。思维模式和行为方式的差异，时时刻刻都在影响一个人的成长和发展，它们像一双无形的手，塑造着我们的命运，引领我们走上不同的人生道路。

项目故事　　学习路径　　学习目标

任务一
透视人格结构，
了解影响因素

课前热身 —○— 趣味测试：哪个手在上？

勤学善思 —○— 小丽和小明

一、认识人格

心理解码 —○— 二、人格的心理结构

三、人格的影响因素

案例析心

心灵感悟

修心践行

任务二
真诚接纳自我，
人格协调发展

简版大五人格测验 —○— 课前热身

找不到出口的婷宇 —○— 勤学善思

一、高职学生人格特点

二、辨析自我人格特质 —○— 心理解码

三、完善人格的方法

案例析心

心灵感悟

修心践行

项目测评

学习目标

1. 知识目标：知晓人格的基本知识、了解人格的影响因素。

2. 能力目标：分析自我的气质类型，觉察自我的性格缺陷。

3. 素养目标：形成完善人格的主动意识，塑造积极健康的人格。

任务一

透视人格结构，了解影响因素

🌿 课前热身

请结合《高职心理健康教育活动手册》项目三任务一的"课前热身"，完成"趣味测试：哪个手在上"。

🌿 勤学善思

小丽和小明

某职业院校有两位学生，小丽和小明。小丽常常表现为：温柔和善，对事物观察仔细，反应敏捷，体验深刻，想象丰富，在活动中不敢表现自己，做事小心谨慎，缺少自信，在课堂上很守纪律。小明则常常表现为：动作迅速，精力充沛，热情洋溢，爱发脾气，情绪产生快而强，难以自制，理解问题常比别人快，活泼直率，粗心大意，坚持己见。

思考：判断小丽、小明两位学生的气质类型，并分析两种气质类型的积极因素与消极因素，以及他们适合从事什么职业。

🌿 心理解码

一、认识人格

（一）人格的含义

说到人格，人们首先会联想到性格、行为习惯、做事风格等，会用安静、沉稳、暴躁、郁郁寡欢等词汇来描述自己或他人的人格，但是对人格的具体含义却很难描述准确。"人格"属于舶来词，起源于拉丁文"Persona"，意为演员在舞台上使用的面具，类似中国京剧的脸谱。

心理学家普遍认为：广义的人格等同于个性特点，指相对稳定和独特的认知、情感及行为模式，它体现了一个人独特的精神风貌，包含能力、气质、性格、兴趣、价值观和行为习惯等。我们可以把人格概括为：一个人在其先天生理素质的基础上，在长期的生活实践中形成的具有一定意识倾向性的稳定的心理特征的总和。

（二）人格的特征

1. 独特性

人格的独特性指受遗传、成长等因素的影响，每个人都形成了各自独有的行为模式和心理特征。个人的人格特质可能与他人的人格特质存在相似之处，然而通过细致观察，我们会发现诸多差异，即所谓的"千人千面"。

2. 稳定性

"江山易改，本性难移"，就是人格稳定性的表现。人格的稳定性指一个人经常表现出的特点，是其一贯的行为方式的总和，一般具有生物学基础，表现为跨时间的稳定性和跨情景的一致性。例如，在寒暑假与在学校学习期间的个体，其气质类型、兴趣爱好及价值观大体一致。稳定性并非意味着人格特质无法变动，相反，人格具备一定的可塑性。儿童时期的人格尚处于塑造中的不稳定阶段，极易受到社会及家庭环境的影响。相较而言，成年人的人格更为稳定，但在环境压力的作用下，个体仍可进行自我调整。

心随我动

请结合《高职心理健康教育活动手册》项目三任务一的"课中训练训练一"，完成"寻找改变和未改变的人格特征"。

此活动旨在让学生认识人格的相对稳定性和可塑性。

---

3. 统一性

人格的统一性指人格是人的各种行为倾向和心理特征的有机结合。人格包含兴趣、价值观、性格、行为习惯、能力、气质等，这些成分并不是彼此独立存在的，而是有机结合、协同作用的。正常人能够正确认识和评价自我，能及时调整内心世界出现的冲突与矛盾。个体如果失去了人格内在的统一性，就会出现人格分裂的现象。

4. 功能性

人们常说人格或者性格决定一个人的生活方式，进而决定一个人的命运，这便是人格功能性的体现。人格功能正常发挥时，人会表现得健康有力；人格功能受损时，人的社会功能和生活会受到严重影响，表现出怯懦、无力、失控或病态。

二、人格的心理结构

人格的心理结构主要包括气质和性格。气质是心理活动的动力特征，性格是人对现实的态度和行为方式中比较稳定的特征。

（一）气质——心理活动的动力特征

1. 气质的定义

气质是一种稳定的心理特征，是心理活动表现在强度、速度、稳定性和灵活性等动力性质方面的心理特征，具有先天性。心理学所说的气质近似于日常人们所说的脾气、秉性。

2. 气质的类型

气质的类型源于古希腊医生希波克拉底提出的体液说。他认为人体中有血液、黏液、黑胆汁、黄胆汁四种体液，不同的人的四种体液不同。血液占优势者为多血质，黏液占优势者为黏液质，黑胆汁占优势者为抑郁质，黄胆汁占优势者为胆汁质。500年后，古罗马医生盖伦对这种分类采用了气质概念做阐释，提出了人的四种气质类型（图3-1）。

图 3-1　四种典型气质类型

心理视窗·知识卡片

气质类型的特征

一、胆汁质

胆汁质为神经活动强而不均衡型。这种气质的人精力旺盛，直率，热情，行动敏捷，情绪易激动，心境变换剧烈；喜欢参与每项新的活动，甚至能够主导一些别出心裁的事，尤其喜欢参加运动量大和场面热烈的活动；兴奋时，决心克服一切困难，精力耗尽时，情绪一落千丈。

二、多血质

多血质为神经活动强而均衡的灵活型。这种气质的人热情有能力，适应性强，精神愉快，机智灵活，但注意力容易转移；待人亲切，在群体中相处自然，容易交上朋友，但很难建立长久友谊，缺少知心好友。

三、黏液质

黏液质为神经活动强而均衡的安静型。这种气质的人安静，稳重，反应缓慢，沉默寡言，情绪不易外露，注意力稳定不易转移，善于忍耐；反应较为迟缓，但无论环境如何变化，都能基本保持心理平衡；凡事深思熟虑，力求稳妥，一般不做无把握的事情，在各种情况下都表现出较强的自我克制能力。

四、抑郁质

抑郁质为神经活动弱型。这种气质的人沉静，行动迟缓，情感体验深刻，善于觉察别人不易觉察的细小事物；感情细腻而脆弱，常因小事而引起情绪波动；喜欢独处，与人交往时略显腼腆。

心随我动

请结合《高职心理健康教育活动手册》项目三任务一的"课中训练训练二"，完成"测一测你的气质"。

此活动旨在让学生认识自己的气质类型。

（二）性格——个性差异的最鲜明表现

1. 性格的定义

性格是个人对现实的态度和行为方式中较为稳定且具有核心意义的心理特征。性格主要是在后天生活过程中形成的，包含许多社会道德含义，是人最核心的人格差异。

2. 性格与气质的关系

性格与气质二者是相互渗透、彼此制约的。性格可以在一定程度上掩盖或改造气质，使之符合社会实践的要求。例如，从事精细操作的外科医生应该具有冷静沉着的性格特征，在职业训练过程中可能掩盖或改造易冲动和不可遏止的胆汁质特征。

气质影响性格，使性格特征"涂上"一种独特的色彩。例如，同样具有勤劳性格特征的人，多血质的人表现为情绪饱满、精力充沛；黏液质的人表现为精细操作、踏实肯干。

研究表明，具有不同气质的人可以形成同样的性格，具有同一气质的人也可以形成不同的性格。

3. 性格的类型

性格的分类标准有很多，一般可分为外倾和内倾两种类型。

性格外倾的人的心理活动倾向于外部，经常对外部事物表示关心。他们性情开朗活泼，善于交际，经常依靠他人或集体活动来满足个人情绪的需要。他们也善于在集体活动与群体交往中表达自己的情绪和情感。

性格内倾的人很少向别人显露自己的喜怒哀乐。他们在情感方面经常自我满足，珍视自己内心的体验。他们在外人面前容易害羞，说话紧张，不愿在大庭广众抛头露面。

心理学研究表明，性格类型的倾向特征与气质一样，不能成为一个人的事业成功与否和社会价值的决定因素。唐朝诗人李白具有外倾性格特征，而杜甫则具有内倾性格特征。《沧浪诗话》云："子美不能为太白之飘逸，太白不能为子美之沉郁。"但这并没有妨碍他们各自成为伟大的诗人。

三、人格的影响因素

人格的影响因素主要有五个，即生物遗传因素、社会文化因素、家庭环境因素、教育环境因素、自然环境因素。

（一）生物遗传因素

生物遗传因素被视作人格形成的前提及基础。生物体特征及神经递质水平的差异直接影响着个体某些人格特质的发展方向与优秀人格特质形成的难易程度。心理学家对于人格是否会遗传的问题，往往采用同卵双生子研究进行进一步探讨，研究结果显示，即使同卵双生子被分开抚养，他们之间的相似性也大于异卵兄弟姐妹，可见遗传在人格中发挥的作用较显著。遗传因素的影响固然重大，但是每个人一生的发展还是自身选择的结果，遗传不能完全决定我们的命运。

（二）社会文化因素

社会文化因素的影响体现在社会文化对个体人格的熏陶及塑造方面。不同文化的民族有其固有的民族性格，不同的地域有不同的文化传统，不同的文化发展时期有不同的文化认同。在人际互动中，相比西方人的坦率和直接，中国人的表达略显含蓄。

（三）家庭环境因素

家庭是"制造人格的工厂"，家庭环境因素对个体人格形成影响的时间最早、范围最广、内容最多。很多研究表明，家庭中父母的教养方式、亲子关系、家庭结构等都对个体众多人格品质的形成有着直接影响。"早期的亲子关系决定一个人的行为模式，塑造出这个人一切日后的行为。"这是心理学家麦肯侬提出的有关早期儿童经验对人格影响力的论述。例如，在权威型家庭教养方式下成长的个体容易形成消极被动、依赖服从的性格，在民主型家庭教养方式下成长的个体则容易形成直爽、活泼、合作的积极品质。

（四）教育环境因素

教育环境因素对人格形成的影响主要体现在学校教育对个体的影响。个体在成年前扮演的最主要的社会角色就是学生，个体在学校接触到的教学模式、学习风气、教师言行等都会对个体人格产生潜移默化的影响。例如，良好的学风会促使个体积极、自律、上进，而不良学风则会使个体懈怠慵懒，难以形成较强的自控力。

（五）自然环境因素

自然环境因素对人格形成的影响体现在自然环境的生态、气候、空间条件对个体的影响上。研究表明，气温和空间密度与个体的某种人格特征出现的频率相关。在日常生活中，人们认为北方人性格更为豪爽，而南方人情感更加细腻，这就体现了自然环境对个体人格的塑造。

🌿 案例析心

问题回顾：请判断小丽、小明两位学生的气质类型，并分析两种气质类型的积极因素与消极因素，以及他们适合从事什么职业。

案例解析：在该案例中，小丽属于抑郁质气质类型，这类人情绪体验深刻、细腻持久，多愁善感，思维敏锐，想象丰富，善于觉察细节，不善交际，孤僻离群，踏实稳重，自制力强，但他们的行为举止缓慢，软弱胆小，优柔寡断。具有抑郁质特点的人适宜从事研究、校对、统计、打字、秘书、化验等无须过多与人交往但需较强分析观察能力及耐心的工作。

小明属于胆汁质气质类型，这类人情绪体验强烈、爆发迅猛、平息快速，思维灵活但粗枝大叶，精力旺盛，争强好斗，勇敢果断，为人热情直率，朴实真诚、表里如一，行动敏捷，生机勃勃，刚毅顽强；但他们遇事常欠思量，鲁莽冒失，易感情用事，刚愎自用。具有胆汁质特点的人适宜从事内容不断转换、环境不断变化、不断有新活动的职业，如导游、外事接待员、推销员、节目主持人、演讲者和演员等。

🌿 心灵感悟

一、放松训练

紧紧地合上双眼，绷紧眼周肌肉，保持 7 秒，然后放松。想象深度放松的感觉在眼睛周围蔓延。同样依次咬紧（张大）与放松牙齿、口腔，体验紧张的消除。

眼睛盯住天花板上的某一点，头部不要动，眼睛先尽量向右方看，再回到中间，然后先向左方看，再回到中间，重复这样做。同时摩擦手掌，直到感到手掌发热，闭上眼睛，将手放在眼睛上，让眼睛也有发热的感觉。

放松音频：
脉轮平衡

二、吟诵一句禅

- 人的成长环境不同、经历不同，人格特征也就不同。
- 世界上不存在两个人格特征完全一样的人，也不存在人格完美无缺的人。
- 任何人都是在挫折、失败、痛苦和迷茫中成长起来的，而不断进行自我完善和学习，恰恰是每个人需要花费毕生精力去完成的任务。

随着教师的带读闭目吟诵，体会自己向自己心灵倾诉的感动，将心理观念嵌入自己的潜意识中。

修心践行

请结合《高职心理健康教育活动手册》项目三任务一的"课后训练",完成"人格影响因素分析"。

---------- 任务二 ----------

真诚接纳自我，人格协调发展

课前热身

请结合《高职心理健康教育活动手册》项目三任务二的"课前热身",完成"简版大五人格测验"。

勤学善思

找不到出口的婷宇

大一学生婷宇曾和班里男同学吵架,过程中的撕书、砸墙等暴力行为让同学们害怕、疏远她,她自己也很痛苦。在学校心理咨询室,婷宇放弃沉默讲述了自己的故事:她高中时莫名被同学贴上了"坏女孩"的标签,被班里同学冷落,成绩一落千丈,此后她就很容易发脾气,总是戴着帽子和大口罩。进入大学后,有男同学向她表白,她也不知道如何处理。上一次和同学吵架也是因为前排的男同学不学习,总是说话玩游戏,声音很大影响了大家。

思考:我们该怎么帮助婷宇改变?

心理解码

一、高职学生人格特点

高职学生在生理和心理上逐渐成熟,在自我意识上逐渐趋向统一,其人格的发展呈现出独特性的一面。

（一）自我认知能力提升，但容易出现认知偏差，过于敏感

高职学生的自我认知水平不断提升，基本上能接受一切属于自我的东西，从而形成对自己的积极看法，能够理解现实自我与理想自我之间的差别。自我认知偏差主要表现为自我评价过低或盲目自大，对他人的评价过于敏感。

（二）智力结构健全，但容易失去耐心，动机不强

高职学生具有良好的观察力、记忆力、思维力、注意力和想象力，各种认知能力有机结合并发挥作用。随着学习任务难度提升，高职学生容易产生畏难情绪，成就体验减少，有可能失去原有的自信和希望，不再专注于个人成长。具体表现为上课睡觉，沉迷手机游戏或短视频（图3-2），不积极参与各类活动，做事缺乏耐心与意志力等。

图3-2　沉迷手机游戏或短视频

（三）社会适应能力增强，但容易失去目标，无法聚焦自我

高职学生对外部世界有着浓厚的兴趣，希望扩展自己的交往范围，积极参与各种形式的活动，同时能够容忍与他人在理念与行为模式上的差别。环境和学习的压力、人际交往模式的转变使部分高职学生感到不安、焦虑，心态失衡，失去自我目标，盲目从众。

（四）情感饱满适度，但容易受到人际关系影响，心态失衡

高职学生的情绪表现出稳定性与波动性、外显性与内隐性并存的特征，丰富的情感和积极的情绪在学习、生活中占主导地位。但是有时同学或室友一句无心的话、班上同学一个疑惑的眼神等，会让部分高职学生感觉是在针对、挑战或者质疑自己，以致内心失衡、情绪失控、人际关系紧张。

了解和关注自我人格，既是健康的需要，也是发展的需要；既是现实的需要，又是未来的需要。因此，高职学生要真诚接纳自我、勇敢面对挑战、不断完善人格。

🌱 **心理视窗·知识卡片** ●○

成功所需的性格

对比成功必备的15种优良性格及必须克服的15种缺陷性格（表3-1），想一想：在成才的道路上，你需要保持和发扬的优良性格有哪些？你需要克服的缺陷性格有哪些？

表 3-1　成功所需的性格	
成功必备的 15 种优良性格	必须克服的 15 种缺陷性格
自信是开启人生成功之门的金钥匙	狭隘禁锢你的心灵
乐观的性格让你笑对人生风云	自卑让你永远也站不起来
宽容的性格是滋补心灵的鸡汤	懒惰是成功路上的挡路虎
谦逊的空杯能盛更多的水	悲观是人生最黑暗的深渊
诚信为成功打造金字招牌	自负提前注定了你的失败
坚忍的人能站得比别人更高	多疑是躲在人性背后的阴影
勇敢为你的成功之路铺开康庄大道	依赖只能把你变为别人的附属
理智是导向成功的指南针	叛逆导致悲剧
果断是解决问题的关键	贪婪是你永远无法填满的无底洞
自制是你的人生走向成功的保险单	自私的人没有朋友的同时丢失了自己
热忱是点燃你生命力的火焰	自闭是牢笼，妨碍你寻求真正的自由
独立的性格撑起人生的天空	暴躁的性格是发生不幸的导火索
进取让你从一个阶梯到更高的阶梯	冲动是魔鬼
谨慎是人生避风的港湾	抑郁是灵魂在疼痛
稳重是一种成熟的象征	偏执的结果只会是此路不通

二、辨析自我人格特质

通过《高职心理健康教育活动手册》中的"简版大五人格测验"，对自己的人格特质有了整体的认知，你可能会发现人格特质中有自我矛盾的地方，或者发现自己可能缺乏某些"理想"特质。例如，有的学生渴望情绪稳定，但是偏偏神经质的得分很高，如何面对这些结果？

（一）在理性认知基础上悦纳

自我悦纳指清晰而乐观地接受事实，是看到自我的力量并认可自我，理智分析优势与劣势，平和看待得与失的过程。自我悦纳具有正向价值及迁移价值，对于个体内心秩序的建立，外界关系的构建，以及安全感、责任感、自我意识的树立具有重要作用，能够在个体遭遇挫折时为其提供支撑，使其乐观、勇敢。自我悦纳感强的大学生更容易接纳自我及事物的不完美，将负向情绪情感转化为解决冲突的能量。

（二）在合理目标基础上改变

发生改变的关键是行动，人们需要基于对自己的了解、认可和接纳，设立明确合理的目标，设计不同的路径，专注、投入地去改变。有的学生发现自己情绪不稳定、容易冲动，就可以理性分析自己冲动的情景和原因，为相似情景的再次发生做好预案，设计好动作或答语，赢得情绪缓冲的时间。

（三）在核心特质基础上整合

每个人作为独特的存在，都有自身的核心价值，每种人格特质都有自己适合的职业和发展环境，利用自己的核心特质整合其他心理资源，同样可以实现人生目标。

拥有健全人格的人能包容自己的不足，而不是排斥自己所有的缺点。大学生的目标不是改正自己个性方面的缺点，而是理解自己缺点背后的积极意义，进而用积极快乐的情感引导自我做出正确反应，维护自我形象、倾听外界声音，学会合理表达内心世界，完成人格的整合与发展。

心随我动

请结合《高职心理健康教育活动手册》项目三任务二的"课中训练训练一"，完成"优点轰炸"。

此活动旨在帮助学生发现自己的优点，提升自信心，同时学会欣赏别人的优点。

三、完善人格的方法

（一）不断学习，丰富知识

人的知识愈广博，个性便愈加完善，刻苦学习、汲取知识的过程也是人格化的过程。在现实生活中，部分群体存在个性缺陷，如狭隘、自卑、固执、粗鲁等，这源于知识的贫乏。"知识就是力量"，知识具有完善人格的力量。

（二）面向社会，勇于实践

个体在社会化过程中离不开社会实践，个体的知识及能力都是在实践中获取和形成的，健康人格的塑造和形成也是如此。大学生社会实践的内容丰富、形式多样，有义务劳动、勤工助学、科研活动、志愿服务等。大学生积极参加各种类型的实践活动，能培养关心社会、强责任感、勤奋、耐心细致、乐于奉献等优良品质，完善自身知识结构，激发潜能，将积极的心理品质转化为理想信念和行为习惯。

（三）积极体验，感知幸福

大学生要增加积极体验，就要在日常学习和生活中培养专注力、提高品位，做生活中的有心人，多关注生活中出现的美好的事情，努力健全自己的人格。获取感受幸福和创造幸福的能力是完善人格的一种渠道。一个人格健全的人不但善于感受日常生活中许多适度的欢乐，而且善于享受和体验最高层次的幸福，懂得使自己的能力和欲望达到充分的平衡以获得幸福。

心随我动

请结合《高职心理健康教育活动手册》项目三任务二的"课中训练训练二",完成"个性成就梦想"。

此活动旨在让学生分析自己的个性特点和性格优势,依据自身特点谋划未来成功的方向。

🍃 案例析心

问题回顾:我们该怎么帮助婷宇做出改变?

案例解析:婷宇受到中学同龄群体的不良影响,出现了认知偏差、情绪失控、敏感多疑、人际关系紧张的问题。婷宇应该接受心理咨询,进行自我认知调整、情绪疏导、心理资源重构,达到适应大学新生活、实现自我调节、完善人格的目标。

首先从接纳自我开始。可以利用自画像、人格量表等形式了解自身的气质类型、性格特点,甄别自身优势和劣势。通过正确的自我认知,能客观地认识自己和评价自己,既承认自己的能力和才干,又承认自己的不利条件或限制因素。对于自己的优势和潜能,我们要竭力发扬光大;对于自己的缺点和不足,我们要主动地进行调整和完善。还要学会合理表达,适应外部环境的改变。

🌿 心灵感悟

一、放松训练

紧紧地合上双眼,绷紧眼周肌肉,保持7秒,然后放松。想象深度放松的感觉在眼睛周围蔓延。同样依次咬紧(张大)与放松牙齿、口腔,体验紧张的消除。

眼睛盯住天花板上的某一点,头部不要动,眼睛先尽量向右方看,再回到中间,然后先向左方看,再回到中间,重复这样做。同时摩擦手掌,直到感到手掌发热,闭上眼睛,手放在眼睛上,让眼睛也有发热的感觉。

放松音频:
在水中央

二、吟诵一句禅

- 人与人间的较量有三个层次:最低层次是技巧的较量,其次是智慧的较量,最高层次则是人格的较量。

- 积极乐观的人生态度是生活的缓冲器，和谐健康的人格是生活的护身符。
- 修炼成功必备品质，完善自我魅力人格。

随着教师的带读闭目吟诵，体会自己向自己心灵倾诉的感动，将心理观念嵌入自己的潜意识中。

🌿 修心践行

请结合《高职心理健康教育活动手册》项目三任务二的"课后训练"，完成"21 天打卡活动"。

🌿 项目测评

一、学习检测

项目三自测题

请扫描上方二维码，完成"项目三自测题"，测测你对本项目知识的学习情况。

二、自我评估

请完成《高职心理健康教育活动手册》项目三的"项目评估"，对你的学习情况进行自我评价。

模块三

情绪管理

04

刘洋自幼爱说爱笑，可自从上了一所高职学校后，她就变得沉默寡言了。父母劝她多和同学交朋友，她会生气；同宿舍的姐妹约她一起去逛街，她也拒绝；班主任动员她担任班干部，既锻炼自己又为同学服务，她还是不愿意。直到学校心理普查时，刘洋看到自己的测试结果存在抑郁倾向，才意识到自己这样下去会离健康越来越远，于是决定改变自己。她通过参加学校的心理咨询，和学校心理咨询师一起探讨了自己的人生规划，决定为自己的理想去拼搏。她首先制订了晨跑计划，每天早起到户外锻炼，通过健身和晒阳光，改善自己的抑郁倾向；然后制订了学习计划，考取了 1+X 证书和英语四级证书。在这期间，刘洋经历了四次抑郁症状反复和中断，还好学校心理咨询师和父母一直鼓励支持着她，刘洋渐渐恢复了过去的活泼开朗。

刘洋的故事告诉我们，只有做情绪的主人才能取得人生的成功。情绪的控制并不是一蹴而就的，需要长期的努力和实践。只有通过不断地学习、反思、实践，我们才能成为情绪的主人，掌控自己的人生。

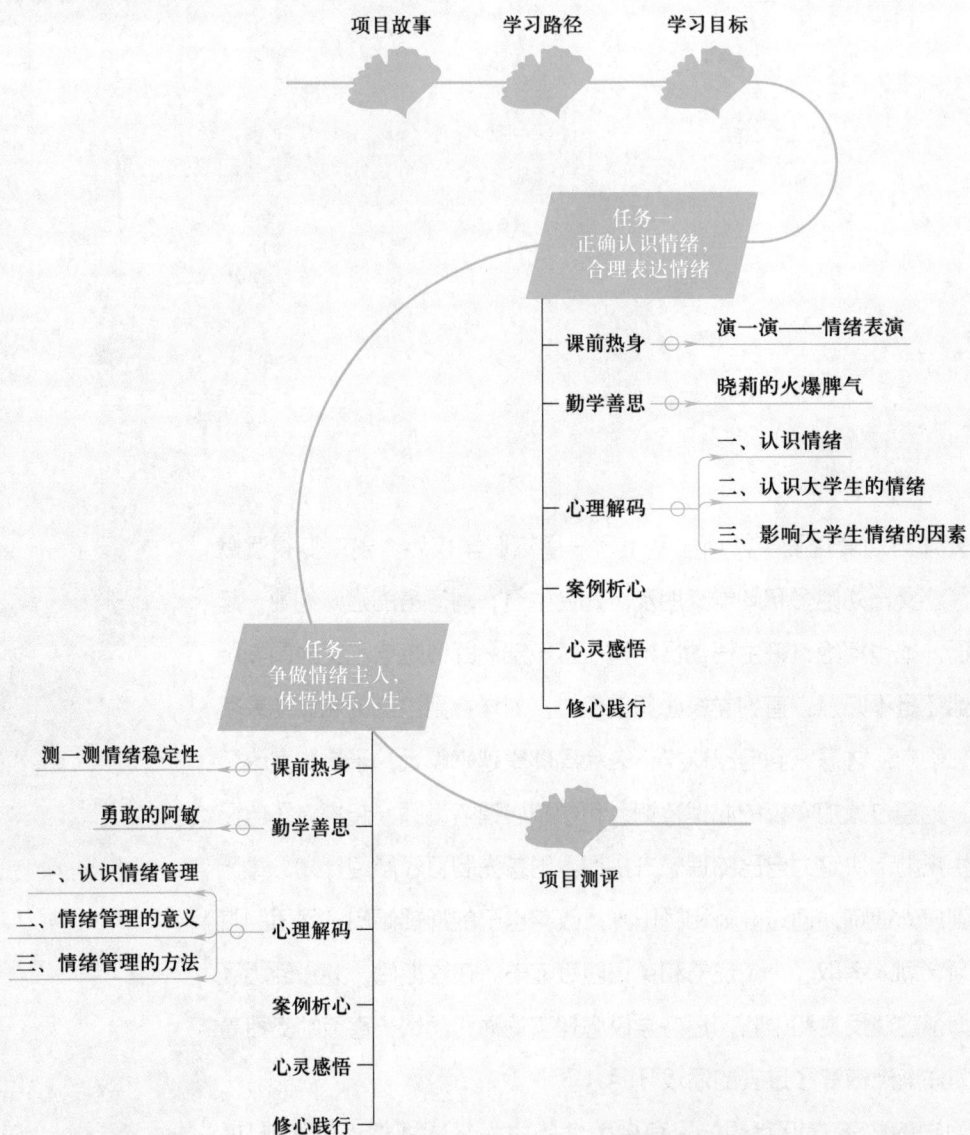

项目故事　　学习路径　　学习目标

任务一
正确认识情绪，
合理表达情绪

课前热身 ——— 演一演——情绪表演

勤学善思 ——— 晓莉的火爆脾气

心理解码 ——— 一、认识情绪
　　　　　　　二、认识大学生的情绪
　　　　　　　三、影响大学生情绪的因素

案例析心

心灵感悟

修心践行

任务二
争做情绪主人，
体悟快乐人生

测一测情绪稳定性 ——— 课前热身

勇敢的阿敏 ——— 勤学善思

一、认识情绪管理
二、情绪管理的意义　——— 心理解码
三、情绪管理的方法

案例析心

心灵感悟

修心践行

项目测评

学习目标

1. 知识目标：知晓情绪的类别与功能，掌握情绪管理的方法。

2. 能力目标：觉察自己的情绪状态，并能够有效调适出现的情绪问题，做自己情绪主人。

3. 素养目标：形成积极乐观、张弛有度、和谐稳定的健康情绪。

正确认识情绪，合理表达情绪

课前热身

请结合《高职心理健康教育活动手册》项目四任务一的"课前热身"，完成"演一演——情绪表演"。

勤学善思

晓莉的火爆脾气

晓莉是一名来自海滨城市的高职女生，刚入学时，因为她雷厉风行、快人快语，班主任选她为工作助手，常让她帮着处理一些班级事务，联络教师和同学。晓莉觉得自己可能会成为班长，因此很积极地做着各种班级负责人该做的工作。但是到了班级干部选举时，晓莉却没有当选班长，甚至同宿舍的同学都不愿选她当宿舍长。

原来，晓莉脾气很大，动不动就向姐妹们、同学们发火。一天下午军训集合时，同舍的娜娜因为想找食堂阿姨打听勤工助学岗位的事情，集合时晚到了两分钟，晓莉没等教官发话，劈头盖脸地骂了娜娜，大意是自己的事情不能等一等吗，非得影响班级集合。还有一次，晓莉带着几个男生去图书馆领取教材，阿鹏抱着一摞书进教室门时绊倒了，新书散落一地，还有一本书落在了水盆里。晓莉出口责怪："这可是新书！水里那本就归你吧。"

就这样，同学们经常远远地看见晓莉，就互相小声说"别让'火山'喷着自己，赶紧溜吧"。班主任找晓莉谈话时语重心长地说："你想想被你指责的同学该多难受！"晓莉无奈地表示，自己知道这么发火不对，解决不了问题，但就是忍不住。班主任建议晓莉去学校心理咨询室和咨询师聊一聊。

思考：如果你是晓莉，那么你要如何忍住自己的脾气？

心理解码

一、认识情绪

（一）情绪的定义

情绪是以个体的愿望和需要为中介的一种心理活动，是人对客观事物是否符合主观需要而产生的心理体验，是伴随特定生理反应与外部表现的一种

心理过程。

（二）情绪的类别

我国古代有喜、怒、忧、思、悲、恐、惊的七情说；美国心理学家普拉奇克认为存在八种基本情绪，即悲痛、恐惧、惊奇、接受、狂喜、警惕、狂怒、憎恨（图4-1）；还有的心理学家认为存在九种情绪。虽然情绪的类别很多，但一般认为有四种基本情绪，即快乐、愤怒、恐惧和悲哀。

快乐是指一个人盼望和追求的目的达到后产生的情绪体验。由于需要得到满足、愿望得以实现，心理的紧迫感和紧张感解除，快乐随之而生。

愤怒是指追求的目的受到阻碍、愿望无法实现时产生的情绪体验。个体愤怒时紧张感增加，有时不能控制自我，甚至出现攻击行为。

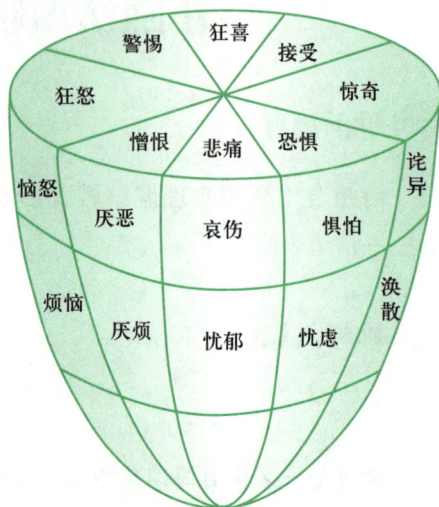

图4-1　普拉奇克情绪三维模型

恐惧是企图摆脱和逃避某种危险情景却无力应付时产生的情绪体验。恐惧的产生不仅与存在危险情景有关，还与个人排除危险的能力和应付危险的手段有关。

悲哀是指心爱的事物失去时，或理想和愿望破灭时产生的情绪体验。悲哀的程度取决于失去的事物对自己的重要性和价值。悲哀时带来的紧张的释放，会导致哭泣。

（三）情绪的功能

1. 情绪是适应生存的心理工具

情绪的适应功能从根本上说是服务于改善和完善人的生存与生活条件的。无论是儿童还是成人，都是通过快乐表示情况良好；通过痛苦表示急需改善不良处境；通过悲伤和忧郁表示无奈与无助；通过愤怒表示将进行反抗的主动倾向。

同时，由于人生活在高度人文化的社会里，情绪的适应功能的形式有了很大的变化。例如，人用微笑向对方表示友好，通过移情和同情来维护人际联结，通过压抑或转移，掩盖粗鲁的愤怒行为，情绪起着提升社会亲和力的作用。但是人们也可以看到，在个人之间和社会上挑起事端引起的情绪对立，有着极大的破坏作用。

2. 情绪是激发心理活动和行为的动机

情绪构成一个基本的动机系统。它能够驱策有机体发生反应、从事活动，在最广泛的领域里为人类的各种活动提供动机。情绪的这一动机功能体现在生理活动中，恐惧能使人退缩，愤怒会引发攻击，厌恶会引起躲避。

情绪的动机功能还体现在对认知活动的驱策上，一般而言，愉快、欣喜、爱恋等正性情绪对个体的认知活动起着促进作用；而恐惧、烦恼、悲伤等负性情绪则会抑制干扰个体的认知活动。另一方面，情绪的强度也会影响个体的认知水平，情绪过高或过低都会对认知活动产生不良影响，只有适度的情绪程度水平才会发挥促进活力的效能。

3. 情绪是心理活动的组织者

作为脑内的一个监测系统，情绪对其他心理活动具有组织的作用。情绪的组织作用包括对活动的瓦解或促进两个方面，一般来说，正性情绪起协调、组织的作用；负性情绪起破坏、瓦解或阻断的作用。

情绪的组织功能体现在对记忆的影响方面。鲍维尔的研究表明，当人处在良好的情绪状态时，更容易回忆那些带有愉快情绪色彩的材料；如果识记材料在某种情绪状态下被记忆，那么在同样的情绪状态下，这些材料更容易被回忆。这说明情绪具有一种干预记忆效果的作用，使记忆的内容根据情绪性质进行归类。情绪的组织功能还体现在影响人的行为上。人们的行为常被当时的情绪所支配。当人处在积极、乐观的情绪状态时，倾向于注意事物美好的一面，态度和善，乐于助人，并勇承重担。消极的情绪状态则使人产生悲观意识，失去希望与渴求，也更易产生攻击行为。

（四）情绪是人际交流的重要手段

情绪和语言一样，具有服务于人际交流的功能。情绪通过独特的无词通信手段，即由面部肌肉运动模式、声调和身体姿态变化所构成的表情来实现信息传递和人际互相了解。其中面部表情是最重要的情绪信息媒介。

语言是人际交流的主要工具，而情绪信息的传递则是语言交际的重要补充。在许多情景中，表情能使言语交流所造成的不确定性和模棱两可的情况明确起来，成为人的态度、感受的最好注解；而在一些场合，人的思想或愿望不宜言传，也能够通过表情来传递信息。情绪的交流作用还体现在构成人与人之间的感情联结上。例如，母婴之间有着以感情为核心的特殊的依恋关系，这是最典型的感情联结模型。

此外，感情联结还有多种形式，如友谊、亲情和恋爱，它们都是以感情为纽带的联结模式。

心随我动　请结合《高职心理健康教育活动手册》项目四任务一的"课中训练训练一"，完成"画情绪饼图"。

此活动旨在引导学生觉察自己当下的情绪状态。

二、认识大学生的情绪

（一）健康情绪的特征

健康的情绪，即良好的情绪状态。良好的心理状态首先表现为情绪上的成熟，指一个人的情绪发展水平、反应水平、自我控制能力与其年龄和社会对此的要求相适应，并为社会所接受。

美国心理学家马斯洛在关于"自我实现者"的情绪特征的分析中，提出了健康情绪的六个特征：① 适度的欲望；② 有清醒的理智；③ 平和、稳定、愉悦和接纳自己；④ 对人类有深刻、诚挚的感情；⑤ 富于哲理、善意的幽默感；⑥ 丰富、深刻的自我情感体验。

心理视窗·知识卡片

心存感激更快乐

心理学家认为人的快乐基点可以调整：人们可以借由后天的努力，改变先天人格特质的快乐水平。美国加州大学心理学家桑雅·吕波密斯基根据研究结果，提出了八项具体可行的做法。

1. 心存感激。每周记下 3~5 件令你感恩的事件。

2. 时时行善。对朋友或陌生人行善，会让自己感觉很慷慨、很有能力，也会赢得别人的笑脸、赞许及回馈。

3. 品尝乐趣。多注意美好的事物，如草莓的甜美、阳光的和煦。

4. 感戴良师。如果有人在你的人生十字路口予以指引，则要赶快致谢。

5. 学习宽恕。对伤害与误解你的人，放下怒气与怨恨，写封信给对方表示宽恕。

6. 爱家爱友。要多花点时间与精力在亲人与朋友身上。

7. 照顾身体。睡眠充足、多运动、常伸展四肢、笑口常开都可暂时改善你的心情（图 4-2）。

8. 逆境自持。"事情总会过去""任何击不倒我的事，都会让我变得更强"。

图 4-2　保持良好的睡眠和心情

（二）大学生的情绪表现

大学生正处于从青春期向青年期过渡的时期，在生理发育接近成熟的同时，心理上也经历着急剧的变化，这主要反映在情绪上。相对于中学生，大学生的情绪内容趋于深刻和丰富，情绪的表达趋于隐蔽，情绪的变化也逐渐趋于稳定。具体来说，大学生的情绪表现主要有以下三个方面。

1. 情绪状态日趋成熟

就大学生整体水平而言，在情绪特点上表现为乐观、活泼、开放、热情、精力旺盛、积极向上，充满朝气和激情。中学生时代的青少年的情绪特点，往往受制于外界情境，随着情境的变化，情绪反应来得快，消失得也快。而大学生的情绪反应，往往不会随着外界刺激环境的改变而消失，表现出一定的延迟性，趋向于心境化。

另外，大学生情感体验更加深刻，并随着自我意识的不断发展和各种需要与兴趣的拓展而表现得更加丰富、敏感、细腻和深刻，而且与社会现实相关联。

2. 情绪仍存在尚不成熟的方面

大学生的情绪年龄正处于未成年人与成年人的转变阶段，在情绪状态上反映出两种情绪并存的特点。与成年人相比，大学生对任何事都比较敏感，因此，他们的情绪仍带有明显的起伏波动性，容易从一个极端走向另一个极端，其情绪有时会表现为大起大落、大喜大怒。一旦情绪爆发，自己也难以控制，甚至表现为盲目狂热和冲动。因此，大学生的情绪仍存在不成熟的方面，导致大学生在处理同学关系、师生关系等人际关系的矛盾，以及在对待学业生活中的挫折时，常常走极端，给自己及他人带来伤害。

3. 情绪反应具有矛盾性、两极性和想象性

在高职教育阶段，青年学生面临诸多关键抉择，然而他们的人生经历与阅历较成年人浅。因此，在选择时常常会呈现出一种矛盾和复杂的情绪状态。例如，希望自己具有独立性和希望依赖于他人的需要同时存在；既对自己不满，又不想承担责任；既希望得到他人的理解，又不愿意接受他人的关心；等等。大学生的情绪表现，有时仍会像中学时代那样喜怒形于色，有时会将自己的情绪隐藏和掩饰起来，压抑自我，在遇到一些情境时情绪会如火山般爆发，表现出明显的两极性体验。有时大学生会陶醉于以前的某种特定的愉快情绪状态之中，或沉湎于某种负性的情绪状态之中，甚至会陷入某种想象出来的欢乐或是忧虑之中而不能自拔。例如，有的大学生因在一次运动会比赛中失利而感到无地自容，后来竟然泛化想象为周围的人都在轻视自己，产生了处处都不如人的不良心态。

心随我动

请结合《高职心理健康教育活动手册》项目四任务一的"课中训练训练二"，完成"情绪双刃剑"。

此活动旨在通过引导学生了解情绪对人的影响。

三、影响大学生情绪的因素

（一）需要是否得到满足

每个大学生都有各种各样的需要，当大学生的需要得到满足时，就会产生积极的肯定

的情绪；反之，则会产生消极的否定的情绪。

（二）身体状况

身体健康、精力旺盛是产生积极的情绪的原因之一，如果身体健康欠佳或过度疲劳，则容易产生消极情绪。

（三）集体的人际关系

大学生所在的集体状况和集体内的人际关系会对大学生的情绪产生影响。如果一个集体中的成员之间心理相容、互相信任、团结和谐，就会使人心情愉快、情绪积极；如果成员之间互不信任、互相戒备，就会使人随时都处在不安的情绪中。

（四）生活条件

生活条件是一种外在的刺激，它引起人的知觉从而产生情绪体验。在生活中，学校硬件设施、管理方式、校园环境等都是影响情绪的重要因素。

🌿 案例析心

问题回顾：如果你是晓莉，那么你要如何忍住自己的脾气？

案例解析：晓莉接受了班主任的建议，前往学校的心理咨询室。听了晓莉的描述，咨询师解释说，晓莉总是忍不住自己的脾气，遇到和自己意愿不合的事情就向外指责固然不对，并不能因此否定晓莉的一切。对于晓莉来说，教师信任自己，成为一名班干部，对于刚入学的新生来说，是一个很好的在大学校园里锻炼自己机会。但是，大学里锻炼的机会有很多，除了担任班干部，还可以参加社团工作，也可以到社会上做一些兼职。

咨询师建议晓莉学会开拓视野，避免因期望过高而产生急切心理。咨询师得知晓莉父母都存在肝脏问题，晓莉体检时也查出是乙肝健康带毒体质，就帮她制定了一个身心共建的调整方案。咨询师告诉晓莉，人的身心是一体的，肝脏不好对脾气是有一定影响的，平时要在饮食方面注意对肝脏的养护。

另外，知道自己火气大，脾气急，就要学习一些管理情绪的办法。例如，加强体育锻炼，学会换位思考，遇到违背自己意愿的事情先屏息三秒再发声，多参加社会实践，让自己积累丰富的社会经验。人的阅历丰富了，对事件的把握能力就会增强，从而兼顾自己和他人的利益，而不是只从自己的角度出发做出反应。

晓莉从心理咨询室出来，似乎明白了很多，她找到以前被自己指责过的同学，向他们真诚地道歉，并开始进行情绪管理。第二年，晓莉因为主动性强、能力突出，被同学们选为了班长。任何情绪都是人成长的一种动力，充分地了解自己的情绪，管理好情绪，是我们创造精彩人生的必要操作。

🌱 心灵感悟

一、放松训练

全身放松：闭上眼睛，对自己说："我现在很放松……我的头放松了……我的脸、眼睛、下巴放松了……脖子、肩胛、手臂、胸部、腹部、臀部、大腿、小腿放松了。"慢慢地将注意力分散到全身各处，如果察觉到哪个部位仍然紧张，再针对性地进行缓解，感受紧张逐渐消失的过程，即使没有完全消失也不必担心。继续闭着眼睛保持放松状态，想象一些令人愉快的平和的场景，想象在平静的湖面上划船，微风吹过，小船轻轻摇动，体会愉快平和的感觉。

放松音频：
深度放松

二、吟诵一句禅

- 不做情绪的奴隶，要做情绪的主人。
- 生气是拿别人做错的事来惩罚自己。
- 忍得一时之气，免得百日之忧。

随着教师的带读闭目吟诵，体会自己向自己心灵倾诉的感动，将心理观念嵌入自己的潜意识中。

🌿 修心践行

请结合《高职心理健康教育活动手册》项目四任务一的"课后训练"，完成"情绪捕手"。

任务二

争做情绪主人，体悟快乐人生

🌱 课前热身

请结合《高职心理健康教育活动手册》项目四任务二的"课前热身"，完成"测一测情绪稳定性"。

勇敢的阿敏

阿敏是一所高职院校的学生。入学前她和相恋了四年多的男友分手。双方家长都知晓两人的恋爱，约好等他们大学毕业就办婚礼。结果因为男友变心，两家闹得不欢而散。压抑和忧郁缠绕着阿敏，她开始变得敏感多疑、自卑、自暴自弃。然而开学在即，阿敏意识到，不能让痛苦和压抑长期占据心灵，必须以一种合适的方式释放心中的痛楚和愤怒，减轻心理压力。

她选择了一种"劳其筋骨"的方式——办了一张为期一年的健身卡，坚持健身锻炼，借此释放积蓄的忧郁，驱逐心灵的痛苦。

高强度的运动使她再没力气去痛苦、愤怒，而只期望早早地睡觉。几天后，疼痛的关节和肌肉使阿敏的注意力从原先的心灵痛苦中渐渐撤出，转而集中在熬过当下一次次的健身锻炼。

三个月过去，阿敏犹如新生，充满了活力和自信。一年后，阿敏完全走出了生活的阴影，并且成了学院里带领同学一起跳健美操的领操员，每晚在学校体育馆，阿敏站在台上领着同学们一起跳操，忘掉所有的烦恼。在领操台上，朝气蓬勃的她是那样美丽、健康。

思考：你欣赏阿敏的勇气吗？你知道"劳其筋骨"的方式为什么会让人的情绪改变吗？

🌿 **心理解码**

一、认识情绪管理

情绪管理指善于掌握自我，善于调节个体情绪，对生活中矛盾和事件引起的反应能适可而止地排解，能以乐观的态度、幽默的情趣及时地缓解紧张的心理状态。情绪管理最先由因《情绪智商》（*Emotional Intelligence*）一书而成名的丹尼尔·戈尔曼提出。他认为通过控制情绪，管理人可以成为卓越的领导人。

情绪管理是指通过研究个体对自身情绪与他人情绪的认识、协调、引导、互动、控制，充分挖掘和培植个体的情商，培养驾驭情绪的能力，从而确保个体保持良好的情绪状态，并由此产生良好管理效果的一种管理手段。简单说，情绪管理是对个体的情绪进行感知、控制、调节的过程。情绪包括正性情绪和负性情绪两个方面：正性情绪是指以开心、乐观、满足、热情等为特征的情绪；负性情绪是指以难过、委屈、伤心、害怕等为特征的情绪。负性情绪的危害很大，情绪困扰长期得不到解决，除了会降低个人的生活质量，还会使个人丧失生活热情，影响人际关系，并且影响个人的学习效率。

心随我动

请结合《高职心理健康教育活动手册》项目四任务二的"课中训练训练一"，完成"体验白熊效应"。

此活动旨在启发学生掌握情绪的主动权，使其能够乐观、从容、积极地面对生活中的挑战。

二、情绪管理的意义

（一）有利于青年的全面成长

学习管理自己的情绪是成为文明人的基础。人一生的成长都离不开情绪的调节适应机制，该机制包括正确辨认、解读别人的情绪，理解别人的感受以适应社会的需要，控制自己情感的外部表现以适应文化环境，还包括借助情感的表达功能实现人际情感沟通和情感认同。学会正确理解、表达及控制情绪，对于人一生的顺利成长、人际适应、工作拓展、生活充实、满意度增加等方面均有重要影响。

（二）有利于开发人的潜能

潜能的开发和利用必须有情绪的参与及支持。情绪既有其外部表现又是一种主观体验，既是调节器又是监视器，对生活、学习有促进或阻碍两个方面的作用。有较好的情绪调控能力，经常拥有积极的情绪状态，对于大学生自身的潜能开发有巨大的意义。良好的情绪可以激发热情、好奇心、美感，推动青年挖掘自身的潜力，使其自觉学习，趋向学习目标，还可以激发人的想象力，有利于产生创见。积极的情绪也会带来良好的人际关系，创造良好的工作、学习氛围，有利于创造力的发挥。

（三）有利于身心健康

情绪稳定、心态积极是心理健康的重要标志之一。积极的情绪有利于身心健康，而消极的情绪会干扰学习、人际适应、身心健康等方面。生活中不可避免地会有各种负面事件（如学业不顺利、失恋等）发生，个体会相应地产生负性情绪，如烦恼、悲伤等，此时如果情绪调控能力差，往往会难以自控、丧失有效的沟通能力，产生不良后果。

心理视窗·身边故事

成为自己心中的星

建明是某高职院校二年级的学生，在他上高职的前一年，母亲因为肺癌去世了。

建明父母早年离异，母亲离婚后自己创办了建材公司，是建明心中的"女强人"。母亲去世后，建明感觉自己心里的光消失了。一次恍惚间他跨上了一座大桥的外沿，想跳桥轻生，幸好被巡警及时救下。回到学校后，班主任与建明沟通后知道了他心里的痛，鼓励他继承母亲的优点，活成自己心中的星。建明通过参加心理辅导，积极调适自己的情绪状态，性格变得越来越稳重。在班主任的指导下，在父亲的支持鼓励下，建明开始尝试学习管理母亲的公司，繁多的杂务让他越发感觉到母亲的不容易，悲伤时常涌上心头，但他始终记得班主任让他"成为自己心中的星"的教导，积极想办法解决问题，及时向父亲、班主任、心理咨询师倾吐心声，把消极情绪化解掉，让自己保持一种积极的状态。毕业时，同学们都惊讶于建明的成就，觉得他小小年纪能管理好一个公司真是让人钦佩，建明越来越成熟自信，他终于成为了自己心中的星。

心随我动

请结合《高职心理健康教育活动手册》项目四任务二的"课中训练训练二"，完成"'动情'一刻"。

此活动旨在引导学生认识行为动作对情绪的影响，主动通过运动锻炼调节情绪。

三、情绪管理的方法

（一）提高情商法

心理学家戈尔曼提出了情商的概念。所谓情商，是指了解、控制、调整和激励自己的情绪，使自己为实现一定的目标而增强注意力和创造力的能力。

云微课

情绪的自我调控

美国心理学家认为，情商包括以下内容：一是认识自身的情绪，因为只有认识自己，才能成为自己生活的主宰；二是能妥善管理自己的情绪，即能调控自己；三是自我激励，它能够使人走出生命中的低潮，重新出发；四是认知他人的情绪，这是与他人正常交往、实现顺利沟通的基础；五是人际关系的管理，即领导和管理能力。

情商的水平不像智力水平那样可用测验分数较准确地表示出来，它只能根据个人的综合表现进行判断。情商水平高的人具有如下的特点：社交能力强，外向而愉快，不易陷入恐惧或伤感，对事业较投入，为人正直，富于同情心，情感生活较丰富但不逾矩，无论是独处还是与许多人在一起都能怡然自得。

（二）改变认知法

情绪的产生是以认识为基础的，一件事情能否对我们造成伤害并非取决于事情本身，而是取决于我们对事情的看法，事情本身不会伤害或阻碍我们。真正使我们恐惧和惊慌的是我们思考它的方式，是我们对其意义的诠释。因此大学生可以通过改变自己的认知和态度，来改变与控制情绪。

常见的认知观念偏差有三种：一是对自己、他人、周围环境的绝对化要求，这些要求针对自己时，一旦达不到，就会引来各种自我攻击，而拿这些要求针对别人时，如果别人不能符合要求，自己就容易生气，并对别人充满敌意，导致自己陷入情绪及人际关系困扰中；二是过分概括化，也就是以偏概全，通常是根据一次得失就全盘否定自己，遇到一件事没做好（如考砸了、公开演讲失败、求爱不得等）就觉得自己一无是处，产生严重自卑感，害怕见人；三是糟糕至极，指一件不好的事发生就会觉得整个世界都要崩溃了，过分夸大事情的后果，陷入灭顶之灾中，无力自拔。

通过自我反思和自我批判，以及他人点醒和说服，对自己的不当认知观念与认知模式进行纠正和改变，形成合理观念，保持适度情绪反应。

> **心随我动**
>
> 请结合《高职心理健康教育活动手册》项目四任务二的"课中训练训练三"，完成"唱反调"。
>
> 此活动旨在引导学生学会观察情绪，换个角度看问题，通过改变认知来调节情绪。

（三）注意力转移法

注意力转移法是把注意力从引起不良情绪反应的刺激情境转移到其他事物或从事其他活动的自我调节方法。当出现情绪不佳的情况时，要把注意力转移到自己感兴趣的事上去，如外出散步、看电影、读书、打球、下棋、找朋友聊天、换换环境等，这有助于使自己平静下来，在活动中寻找到新的快乐。这种方法的作用体现在两个方面，一方面，中止了不良刺激源的作用，防止不良情绪的泛化、蔓延；另一方面，通过参与新的活动特别是自己感兴趣的活动，达到增强积极的情绪体验的目的。

（四）适度宣泄法

过分压抑只会使情绪困扰加重，而适度宣泄则可以把不良情绪释放出来，从而缓解紧张情绪。因此，遇到不良情绪时，最简单的办法就是宣泄；宣泄一般是在私人空间下、在知心朋友中进行的。采取的形式有：用过激的言辞抨击、谩骂、抱怨恼怒的对象；尽情地向至亲好友倾诉自己认为的不平和委屈等；通过体育运动、劳动等方式尽情发泄；到空旷的山林原野，拟定一个假想目标大声叫骂，发泄胸中怨气。必须指出，在采取宣泄法来调节自己的不良情绪时，必须增强自制力，要采取正确的方式，选择适当的场合和对象，以免引起不良后果。

（五）情绪升华法

情绪升华法是改变不为社会所接受的动机和欲望，而使之符合社会规范和时代要求的方法，是对消极情绪的一种高水平的宣泄，指将消极情感引导到对人、对己、对社会都有利的方向去。例如，某学生因失恋而痛苦万分，但他没有因此而消沉，而是把注意力转移到学习中，立志做生活的强者，证明自己的能力。

（六）积极暗示法

积极暗示法（图4-3）就是个人通过语言、形象、想象等方式，对自身施加影响的心理过程。这个概念最初由法国医师库埃于1920年提出，他的名言是"我每天在各方面都变得越来越好"。自我暗示分为消极自我暗示与积极自我暗示。消极自我暗示在不知不觉之中对我们的意志、心理、生理状态产生影响；积极自我暗示令我们保持好的心情、乐观的情绪、自信心，从而调动人的内在因素，发挥主观能动性。心理学上的"皮格马利翁效应"也称期望效应，讲的就是积极自我暗示。

自信
相信自己行 敢说我能行

图4-3　积极暗示法

与此同时，我们可以利用语言的指导和暗示作用，来调适和放松心理的紧张状态，使不良情绪得到缓解。心理学的实验表明，当一个人静坐时，默默地说"勃然大怒""暴跳如雷""气死我了"等语句时心跳会加剧，呼吸也会加快，仿佛真的发起怒来。相反，如果默念"喜笑颜开""兴高采烈""把人乐坏了"之类的语句，那么他的心里面也会产生一种乐滋滋的体验。由此可见，言语活动既能唤起人们愉快的体验，也能唤起不愉快的体验；既能引起某种情绪反应，也能抑制某种情绪反应。因此，当我们在生活中遇到情绪问题时，应当充分利用语言的作用，用内部语言或书面语言对自身进行暗示，缓解不良情绪，保持心理平衡。例如，默想或用笔在纸上写出下列词语："冷静""三思而后行""制怒""镇定"等。实践证明，这种暗示对人的不良情绪和行为有奇妙的影响和调控作用，既可以松弛过分紧张的情绪，又可以用来激励自己。

🍃 案例析心

问题回顾：你欣赏阿敏的勇敢吗？你知道"劳其筋骨"的方式为什么会让人的情绪改变吗？

案例解析：情绪管理的前提是增强主动调整的意识。案例中阿敏遭遇的失恋危机是比较严重的心理危机，而阿敏能够主动地通过运动锻炼使自己从负面情绪中摆脱出来，不得不说是既智慧又勇敢的。相信同学们在面临情绪问题时也希望自己能够像阿敏一样，从不良情绪中真正摆脱出来，获得健康。

人体内有两种物质可以让人获得快乐和满足，即多巴胺和内啡肽。适量的运动可以使人体产生多巴胺，多巴胺是一种即时满足的奖励机制，它让你做了一件事下次还想做。内啡肽是一种延迟满足的补偿机制，当你在痛苦中坚持一段时间后，身体就会分泌内啡肽进行补偿。因此，追求内啡肽需要反本能、经历痛苦。获得内啡肽补偿是长期坚持的结果，刚开始的时候会觉得很不适应，一旦过了临界点，就会形成一种习惯，让人超越自己。阿敏坚持"劳其筋骨"后，身体产生的内啡肽使她因失恋而产生的不足感获得补偿性的满足，因此没有被抑郁情绪击垮，而是改善了身心状态。阿敏身心转化的过程正是积极维护心理健康的表现。

运动可以锻炼人体的肺部功能，增加肺活量，还可以加强心肌收缩力，有利于体内代谢废物排出，也有利于大脑的发育、增强记忆力、刺激内啡肽的分泌、缓解精神压力。我国古代也有"苦心志，劳筋骨"的例子，为了管理好我们的情绪，试着运动起来吧。

🌱 心灵感悟

一、放松训练

全身放松：闭上眼睛，对自己说："我现在很放松……我的头放松了……我的脸、眼睛、下巴放松了……脖子、肩胛、手臂、胸部、腹部、臀部、大腿、小腿放松了。"慢慢地将注意力分散到全身各处，如果察觉到哪个部位仍然紧张，再针对性地进行缓解，感受紧张逐渐消失的过程，即使没有完全消失也不必担心。继续闭着眼睛保持放松状态，想象一些令人愉快的平和的场景，想象在平静的湖面上划船，微风吹过，小船轻轻摇动，体会愉快平和的感觉。

放松音频：禅

二、吟诵一句禅

- 我们不能左右天气，但是我们可以改变心情。
- 我们不能选择容貌，但是我们可以展现笑容。
- 我们不能支配他人，但是我们可以掌握自己。
- 我们不能样样顺利，但是我们可以事事尽心。

随着教师的带读闭目吟诵，体会自己向自己心灵倾诉的感动，将心理观念嵌入自己的潜意识中。

🌿 修心践行

请结合《高职心理健康教育活动手册》项目四任务二的"课后训练",完成"合理情绪实操训练"。

项目测评

一、学习检测

项目四自测题

请扫描上方二维码,完成"项目四自测题",测测你对本项目知识的学习情况。

二、自我评估

请完成《高职心理健康教育活动手册》项目四的"项目评估",对你的学习情况进行自我评价。

05

周祎是高职院校外语专业的一名男生，他高考失利，没有考入理想的本科院校。和他同班的很多同学觉得自己的未来很渺茫，认为一个高职院校外语专业的学生毕业后不会有单位愿意录用，因此开始自暴自弃。周祎觉得虽然自己高考失利，但不代表人生从此不会闪光，依然努力学习，刻苦钻研，通过背诵英文词典掌握了大量的英文词汇。在别人睡懒觉、打游戏、吃喝玩乐的时候，他都在学习，成为了班级中的佼佼者。后来，他又克服了缺少经验和资金的困难，创办英语培训学校，成为学校自主创业的标兵，被评为省优秀毕业生和青年创业楷模。在接受记者采访时周祎说，人生就像《铿锵玫瑰》的歌词所说"一切美好只是昨日沉醉，淡淡苦涩才是今天滋味"，每个人一生中都难免会遇到不如人意的事情，只有管理好来自生活的各种压力，有效应对人生挫折，才能获得成功。

大学生懵懂地闯入社会，感受到社会赋予自己的责任，但因人生阅历的不足，生活学习中的磕磕绊绊在所难免。同学们，你们是如何抗挫耐压的？

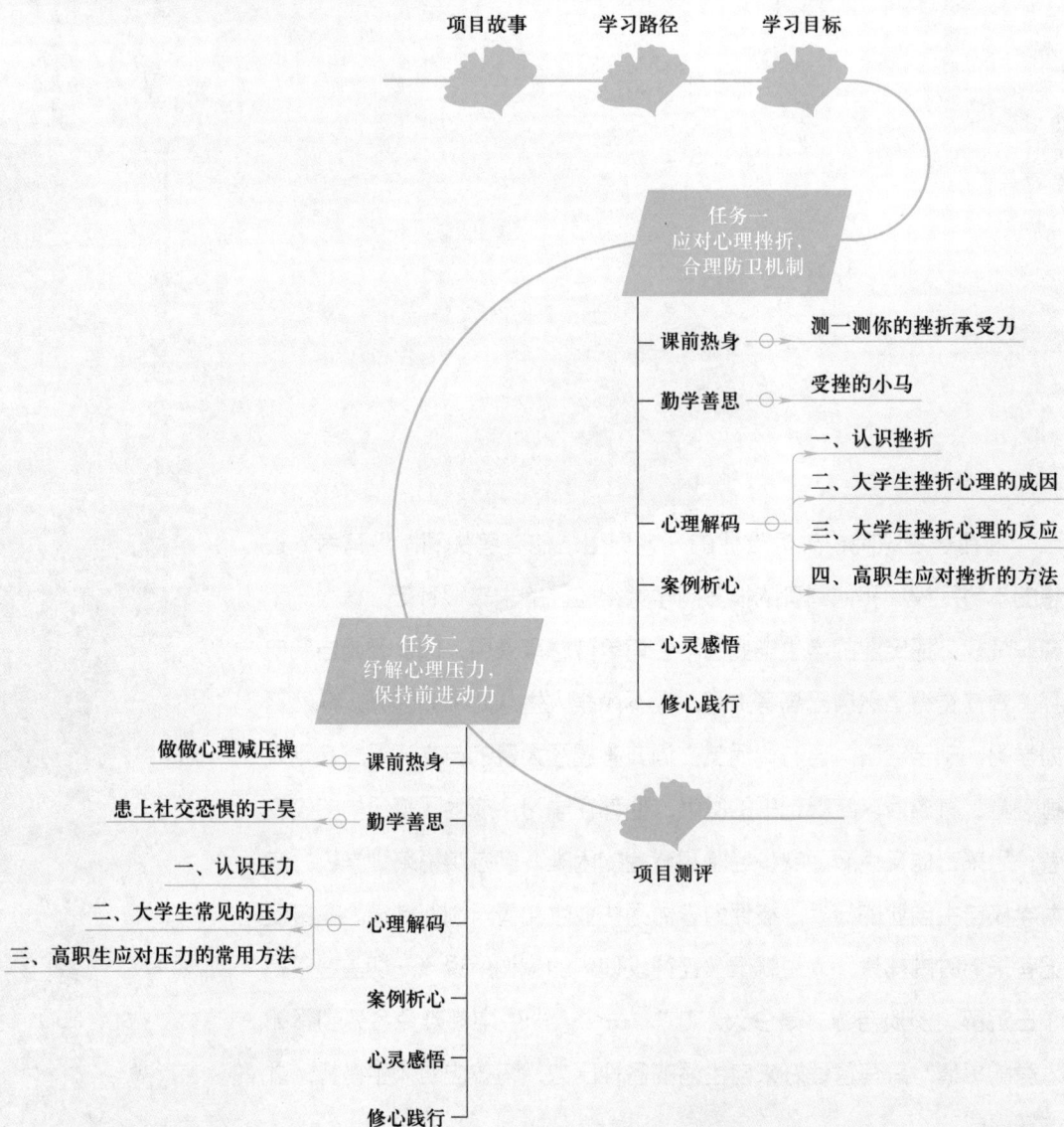

项目故事　　学习路径　　学习目标

任务一
应对心理挫折，
合理防卫机制

课前热身 ── 测一测你的挫折承受力

勤学善思 ── 受挫的小马

心理解码 ── 一、认识挫折
二、大学生挫折心理的成因
三、大学生挫折心理的反应
四、高职生应对挫折的方法

案例析心

心灵感悟

修心践行

任务二
纾解心理压力，
保持前进动力

做做心理减压操 ── 课前热身

患上社交恐惧的于昊 ── 勤学善思

一、认识压力
二、大学生常见的压力
三、高职生应对压力的常用方法 ── 心理解码

案例析心

心灵感悟

修心践行

项目测评

🪷 学习目标

1. 知识目标：知晓挫折与压力的内涵，了解挫折与压力的常见表现。

2. 能力目标：学会应对挫折的方法，有效管理压力，采取积极的应对策略。

3. 素养目标：形成不畏挫折、积极进取的人生态度。

应对心理挫折，合理防卫机制

🍃 课前热身

请结合《高职心理健康教育活动手册》项目五任务一的"课前热身"，完成"测一测你的挫折承受力"。

🍃 勤学善思

受挫的小马

小马是来自北方县城的一名高职学生，父亲在他入学前反复叮嘱，到了大学一定要争取成为一名党员。牢记父亲教诲的小马刚进校园就听说想入党必须成为班干部，为此，小马为班级的事务跑前跑后，取得教师和同学的信任，当上了班长。可是，临近期末，小马有些迷茫，因为他发现自己因忙于班干部工作而忽略了文化课的学习，课程请假过多，一些考查科目他只拿了刚及格的分数，与奖学金无缘了，而学生入党的标准里包括获得奖学金，这让他心里很难受，觉得自己离入党的目标越来越远了。果不其然，第一批入党积极分子名单上没有他的名字。

从这以后，班主任和同学们都发现小马变了，他对班级事务不像以前那么上心了，还动不动就发脾气。有一次，班主任通知他组织班级同学扫雪，他也不行动，直到其他班级的雪段都清扫完了，班主任看到只剩下自己班的雪段没有清扫，着急地打电话催促，他才没好气地嘟囔说："有那么多班干部，怎么不让别人去组织？"扫雪时，小马还在发牢骚："学校里能走几趟车？有点儿雪能咋的！还非得次次清扫。"就这样，他们班不仅扫雪任务完成得落后，还受到学校的批评。

思考：请分析小马开始对工作敷衍的原因，如果你是小马的同学，你打算怎么帮助他？

🍃 心理解码

人的行为总是从一定的动机出发的，并要达到一定的目的。如果在通向目标的道路上遇到了障碍，就会产生三种情况：改变行为，绕过障碍，达到目标；如果障碍不可逾越，则可以改变目标，从而改变行为的方向；在障碍面前无路可走，不能达到目的。只有在第三种情况出现时，人们才会产生挫折。

一、认识挫折

挫折是指人们在从事有目的的活动中，遇到了难以克服或自以为无法克服的障碍与干扰，因个人需要或动机无法满足而产生的紧张状态和消极的情绪反应。这一概念应包括三个方面的含义：挫折情境、挫折认知、挫折反应。

（一）挫折情境

挫折情境是指人们的需要不能获得满足的内外障碍或干扰等情境因素，如考试不及格，比赛未取得理想名次，受到讽刺、打击等。

（二）挫折认知

挫折认知是指人们对挫折情境的知觉、认识和评价，挫折认知既可以是对实际遭遇的挫折情境的认知，也可以是对想象中可能出现的挫折情境的认知。例如，有的人总是怀疑别人在议论自己，虽然事实并非如此，但他在心理上却会因此而产生与他人关系不和睦的认知。另外，不同的人对相同的挫折情境所产生的主观心理压力也不尽相同，个人的知识结构会影响其对挫折情境的知觉判断。

（三）挫折反应

挫折反应是指人们伴随着挫折认知，对于自己的需要不能满足时产生的情绪和行为的反应，常见的有焦虑、紧张、愤怒、躲避或攻击等。

以上三个方面内容的关系为：挫折情境（真实的或想象的）引起挫折认知进而产生挫折反应。可见，挫折认知起着十分重要的中介作用。假如两个人遇到同样的挫折情境，如面对考试成绩不理想，一个人认为问题很严重，另一个人认为无所谓，那么两人所产生的反应就明显不同，前者可能产生强烈的情绪反应，而后者则可能反应很微弱，这主要是认知的不同导致的。

> **心随我动**
>
> 请结合《高职心理健康教育活动手册》项目五任务一的"课中训练训练一"，完成"看见挫折"。
> 此活动旨在通过分享交流，帮助学生理解挫折的普遍存在性，并通过讨论学会从负性事件中看到积极的意义。

二、大学生挫折心理的成因

（一）外在的客观原因

外在的客观原因导致的挫折是因外界事物或客观情况阻碍个体达到目标而产生的挫

折，也称环境起因挫折，分为自然条件与社会条件两种。自然条件的制约往往给人带来不幸的结果。一些无从预料、不可抵挡的自然现象，如山洪暴发、火山、地震、江河决堤、大旱大涝等，都会使人处于不利的环境中。人们要在不利的环境中取得满意的结果，就要付出更大的艰辛努力，即便如此，其成功的概率也低于良好自然条件下的努力者。社会条件主要指个人在社会生活中受到的阻碍，如政治迫害、婚姻关系破裂、人际关系不顺、领导者管理方式不妥等。

（二）内在的主观原因

内在的主观原因导致的挫折主要指因自身条件的限制而阻碍了目标的实现，也称个人起因挫折。内在的主观原因包括两个方面。一是个体生理原因，包括导致个人活动失败或无法达成目标的生理素质、体力、外貌及生理缺陷等。例如，一个身材矮小的人一心想像姚明那样做球星，这显然不现实。二是个人心理原因，包括个人生活条件较差、经济水平较低、人格存在缺陷、心理发展水平不高、意志薄弱、能力不强、自卑感重等。例如，目标超越了个人的客观实际或者自我估计过高的人，常因目标过高，很多愿望不能实现而遭受挫折。

🌱 心理视窗·知识卡片

压力的弹簧效应

压弹是在压力中反弹的能力。按照美国心理学会的定义：压弹指个人面对生活逆境、创伤、悲剧、威胁及其他生活重大压力的良好适应，也是个人面对生活压力和挫折时的反弹能力。压力承受就好比弹簧一样，当压力过重时，弹簧会因承受压力过大而失去作用；而当压力过轻时，弹簧会因承受压力过小而不发生作用；只有当压力适中时，弹簧才会发挥作用。

心理学研究表明，适度的压力会激发人的动机和表现。按照耶克斯－多德森法则，各种活动都存在动机的最佳水平。动机不足或动机过分强烈，都会使工作效率下降。换言之，当个人的行为动机处于一个最优值时，其工作效率是最高的；而当个人的动机低于或高于这个最优值时，其工作效率不能达到最佳。因此，适度的压力是身心健康的保障。在运动心理学上，这又被称为倒 U 形理论（图 5-1）。

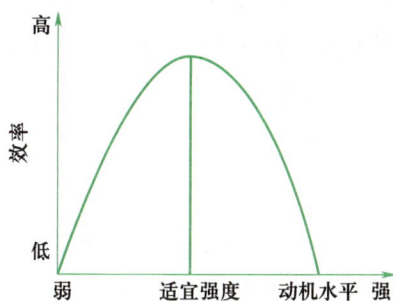

图 5-1　倒 U 形理论

三、大学生挫折心理的反应

个体受到挫折后，会对个体的生理、心理与行为产生一些影响。

由于个体的心理承受能力不同、自我调适能力不同，大学生遇到挫折后，会有不同的反应。总体上可以分为两种：一种是积极的心理行为表现，指个体在遭受挫折后能够审时度势，不失常态地、有控制地转向摆脱挫折情境为目标的理智性反应；另一种是消极的心理行为表现，指失常的、失控的、没有目标导向的非理智性反应。

（一）理智性反应

1. 坚持目标，继续努力

当个体受挫后，根据自己的知识、经验，通过分析，发现自己追求的目标是现实的，那么即使暂时遇到了挫折，也应克服困难，找到摆脱挫折情境的办法，毫不动摇地朝既定目标迈进，最终实现自己的愿望，达到预定的目标。

2. 降低目标，改变行为

当既定目标经一再尝试仍不能成功时，个体应调整目标，变换方式，通过别的方法和途径实现目标，或者调整原来制定得太高且不切实际的目标，改变行为方向，这样有可能成功，从而满足某种需要。这种目标的重新审定和转移，不是惧怕困难，而是实事求是的表现，同时有利于避免因目标不当、难以达成而产生的焦虑情绪和挫折心理。

3. 改变目标，取而代之

在个体确定的目标由于自身条件或社会因素的限制，不能实现并受到挫折时，可以改变目标，用另一目标来代替，使需要得到满足；或通过另一种活动来弥补心理的创伤，驱散因失败而造成的内心忧愁和痛苦，增强前进的信心和勇气。

4. 寻求支持

在挫折的打击下，有些人往往感到自己势单力薄、力量有限，从而将注意力转向寻求他人和社会的支持，或找亲朋好友倾诉衷肠，或寻求组织、团体的帮助和关心，以此来减轻挫折感和烦恼程度。这也是一种理智性的挫折反应。

（二）非理智性反应

1. 焦虑

焦虑是受到挫折后常见的一种心理反应。适度焦虑可唤醒大脑皮质的觉醒状态，可增强注意力，提高记忆水平，对提高学习效率、发挥潜能等有一定的积极作用。过度焦虑则会使注意力不集中，记忆力下降，思维紊乱，辨别能力降低等等，是一种有害的情绪反应，严重的会导致心理疾病，发展成焦虑症。

2. 攻击

个体遭受挫折后，常常引起愤怒的情绪。为了将愤怒的情绪发泄出去，或对构成挫折的人进行报复，可能会产生过激的举动，表现出攻击性行动。

直接攻击：受挫者将愤怒的情绪直接发泄到对自己构成挫折的人或物上，多以动作、表情、言语、文字等方式表现出来。例如，采取打斗、辱骂、讽刺、漫画等形式，以侮辱对方人格，发泄自己内心的不满。

转向攻击：受挫者不直接攻击造成挫折的一方，而是将其他人或物作为发泄的对象。直接攻击常常会造成严重后果，有时也无法向真正的对象进行攻击，并且事实上直接攻击也常常不能解决问题。因此，有的人在受挫后就会采取变相的攻击方式，即转向攻击。例如，在公司受了上司气的丈夫回家拿妻儿出气。在许多情况下，转向攻击的目标是无辜的。

3. 冷漠

冷漠是一种与攻击相反的行为反应，指当个人遭遇挫折时表现出无动于衷、漠不关心的态度，似乎毫无情绪反应。其实，冷漠并非不包含愤怒的情绪成分，只是个体把愤怒暂时压抑，而以间接方式表现出来。这种反应体现为表面冷漠退让，内心深处则往往隐藏着很深的痛苦，是一种受压抑极深的反应。

4. 退化

退化又叫倒退或回归，指个体遇到挫折时表现出与自己的年龄、身份极不相称的幼稚行为。当一个人遭到挫折时，可能会以简单、幼稚的方式应付挫折，以求得到别人的同情和照顾。退化是一种由成熟向幼稚倒退的反常现象，并且本人不能清醒地意识到这种反应。例如，有些学生遇到挫折或一些不顺心的事情后，或暴跳如雷，或蒙头大睡，或装病不起，甚至幼稚得像小孩一样哭闹。退化还有一种表现是受暗示性增强，受挫折后个体明辨是非的能力降低，盲目地相信别人、顺从别人和执行别人的暗示。

5. 幻想

幻想又称白日梦，指个体企图以自己想象的虚幻情境来对付挫折，借以摆脱现实的痛苦，并在此虚幻情境中寻求满足。幻想可使人暂时摆脱苦恼，缓冲情绪紧张，但对解决实际问题毫无益处，长此以往会形成病态的行为反应。

6. 固着

固着指个体在受到挫折后，采取刻板的方式，盲目重复某种无效的行为，以不变应万变。一般而言，个体受挫折后需要有一种随机应变的能力来摆脱所遭遇的困境。但是有人在反复碰到类似的困境后，依旧用先前的方法，盲目地解决已经变化了的问题，尽管他们知道这些动作对目标的达成、需要的满足并无帮助。

7. 逃避

逃避指有些人遭受挫折后，往往不敢面对现实、正视现实，而是躲开受挫的现实，放弃原来所追求的目标，撤退到比较安全的地方。例如，有的人在生活中碰钉子，或者所追求的目标、理想一时不能实现时，便心灰意冷；还有的人在学习、工作开始的时候积极性很高，但对困难估计不足，结果一遇挫折便退却下来。逃避的显著特点是"一朝被蛇咬，十年怕井绳"，遇到挫折后便意志消沉、一蹶不振。逃避虽然能使心理紧张得到暂时的缓解，但并没有解决问题，长期下去会形成不良适应，使人害怕困难和挫折，因而不思进取。

> **心随我动**
>
> 请结合《高职心理健康教育活动手册》项目五任务一的"课中训练训练二"，完成"情景表演"。
>
> 此活动旨在通过情景模拟增强学生应对挫折的能力，帮助学生从不同的应对策略中学习有效的经验。

四、高职生应对挫折的方法

人们常说，"解铃还须系铃人"，在战胜挫折过程中，社会、学校等外界环境是很重要的。但是，有很多挫折是大学生自己的主观因素导致的，并且引起种种不良、痛苦的体验。因此，正如大作家雨果所说，"应该相信自己，自己是生活的战胜者"。要真正战胜挫折，必须依靠受挫的自己。

云微课

运用积极心理防御机制

（一）正确认识挫折

正确认识挫折，树立正确的挫折观，是大学生战胜挫折的前提。在现实生活中，考试不理想、人际关系困难、生活不适应等挫折几乎每个人都会遇到。有的人总认为生活中的挫折、困境、失败都是消极、可怕的，受挫后往往悲观抑郁，甚至丧失生活的勇气。事实上，挫折并不都是坏事，处理得好，挫折也可以成为自强不息、奋起拼搏、争取成功的动力和精神催化剂。许多优秀人物都是在挫折磨炼中成熟、在困境中崛起的。相反，过于一帆风顺的生活反而会使人耽于安逸、丧失斗志，使人在挑战到来时措手不及。因此，挫折也是一种机会。只要能坦然面对挫折，树立战胜挫折的勇气和信心，就可以更好地适应变化的环境。

（二）改变不合理观念

心理学研究表明，引起强烈挫折感的与其说是挫折、冲突，不如说是受挫者对所受挫折的看法，以及所采取的态度。受挫后常见的不合理观念有以下几种。

1. 此事不该发生

有些人把生活中的不顺利，学习、交往中的挫折、失败看作是不应该发生的。他们认为，生活应该是愉快的、丰富的，人际关系应该是和谐的、互助的。一旦生活中出现人与人之间的冲突、成绩滑坡、友谊破裂、评优失败等事件，就认为它们不应该发生，因此变得烦躁易怒、束手无策、痛苦不堪、失去信心。

2. 以偏概全

有些人常常以片面的思维方式看待事物，简单地以个别事件来断言全部生活，一叶障目。例如，有人对自己不友好，就得出自己人缘不好或缺乏交往能力的结论；一次考试不如人意，就认为自己彻底失败、不是读书的材料；一次失恋，就认为自己对异性没有吸引力；等等。他们会产生自责自怨、自卑自弃的心理。以偏概全不仅表现在对自己的认识上，还表现在对他人、对社会的认识中。例如，因一事有错而对他人全盘否定；因社会有缺陷、存在阴暗面而彻底丧失信心。

3. 无限夸大后果

有些人遇到的是一些小挫折，却把后果想象得非常糟糕、可怕。夸大后果的结果是使人越想越消沉，情绪越来越恶劣，最后难以自拔。例如，一门功课考试不及格，就认为自己能力不行、学不下去、毕不了业、找不到工作、人生没前途、生命没价值。这实际上是一种自己吓唬自己、给自己施加压力的做法。只有改变不良的认知方式、纠正错误的观念，才能实事求是地评价挫折带来的后果，从困难中看到希望。

（三）对挫折进行正确归因

心理学家韦纳对人们失败的归因进行了研究。他认为在一般情况下，失败由客观因素（包括任务难度和机遇）和主观因素（人的能力与努力）共同造成。人们把失败归因于何种因素，对以后的活动、积极性有很大影响，把失败归因于主观因素，会使人感到内疚和无助；把失败归因于客观因素，会让人感到气愤与产生敌意。

大学生应正确分析自己的成败归因模式，特别要注意避免韦纳指出的两种错误的归因模式。例如，有的大学生总是把自己学习的成败归因于外在因素，在学习上受挫折后，把失败归因于运气不好、没能猜中题目，或埋怨教师的命题和评分，而不努力去克服困难和改变失败的处境。还有的大学生把失败归因于自身的能力、技能水平较低，或努力的程度过低，因而抱怨自己，过多地责备自己。这两种习惯性归因，无法帮助大学生找出造成挫折的真实原因，无助于其战胜挫折。总之，大学生受挫以后，应当冷静、客观地分析自己失败的原因，找出造成挫折的真实原因，对挫折做客观、准确、符合实际的归因，从而有效战胜挫折。

（四）优化自身人格品质，提高挫折承受力

挫折承受力与人格特征有关。以下几种人格类型的人常常容易引起挫折感。

（1）性情急躁的人。他们情绪变化大，易动怒，火爆脾气一点就着，常常因一点小事而产生挫折感。

（2）心胸狭窄的人。他们气量小、好猜疑，喜欢斤斤计较，容易体验消极的情感。

（3）意志薄弱的人。他们做事缺乏耐力，患得患失，害怕困难，只看眼前利益，经不起打击和挫折。

（4）自我偏颇的人。他们缺乏自知之明，或者自高自大、目空一切，或者自卑自贱、畏首畏尾。

为了提高挫折承受能力，大学生应主动地培养自己良好的人格品质，改变那些不适应发展的不良人格品质，重点培养自信乐观、自强不息、宽容豁达、开拓创新等品质。自信才能乐观，乐观才能自信，两者相辅相成。自强不息是良好的意志品质，是成功者的共同特征。拥有宽容豁达和开拓创新品质的人胸怀宽阔，对挫折不是被动地适应，一味地忍耐，而是直面挑战，积极进取，勇于创造新生活。因此，提高挫折承受能力应从培养良好的人格品质入手，从细微小事中严格要求自己，努力在实践中锻炼，使自己的心理得到充分、有效的发展，心理健康达到高水平的状态。

（五）建立社会支持网络，主动寻求帮助

社会支持既涉及家庭内外的供养与维系，也涉及各种正式与非正式的支援与帮助，包括物质帮助、行为支持、情感互动、信息反馈等。在大多数情况下，一个人的社会支持网络的规模越大、密度越高，社会支持力量越强，社会支持的心理保健功效越明显。因此，大学生应当建立一定的社会支持网络，在挫折来临时主动求助，相互支持，这是克服困难、战胜挫折的有效方法。

（六）合理运用心理防御机制

当遭遇挫折和失败时，人们都有一种摆脱困境、减轻不安、稳定情绪、重新达到心理平衡的倾向，这种倾向被称为心理防御机制。每个人在处理挫折和紧张情绪时，都自觉不自觉地运用心理防御机制。因世界观、生活态度及个性特征不同，每个人所使用的防御机制也有差异，其中有些是积极的，有些是消极的。积极的心理防御机制如下：

1. 升华

人的有些行为和欲望，如果直接表现出来，则可能会产生不良后果或不为自己理智所接受。如果将其导向比较崇高的方向，使其具有建设性并有利于本人和社会，就会得到升华。例如，有些学生对班里的成绩优秀者存在嫉妒心理，他不将它表现出来，而是将其作为促使自己奋发的动力，这便是升华的表现。升华因使原来的欲望得到间接宣泄而消除了个体的焦虑感，还可以使个体获得成功的满足感，因此具有积极意义。

2. 补偿

补偿指个体在追求目标、理想的过程中受挫后，改变活动方向，以其他可能成功的活动来弥补，起到"失之东隅，收之桑榆"的目的。

3. 认同

认同指当一个人在生活中无法获得成功感时，将自己比拟成其他成功的人，以便在心

理上分享他人的成功感，从而消除因挫折而产生的痛苦。例如，有的大学生通过模仿崇拜偶像或名人的言行得到内心满足，从而激发奋发向上的决心。

4. 幽默

幽默指当一个人遇到挫折、处境尴尬时，用幽默来化解困境，摆脱失衡状态。

🌿 案例析心

问题回顾：请分析小马开始对工作敷衍的原因，如果你是小马的同学，那么你打算怎么帮助他？

案例解析：小马从刚入学时的积极进取到学期末的消极怠惰，是典型的受挫后的非理智性表现。父亲嘱咐小马上大学后要争取入党，为了实现这个目标，小马对班级事务尽心尽力，即使耽误了很多课程也要完成班主任交给自己的工作。等到因成绩不理想而无法获得奖学金时，小马发现离自己入党的目标越来越远了。人在通向目标的道路上遇到了障碍，并且感到无路可走，无法达成目标时，就会产生挫折感。个体遭受挫折后，常常产生愤怒的情绪，这就是小马后来常常发脾气的原因。对工作的敷衍看似是与攻击相反的行为，但其中也包含着对目标不能实现的愤怒情绪。因此，如果要开导小马，则必须首先理解小马因目标没能实现而内心痛苦的感受，其次帮助他做出积极应对挫折的策略选择，要么改变行为，继续努力实现自己入党的目标，要么改变目标，制定新的努力目标。

班主任找小马谈心后，给他指明了努力的方向，告诉小马大学二年级仍有一批入党名额，既然他这么渴望成为一名党员，就要继续努力，争取在大学二年级时成为入党积极分子。作为一名即将入党的班干部同学，他应该时刻严格要求自己，不能自暴自弃。班主任和小马约定好，大学二年级时绝不以缺课为代价做班级工作，要学会调动班级同学的力量，齐抓共管做好班级工作。

🌱 心灵感悟

一、放松训练

478 呼吸放松法，张大嘴巴呼气同时发出"呼"的声音；然后闭上嘴巴用鼻子轻轻吸气，在心里默数 4 秒，接着屏住呼吸 7 秒钟；之后完全用嘴深呼气，再次发出"呼"的声音，这次呼气持续 8 秒；接着再一次吸气。将上述四个呼吸动作完整重复 3 次。随时随地都能进行，通过重复的呼吸动作，使氧气灌满肺部，流通全身，有助于放松身心，改善睡眠质量。

放松音频：
呼吸术

二、吟诵一句禅

- 塞翁失马，焉知非福。
- 不幸是一所最好的大学。
- 即使跌倒一百次，也要一百零一次地站起来。

随着教师的带读闭目吟诵，体会自己向自己心灵倾诉的感动，将心理观念嵌入自己的潜意识中。

🍃 修心践行

请结合《高职心理健康教育活动手册》项目五任务一的"课后训练"，完成"搜一搜"。

任务二

纾解心理压力，保持前进动力

🍃 课前热身

请结合《高职心理健康教育活动手册》项目五任务二的"课前热身"，完成"做做心理减压操"。

🍃 勤学善思

患上社交恐惧的于昊

于昊原是一名班级学生干部，在参加一场校学生会的竞职演讲时，由于紧张，他在后场准备时抽了很多烟，导致演讲时嗓子干哑，甚至无法说话，导致竞职没有成功。他很后悔当时抽了那么多烟，然而后悔也不能解决问题，他还因此留下了心理阴影。在那之后，每逢人多的场合于昊就讲不出话，全身冒汗，紧张到极点，心跳加速。因为这个毛病，于昊在同学们面前非常自卑，总认为别人在嘲笑自己，这也加剧了他对社交的恐惧。于昊学的是营销专业，将来的工作性质要求他在众人面前多讲话，因此于昊苦恼极了，甚至想过退学，不知道现在该怎么办。

思考：请你帮助于昊想想办法，怎样才能战胜社交恐惧？

心理解码

一、认识压力

（一）压力的内涵

心理学上普遍认为压力是指由刺激引起的伴有躯体机能及心理活动变化的一种身心紧张状态，也被称为心理压力或心理应激。

正性压力可以使个体产生一种愉快、满意的体验，负性压力则会使个体产生一种不愉快、消极痛苦的体验，从而产生挫折感和失败感。

适度的压力可以使工作者调动资源来应对当前问题，达到心理与工作压力的良性适应；而过度的压力则会对工作者的机体造成抑制，导致其身体、情绪和行为的不适，对其心理带来负面影响。

（二）压力的来源

压力的来源可分为以下四大类。

1. 心理性压力源

心理性压力源简单来说就是"要与不要"的问题。在每个人的心中都有满足基本需求与达成愿望的想法。如果这些需求的追寻遭受挫折，就会产生心理压力。

2. 生理性压力源

生理性压力源指对躯体产生直接性损害的刺激，如各种疾病、环境噪声、温度变化等。

3. 社会性压力源

社会性压力源指社会生活中所发生的变化，广义上包括政治动乱、战争、社会制度的变革等；狭义上包括工作环境的变动、家庭成员的生离死别等重大生活事件。

4. 文化性压力源

文化性压力源指迁徙、移民或跨国旅行，这些行为会导致生活方式、语言的变化，因此可能引发适应性压力。

（三）压力引起的不良身心反应

压力反应是生理和心理相互作用的结果，是一系列生理和心理反应的综合表现。适度的压力能引起我们的积极反应，如集中注意、激发斗志、促进思考等，压力过度则可能引起我们在生理上、心理上、行为上的消极反应。这里主要介绍压力引起的不良身心反应。

1. 生理反应

（1）经常体验到肌肉抽搐和紧张，如感到机体的某一部位不由自主地跳动，眼睛、面部、肩部、背部、腿部及身体的其他部位发紧、酸痛，缺乏柔性和灵活性。

（2）动作僵硬、急促，经常摆弄手指，抖动腿脚或身体的其他部位。

（3）经常感到气闷，消化不良，食欲不振。

（4）皮肤经常无缘无故地发痒、过敏，吃药也不起作用。

（5）全身无力、疲劳，休息后也很难恢复。

（6）免疫力下降。

2. 心理反应

在压力状态下，生理上的紧张和心理上的紧张是同时出现的，并且相互影响。心理上的紧张一般有如下表现：心烦意乱、焦虑、压抑、敏感、注意力不集中、思维混乱、感到生活空虚无聊、缺乏自信。如果长期得不到调节，就易引起心理疾病。常见的心理反应如下。

（1）焦虑症：表现为持续性的神经紧张或发作性的惊恐状态。焦虑往往并非由实际危险引起的，焦虑的程度也往往同现实的压力源不相符。焦虑症表现为个体主观上总是感到无缘无故的紧张不安，整日忧心忡忡，似乎这种不安状态已经普遍化，成为其情绪的主宰。

（2）抑郁：表现为情绪情感的低落、忧伤、失望，怀疑自己的智力和学习能力，对许多事情持消极、悲观的看法，反应迟钝。

（3）失眠：表现为入睡困难，夜间觉醒，多梦，由植物性神经系统紊乱引起生理活动的失调所致。长期的失眠会严重影响日常的生活和学习。

（4）人际关系障碍：表现为缺乏自信、思维不清、动作不自然、缺乏语言表达能力等。

心随我动

请结合《高职心理健康教育活动手册》项目五任务二的"课中训练训练一"，完成"压力光谱图"。

此活动旨在使学生学会管理生活中遭遇的各种各样的压力，并且通过彼此互相解决问题体验多维思考方向。

二、大学生常见的压力

（一）学习压力

学习是大学生的首要任务。大学生生活中的绝大多数时间都是用于学习，因此由学习形成的压力有时虽然强度不是很大，但持续时间很长，对大学生的影响不可低估。学习压力主要与以下几个因素有关：一是不恰当的社会比较；二是对专业和专业知识不感兴趣所导致的压力；三是学习时间长、学习困难多所带来的压力。

高等职业教育的课程与一般学术型课程有很大的差别，它突出应用性，对课程系统性要求不是很高。许多学生无法适应这一转变，觉得学习负担加重，感到压力很大。另外，还有考证的压力，一般高职院校实行"双证"制度，要求学生不仅要拿到毕业证，还要考取各种技能证书，学生的很多时间和精力都花费在考取技能证书方面。许多学生认为"多一本证就多一份竞争实力"，于是互相攀比，在你追我赶中奋力考证，带来了相应的竞争压力。大学生还会面临由校内各种社会工作的竞争带来的压力。

（二）生活压力

对于部分高职大学生而言，他们面临的最大压力或许源于生活的艰难。随着我国高职教育费用的逐年增长及日常开销的不断上升，大学生所承受的生活压力亦随之增大。对于部分大学生，尤其是经济条件较差的大学生来说，这无疑带来了巨大的压力。这种压力首先体现在生活的拮据上。部分大学生的经济状况甚至陷入了"不敢稍有奢侈，担忧生活费不足以支撑"的境地。其次，这些大学生可能还会感受到对家人的愧疚。对于那些来自家人年老、体弱、多病甚至失去父母的家庭的大学生来说，他们最大的愧疚在于无法为家人分担负担，尽管他们深知家人的期望，但自身又难以实现。

（三）交往压力

部分大学生在交往中会有自卑感。有的大学生总担心别人看不起自己，同学间不经意的玩笑或行为都会深深地刺伤他们的心灵，强烈的自尊渴望与脆弱的情绪情感相交织。心理学研究认为，社会支持（或良好的人际关系）能对应激状态下的个人提供保护，即对应激起缓冲作用，能有效地减少忧郁倾向和心态失衡。社会心理学家戴尔·卡耐基的一项调查显示，使人们感到幸福的既不是金钱，也不是名利、地位、成功，而是良好的人际关系。我国对高职毕业生所做的一项调查也显示，大学时光中最留恋的是与朋友的友谊。但是在现实的大学生群体中，人际交往并没有那么顺利，反而成了一些人心理障碍的根源。"踏着铃声进出课堂，宿舍里面不声不响，互联网上诉说衷肠。"这句顺口溜实际反映了相当一部分大学生的交际现状。

（四）情感压力

情感生活作为大学生活的重要组成部分，始终是大学生心理问题的敏感点和多发点，在出现心理危机的学生群体中，情感危机引发的心理问题占到了相当比例。性与恋爱问题处理不当，造成的后果最为严重。很多大学生在与异性的接触过程中，不知道接触到什么程度合适，一些大学生难以把握自己，一旦出现问题就可能走极端。

（五）个体内部压力

2010 年 10 月，中国新闻网发布了一份对四所高职院校的调查，把情感问题、学业问题和交往问题并列为当代大学生心理行为的三大问题。在生理因素方面，大学生正处于由少年向成年过渡的青春后期，生理成熟与学业及异性的关系是大学生经常思考的一个问题。承认这个问题的存在是自然的，也是必要的，它有助于我们正视问题和解决问题。在心理因素方面，不同的个性对人的影响不同。例如，性格内向者与性格外向者、胆汁质的人与抑郁质的人对压力的看法会有明显的不同。另外，个性倾向性、心理过程也会对个体承受压力的状况产生影响。

（六）就业压力

就业是大学生最为关注的一个话题，其形成的压力更大，涉及面也更广。高校逐年扩招，其中高职高专扩招比例增幅最大，2023年，高职扩招100万人。在这种情况下，大学生就业面临的压力可想而知。人才需求市场萎缩（或饱和）及大学生择业种类和择业地过于集中，是造成就业压力的根本原因。

另外，就业压力还有一部分来自大学生个体家庭背景的差异，家庭背景的差异在一定程度上造成大学生就业上的差异，形成就业机遇的差异。因此，在毕业将近时，一些大学生就会为自己的前途感到焦虑、担忧，感叹社会的不公，甚至产生怨恨及某些过激行为。

🌱 心理视窗·身边故事

做摔不碎的玻璃钢

小强是一所高职院校的毕业生。因为就业困难，所以选择了自主创业。他先是把家里承包的一个水洼挖成池塘，计划养鱼。但村里的干部告诉他，水田不能养鱼，只能种庄稼，他只好又把水塘填平。这件事成了一个笑话。后来他听说养鸡能赚钱，又向亲戚借钱养起了鸡。但是一场大雨后，鸡得了鸡瘟，几天内全部死光了。后来，他又酿过酒、捕过鱼，甚至还在石矿的悬崖上帮人打过炮眼，可都没有赚到钱。但是小强还是没有放弃，不久他就四处借钱买了一辆手扶拖拉机。不料，上路不到半个月，这辆拖拉机就载着他冲入一条河里。他断了一条腿，成了瘸子。几乎所有人都说他这辈子不是创业的命，找份糊口的工作算了。小强却告诉自己，"我要做的不是一摔就碎的玻璃杯，而是摔不碎的玻璃钢"。经过近10年的折腾，小强终于成为一家公司的老总，身家上亿。

人的一生中都会遇到压力和挫折，只是有的人遇到得多一点，有的人遇到得少一点。有的人在压力和挫折面前一蹶不振，有的人在压力和挫折面前毫不退缩，重要的不是压力和挫折的大小与多少，而是你如何看待这些压力和挫折，正确地看待和应对压力和挫折，能让你的人生走得更远更好。你是否愿意像小强一样，做那只摔不碎的玻璃钢？

三、高职生应对压力的常用方法

（一）饮食调节法

研究表明，有的食物有直接减轻心理压力的作用，如富含维生素 C 的食物。因此，建议大家多吃富含维生素 C 的蔬菜与水果，如辣椒、绿叶蔬菜、橙子、菠萝、葡萄等。

云微课
快速减压小窍门

（二）合理宣泄法

压力过大、心情紧张焦虑时，不妨通过哭泣、大笑、歌唱、运动等方式释放压力，哭泣可排毒，大笑、歌唱、运动可使身体产生腓肽效应，愉悦神经。还可以通过和朋友倾诉、写日记（图 5-2）的方式宣泄内心压力。当然，大哭大笑、大声歌唱都要在合适的时间和地点，避免干扰他人。

（三）注意转移法

压力过大时，可通过做自己感兴趣的事情或改变原有环境来转移注意焦点，让疲倦的身心得到休憩。

图 5-2　通过写日记进行宣泄

（四）放松缓解法

放松缓解法主要有音乐放松和肌肉放松，一般是两者的结合。伴随音乐，我们逐步放松自己的身体，从头部、脖子、肩膀、手臂直到身体的各部位。音乐可使被压抑的情绪、欲望释放出来，让人取得心理平衡，消除紧张焦虑。按摩可以刺激身体的重要穴位，消除疲累，恢复脑力和体力。

（五）积极认知法

人有时感觉压力大，是由不合理的认知造成的。例如，两个病人住在同一间病房里，往同一个窗外看，一棵枯树上落着几只麻雀，一个看到的是枯叶，另一个看到的是麻雀在叽叽喳喳。看到枯叶的人对自己的处境忧心忡忡，而看到充满活力的麻雀的人则对自己的康复充满希望。因此，面对压力事件，我们要积极认知、乐观对待。

（六）冥想减压法

冥想五分钟等于熟睡一小时。冥想是一种"留心"与"注意"的能力。以一种舒适的姿势坐下，专注自己的呼吸，用心感受自己的一呼一吸，弄清自己是怎么走神的，渐渐地让自己不再受思虑的困扰，达到完全的宁静，不因前事而懊悔，不因后事而忧惧。

🌿 案例析心

问题回顾: 请你帮助于昊想想办法,怎样才能战胜社交恐惧?

案例解析: 案例中于昊的社交恐惧源于那次失败的演讲,于昊错误地应用了压力管理策略,用抽烟行为来缓解演讲前的紧张,而人的紧张、焦虑情绪可使交感神经系统的兴奋性增强,需要消耗大量的能量,于是神经末梢释放生物信息,刺激各种激素分泌,促进蛋白质、脂肪、糖原分解;刺激心肌收缩力增强,以促进血液循环加快,使血压升高;刺激呼吸加快,以保证氧气供应。于昊吸入的烟使他的身体功能严重受损,导致不能发声。他又错误地解读了这次失败带来的影响,认为每个人都在嘲笑自己。因此他产生了社交恐惧。关于如何能在竞选时克服紧张,同学们可以多使用肯定自己的陈述句来管理压力。例如,在该案例中,我们建议于昊可以在每次当众发言前多暗示自己:"我只是用错了一次管理压力的办法,我现在做好了充足的准备,我想和大家说的内容是精心准备的,我非常喜欢把自己知道的内容告诉大家……"祝愿每位像于昊一样有过失败经历的学生都能从失败中汲取好的经验,获得成功。

🌿 心灵感悟

一、放松训练

478 呼吸放松法,张大嘴巴呼气同时发出"呼"的声音;然后闭上嘴巴用鼻子轻轻吸气,在心里默数 4 秒,接着屏住呼吸 7 秒钟;之后完全用嘴深呼气,再次发出"呼"的声音,这次呼气持续 8 秒;接着再一次吸气。将上述四个呼吸动作完整重复 3 次。随时随地都能进行,通过重复的呼吸动作,使氧气灌满肺部,流通全身,有助于放松身心,改善睡眠质量。

放松音频:
明镜菩提

二、吟诵一句禅

- 压力是把双刃剑,无压力才是最大的压力。

- 人们感觉到的大部分压力并不是来自做太多的事情，这是因为他们没有完成开始的工作。

- 压力像弹簧，你强它就弱，你弱它就强。

随着教师的带读闭目吟诵，体会自己向自己心灵倾诉的感动，将心理观念嵌入自己的潜意识中。

🌿 修心践行

请结合《高职心理健康教育活动手册》项目五任务二的"课后训练"，完成"看一看释压电影"。

🌿 项目测评

一、学习检测

项目五自测题

请扫描上方二维码，完成"项目五自测题"，测测你对本项目知识的学习情况。

二、自我评估

请完成《高职心理健康教育活动手册》项目五的"项目评估"，对你的学习情况进行自我评价。

模块四

学习心理

1938 年，陶行知到武汉大学做演讲，那一天大礼堂里挤得满满的，大家都闻讯赶来，想一睹他的风采。

只见陶行知不慌不忙地夹着一个皮包走上了讲台，有的人打开速记本，准备把陶行知讲的每句话都记下来。出乎大家意料的是陶行知并没有讲话，他从包里抓出一只活蹦乱跳的大公鸡，公鸡喔喔地乱叫。台下观众一个个目瞪口呆，不知他葫芦里卖的什么药。陶行知从口袋里掏出一把米放在桌上，他左手按住鸡的头逼它吃米，鸡扑腾大叫但不肯吃米。陶行知又掰开鸡的嘴，把米硬塞进去，鸡挣扎着仍不肯吃。接着，陶行知轻轻松开手，自己后退了几步，只见大公鸡抖了抖翅膀，伸头四处张望了一下，便从容地低下头吃起米来。

这时，陶行知说："各位，你们都看到了吧。你逼鸡吃米，或者把米硬塞到它的嘴里，它都不肯吃。但是，如果你换一种方式，让它自由自在，它就会主动去吃米。"

教育和喂鸡类似，教师强迫学生去学习，把知识灌输给他们，学生是不情愿学的，即使学也是食而不化的。但如果让学生自由地学习，充分发挥主观能动性，那么效果一定会好得多。陶行知用这个深入浅出的道理批评了生活中"教师强迫学生去学习"的现象，同时，启发学生要"自主地学习"。

学习路径

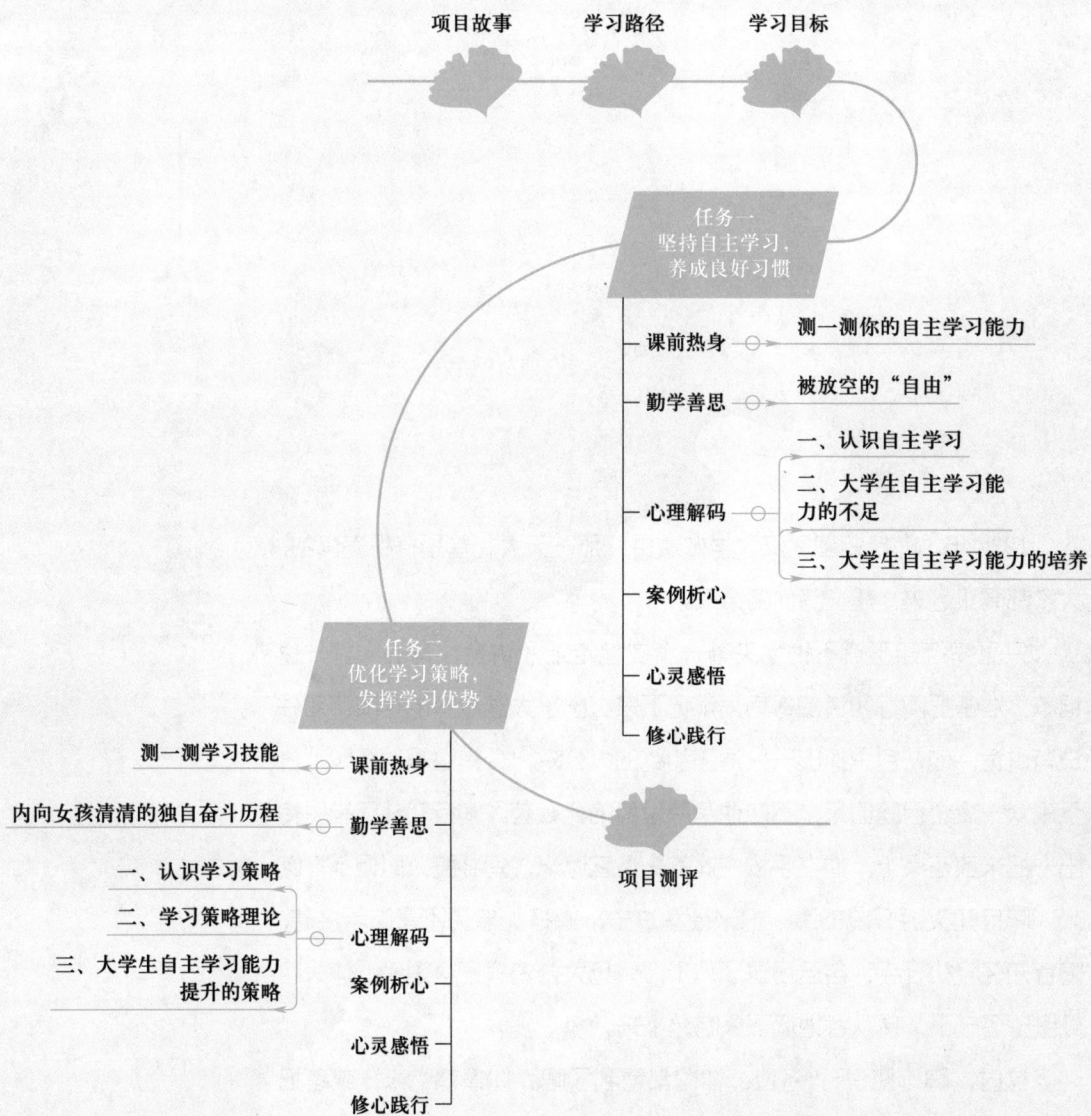

学习目标

1. 知识目标：理解自主学习的特征及学习策略理论。

2. 能力目标：根据学习策略的特征，识别自身学习过程中的短板，并针对性地寻求适合自己的学习方法。

3. 素养目标：形成乐于学习、勤于学习、善于学习的学习态度。

坚持自主学习，养成良好习惯

🍃 课前热身

请结合《高职心理健康教育活动手册》项目六任务一的"课前热身"，完成"测一测你的自主学习能力"。

🌿 勤学善思

被放空的"自由"

还在上高中的时候，赵玲就经常听到教师和同学们说："大学很自由，熬过高考就好了，到大学没人管，想学习就学习，想参加活动就参加活动。"那时候她就开始憧憬大学的生活，可来到大学后她发现自己的状态与曾经幻想的样子相差甚远。

赵玲从小学到高中，一直习惯于"被安排"式的学习模式，父母常年在外打工无暇顾及她的学习，班主任就是其学习道路上最重要的"监督者"，每天会有安排好的学习任务和要求，只要按部就班就好。备战高考期间，赵玲十分紧张和焦虑，迫不及待地希望快点挣开束缚，进入"无拘无束"的大学。可进入高职院校后赵玲却发现自己的学习并不快乐，入学以来她很享受与同学们在一起的自由时光，因为没有人提醒，所以有时候会忘记教师布置的作业、不知道在哪里上课，甚至有一次因为上课玩手机游戏被教师点名批评，为此赵玲非常苦恼，她不知道自己这是怎么了。

思考：赵玲产生学习困扰的原因是什么？如果你是赵玲的同学，你打算怎么帮助她？

🌿 心理解码

一、认识自主学习

（一）自主学习的概念

自主学习是与传统的接受学习相对应的一种现代化学习方式。顾名思义，自主学习是以学生作为学习的主体，通过学生独立地分析、探索、实践、质疑、创造等方法来实现学习目标的学习方式。自主学习强调培育学生强烈的学习动机和浓厚的学习兴趣，从而进行能动的学习，即主动地或自觉自愿的学习，而不是被动或不情愿地学习。

（二）自主学习的特征

自主学习意味着学习是学习主体自己的事情，体现着主体所具有的能动品质；学习是自主的学习，自主是学习的本质，自主性是学习的本质属性。学习的自主性具体表现为"自立""自为""自律"三个特性，这三个特性构成了自主学习的三大支柱及所显示出的基本特征。

1. 自主学习具有自立性

（1）每个学习主体都是具有相对独立性的人，学习是学习主体自己的事、自己的行为，是任何人不能代替的。

（2）每个学习主体都具有自我独立的心理认知系统，学习是其对外界刺激信息进行独立分析、思考的结果，具有自己的独特方式和特殊意义。

（3）每个学习主体都具有求得自我独立的欲望。这是其获得独立自主性的内在根据和动力。

（4）每个学习主体都具有学习潜能和一定的独立能力，能够依靠自己解决学习过程中的障碍，从而获取知识。

2. 自主学习具有自为性

学习自为性是独立性的体现和展开，它内含着学习的自我探索性、自我选择性、自我建构性和自我创造性四个层面的结构关系。因此，自为学习本质上就是学习主体自我探索、自我选择、自我建构、自我创造知识的过程。

（1）自我探索性往往基于好奇心。好奇心是人的天性，既产生学习需求，又是一种学习动力。自我探索就是学习主体基于好奇心所引发的，对事物、环境、事件等的自我求知、索知的过程。

（2）自我选择性是指学习主体在探索中对信息的选择注意性。一种信息引起注意，主要是由于它与学习主体的内在需求相一致，由内在需求引起学习主体对信息的注意。学习主体对头脑中的长时记忆信息进行选择、提取、运用，从而发生选择性学习，是自为学习的重要表现。外部信息只有经学习主体的选择才能被纳入认知领域。

（3）自我建构性指学习主体在学习过程中自己建构知识。学习时，在学习主体原有经验和认知结构的基础上，由选择性注意所提供的新信息、新知识，经由学习主体的思维加工，发生了新旧知识的整合和同化，使原有的知识得到充实、联合、升华，从而建立新的知识系统。

（4）自我创造性是学习自为性更重要、更高层次的表现。它指学习主体在建构知识的基础上，创造出能够指导实践并满足自己需求的实践理念模型。这种超前认识是由明确的目标引导的创造性思维活动，在这种活动中，学习主体头脑中的记忆信息库被充分地调动起来，信息被充分地激活，知识系统被充分地组织起来，并使学习主体的目标价值得到充分实现。

3. 自主学习具有自律性

自律性即学习主体对自己学习的自我约束性或规范性。它在认识领域中表现为自觉地学习，在行为领域中则表现为主动和积极。主动性和积极性来自自觉性。只有自觉认识到自己学习的目标意义，才能使自己的学习处于主动和积极的状态；而只有主动积极地学习，才能充分激发自己的学习潜能和聪明才智，确保目标的实现。

综上所述，学习的自立性、自为性和自律性是学习自主性的三个方面的体现，是自主学习的三个基本特征，其中，自立性是自主学习的基础，自为性是自主学习的实质，自律性则是自主学习的保证，自主学习就是学习主体自立、自为、自律的学习。

> **心随我动**
>
> 请结合《高职心理健康教育活动手册》项目六任务一的"课中训练训练一"，完成"学习情景的表演"。
>
> 该活动旨在通过模拟的方式，反思与交流学生自主学习能力的优势和不足，并寻找适合自己的自主学习方法。

二、大学生自主学习能力的不足

（一）学生主体意识不足

随着社会的发展，互联网线上教学虽然丰富了高职院校学生的学习方式，但以"老师教、学生听"为主的传统教学模式仍然占据主要地位。在单一的以"老师教、学生听"为主的传统教学模式中，教师会将每部分的教学环节都安排妥当，学生只需要按部就班执行即可，这种教学方式过分干预了学生的自主学习，甚至会限制学生自主学习能力的提升，这与正在高速发展的社会对技术技能型人才的需求相悖。

（二）缺乏有效的自主学习策略

首先，高职院校的人才培养模式还不够成熟和完善，对教学过程和学生自主学习过程的评价与反馈不够重视，教学活动也很难达到提升学生自主学习能力的目标。其次，随着互联网教学的融入，学生需要通过更多地自主学习来获取丰富且满足个性化需求的知识点，但部分高职教师对办公软件、网络教学平台、新媒体平台、直播设备的应用并不熟练，很难满足学生对拓展教学资源、丰富教学途径的需求。再次，教师缺乏对大学生自主学习、自我管理及自我评价的引导。这些都不利于培养学生的自主学习能力。

（三）学生自律意识薄弱

高职院校学生普遍存在学习基础薄弱、学习动力不足、自控能力差等情况，容易出现迟到、旷课、开小差等消极学习行为，部分学生没有制订明确的学习目标、学习计划制订不合理、习惯于被动接受学习，部分学生虽然制订了明确的学习目标与规划，但其科学性和合理性有待改进，容易脱离实际学习情况。当教师安排自主学习时间时，他们会较为迷茫，甚至有些学生用自主学习的时间玩游戏、浏览网络及聊天等，浪费了自主学习时间，导致学习规划的落实效果较差，这阻碍了学生自主学习效率的提升。

（四）信息化素养有待加强

新时代背景下，高职院校信息化教学发展迎来了机遇，海量学习资源为学生的自主学习提供了条件，但也带来了一系列的问题。网络中各种信息和知识混杂，学生不知如何从海量网络资源中筛选出有价值、符合自身学习需求的知识和数据，不习惯互联网环境下的自主学习方式。特别是对于思辨能力缺乏、分析整合能力有限的大学生而言，面对教师布置的自学任务，虽有热情、有兴趣去网络上搜集学习信息，却不会对信息进行整理、分析、提炼，尤其部分没有经过专家学者的验证和整理加工的信息，未形成系统化的知识结构，容易促使学生形成片面的、碎片化的甚至是错误的认知。

心随我动

请结合《高职心理健康教育活动手册》项目六任务一的"课中训练训练二"，完成"高职学习方式"。

该活动旨在通过研讨的方式，辨析中学与大学在学习上的异同，尝试总结哪些学习方法适合在大学里使用、哪些需要摒弃，并帮助学生寻找适合自己的自主学习方法。

三、大学生自主学习能力的培养

（一）学会自我激发学习动机

云微课

学会高效学习

心理学家布鲁纳认为，学习是一个主动的过程。内因是获取知识的关键，学习内因的激发指激起学生对所学材料的兴趣，直接激发大学生主动学习的心理动机。对于高职学生而言，形成强烈的求知欲，明确个人学习目标，并设定具体且可达成的学习计划，以及在学习过程中体验成功，等等，都是重要的。一旦兴趣得以激发，思维的焦点就会集中在问题上，大学生内心对新知识的渴望也随之产生。

（二）培养良好的学习意志和习惯

学习意志是个体在学习过程中表现出的一种持续性的精神动力和理性的实践倾向。在学习活动中，大学生的学习意志对个体精神发育与品格养成具有重要价值，为此，高职院校需要确立学习的意志过程取向，构建基于认知、情感和意志的多维学习观，将意志力纳入大学生能力培养目标，在学科教学中锤炼大学生的意志品质，提供形成良好学习意志的教学环境。

（三）充分了解自身的条件

大学生应选择适合个人特点的学习方式。在高职学习期间，虽然学习过程有共性且总体学习目标可以是一致的，但每个大学生都是一个独特的个体，其在成长的过程中形成了自己独有的知识背景、学习能力、认知风格等，并且个体间存在较大差异，不同大学生的学习需求也自然存在很大的差异，这就要求自主学习的大学生要在充分了解自身条件的基础上开展自主学习。大学生可以按照自己的需要选择学习内容，按照自己的特点选择学习方法，按照自己的时间安排学习的进度，按照自己的能力选择学习内容的深度。

（四）掌握学习策略，对自身学习活动进行自我监控

大学生应对学习进行自我规划、自我管理和自我评价。大学生自主学习能力包括：制定并调整学习目标的能力；对学习材料和学习活动的判断能力；选择学习材料和学习内容的能力；自我选择学习活动方式并执行学习活动的能力；与学习伙伴（包括教师）的协商交流能力；对学习活动实施情况的自我调控能力；调整态度、动机等情感因素的能力；自我评价、矫正学习结果的能力。只有具备了这些自主学习能力，大学生才能较好地完成学习活动。

（五）善于从各种渠道获取信息，自由决定学习内容，灵活选择学习材料

大学生可以根据自己的兴趣、能力来选择并运用信息技术，以满足自身的学习需要。例如，可以调用教学资源中的各种素材（图6-1），如文本、动画、视频、图片、教师个人网站、资料库等，巩固学习的内容，解决学习的疑惑，了解不同的观点，掌握不同的方法。随着信息化技术的发展，多数高职院校的教师会将学习的资源上传到智慧职教等平台，大学生可以在服务器终端找到教师自己设计、制作的课件等。

图6-1　调用教学资源中的各种素材

当然，自主学习能力的培养和发展主要是通过大学生自身来实现的，教师在这一过程中起指导、辅导、合作、帮助的作用，而大学生要学会对自己的学习负责。进入新时代，中国政府高度重视职业教育，把职业教育摆在经济社会发展和教育改革创新更加突出的位置。高职学生要努力成长为能够服务国家生产经营管理一线的高素质技术技能型人才，找准适合自己发展的社会定位，按照自己所期望的成才模式，开展自主学习，自主构建合理的知识结构和能力结构，主动地获取知识、锻炼能力、提高素质。

🌱 心理视窗·知识卡片

习近平总书记谈"乐学 勤学 善学"

一、乐于学习

"我爱好挺多，最大的爱好是读书，读书已成为我的一种生活方式。"习近平总书记曾多次讲述自己和书籍的"不解之缘"，号召大家"把学习作为一种追求、一种爱好、一种健康的生活方式，做到好学乐学"。他说，有了学习的浓厚兴趣，就可以变"要我学"为"我要学"，变"学一阵"为"学一生"。

"乐之"是指由学习引发的乐趣、获得的满足。到梁家河村插队时，习近平同志随身只带了两个行李箱，里面装的全是书，他时常在窑洞里幽暗的煤油灯下读书至深夜，沉醉在书的世界里，以至于整张脸都被油烟熏黑。"读万卷书，行万里路。"2015年9月，访问美国西雅图时，习近平总书记分享了自己的"学习之乐"，因为喜欢《老人与海》，首次访问古巴时他去了海明威写《老人与海》的栈桥边，体验当年作者写下那些故事时的精神世界和实地氛围。

二、勤于学习

"勤学、修德、明辨、笃实"是习近平总书记2014年在北京大学与师生座谈时对学生们提出的希望。习近平总书记把"勤学"放在了首要位置，就是希望大家勤于学习、敏于求知。如今正逢飞速发展的信息时代，在谈及"勤学"的必要性时，习近平总书记说："如果我们不努力提高各方面的知识素养，不自觉学习各种科学文化知识，不主动加快知识更新、优化知识结构、拓宽眼界和视野，那就难以增强本领，也就没有办法赢得主动、赢得优势、赢得未来。"

习近平总书记重视学习，勤于学习。党的十八大以来，习近平总书记主持近百次中央政治局集体学习，学习的主题涉及经济、政治、文化、社会、生态文明、国防军事等领域，覆盖了治国理政各方面的内容。集体学习的形式也越来越丰富，或请专家授课，或把课堂搬至现场，在中关村国家自主创新示范区上"创新课"，在北大红楼上"党史课"。

三、善于学习

古人云："学习有法，学无定法，贵在得法。"在不同场合，习近平总书记都分享过学习方法。他认为学习应该是全面的、系统的、富有探索精神的，要懂得"先易后难、由浅入深，循序渐进、水滴石穿"。他强调："学习就必须求真学问，求真理、悟道理、明事理，不能满足于碎片化的信息、快餐化的知识。"

在陕北插队时，习近平同志通读过三遍《资本论》，写了18本学习笔记，读过好几种不同译本。这些年，习近平总书记发表新年贺词时，观众总能在他身后的书架上看到《共产党宣言》等马克思主义经典著作。2021年6月，习近平总书记来到北大红楼，重温马克思主义在中国早期传播的历史。正是这些学思践悟，让习近平总书记能够不断丰富和发展马克思主义，运用马克思主义理论认识和改造中国。

🌿 案例析心

问题回顾：赵玲产生学习困扰的原因是什么？如果你是赵玲的同学，你打算怎么帮助她？

案例解析：赵玲上大学之后之所以会产生学习困扰，是因为学习方式和方法没有及时转变。随着学习阶段的改变，大学的授课方式、学习方式都与高中阶段有较大的区别，如果大学生未能及时从高中时期的以"教为主"的角色转变成以"学为主"的角色，那么在学习上就很容易出现问题，加上部分大学生自律意识薄弱，更容易出现学习动力不足，产生懈怠心理，甚至出现消极学习行为，如上课玩游戏、作业不按时完成等，自主学习能力逐渐缺失。

大学生缺乏自主学习能力的表现主要有：没有制订明确的学习目标，学习计划制订不合理，习惯于被动接受学习；少部分大学生虽然制订了明确的学习目标和规划，但其科学性和合理性有待改进，容易脱离实际学习情况，导致学习规划的落实效果较差，阻碍自主学习效率的提升。

类似赵玲情况的大学生屡见不鲜，我们可以这样帮助赵玲：首先，要让她学会区分中学与大学的学习异同，用谈话、研讨等方式帮助她掌握大学学习的规律，总结凝练出好的学习习惯，摒弃不适合大学学习的方式与方法；其次，在教师的指导下，帮助赵玲一起制订短、中、长期的学习计划，并制订详细的、可操作的学习细则，这样会让赵玲在学习上更有方向；最后，要共同优化良好的学习环境，很多学生进入高职院校后开始感到迷茫，看到身边的一些同学放松了学习，自己也放松懈怠了，如果大家能积极营造一个"比、学、赶、超"的良好学习氛围，那么学生会有更充足的自主学习动力。

心灵感悟

一、放松训练

鼻腔呼吸法，将右手的食指和中指放在前额上，用大拇指按压住右鼻孔，用左鼻孔缓慢地轻轻吸气，用无名指移到左鼻孔按压，打开大拇指用右鼻孔呼气；再用右鼻孔吸气，同时将大拇指按压住右鼻孔，打开左鼻孔呼气；右鼻孔吸气，左鼻孔呼气，左鼻孔吸气，右鼻孔呼气，再来右鼻孔吸气，左鼻孔呼气。如此作为一个循环，以 5 个为一组，可以做 2~3 组。在对呼吸的控制中，你变得很放松，非常放松，你体验到了这种放松感。

放松音频：
瑜伽垫子

二、吟诵一句禅

- 人人都有自主学习能力。
- 变被动学习为主动学习。
- 自主学习，终身受益。

随着教师的带读闭目吟诵，体会自己向自己心灵倾诉的感动，将心理观念嵌入自己的潜意识中。

修心践行

请结合《高职心理健康教育活动手册》项目六任务一的"课后训练"，完成"今日学习自我评价"。

- - - - - - - - - - - - - - - - - - - 任务二 - - - - - - - - - - - - - - - - - - -

优化学习策略，发挥学习优势

课前热身

请结合《高职心理健康教育活动手册》项目六任务二的"课前热身"，完成"测一测你的学习技能"。

🍃 勤学善思

内向女孩清清的独自奋斗历程

清清是一个性格比较内向的女孩子，她立志要实现专升本，改变自己的命运，在她看来学习就是她上大学唯一的任务。来到高职院校读书后，她经常一个人去自习室，每日早出晚归，希望通过勤奋学习来获取优异的成绩，但总是事与愿违。因为清清经常自己一个人去自习，与宿舍同学之间的关系不是很好，有一次课上老师布置了小组作业，要求学生们回去一起完成，按照惯例，大家都默认以宿舍为单位形成小组，因宿舍同学不愿意太早开始做作业，所以清清主动承担了她们宿舍本次所有的学习任务，但因在准备的过程中缺少与同学们的交流与沟通，清清在汇报课上表现不佳，拿了倒数第二的成绩，还被宿舍同学责怪说"这么差就不要自告奋勇啊"。清清很是难过，自己主动承担了集体的任务，也很努力地去完成作业了，为什么表现会那么差？

思考：如果你是清清的同学，你会怎么帮助清清提高学习效果？

🍃 心理解码

一、认识学习策略

（一）学习策略的含义

所谓学习策略，就是学生为了提高学习的效果和效率，有目的、有意识地制订的有关学习过程的复杂方案，是学生在掌握学习的过程中，根据自己已有的经验，主动地获取知识和应用知识的方法。学生在学习时，应对学习资源加以控制、调节，并按照自身的认知风格、学习习惯、情绪状态对学习进行调整和管理，以便有效地实现学习目标。学习策略能体现学生为什么要学习、为谁而学习、怎样去学习。这种策略是在一定条件下，通过学生对学习内容的意义建构和认知重构获得的，能使学生更快捷地掌握新知识，促进新知识向技能转化。丹塞罗把学习策略分为基本策略和支持策略两类。迈克卡等人将学习策略分为三种，即认知策略、元认知策略和资源管理策略。

（二）学习策略的特征

1. 主动性

学习策略的主动性是指学生的学习过程是有意识的心理过程。高职学生在开展自主学习前要明确自己的学习任务，并根据自身的实际情况制订适合自身的学习计划。学生在学习活动的过程中起到主导的作用，因此进行的学习是一种有意识、有目的、有计划的能动过程，只有学生本人发挥主观能动性，自主学习的学习策略才能被激活。

2. 有效性

学习策略的有效性指在学习过程中，学生采用某种策略以达到预期的学习效果。一个有效的学习策略应该能使人在较短的时间内，用较少的精力完成学习任务。在实际应用中，高职学生需要根据自己的学习任务、目标及自身特点，选择能够增强学习效果的策略。有效性是评价学习策略的重要指标，只有具备有效性的学习策略，才能在学习过程中发挥重要作用。

3. 过程性

学习策略的过程性指学生在学习过程中，根据学习任务和自身特点制订学习计划，并按照计划进行学习。学习策略不仅关注学习的结果，还关注学习的过程。过程性体现在学生对学习任务的分解、学习资源的整合、学习时间的安排及学习方法的调整等方面。

4. 程序性

学习策略的程序性指学生实施自主学习的过程是有计划、有步骤、可操作的，具有一定的程序性。当学生决定开展自主学习的时候，学生可根据学习任务、学习目标、自身现有条件等制订学习计划，将总的学习目标分为不同阶段的小目标，先完成一部分学习计划，再推进下一步的学习计划。

二、学习策略理论

在心理学中，目前认同人数比较多的三大学习策略是：认知策略、元认知策略和资源管理策略，在这里主要介绍认知策略。认知策略是指运用有关人们如何学习、记忆、思维的规则支配人的学习、记忆或认知行为，并提高其学习、记忆或认知效率的能力，是学生加工信息的一些方法和技术。它的基本功能有两个：一是对信息进行有效的加工与整理；二是对信息进行分门别类的系统储存，具体的认知策略的分类主要有以下几个方面。

（一）复述策略

复述策略指在工作记忆中为了保持信息，运用内部语言在大脑中重现学习材料或刺激，以便将注意力维持在学习材料之上。复述策略如图 6-2 所示。

1. 利用无意识记和有意识记

无意识记是指没有预定目的、不须经过努力的识记。无意识记很轻松，不易疲劳。有意识记是指有目的、有意识地识记。大学生学习

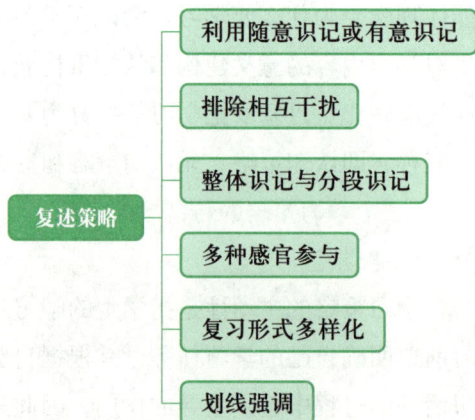

复述策略
- 利用随意识记或有意识记
- 排除相互干扰
- 整体识记与分段识记
- 多种感官参与
- 复习形式多样化
- 划线强调

图 6-2 复述策略

主要靠有意识记。

2. 排除相互干扰

在安排复习时，要尽量考虑预防前摄抑制、倒摄抑制的影响。例如，睡前和清晨的复习效果好，因为睡前复习无后继活动的干扰，清晨复习无前行活动的干扰。另外，要尽量错开学习两种容易混淆的内容。学习时，还要充分考虑首因效应和近因效应，要把最重要的新概念放在复习的开头或最后。

3. 整体识记与分段识记

对于篇幅短小或者内在联系密切的材料，适合采用整体识记，即整篇阅读，直到记牢为止。对于篇幅较长、内容较难、内在联系不强的材料，适合采用分段识记，即将整篇材料分成若干段，先一段一段记牢，再合成整篇识记。

4. 多种感官参与

在进行识记时，要学会同时运用多种感官。有心理学家证明，人的学习83%通过视觉，11%通过听觉，3.5%通过嗅觉，1.5%通过触觉，1%通过味觉。另外，人一般可记住自己阅读内容的10%，自己听到内容的20%，自己看到内容的30%，自己看到和听到内容的50%，交谈时自己所说内容的70%。这一结果说明，多种感官的参与能有效地增强记忆。

5. 复习形式多样化

所谓复习形式多样化，就是用不同的变化的方式复习同一内容，这比只用一种方式多次复习同一内容效果好得多。

6. 划线强调

划线强调是阅读时常用的一种复述策略。在划线时，首先要了解在一个段落中什么是重要的，如主题句等；其次要谨慎地划线，只划重要的信息；最后要复习和使用自己的话解释这些划线的部分。此外，还可以使用一些圈点批注的方法，与划线强调配合使用。

（二）精细加工策略

精细加工策略是一种深层加工策略，即为了寻求字面意义背后的深层意义，将新学材料与头脑中已有知识联系起来，以增加新信息的意义。精细加工策略如图6-3所示。

1. 记忆术

记忆术包括缩简和编歌诀、谐音联想

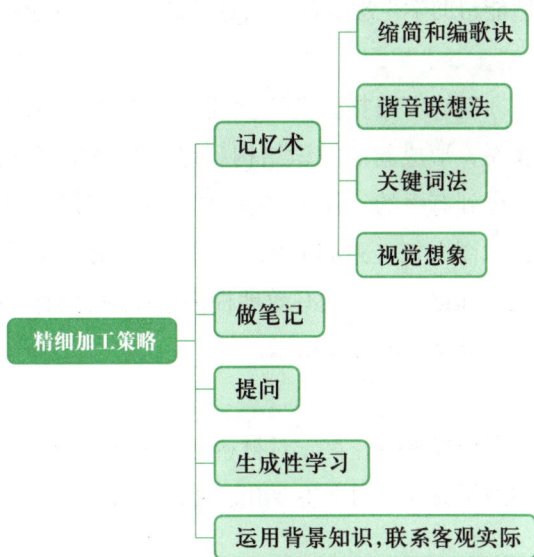

图6-3 精细加工策略

法、关键词法、视觉想象等。

2. 做笔记

做笔记能够促进新信息的加工和整合。做笔记能帮助学生维持注意力，有助于学生抓住学习材料的重要部分，能使学习材料变得特别有意义和清晰。做笔记时，在笔记本上不要写得密密麻麻，要留出足够的空地。课后，要学会自己整理笔记，即根据自己的情况梳理笔记，增减笔记内容，附上自己的疑问和感想。学生可以根据笔记来组织复习，积极思考笔记中的观点，并与其他有关联的知识相联系，使知识系统化，巩固学过的知识。

3. 提问

无论是阅读还是听讲，学生都要经常评估自己的理解状况，思考一些问题，如"谁""什么""哪儿""如何"等。多提问能让学生对学习中的问题领会得更好。

4. 生成性学习

生成性学习就是使学生对他们阅读的东西产生一个自己的类比或表象，如图形、图像、表格和图解等，以加强其深层理解。这种策略最重要的一点是需要积极地加工，不是简简单单地记录和记忆信息，不是从书中寻章摘句或稍加改动，而是要改动对这些信息的知觉，产生新的东西，从而把所学的信息与自身的知识和经验联系起来，进而产生新的理解。比较常用的生成性学习是类比、比较、扩展和引申。

5. 利用背景知识，联系生活实际

新学信息能否和已有知识建立联系及背景知识的多少在学习中是非常重要的。对于某一事物，我们到底能学会多少，最重要的一个决定因素是我们对这个方面的事物已经知道多少。学生一定要把新学习的知识和已有的背景知识联系起来，还要联系实际生活。这不但能帮助学生理解这些信息的意义，而且能帮助他们感觉到这些信息是有价值的。

（三）组织策略

组织策略指整合所学新知识之间、新旧知识之间的内在联系，形成新的知识结构。组织策略是使信息由繁到简、由无序到有序的一种重要手段。将组织过的材料储存在大脑中，就像图书馆经过编码的书，易于检索。这不仅有利于材料的识记和提取，还能有效地提高学生对材料的理解和表达水平。组织策略如图 6-4 所示。

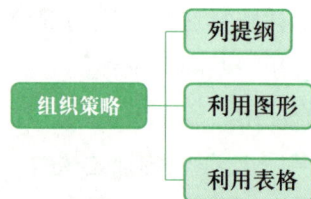

图 6-4　组织策略

1. 列提纲

列提纲时，首先对材料进行系统地分析、归纳和总结，然后用简要的词语，按材料中的逻辑关系，写下主要和次要的观点。

2. 利用图形

此处所说的图形主要包括系统结构图、流程图、模式图或模型图、网络关系图。

首先是系统结构图：学完某学科知识，要对学习材料进行归类整理，将主要信息归集为不同水平或不同部分，由此可形成一个系统结构图。其次是流程图：流程图可用来表现步骤、事件和阶段的顺序，一般是从左向右展开，用箭头联系各步。再次是模式图或模型图：模式图利用图解的方式来说明在某个过程中各要素之间是如何相互联系的；模型图用简图表示事物的位置，以及各部分的操作过程。最后是网络关系图：利用网络关系图可以解释各种观点是如何相互联系的。做关系图时，首先找出主要观点，然后找出次要观点或支持主要观点的部分，最后标出这些部分，并将次要观点和主要观点联系起来。在关系图中，主要观点图位于正中，支持性的观点位于主要观点的周围。

3. 利用表格

此处所说的表格主要包括一览表和双向表等。制作一览表，首先要对材料进行全面的综合分析，然后抽取主要信息，并从某一角度出发，将这些信息全部陈列出来，力求反映材料的整体面貌。双向表从纵横两个维度罗列材料中的主要信息。系统结构图和流程图都可以演变成双向表。

> **心随我动**
>
> 请结合《高职心理健康教育活动手册》项目六任务二的"课中训练训练一"，完成"优势学习"。
>
> 此活动旨在帮助学生将本课的知识点运用在学习实践中，促进学生学习能力的提高。

三、大学生自主学习能力提升的策略

（一）实现教与学的角色转换

在信息化时代，学会自主学习已成为新时代的主旋律。培养学生独立自主的学习能力显得尤为重要。随着互联网技术、计算机技术及云计算技术等的飞速发展，加上网络的全面覆盖和设备的普及，高职教师与学生都应紧跟时代发展潮流，适应并有效利用这种多渠道、多途径的信息获取方式，实现教与学的角色转换，全面开启自主学习方式。

1. 以学生为主体

高职教师应更新传统教育理念，更新混合教学模式下的教学思维，将学生当成教学主体，把更多的支配权利还给学生，保障学生的自主学习时间，让学生从观看多媒体、查阅资料等学习方式转变为对知识进行深入思考，通过自主学习，化"教堂"为"学堂"，培养学生积极、主动的自主学习意识，帮助他们提升自主学习能力。

2. 教师引导为辅

大学生由于对信息技术了解不足，没有足够的信心，过于依赖教师。教师要帮助学生树立足够的自信，起到引导和辅助的作用。教师要多与学生交流、探讨，全身心地融入学生生活中，从而营造有利于高职学生自主学习与个性发展的课堂环境和学习氛围。

3. 增强学生自主学习效能感

每个学生对知识的理解是不同的，教师要尊重学生在自主学习过程中独特的感受和理解，不强制学生背诵标准答案，赞许学生自主学习的收获，并对此给予一定反馈和纠正，让学生收获成功的喜悦，增强自主学习的自信心和能力。

（二）营造良好的学习环境

1. 创建自主学习网络环境

构建良好的学习环境是学生开展自主学习的基础。新时代，高职院校应为学生创造积极、正向的自主学习网络环境，提供资源充足的学习空间，重视校园文化和校园网站资源建设，可针对各学院、各专业的教学内容，创新教学策略，如多媒体创设情境、表演、语音示范领读等，提高网络的利用率，让高职学生在良好的学习环境中通过自主学习提升综合能力。

2. 拓展自主学习空间

在进行线上与线下相结合的教学的过程中，自习室、讨论室、实践基地等自主学习空间要得到有效的开发，高职院校不仅要增强新媒体自学平台的开发，还要为学生提供更多自主学习的场所和空间，使得学生有更多发挥主观能动性的机会和场所。

3. 加强朋辈合作教学

教师可针对朋辈辅导员进行前期培训，与朋辈辅导员建立常态化沟通机制，也可开设朋辈辅导员培训课程，以学校为主、以朋辈辅导为辅，共同承担与支持学生的学习任务，及时反馈学生自主学习情况。教师要定期调研，加强对学生的监督，为学生创造良好的、有活力的自主学习氛围，提高学生自主学习的兴趣，收获优良的教学效果。

（三）培养学生的信息化素养

信息化平台是学生获取自主学习知识的主要途径。在人才培养过程中，教师应制定符合高职学生认知方式的学习策略，结合不同学习阶段和课程的不同性质，引导学生制订各阶段的自主学习目标和规划，促进其自主学习能力的提升。

1. 学会通过信息化网络平台查找资源

有的高职学生信息检索效率低，因此教师可加强对高职学生信息检索能力的培训。例如，通过开展线上会议、讲座、短期培训等方式，从基础的检索、查询知识开始，教会学生在网络上如何查找、从哪里查找与高职课堂教学相关的信息。

2. 学会鉴别、处理和整合信息

因为互联网中的教学资源繁多，各种信息真假难辨，教师应提醒学生哪些信息是需要屏蔽的，哪些内容可消化、内化为自我的知识体系等，帮助学生培养在网络环境下的自主学习能力，培养学生对多类型、多元化、非规范化、跨地域等网络信息的辨识能力与获取能力，整合自主学习资源。

3. 学会以小组形式开展研讨

一个人开展自主学习的效率往往是有限的，只有以小组的形式开展研究、讨论、实践，才能有更多思想上的碰撞，并找到更全面、更丰富、更科学的信息。因此学生在利用信息化网络平台获取资源的时候，需要以小组的形式开展研究和讨论，以便更好地促进长期自主学习能力的形成。

（四）优化学生自我监督和评价体系

自我监督和自我评价等学习模式的缺乏，是影响高职学生提升自主学习能力的重要因素，因此优化学生自我监督和评价体系成为培养大学生自主学习能力的重要措施。

1. 自我监督

可将高职学生的自我监督分为三步，分别是学前监督、学中监督和学终监督。学前监督即监督自身是否制订出合理的学习任务或计划。学习任务或计划应当具有可行性、可操作性及可量化性。学中监督主要考查网课或线下任务的自主学习情况，根据学习目标的完成进度和实施效果，纠正自己在学习中的态度和行为。学终监督指通过对结果的自我检查、自我评价，查漏补缺，反思与修正自身行为，为下一次制订自主学习计划奠定基础。

2. 自我评价

自我评价是加强学生自我肯定、准确找出问题的有效方法。在评价内容上主要包括以下内容：信息化知识与应用技能的掌握、自主学习过程的态度、解决问题的能力等。教师可让学生汇报自己在混合式教学课堂上和课下的自主学习过程中思维的变换、态度的变化，并对自身各方面进行判断与反思。教师要引导学生将同学、教师对自己的评价有机结合，以能够全面、客观地认识自己、评价自己。

另外，教师要鼓励学生重视自我监督和自我评价。通过自我监督和自我评价，学生对自己的自主学习能力现状和态度有一个清醒的认识，以此激发自身的责任承担意识。为精准地评估自主学习的进程和结果，高职学生可建立一个量化表，根据评分来查漏补缺、改进优化。

心随我动

请结合《高职心理健康教育活动手册》项目六任务二的"课中训练训练二"，完成"独门学习秘籍"。

此活动旨在通过交流、分享的方式，使学生相互学习和借鉴有效的学习策略及方法，开拓学习有效途径。

案例析心

问题回顾：如果你是清清的同学，那么你会怎么帮助清清提高学习效果？

案例解析：这则案例告诉我们，当学习效果不佳、达不到预期目标时，要及时改变学习的策略。特别是在新时代背景下，要想学有所获、学有所成，学生自身要做好以下几项转变。

（1）学习观念的转变。中学时期，学生多数是被动地接受学习，均以教师的"教"为主，有相对固定的学习时间和学习任务，而高职期间的学习会穿插很多的课外实践时间，需要同学们充分发挥自己的主观能动性，主动参与。

（2）学习资源的转变。之前的教学资源均来源于书本或者任课教师上课所授知识，随着互联网的发展，高职学生的学习资源逐渐丰富起来，同学们可以通过智慧职教平台、慕课、学习强国平台、仿真教学、微课微视频等方式获得自主学习的教学资源，载体更多、内容更丰富。

（3）学习手段的转变。之前仅是学生在教室里通过书本学习、教师上课讲授，即被动地学习，而自主学习的学生可以通过手机 APP、计算机网络、人工智能、虚拟仿真等进行学习，选择自己喜欢的授课方式来补充学习内容。

（4）学习方式的转变。自主学习的方式与传统灌输式教学有着本质性的差别，需要学生发挥更多的主观能动性来学习。可以通过课后小组研讨、慕课、翻转课堂、实践教学等方式深化对学习内容的理解。

（5）学习方法的转变。传统的教学都是以教师讲为主的"一对多"模式，而新时代背景下高职学生的学习，更多注重的是技能型人才的培养，需要通过小组合作、实践探究、技术训练等方法来增强学生的综合素质能力。

心灵感悟

一、放松训练

鼻腔呼吸法，将右手的食指和中指放在前额上，用大拇指按压住右鼻孔，用左鼻孔缓慢地轻轻吸气，用无名指移到左鼻孔按压，打开大拇指用右鼻孔呼气；再用右鼻孔吸气，同时将大拇指按压住右鼻孔，打开左鼻孔呼气；右鼻孔吸气，左鼻孔呼气，左鼻孔吸气，右鼻孔呼气，再来右鼻孔吸气，左鼻孔呼气。如此作为一个循环，以 5 个为一组，可以做 2~3 组。在对呼吸的控制中，你变得很放松，非常放松，你体验到了这种放松感。

放松音频：
自然声音，
轻松助眠

二、吟诵一句禅

- 学思结合，知行合一。
- 工欲善其事，必先利其器，掌握方法，省时省力，事半功倍。
- 每个人都能找到适合自己的个性化学习策略，最适合自己的学习策略是最有效的策略。

随着教师的带读闭目吟诵，体会自己向自己心灵倾诉的感动，将心理观念嵌入自己的潜意识中。

修心践行

请结合《高职心理健康教育活动手册》项目六任务二的"课后训练"，完成"养成良好的学习习惯"。

项目测评

一、学习检测

项目六自测题

请扫描上方二维码，完成"项目六自测题"，测测你对本项目知识的学习情况。

二、自我评估

请完成《高职心理健康教育活动手册》项目六的"项目评估"，对你的学习情况进行自我评价。

07

冬天快到了，很多小鸟开始筑巢取暖。可是麻雀看到天气很好，就白天站在树上晒太阳，晚上躲到松树上睡觉。第一天，杜鹃问麻雀："麻雀麻雀，冬天就要到了，你怎么还不筑巢？"麻雀说："不急不急，太阳还大着呢，明天再去吧！"第二天，八哥遇到麻雀又说："麻雀麻雀，冬天就要到了，你怎么还不筑巢？"麻雀又说："不急不急，太阳还大着呢，明天再去吧！"第三天，喜鹊遇到麻雀说："麻雀麻雀，冬天就要到了，你怎么还不筑巢？"麻雀还说："不急不急，太阳还大着呢，明天再去吧！"

几天后的一个夜晚下起了大雪，第二天大家去松树上看麻雀，发现它已经冻死在那里了。

所谓："明日复明日，明日何其多。我生待明日，万事成蹉跎。"我们不能像麻雀一样，总是把重要的事情拖到明天，而应该珍惜每分每秒，把握现在，将事情及时做好。我们应以此为鉴，时刻提醒自己要珍惜时间，勤勉努力，让生命更加充实和有意义。

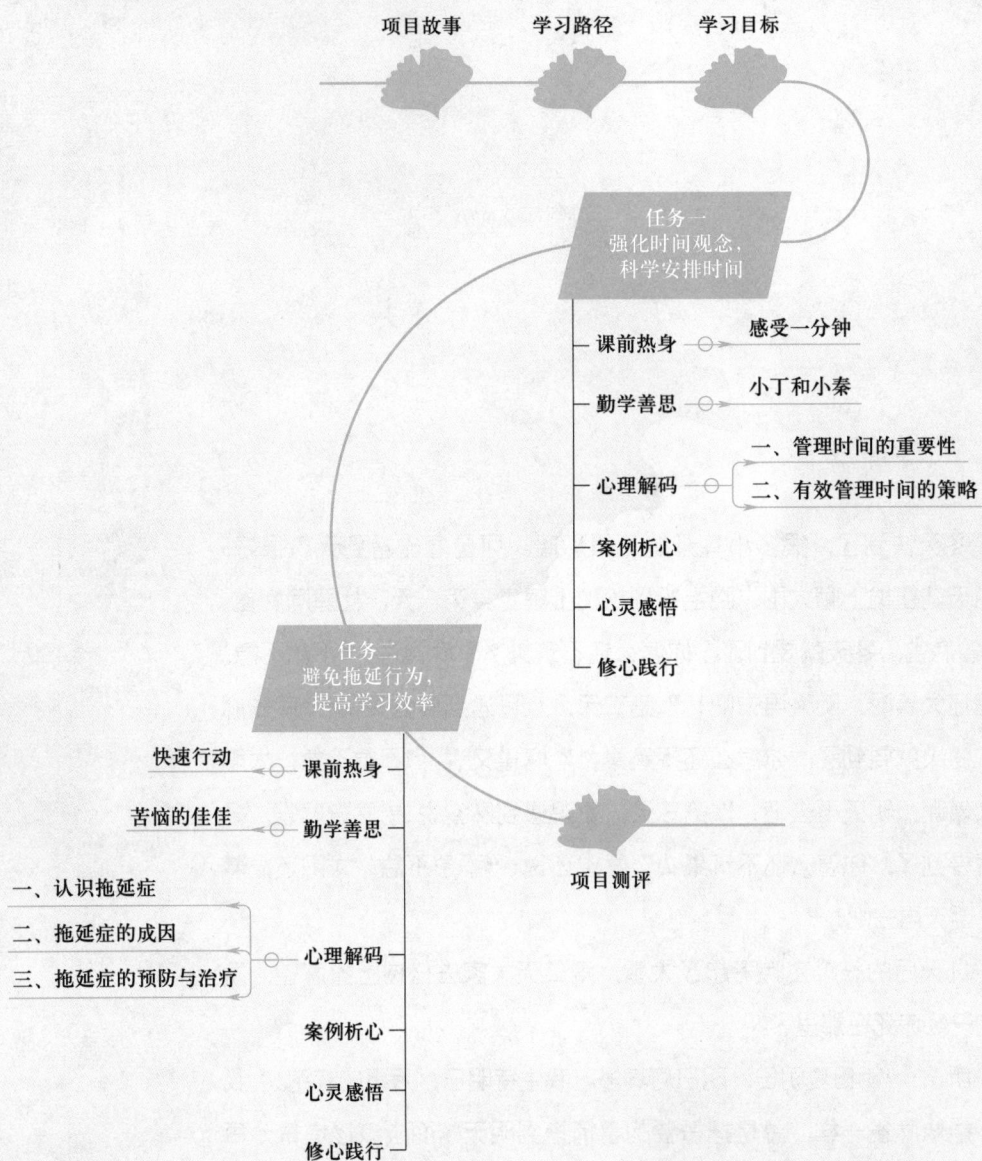

项目故事　学习路径　学习目标

任务一
强化时间观念，
科学安排时间

课前热身 ── 感受一分钟

勤学善思 ── 小丁和小秦

心理解码 ── 一、管理时间的重要性
二、有效管理时间的策略

案例析心

心灵感悟

修心践行

任务二
避免拖延行为，
提高学习效率

快速行动 ── 课前热身

苦恼的佳佳 ── 勤学善思

一、认识拖延症
二、拖延症的成因 ── 心理解码
三、拖延症的预防与治疗

案例析心

心灵感悟

修心践行

项目测评

学习目标

　　1. 知识目标：知晓管理时间的重要性，掌握有效管理时间的策略，了解拖延症的概念及表现，掌握预防拖延症的策略。

　　2. 能力目标：预防拖延的形成，并能够有效调适出现的问题。

　　3. 素养目标：形成珍惜时间、把握生命的态度，养成良好的时间管理习惯。

任务一
强化时间观念，科学安排时间

课前热身

请结合《高职心理健康教育活动手册》项目七任务一的"课前热身"，完成"感受一分钟"。

勤学善思

小丁和小秦

小丁在上高中的时候勤奋好学，按时完成各项作业和任务，是教师眼中的好学生。高考失利带来的打击让她沉沦，她觉得所有的努力都白费了。上大学后，没有了高考的压力，小丁也没有了之前的学习劲头，逐渐开始了颓靡的生活。大一上学期，她一有时间就在宿舍里打游戏、看直播、追剧，玩得不亦乐乎。同学好心提醒她"记得完成作业"，小丁总是口头答应"我知道的"，然后一拖再拖。面对一堆拖欠的作业和任务，她也会自责、焦虑，但一想到要去完成它们又觉得无从下手，只能继续逃避。面对教师的劝导，她的态度很好，表示自己会抓紧时间学习，但总是坚持不了多久又继续玩乐。真正到了学期末，面对到来的考试，小丁措手不及，考试科目几乎都挂科了。最终小丁被学校劝退。

大一上学期，小秦每天除完成固定课程外，还会在教室或者图书馆学习。小秦习惯给自己订一个周计划，列出本周需要做的重要事项和完成时间节点。除了学习，她还利用空闲时间看书、听音乐、看电影等，一边休息一边陶冶情操。周末，她还加入了学校的社群活动，跟社友们一起爬山、健身、约拍、参加志愿者活动等，很是充实。丰富的学习生活让她既收获了优异的成绩，又开阔了视野，还结识了志趣相投的伙伴。在同学们眼里，她不仅是学霸，还是不折不扣的活动达人。

思考：小丁和小秦拥有同样的学习时光，为什么她们的成长方向却截然不同？请结合相关知识谈谈你的看法。

心理解码

一、管理时间的重要性

我国的文学家和思想家鲁迅有一句至理名言："时间就是生命，无端地空耗别人的时间，其实是无异于谋财害命的。"在北京时，他的卧室兼书房里挂着一副对联，上面摘录

项目七 告别拖延——提高时间效率 119

了我国古代诗人屈原的两句诗，上联是"望崦嵫而勿迫"（希望时间流逝得慢一点，以便做更多的工作），下联是"恐鹈鴂之先鸣"（光阴有限，唯恐岁月易逝，要做的工作不能完成）。鲁迅与这副对联朝夕相伴，督促自己抓紧时间。正是因为有这种惜时如命的精神，鲁迅在他56年的生命旅途中，广泛涉及自然、社会科学等领域，一生著译一千多万字，给后人留下了宝贵的文化遗产。

管理时间是管理个人的一部分，即如何更有效地安排自己的工作与学习计划，掌握重点，合理且有效地利用时间。简而言之，管理时间的目标是掌握工作与学习的重点，其本质是管理个人，是自我的一种管理，方法是通过良好的计划和授权来完成这些任务。

管理时间的方法有一个演变的过程。最早的管理时间的方法是利用便条、备忘录和记事本等记下工作的重点。第二代的管理时间的方法更注重计划性，即利用安排表、效率手册及商务通等电子手段来安排工作事项。在管理时间的第三个阶段，人们设立近期、中期和长期的工作目标，根据不同的目标分配各自的工作重点，安排工作时间。现在已经进入了管理时间的理论时代。在这之前，管理时间注重完成工作的时间和工作量，而在管理时间的理论时代则更注重个人的管理，注重效能，关注完成的工作是否具有有用性。

帕金森定律（图7-1）表明，工作会自动地膨胀并占满所有可用的时间。如果一个人给自己安排了充裕的时间去完成一项工作，他就会放慢节奏或者增加其他事项来用掉所有的时间。80／20原则（即二八定律）表明，应该把最佳的时间用在最重要的事情上，所谓"好钢用在刀刃上"。

在大学生的实际生活中，不善于管理时间的主要表现为办事拖延，不考虑轻重缓急，经常把时间浪费在打游戏、看小说、闲谈聊天、刷短视频等事情上。为了更好地应对以后的工作压力和外部竞争，大学生应学会有效管理时间。

我该做的事情堆得像巨石碑一样高……

考虑到事情实在太多，我决定还是先上网看一小会儿……

图 7-1　帕金森定律

心随我动

请结合《高职心理健康教育活动手册》项目七任务一的"课中训练训练一"，完成"撕纸知时"。

此活动旨在通过时间轴让学生直观感知时间的长短，并且通过撕纸游戏让学生体会时间的易逝，进而促使学生珍惜时间，充分利用现有时间为目标而奋斗。

二、有效管理时间的策略

（一）养成良好的用时习惯

1. 现在就做

许多人习惯"等候好情绪"，即花费很多时间以"进入状态"，却不知状态是做出来的而非等出来的，把握最佳时机，今日之事今日毕。行动胜于等待，把握现在，勿让拖延成习惯。请记住，栽一棵树的最好时间是 20 年前，其次是现在。现在就做，不负时光。

2. 学会说"不"

在生活中，计划赶不上变化是经常遇到的情况，很多时候自己已经做好了计划，但临时又出现了一些变化。例如，你已经打算去图书馆自习，但朋友突然约你去打球。如果你没有想去的意愿，就要学会恰当地拒绝，否则会耽误原本的计划。学会说"不"是时间管理中摆脱变化和纠缠的一种有效方法。大学生不要被无关紧要的人和事缠住，也不要在不必要的地方逗留太久，不要因琐事而将整块的时间拆散。一个人只有学会说"不"，才会得到真正的自由。但是拒绝也要讲究技巧，要用他人觉得确实合理的理由来拒绝。

3. 注重时间成本

要警惕"小利耗时，大利失时"的情况。避免为节省小额金钱而耗费大量时间，这往往导致时间成本远超所节省的金额。例如，为省两元而排好几个小时队，为省几元而步行三站路等等，都是极不划算的。管理时间应如同经营资本，时刻权衡成本与价值。要珍视机会成本，确保时间投入能带来最大化的价值。高效利用时间，是提升生活品质与工作效率的关键。

4. 善用碎片化时间

生活中有许多零碎的时间不为人注意，或被刷短视频、刷微博和逛朋友圈等娱乐活动所侵占。这些时间虽短，但可以充分利用起来做一些有意义的事情。例如，排队等待的时间可以用来阅读新闻或电子书，也可以用来记几个单词；乘地铁的时间可以利用各种 App 来学习；运动时可以回想最近急需解决的事或听音乐等。掌控好生活中的碎片化时间，能够帮助我们更好地掌控生活。

🌱 心理视窗 · 知识卡片

如何充分利用碎片化时间？

首先，有效利用零散时间。我们要把平时无所事事的闲暇时间都用到学习上，可以在等车时、等人时、吃饭时、排队时、上下班路上学习，也可以在餐馆、地铁站、咖啡厅、公交车站学习——只要将身边的环境充分利用起来，哪里都可以是自习室。

注意：① 你刚开始也许不适应公共场所的嘈杂环境，但用不了多久，你很容易就可以投入其中了；② 类似的零散时间，也许每次只有几分钟，但并不影响学习效率。

其次，利用同时学习法使学习时间翻倍。同时学习法是指为自己创造一举两得的学习机会，如做家务、跑步、吃饭、乘车的同时都是我们学习的宝贵时机，这样一来，运动的过程或是路途的拥堵都不再无聊，连做家务都可以变得有趣起来。以吃饭时间举例：吃早饭、午饭、晚饭每次花费 30 分钟，如果每顿饭都可以背会 5 个单词，那么一天就可以背会 15 个单词，每天我们就可以额外创造一个半小时的学习时间，每年就可以多出 500 个小时的学习时间。

最后，制订年度计划，规划学习时间。在制订计划以前，我们需要先把实际用于学习的碎片化时间用表格记录下来，把可以利用的时间缝隙充分填满，再制订每天、每周、每年的学习计划——通过规划，我们可以对每年能够拿出多少时间学习做到心中有数。例如，考一个职业资格证大约需要 1 000 个小时的学习时间，那么怎样学才可以达成目标？还有哪些碎片化时间可以得到有效利用？——对于这些问题，通过分析学习记录就一目了然了，根据自己的实际情况制订的学习计划更容易落到实处。友情提示：碎片化时间是我们生活中一笔无形的财富，善于发现和运用碎片化时间，距离实现梦想也就更近一步。

（资料来源：小山龙介. 碎片化学习：如何利用每一点空余时间自我升值 [M]. 李青，译. 南昌：江西人民出版社，2019.）

5. 懂得搁置

不要固执于解决不了的问题，我们可以先把这些问题暂时搁置，之后再去解决它们。这就如同踢足球，左路打不开时，就试试右路，总之，尽量不要"钻牛角尖"。当我们面对某项工作觉得疲惫、沮丧或愤怒时，中断工作不仅不会浪费大量时间，还会比勉强自己继续工作的效果好得多。如果我们没有足够的能力或者信息来完成某项工作，那么最好把它暂时搁置起来，等待条件成熟时再做。但是，不要以搁置为借口，逃避真正需要马上做的事情。

（二）善用时间管理工具

1. 准备待办单

我们要准备一个待办单（待办事项清单），将你每日要做的一些工作或者学习任务事先逐项列出来，并排出优先次序、确定好完成时间，以突出工作重点。这样有助于避免因遗忘而误事。

使用待办单时应注意：① 每天在固定时间制订待办单（建议一起床就做）；② 只制订

一张待办单，完成一项划掉一项；③ 最关键的一项，每天坚持；④ 待办单要为应付紧急情况留出时间。

2. 制订计划

我们要对学习和工作事先做好计划。关于计划有日计划、周计划、月计划、季度计划、年度计划。定好目标和计划后，要对执行过程进行系统记录和反馈。例如，可以在宿舍的台历或记事本上，标注当天或预定的学习与工作计划，以备遗忘；也可以在电脑或者手机上设置闹铃以便及时提醒。

3. 使用时间"四象限"法

究竟是什么占据了人们的时间？这是一个经常令人困惑的问题。著名管理学家科维提出了一个时间管理理论，即把工作按照重要和紧急两个维度进行划分，分为四个"象限"（图7-2）：重要且紧急（如每天需要完成的学习任务、即将进行的班会等）、重要但不紧急（如建立人际关系、完成毕业设计等）、不重要但紧急（如取快递、晾晒衣服等）、不重要且不紧急（如闲谈、看剧等）。时间管理理论的一个重要观念是有重点地把主要的精力和时间集中用于处理那些重要但不紧急的学习与工作任务，这样可以做到未雨绸缪，防患于未然。在日常生活中，人们往往有机会去很好地计划和完成一件事情，但常常没有及时去做，随着时间推移，这些重要但不紧急的事变成重要且紧急的事，让人措手不及，从而造成学习和工作质量的下降。可见，把主要精力放在处理重要但不紧急事务上是必要的。

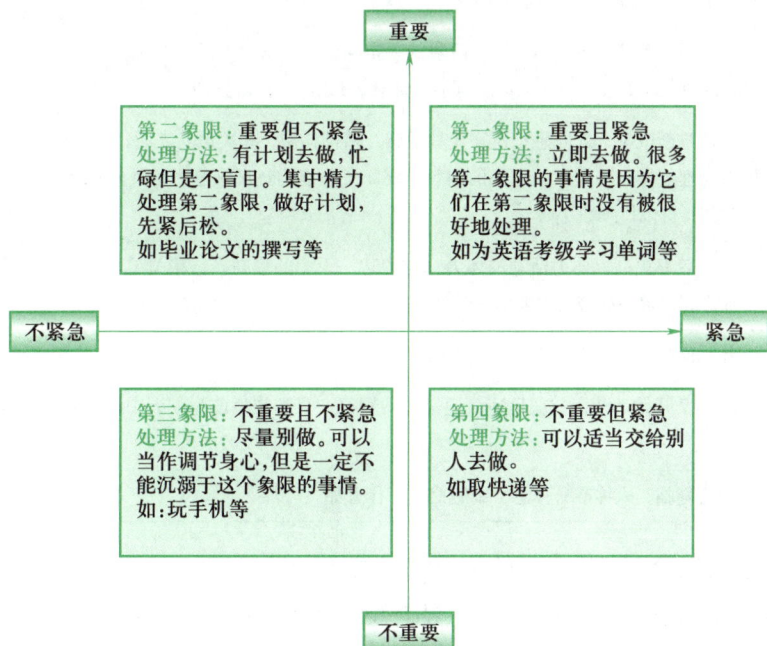

图 7-2　时间"四象限"

4. 留有时间余地

在时间管理的过程中，还需应对意外的不确定性事件，因为计划没有变化快，所以需为处理意外事件留出时间。有三个预防此类事件发生的方法：一是制订每个计划时都留出多余的时间；二是努力使自己在不留余地又饱受干扰的情况下，完成预计的工作，这并非不可能，事实上，工作快的人通常比工作慢的人做事精确些；三是另准备一套应变计划。

总之，学习和工作是无限的，时间却是有限的。时间是如此宝贵，但它又是最有伸缩性的，它可以一瞬即逝，也可以发挥最大的效力。时间就是潜在的资本。因此，我们要充分合理地利用每个可利用的时间，使时间价值最大化。

（三）利用生物节律

人的记忆力在一天中什么时候最好？最佳学习时间是什么时候？据生理学家研究发现，人的大脑在一天中有一定的活动规律，具体如表 7-1 所示。

表 7-1　人的大脑一天的活动规律

时间	机体活动
6:00—8:00	机体休息完毕并进入兴奋状态，肝脏已将体内的毒素全部排净，头脑清醒，大脑记忆力强，此时进入第一次最佳记忆期
8:00—9:00	神经兴奋性提高，记忆仍保持最佳状态，心脏开足马力工作，精力旺盛，大脑具有严谨、周密的思考能力，可以安排难度大的攻坚内容
12:00	人体的全部精力都已调动起来。全身总动员，须进餐。此时对酒精敏感，午餐若为一桌酒席，则会使下半天的工作受到重大影响
13:00—14:00	午饭后，精神困倦，白天第一阶段的兴奋期已过，精力消退，进入 24 小时周期中的第二低潮阶段，此时反应迟缓，有些疲劳，宜适当休息，最好午睡 30 分钟到一小时
15:00—16:00	身体重新改善，此时感觉器官尤其敏感，精神抖擞，相关试验表明，此时长期记忆效果非常好，可以合理安排一些需永久记忆的内容记忆。工作能力逐渐恢复，是外向性格者分析和创造最旺盛的时刻，可以持续数小时
17:00—18:00	工作效率更高，体力活动的体力和耐力达一天中的最高峰，相关试验显示，这段时间是完成复杂计算和比较消耗脑力作业的好时期
19:00—20:00	体内能量消耗，情绪不稳，应休息
20:00—21:00	大脑又开始活跃，反应迅速，记忆力特别好，直到临睡前为一天中最佳的记忆时期（也是最高效的）
22:00—24:00	睡意降临，人体准备休息，细胞修复工作开始

据此，学生可以合理安排自己的学习时间表。

然而，正如安东尼·罗宾所说，"世界上没有两个人的个人生物钟是一样的"，每个人的最佳学习时间都存在一定的差异，因此，我们要掌握自己的"黄金时间"，并进行合理的安排，以便提高学习效率。

🌿 **心理视窗·身边故事**   ●○

做思想上的巨人，也做行动上的强者

小文是一名班级心理委员，在班级里人缘很好，能说会道。然而在班委团队成立后的几次例会中，班长发现小文经常迟到，从不按时提交材料。辅导员找到寝室长了解情况，得知小文在寝室经常很晚才睡觉，打游戏、刷手机、看网络直播等，室友们都快睡着了，他才拖拖拉拉地去洗漱，早上睡过头、踩点上课是家常便饭。同时，团支书也反映，在多次班级活动中都是同学们等他一人。辅导员认为，小文再这样下去不仅会影响他的个人发展，还会影响班级团结。于是，辅导员找到小文，通过谈心的方式，帮助、陪同小文发现自己拖延的问题，制订合适的生活计划，帮助其在生活中落实计划，并及时给予奖励。通过辅导员的帮助，小文慢慢地摆脱了拖延的"魔爪"，将自己每天的时间都做好了规划，他发现了阅读的乐趣，接到任务都会按时完成。他对自己的变化感到很满意，觉得"找到了真正的自己"。

心随我动

请结合《高职心理健康教育活动手册》项目七任务一的"课中训练训练二"，完成"时间四象限"。

此活动旨在让学生懂得时间四象限的使用方式，掌握时间合理分配的方法。

🌿 **案例析心**

问题回顾：小丁和小秦拥有同样的学习时光，为什么她们的成长方向却截然不同？请结合相关知识谈谈你的看法。

案例解析：从案例中我们不难看出，高考失利对小丁造成了很大的打击，并且她没有得到好的心理支持和正面引导，从而对学习失去了兴趣，也失去了目标，变得颓废。另外，小丁和小秦在时间管理上存在较大差异，这是导致她们最终在成长方向上截然不同的重要原因。

（1）小丁时间管理能力弱，具体表现为：① 缺乏时间观念，自我约束能力弱，敷衍对待作业和考试，虽然心里知道要按时完成作业但缺乏自控能力，沉迷于玩乐中；② 高考失利的负性经验让她觉得勤奋学习没有意义，进入大学后她对学习的重视程度降低，失去"高考"这个方向标后变得迷茫、没有目标；③ 没有养成好的用时习惯，小丁对待作业时常应付了事，不能按时完成作业，对待考试这种重要的事件没有提前规划，即便有人提醒，他也依旧继续拖延。对此，小丁后续需要加强时间观念，学习运用四象限法、制订计划法等帮助自己管理时间，还可以请好朋友监督自己逐步改进用时习惯。

（2）小秦时间管理能力强，具体表现为：① 时间观念和自控能力都很强，每天课后会自觉去教室或图书馆学习；② 能够通过制订周计划来帮助自己管理时间，在确保各项作业和任务在规定的时间内完成的同时，又能够通过参加各种兴趣活动丰富自己的生活；③ 小秦的时间安排得很充实，但是学习和兴趣活动平衡得很好，这说明小秦在平时懂得根据事件的轻重缓急、优先次序等安排时间。

最后，同伴影响、家庭支持等外部因素也会影响两位学生的行为和决策。

心灵感悟

一、放松训练

腹式呼吸法，选择一种舒适的坐姿，保持头部和背部直立，左手放在腹部肚脐，右手放在胸部；用鼻吸气，用嘴呼气，细心体会腹部的一起一落；一呼一吸控制在 15 秒左右，先深吸气（鼓起肚子）3 ~ 5 秒，屏息 1 秒，然后慢呼气（回缩肚子）3 ~ 5 秒，屏息 1 秒。多做几次，保持每一次呼吸节奏一致。在对呼吸的控制过程中，你变得很放松，非常放松，你体验到了这种放松感。

放松音频：新世纪音乐

二、吟诵一句禅

- 见缝插针，光阴必争。
- 一寸光阴一寸金，寸金难买寸光阴。
- 明日复明日，明日何其多。我生待明日，万事成蹉跎。

随着教师的带读闭目吟诵，体会自己向自己心灵倾诉的感动，将心理观念嵌入自己的潜意识中。

修心践行

请结合《高职心理健康教育活动手册》项目七任务一的"课后训练"，完成"规划一天的时间"。

任务二

避免拖延行为，提高学习效率

课前热身

请结合《高职心理健康教育活动手册》项目七任务二的"课前热身"，完成"快速行动"。

勤学善思

苦恼的佳佳

佳佳是学校文学社的得力干事，经常会写一些随笔和志同道合的同学交流，也受到了同学和教师的认可。然而，只有佳佳自己知道，如果有五天时间来写稿子，那么前四天她一定是心不在焉的、看似清闲的；只有到了第五天，时限逼近，她才会赶紧写稿。往往只有到了最后的时间，她才定稿，让悬着的心放下。

在一个月前的社团活动课上，指导教师说有个全国的作文比赛，希望大家积极投稿。佳佳很希望通过这次活动证明自己的实力，于是找到社长报了名。可是随着交稿日期的临近，她还一个字都没写。她经常想：最近功课太多，等过了这周就可以安心写了；等过了这周，她又想最近天气不好，等天气好了出去采采风；真正到了天气好的周末，她又对自己说"状态不好，没有灵感，等有了好的思路再写"……距离交稿日期还剩几天时，她愈加心烦，担心自己因写不出好作品而失了面子。巨大的压力感让她更加行动不起来。佳佳最后安慰自己说"时间不够用了，也写不出好作品来，还是算了吧"。纠结再三后，只得给社长发了消息，选择退赛。佳佳把一个很好的展示机会拖没了，事后她十分懊悔。

思考：请结合所学知识，分析佳佳的行为表现及其背后的原因。如果你是佳佳，那么你打算怎样改变？

心理解码

加拿大渥太华卡尔顿大学的蒂姆和美国芝加哥德保尔大学的费拉里两位拖延症研究专家的研究显示，有 70% 的大学生存在学业拖延现象，有 20% 的正常成人每天存在拖延行为，全球有近 10 亿人存在拖延现象。我国的一项职场调查发现，超过 50% 的人承认自己有拖延的习惯。可见拖延覆盖范围很广，绝不是可以忽略的小事。

一、认识拖延症

（一）拖延症

拖延症指将之前的事情放置到明天。拖延症总是表现在各种小事上，但日积月累，特别影响个人发展。拖延现象已成为管理学家和心理学家研究的一个重要课题。

"拖延症"一词最初出现于爱德华·霍尔出版于1542年的书里。几乎是相同的年代，在正处于明清交替的中国，一位名叫钱鹤滩的学者写下了脍炙人口的《明日歌》："明日复明日，明日何其多。我生待明日，万事成蹉跎。"《圣经》从希腊文翻译为英文的过程中，拖延更多被译成"罪过（Sin）"，直到工业革命后，拖延才逐渐具有现在的含义，被视为"以推迟的方式逃避执行任务或做决定的一种特质或行为倾向，是一种自我阻碍和功能紊乱行为"。关于拖延症的研究也处在拖延中。国外对拖延的研究是近10～20年的事情，国内则一直缺乏这方面的研究。关于拖延的界定，一直没有一个研究者普遍接受的定义，也从未形成一个全面的理论。

心随我动

请结合《高职心理健康教育活动手册》项目七任务二的"课中训练训练一"，完成"聊聊'拖延'这件事"。

此活动旨在通过学生各自的分享引起大家的情感共鸣，进而了解班上学生对拖延的看法，让学生知晓拖延的主要表现、产生拖延的原因及克服拖延的办法等。

（二）拖延症的表现

拖延症的表现如下。

（1）每次开工都要整点开始，一点半、两点、两点半……然而迟迟无法动手，从一个整点拖到另一个整点。

（2）对一项任务缺少分步的计划，任务前期效率低下，在截止日期前"百米冲刺"。

（3）对时间的掌控感很弱，以至于没有勇气去接受新任务和新挑战。

（4）不容许别人占用或浪费自己的时间，而自己却不珍惜时间。

（5）本来在着手一项工作，一有什么欲望和想法，就抛下手中工作去干另一件事。

（6）纵然工作群里有20多条留言催你办事，但你仍旧无聊地在网上闲逛。虽然你看起来若无其事，但内心的焦灼让你如坐针毡。

哥伦比亚大学组织心理学系的教授安吉拉认为"不能按时完成任务的情形"属于消极拖延。在《对拖延的再思考：态度和行为中积极拖延的正面效果》一文中，她将拖延区分成两种状态，即消极拖延和积极拖延，拥有积极拖延状态的人往往更喜欢在压力下工作，这样他们可以做出更深思熟虑的决定，并更及时地实行。

除了焦虑和逃避控制，常与拖延联系起来的，还有完美主义。费拉里认为，某些拖延行为并非拖延者缺乏能力或不够努力，而是某种形式的完美主义或求全观念的反映，他们共同的心声是"多给我一些时间，我可以做得更好"。

拖延造成任务直到截止日期才获得解决，这种紧迫感和焦虑感往往促发人的斗志，会让自己觉得只有在压力之下才有做事情的状态。如果最后获得的成绩不错，就会强化自己最适合在截止日期之前的短期高压状态下工作的心态，并且对以后的行为不断进行自我暗示。如此反复循环，周而复始，拖延行为就会越来越频繁地出现。

（三）拖延症的危害

温哥华大学的学者们研究的结果显示，拖延症虽然看似微不足道，但其代价高昂。

首先，拖延症会影响身体健康。根据相关研究，在温哥华大学的学生群体中，学习拖延的人，往往身体免疫系统运转不佳，肠胃也会因不时地精神高度紧张而变得脆弱。

其次，拖延症会导致恶劣情绪的产生。拖延症会使个体感到自责、沮丧、丧失价值感等。拖延症造成的精神高度紧张和低落情绪，还会使得拖延者找寻不健康的生活方式，如熬夜、酗酒、抽烟等，以此来舒缓情绪。

最后，拖延症会导致损失的产生。拖延者的低效率往往会影响整个团队整体任务或计划的完成，造成不可估量的损失，进而影响拖延者的人际关系。

（四）拖延症的类型

费拉里定义了三种基本的拖延症类型。

1. 鼓励型（刺激型）

有鼓励型拖延症的人对自己的能力极为自信，总是非常"沉得住气"，只有到了最后一刻，才会使出浑身解数、临时赶工。但可能因为之前总能按时完成任务，他们享受最后几分钟忙碌带来的快感。这种"成功拖延"的经验让其拖延的频率增加。

2. 逃避型

有逃避型拖延症的人通常对自己缺乏自信，要么是对失败充满了恐惧，要么是害怕成功后被别人关注。这两种心态都和他们十分在意别人对自己的看法有关，他们宁愿别人认为自己没有完成工作的原因是不够努力，而非缺乏能力。

3. 犹豫型

有犹豫型拖延症的人往往没法下决心，做决定对这类人来说很难。让他们做出彻底摆脱拖延习惯的决定也非常困难。他们总觉得不下决心就可以回避对所面临事情的拖延。

报复性睡前拖延症

对于推迟睡眠现象，现在有了一个专门的词语：报复性睡前拖延症。心理学家安娜·赫克尔解释说："这指的是尽管有机会早睡，但人们还是一而再，再而三地晚睡，而且知道这样会导致第二天极度疲惫。""它暗示的是一种要在夜晚夺回自由、快乐和意义的行为"。

晚上 11：30 仍然"用享受一段闲眼时光来犒劳自己"的做法从长远看会对健康产生不良后果。因为报复性睡前拖延症很快就会导致睡眠不足。睡眠太少会严重影响注意力和工作效率，心情不好也与此有关。

如何摆脱报复性睡前拖延症呢？普遍来说，拖延是一种可以"忘记"的行为。维亚特说："只有一小部分有拖延症的人需要专业治疗。"那些因不断拖延而感到极度痛苦并难以应付日常生活的人可以考虑进行心理治疗，其他所有人都可以通过小小的改变来对自己施加积极影响。赫克尔提出以下建议。

了解自己睡前拖延的目的是什么，是为了找回自己缺失的时间吗？若是，那么你应该在白天获得更多的快乐、放松和自由，做更多有意义的事情，这样你就不必从夜晚时间中偷取这种感受。如果你推迟入睡只是因为一关灯就开始胡思乱想，那么需要解决背后的问题。如果只是身体难以在午夜之前进入睡眠状态，那么你可以把日常生活安排得更符合自己的生物节律，如采取弹性工作模式。

了解报复性睡前拖延症真相的人可以利用一些小技巧来改正这个坏习惯。第一，设置闹钟，晚上铃声会提醒你这个时候该上床睡觉了；第二，制定一个规则，即睡觉前 30 分钟禁止使用一切电子设备；第三，使用清晰明了的"当……时，就要……"的句子有助于确保自己的意念不被冲淡，如"当这个节目结束，或者当闹钟响起时，我就要准备睡觉"；第四，建立一个新的睡前仪式，如果能用阅读、填字游戏、放松运动或喝杯花草茶来取代刷手机，就有很大机会将报复性睡前拖延症挡在卧室门外。

二、拖延症的成因

（一）生理因素

关于拖延症的生理学根源研究，大多围绕着前额叶皮层的功能。这个脑区负责大脑的执行功能，如计划、冲动的控制和注意，还起到过滤器的作用，减少来自其他脑区分散注意力的刺激。前额叶皮层的损伤或者低活动性，会导致过滤杂扰刺激的能力降低，进而使处理任务的组织能力变差。

（二）心理因素

1. 追求完美

追求完美往往导致拖延，因为对事物的高标准和期望使人不敢轻易开始，担心无法达到自己设定的完美境界。这种心理会导致行动的迟缓，甚至可能让机会从手中溜走。

2. 自我贬低

由于多次不能按自己的最高要求完成任务，人的心里积压了太多的挫败感，对自我能力的评估就会越来越低。即使以后完美完成了任务，也认为是运气。

3. 消极情绪

面对艰巨任务，一些人容易陷入畏难情绪，觉得"这太难了，无从下手"，于是选择"明天再做"。然而，明日复明日，逃避心理不断出现。另外，有些人会因外部因素对某项任务产生抵触情绪，如学生因教师态度不佳而不愿完成作业，或觉得自己被要求做别人不做的事情从而拖延不前。这种消极情绪严重影响了任务的完成效率和个人的心理健康。

4. 自制力差

拖延者因为缺乏自我控制能力，所以经常在完成某项任务时，被其他事情干扰。例如，写报告时一会儿听首歌、一会儿看下信息，时间就这样不知不觉地溜走了。拖延者还时常以忙为借口拖延，并且明知是给自己找借口，也要给自己心理暗示——拖着没做是因为自己一直很忙。

三、拖延症的预防与治疗

（一）深入认识拖延

1. 20%的人认为自己是长期拖延的人

对长期拖延的人来说，拖延是一种生活方式，虽然可能并不适应它，但这种状态充满了他们的生活。例如，他们不能按时付账单，会错过报名的时间，直到考试前一天才去复习，等等。

2. 拖延并非不重要

虽然通常我们不把拖延当作一个严重问题，但其实拖延是一个自我调节的深奥问题。通常我们都能宽容别人拖延的借口，这也是问题的根源。

3. 拖延并不是时间管理或者计划方面的问题

拖延并不因个人对时间的估计能力不同而不同，虽然这些人会更乐观一些。费拉里强调："要一个拖延的人做一个有计划的人，就像让一个长期消沉的人马上振奋起来一样。"

4. 拖延不是天生的

拖延是从周围人那里学来的，但并不直接。它可能来自强权的家教，甚至可能是一种反抗的形式。在这种家庭环境下，家人和朋友对拖延者的宽容会助长这习惯。

5. 拖延的饮酒者会有更高的酒精需求量

拖延的饮酒者会喝更多的酒，这是自我调节有问题的表现。

6. 拖延者对自己撒谎

拖延者认为，"我更想明天做这件事"，或者"有压力我才能做好"，但实际上并非如此。拖延者的另一个谎言是时间压力会让他们更有创造力，其实这只是他们的感觉而已，他们是在挥霍时间。

7. 拖延者不断找消遣的事，特别是自己不需要承诺的事

查看文件或邮件就是拖延者绝佳的目标，这样的事情成为他们调节情绪（如害怕失败）的一个途径。因此拖延者常常在学习和工作前浏览新闻与八卦等，而迟迟不能进入主题。

8. 拖延带来的损失巨大

健康是拖延带来的损失之一，研究表明拖延的人更容易患病。拖延会影响人的情绪，也会破坏团队协作和人际关系。

> **心随我动**
>
> 请结合《高职心理健康教育活动手册》项目七任务二的"课中训练训练二"，完成"时间的偷窃者"。
>
> 此活动旨在使学生了解到自己平时的时间是被什么消耗的、无故浪费在什么地方，让小组成员为大家出谋划策，思考改掉浪费时间的陋习的方法。

（二）拖延症的表现与对策

1. 因追求完美而引起的拖延症

（1）表现。经常担心做事做得不够完美。尽可能到"完美"后，又觉得做事的效率不高。因此接到任务以后，拖延者心里想的是尽快完成，可总是一拖再拖，总想把事情做得完美一些，但压力越大，越担心做不好，迟迟不敢付诸行动。总是把事情的结果定为不是成功就是失败，只要做错了一点，就觉得做得再好也是错的。

（2）对策。首先，我们必须认清现实：完美是遥不可及的。就像撰写报告，期望一蹴而就地完成一份完美无瑕的报告是不切实际的。每篇报告或多或少都会存在一些在理论上略显薄弱的部分。回顾我们的成长历程，有哪件事是真正完美的呢？恐怕难以找到。然而，这并未妨碍我们取得成就。其次，我们应当学会自我宽慰。告诉自己"现在的状态就已经很好，可以开始了"。每有一点进展都及时鼓励自己。我们要意识到一点错误都不犯是不可能的。伟大的作家、诗人、艺术家都是逐步完成他们的杰作的，我们也可以如此。

最后，我们需要调整对自己的期望和措辞。例如，把"我不得不"改为"我打算要"。时刻提醒自己，不能一味地关注"什么时候能有结果"，要知道"开始远比完成更重要"。

2. 因自我指责引起的拖延症

（1）表现。一旦接到任务，就会陷入自我怀疑，不断地问自己："我能胜任这个任务吗？我会不会成为团队的拖累？"在这种自我指责的循环中，时间无声无息地流逝，导致任务被拖延。

（2）对策。别总把责任都揽到自己身上。这样只会让你的自信心下降。在指责自己之前，尝试用其他方式解释自己的失败。例如，在做小组任务时，大家研讨许久想到了一个很好的创意，但在展示时，因为没有足够的时间，所以无法完整展示这个创意。当这种情况发生时，容易自我指责的人会想："这次没有完整展示这个创意，教师会不会给我们低分？同组成员会不会怪我？"取代上面想法的应该是："我们真了不起，能有这么好的创意。下次写报告时就可以用上了。""这次没把握好时间，下次就有经验了"。要保持积极的心态，不要过度自责。

3. 因执着引起的拖延症

（1）表现。一旦问题袭来，就感到焦躁不安。在问题得到解决之前，无法好好做任何事情。

（2）对策。首先，要知道执着于澄清问题对以后的行动没有帮助。澄清一件事情并不容易，因为一件事情往往是由多种因素促成的。例如，活动策划拖着写不出的原因有很多，如期限太短、没找到心仪的资料、没有相关活动策划的经验，或因过去有失败的体验而留下了心理阴影等等。把这些问题都弄清楚再行动是不现实的。其次，往可以解决问题的方向行动。打算做活动策划时可以想："这次应该跟其他部门比较着做。"如果这样想着行动，则对减少拖延一定有效。再次，对每天的行事历程做记录，持续一周。了解到底是什么事情阻碍了自己的工作，把重要的任务记录下来，让它变得具体。寻找一切帮助来降低事情开展的难度，以取得工作进展。最后，暂时推迟自己想要放弃的想法，每天能多做一点就多做一点。这一点符合很多中国高职学生的现状。那些对自己的课程不感兴趣的学生，很容易产生厌倦感，因此要定下心来完成相关任务是不容易的。

4. 因不自信引起的拖延症

（1）表现。总是没有自信，觉得努力也改不了什么，于是难以行动。为了从拖延的苦海中摆脱出来，做过不少努力，如阅读相关书籍，但都徒劳无功。因为没有自信，做事不顺利，所以加剧了内心的不自信。

（2）对策。通常在苦恼边缘走不出来的人，是因为被自己错误的想法封锁住了。因此首先要转变自己的想法，从误区中走出来。例如，在写报告的时候，觉得自己不擅长这件事迟迟没能做出来。这时应该想："如果我是个做报告的能手，那么应该先做什么事？"

又如，考试成绩不好，但还得向父母交代成绩的时候，应该想："如果我是个成绩不好但能向父母主动表白的人，那么应该先做什么事？"在想这些问题的时候，建议不要用过长的时间，以免因陷入思考而耽搁行动。有了第一个想法后，就可以试着去实行了。必要的时候可以向别人寻求帮助，听取建议。此外，还可以把一项任务分成比较容易处理的几个小任务，化整为零，告诉自己其实每个小部分都很容易完成。

5. 因不安引起的拖延症

（1）表现。当决定做某件事的时候，往往因不确定是对还是错而焦虑不安。这样一来事情就一拖再拖，导致办事效率不高。拖延者时常会想："我为了想这个办法用了那么长时间，付出了那么多的努力，要是失败了怎么办？岂不是功亏一篑了吗？"因为这些不安感一直浮现在脑海里，所以他们不想做任何事情。

（2）对策。做选择时把心放空，在不太长的时间里尽量考虑完全，然后依照心之所属做出选择，只要坚定地走下去，就一定有所收获。很多时候人们认为决定错误只是因为没有做出另一个决定。但若是没有亲身经历，就永远无法感受其中滋味。做出决定后，大胆朝前走，相信自己处理问题的能力和无限潜能。

（三）治疗拖延症的五条定律

定律一：设定更具体的目标

如果你的计划是"我要减肥，保持好身段"，那么这个计划很可能会"流产"。但是如果你的计划是"我每周有三个早上七点起床去跑步"，那么这个计划很可能会被坚持下来。因此，习惯拖延者不妨把任务划分成一个个可以控制的小目标。就像当你的家看起来像一个垃圾站时，想让它立刻纤尘不染可能是一件不现实的事，但是花 15 分钟把书桌整理一下却不算太难。

定律二：不要给自己太长期限

心理专家弗瓦尔发现，计划花两年时间完成论文的人，总能在最后给自己留下一点时间放松、休整；而那些花三年或者三年以上时间写论文的人，却几乎每分钟都在搜集资料和写作。因此，有时候预留的工作时间越长，工作效率越低。

定律三：设定目标时间表

不要轻易相信"压力之下必有勇夫"，因此不要把所有事情都安排到最后的时间里。你可以设定短期、中期和长期目标的时间表，以避免因拖延到最后而耽误事情，如图 7-3 所示。

图 7-3 设定目标时间表

定律四：做事要有选择性

如果你是个完美主义者，那么请只在真正重要的事情上全力以赴。例如，你发给朋友的每条消息不一定都要字斟句酌，但是呈交上级的计划书要深思熟虑。

定律五：寻求专业的帮助

如果拖延已经对你的生活和工作有了较大影响，那么不妨去看看心理医生，认知行为疗法可能会帮到你。

🌿 案例析心

问题回顾： 请结合所学知识分析佳佳的行为表现及其背后的原因。如果你是佳佳，那么你打算怎样改变？

案例解析： 案例中的佳佳总是将写稿拖到最后一刻来完成，其间自己又不断自责、煎熬，这是拖延的表现。到最后拖延已经影响到了她的睡眠、工作和人际交往。

1. 佳佳拖延行为背后的原因

（1）之前多次拖延到截止日期完稿的经验，强化了佳佳在截止日期之前的短期高压状态下写作的心态。作品收获同学和教师的认可，让佳佳不断进行自我暗示。如此反复，拖延行为越来越频繁地出现。

（2）经常以忙为借口。佳佳明知交稿日期临近，却总是给自己找借口，如功课多、天气不好、状态不好及没有灵感等。

（3）追求完美。佳佳总想写出好作品展示自己的能力，希望找到最好的状态、好的写作思路再行动。心里越想写出完美的作品，压力越大，也越不敢付诸行动。

（4）缺乏自信。由于之前因拖延错过了重要的比赛，所以佳佳心里积压了太多的挫败感，对自我能力的评估也越来越低。各种担心、自责和焦虑的情绪，导致佳佳不敢轻易开始。

2. 改变方法

如果我是佳佳，那么我会采取以下几种方法。

（1）从思想上重视拖延问题。从日常生活中的小事上开始努力做到不拖延。不再为自己的拖延找借口或对自己撒谎。

（2）深刻反思拖延带来的危害。我将意识到拖延不仅会误事、错失机会、影响个人发展、危及自己的身心健康，还会影响到团队和人际关系。

（3）设定更具体的目标和适宜的期限。我会将"写一篇稿子"这个计划具体分成比较容易完成的几个小任务：① 选题；② 查阅资料；③ 列提纲；④ 分部分撰写；⑤ 润色；⑥ 修改完善），并逐个完成。我会确定各项任务的完成时间，逐步推进。

（4）告诉自己完美是不存在的，并且不要事事追求完美。有了想法后先开始行动，边写边完善，毕竟"开始远比完成更重要"。同时，每有一点进展都及时鼓励自己。

（5）正视失败，不过度自责。虽然上次错失了比赛，但是让我懂得拖延的危害和及时行动的重要。我会引以为戒，更加珍惜下次机会。

（6）重塑自信。对于错失比赛一事，我会告诉自己：不能因一次失败否定自己的能力。假如还是没有信心去写，我会试着去想："如果我是个写作能手，那么我会先想些什么呢？"当有了第一个思路后，我就去实行。如果还是不确定，那么我会向社友或者老师寻求帮助，听取他们的建议。

🌱 心灵感悟

一、放松训练

腹式呼吸法，选择一种舒适的坐姿，保持头部和背部直立，左手放在腹部肚脐，右手放在胸部；用鼻吸气，用嘴呼气，细心体会腹部的一起一落；一呼一吸控制在 15 秒左右，先深吸气（鼓起肚子）3～5 秒，屏息 1 秒，然后慢呼气（回缩肚子）3～5 秒，屏息 1 秒。多做几次，保持每一次呼吸节奏一致。在对呼吸的控制过程中，你变得很放松，非常放松，你体验到了这种放松感。

放松音频：回响

二、吟诵一句禅

- 今日事，今日毕。
- 勤则世上无难事，拖则易事也难成。
- 一旦迈出第一步，后面的事也许并不像你想象得那么难。

随着教师的带读闭目吟诵，体会自己向自己心灵倾诉的感动，将心理观念嵌入自己的潜意识中。

🌿 修心践行

请结合《高职心理健康教育活动手册》项目七任务二的"课后训练"，完成"与拖延说再见"。

项目测评

一、学习检测

项目七自测题

请扫描上方二维码，完成"项目七自测题"，测测你对本项目知识的学习情况。

二、自我评估

请完成《高职心理健康教育活动手册》项目七的"项目评估"，对你的学习情况进行自我评价。

模块五

人际心理

08

和而不同

——构建和谐人际

　　王安石与司马光同朝为官，虽政见存在分歧、辩论频发，但私底下他们彼此尊重、未曾相互诽谤。在王安石任宰相期间，皇帝询问其对司马光的评价，他回应道，司马光堪称"国家栋梁"，人品、才能及学识皆卓越。及至司马光担任宰相时，有官员诬告王安石罪名，皇帝欲加罪，征求司马光意见。司马光力陈王安石憎恶邪恶、心胸坦荡，颇具古君子之风，劝告皇帝不宜轻信谗言。

　　"和而不同"乃人际相处之道。王安石与司马光因公事意见不合，虽有争议，但皆秉持公正无私、光明磊落之心，堪称"君子之争"。

学习路径

项目故事　学习路径　学习目标

任务一
认识人际心理，
提升人际魅力

课前热身 ⟶ 说出初印象

勤学善思 ⟶ "独行侠"

心理解码 ⟶ 一、认识人际交往
　　　　　二、了解人际心理效应

案例析心

心灵感悟

修心践行

任务二
开展有效沟通，
形成和谐关系

我说你画 ⟶ 课前热身

想换寝室的小溪 ⟶ 勤学善思

一、调适人际交往中的问题
二、优化人际交往 ⟶ 心理解码

案例析心

心灵感悟

修心践行

项目测评

学习目标

1. 知识目标：理解人际交往的意义，了解人际交往的心理效应。

2. 能力目标：觉察人际交往中的问题，并能够有效调适出现的问题，建立良好的人际关系。

3. 素养目标：形成与人为善、乐于交往的人际关系态度。

认识人际心理，提升人际魅力

🍃 课前热身

请结合《高职心理健康教育活动手册》项目八任务一的"课前热身"，完成"说出初印象"。

🌿 勤学善思

"独行侠"

张强是一名从偏远农村考入高职院校的男生，他性格很孤僻，进校后常常独来独往，成了同学们口中的"独行侠"。他生活非常简朴，很少和同学说话，总觉得别人瞧不起自己。大一学计算机课程时，他发现全班似乎只有他一个人没有任何计算机基础。因为害怕同学嘲笑，他不敢告诉别人。他根本不知道计算机怎么使用，甚至连开机都是在第一次课后，仔细留意其他同学的操作才学会的。看到其他同学自如地在网上聊天、打游戏、做作业，他恨不得挖个地洞钻进去。上课时他小心翼翼地坐在计算机旁听教师讲解，但觉得周围的同学似乎都在嘲笑他的笨拙，他不敢动手操作，只是低着头、默不作声，每次上计算机课他都大汗淋漓，紧张而焦虑。

有一次，上课时同桌小王看到他没有按教师的要求完成相应操作，就在他的计算机键盘上熟练地敲了几个键，他突然感到了莫名的羞辱，愤怒地把计算机关掉了。从此，张强更加孤僻，不敢抬头看人，害怕与人说话，自己非常痛苦，甚至想退学。辅导员林老师观察到了他的异常，便请心理委员李洁多关注他。

李洁在与张强的接触中，发现他是一个自尊心非常强的人，觉得自己什么都不如别人，口才不好，家庭经济条件差，他总是怕同学瞧不起自己，内心十分孤独与矛盾。同学们却普遍认为他自觉、有耐力、做事踏实，只是不喜欢与人交往而已。

思考：张强成为"独行侠"的原因有哪些？如果你是张强的同学，你打算怎么帮助他？

一、认识人际交往

（一）人际交往的定义

人际交往是指人运用语言或非语言符号交换意见、交流思想、表达情感和需要的过程。人际交往既是人的社会性的体现，也是人的社会性存在的前提条件。

（二）高职学生人际交往的特点

相对其他年龄群体，高职学生群体最渴望拥有良好的人际关系。中学生学业压力大，生活单调，需求少，主要限于家人、老师和同学。高职学生处于从学生到社会人的过渡阶段，生活丰富，需求多，交往范围广，缓解压力能力有待提高，因此他们的人际压力更大。

从交往心理看，高职学生的人际交往多元化与开放性明显，他们渴望交友、交流信息和思想。高职学生人际交往的特点主要表现在以下几个方面。

1. 交往范围扩大

进入大学后，高职学生交往的对象由以前的家人转向大学同学和各社交场合认识的其他人，交往中以同伴交往为主，但不局限于同学，还包括外校、社会上的朋友，交往范围不断扩大（图8-1）。除同性交往外，异性交往也是高职学生交往的重要组成部分。

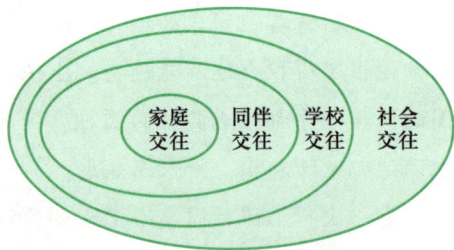

图 8-1　交往范围不断扩大

2. 交往手段多元

网络科技为高职学生的交往提供了广阔的空间，使高职学生的交往更方便、更快捷，交往距离更远、交往的范围更广。

3. 交往意愿强烈

高职学生思想比较单纯，精力充沛，兴趣广泛，对人际交往有强烈的需求。每位高职学生都希望自己有良好的人际关系和人际环境。他们希望通过交往获得同学的认可、接受、尊重、信任，希望拓宽视野，满足自己多方面的需求。

4. 交往注重平等

高职学生交往注重平等这一特点是由他们彼此关系的非利益冲突性和较强烈的平等交往意识决定的。高职学生之间不存在较大的利益冲突，他们具有共同的学习任务和比较一致的学习目的，加之学校和教师对他们提出的要求、给予的机会都是平等的，这就使得每个高职学生在班级或学校中都是平等的一员，因此他们的人际关系比较稳定，友谊比较长久，遇到矛盾和问题也比较容易解决。

5. 交往观念理想化

高职学生的人际交往具有浓厚的理想色彩，往往是先在头脑中构建一个理想的"模型"，再根据这个"模型"到现实中寻找朋友。许多高职学生认为，朋友应该是志趣相投、相互关心、相互爱护、相互帮助、共同前进的；真正的朋友应该坦诚相见，无话不说，不应该有任何隐瞒，反之则有上当受骗的感觉。

心随我动

请结合《高职心理健康教育活动手册》项目八任务一的"课中训练训练一"，完成"绘制我的人际圈"。

此活动旨在让学生通过绘制自己的人际交往圈，以及分析自己的人际现状，反思与改进自己的人际关系。

（三）人际交往的意义

交往是人健康成长的基本条件。马斯洛认为，人人都具有这样一种基本需要：需要归属于一定的社会团体，需要得到他人的爱与尊重。这些社会需要是与吃饭、穿衣等生理需要同等重要的不可缺失性的需要，否则，将使人丧失安全感进而影响心理健康。社会学与人类学的研究更是肯定了群体合作具有生物保存与适应的功能。如果没有群体的合作，那么许多生物会灭绝，包括人类。马克思曾指出：人的本质是各种社会关系的总和。没有了社会关系，人的本质也无从定义。

1. 健康交往有利于确立自我价值

心理学家罗杰斯强调人际交往对个体成长的重要性，他创立了人际关系理论，将其上升为哲学，认为良好的人际关系是人类发展的必要条件。通过沟通，人们可以相互启迪，丰富人生；在友谊中，相互接纳和探索能促进个人成长，满足个体的自我实现需求。不良的人际关系则阻碍人的发展。

2. 健康交往有利于促进社会化

每个人的社会化进程都是在人际交往中进行的，人际交往是社会化的起点。大学阶段是高职学生加速社会化的关键时期，随着他们人际交往范围的不断扩大，交往内容逐步深化，交往形式日趋多样，他们从交往中不断积累社会经验，学到社会生活所必需的知识、技能、态度、伦理道德规范，明确了自我的社会责任，促进了自我成熟。

3. 健康交往有利于身心健康

心理学家阿德勒说过："人的一切烦恼，皆源于人际关系。"高职学生通过交往，诉说个人的喜怒哀乐，在心理上可以获得归属感和安全感。良好的人际关系会给人以精神上的愉悦和满足，促进身心健康发展；不良的人际关系则会使人感到压抑和紧张、孤独和寂寞，导致身心健康受到损害。因此，亲情、友情和爱情都是高职学生生命中重要的社会支持系统，我们要倍加珍惜，也要设法开拓。

4. 人际关系是一把双刃剑

当人际关系和谐、融洽时，它会给人以愉快、充实、幸福、成功、欢乐的感觉，并能充分调动起人的积极性；而当人际关系紧张、失调时，它又会给人带来烦恼、痛苦、失望、忧伤和心理阴影（图8-2）。在心理咨询中，人际交往常常是高职学生来访者问题中占第一位的。高职学生的一些其他心理问题也直接或间接地与人际关系不适有关。例如，部分高职学生情绪低落，注意力不集中，学习成绩明显下降，原因之一是拥有令人烦恼的人际关系；有的高职学生不愿参加集体活动，其真实原因可能是他感到自己缺乏影响力，或者是社交经验缺乏，或者是对集体中某些人不满；有的高职学生对别人不信任，认为周围的人都在议论他、说他的坏话，这可能是因他与同学发生了矛盾造成的。紧张、失调的人际关系不但会给高职学生带来不良的心境，影响彼此的关系，而且会影响学业的完成。还有的人因宿舍矛盾而遭孤立，继而产生孤独、抑郁、自卑、怨恨等心理感受。

图8-2　人际交往阴影

心随我动

请结合《高职心理健康教育活动手册》项目八任务一的"课中训练训练二"，完成"请你帮帮我"。

此活动旨在通过相互帮助与分享，让学生体验互帮互助的快乐，认识并体会人际交往的意义。

（四）高职学生人际交往的影响因素

1. 认知因素

人生活在社会中，会产生对自我、他人及各种关系的认知。在人际接触中，如果没有正确的认知，就会影响人与人之间的正常交往，从而产生认知偏差。

对自己的认知偏差，容易产生错误的自我评价，进而直接影响自己在社交中的表现。例如，过低地评价自己会引发自卑，导致在社交中退缩、回避；过高地评价自己会引发自大，导致在社交中以自我为中心、自以为是。对他

云微课

影响人际交往的六大因素

人的认知偏差，容易引发猜疑和妒忌，并且容易受到人际交往心理效应的影响而对他人产生刻板印象等偏差。对交往本身的过低或过高期待，容易产生孤僻心理，回避社交，或产生交往障碍。

建立边界感的途径

心理学家萨勒诺教授认为：界限是我们为自己设定的框架，规定我们希望别人如何对待我们，以及我们如何对待他人。在人与人的交往中，如何建立边界感是一件极其重要的事。具体如下。

（1）尊重每个人。建立边界感，首先要做到尊重彼此，哪怕对方是一个跟你三观完全不相同的人。我们要明白，表达是我们的权利，但接受这种表达是别人的权利。不要拿"大家都觉得"来要求别人，成熟的人都懂得知而不言、言而有度。

（2）保持开放的心态。面对朋友的倾诉，不要以自己的经验和框架去思考，而是清空内心，直接询问对方的感受和想法，用"空杯心态"去沟通，接受别人的想法和倾诉。只有这样才能真正地理解他人，体会别人的感受和想法。

（3）设定规则。在尊重他人边界感的同时，也要明确自己的边界，并告知他人。逐步完善自己的边界，明确可被打扰的时间、个人时间、可提供的帮助范围、底线及愿意改变的行为。设定规则后，能更好地掌控自己的节奏，减少思考是否满足他人要求所耗费的精力。建立舒适的人际关系需要清晰的边界感。只有训练自己，坚守并尊重彼此的边界，才能自然长久地相处。

2. 人格因素

人格是指人在各种心理活动过程中表现出来的稳定的心理特点，包括气质、性格、能力等。一个人在交往过程中表现出来的行为倾向、个性品质对人际关系有着重要的影响。美国心理学家安德森做了一项关于影响人际关系的人格品质的调查，即让高职学生按照喜欢的程度将形容词进行排序，结果显示"真诚、诚实、理解、忠诚、真实、可信"是影响人际关系最为关键的六种品质。

3. 能力因素

人际交往是一门艺术，高职学生需要通过不断学习和实践提高交往能力。一些高职学生交往失败与自身交往能力较差息息相关。他们缺乏交往的经验和技巧，不理解交友原则，在相处过程中找不准自己的位置，与人交往缺少真诚的沟通等。因此，高职学生在交往过程中常常遭遇挫折，甚至逃避交往。

4. 环境因素

家庭环境的影响。在当代大学生中，独生子女较多，有一部分大学生常以自我为中心，缺乏集体意识和合作意愿。家庭结构和教养方式也会影响人际交往，单亲家庭中的学生可能有些孤僻，被父母过度控制的学生则缺乏主见。

校园环境的影响。高职学生进入大学后，孤独感和陌生环境使他们对人际交往更加渴望。然而，同学和室友性格各异，使人际交往环境变得复杂。

社会环境的影响。互联网技术的发展使网络成为高职学生重要的社交空间。但网络的虚拟性也带来了一些社交问题，如沉迷网络、依赖网络导致社交减少。

5. 情绪因素

在人际交往中，情绪因素也是重要的。一个人如果情绪反应过于强烈，会不分场合、不分对象地冲动，则会给人造成感情用事、不成熟、轻蔑鲁莽的感觉；如果情绪反应过于冷漠，则被视为不友好、对人没感情、摆架子、瞧不起人。因此，在人际交往中，健康的情绪应是适时、适度的。高职学生感情丰富，情绪变化较快，有时把握不住自己的情绪，会产生一些冲动，这对建立良好的人际关系不利。

6. 时空因素

时间因素指交往的机会、频率。一般来说，交往的频率越高，越容易相互了解；而交往次数少，缺乏相互了解和沟通，则较难建立良好的人际关系。空间因素指交往双方距离的远近。俗话说"远亲不如近邻"，这说明空间距离是形成密切人际关系的一个重要条件。高职学生由于同住一个宿舍，或经常在一起学习，或是同乡等原因，经常接触，相互交往的次数多，所以容易形成共同的经验、共同的话题，从而建立较密切的人际关系。

二、了解人际心理效应

（一）首因效应

首因，即最初的印象，或称第一印象。在人际交往中，人们往往会注意开始接触到的细节，如对方的表情、身材、容貌等，而对后来接触到的细节不太注意。这种由先前的信息而形成的最初印象及其对后来信息的影响，就是首因效应（图 8-3），即我们常说的"先入为主"。

第一印象赖以产生的信息是有限的，因此第一印象不一定是真实可靠的。由于认知具有综合性，随着时间的推进、认识的深入，人们完全可以把这些不完全的信息贯穿起来，用思维填补空

图 8-3　首因效应

缺，形成一定程度的整体印象。正如中国老话说的："路遥知马力，日久见人心。"

（二）近因效应

近因，即最后的印象。近因效应是指最后接触到的信息对人们认知的影响。最后留下的印象往往比较深刻，这也是心理学所阐释的"后摄"作用。

首因效应与近因效应并不对立，它们是一个问题的两个方面。通常，在对陌生人的认知中，首因效应比较明显；而在对熟识的人的认知中，近因效应比较明显。在高职学生的人际交往中，第一印象固然重要，最后的印象也是不可忽视的。这就告诉我们，与人交往时既要注意平时给对方留下的印象，也要注意给对方留下的第一印象和最后的印象。

（三）光环效应

光环效应又称晕轮效应，指在人际交往中，人们常从对方所具有的某个或某几个特性而泛化到其他有关的一系列特性上，从局部信息形成一个完整的印象，即根据最少量的信息对他人做出全面的评价。"情人眼里出西施"和"一俊遮百丑"说的就是光环效应。

光环效应实际上是个人主观推断泛化的结果。在光环效应下，一个人的优点或缺点一旦变为光环被扩大，其缺点或优点也就隐退到光的背后，被别人视而不见。在人际交往中，你有过这种情形吗？人们往往对外表吸引人的同学赋予较多理想的人格特征，或为他们设计美好的未来。他们会说：例如，"你气质好，将来求职就业一定没有问题"。

（四）投射效应

投射效应指在人际交往中，人们常常假设他人与自己有相同的倾向或特征，即把自己的特性投射到其他人身上。"以小人之心，度君子之腹"就是投射效应的一种体现。投射效应可分为两种类型。一种是个人没有意识到自己具有某些特性，而把这些特性加到了他人身上。例如，一个对他人有敌意的同学，总感觉对方对自己怀有仇恨，似乎对方的一举一动都有挑衅的色彩。另一种是个人意识到自己的某些不称心的特性，而把这些特性加到他人身上。例如，在考场上，想作弊的同学总感觉别的同学也在作弊，倘若自己不作弊就吃亏了，其目的是通过这种投射重新评估自己不称心的特性，以求得心理上的暂时平衡。

（五）刻板印象

刻板印象是社会上对于某类事物或人物的一种比较固定、概括而笼统的看法。刻板印象主要表现为：在人际交往过程中主观、机械地将交往对象归于某类人，无论他是否呈现出该类人的特征，都认为他是该类人的代表，进而把对该类人的评价强加于他。刻板印象作为一种固定化的认识，虽然有利于对某一群体做出概括性的评价，但也容易产生偏差，造成"先入为主"，阻碍人与人之间深入细致的认知。例如，男生认为女生心细、胆小、娇气；女生则认为男生心粗、胆大、傲气。又如，农村来的同学认为城市来的同学见多识广，但狡猾多变；城市来的同学则认为农村来的同学孤陋寡闻，但忠厚老实。

案例析心

问题回顾：分析张强成为"独行侠"的原因，如果你是张强的同学，那么你打算怎么帮助他？

案例解析：张强成为"独行侠"的根本原因在于自我认知的失衡，他倾向于放大自身的缺陷，忽视自身的能力，从而陷入自卑的情绪。自卑使其过度自我防御，导致他丧失了社交的勇气和信心。他的孤僻性格及社交技能的匮乏，使得他在与他人交往时沟通不畅。例如，在计算机使用方面遇到问题时，他并未主动向同学请教。此外，他的家庭背景和成长经历也对他产生了影响。他意识到自己在计算机等方面的能力与同学有差距，自尊心受挫，于是选择减少与同学的交往，以保护自己。

对于类似张强的高职学生，我们可以采取以下措施帮助他们。首先，引导他们修正自我认知的偏差，使他们能正确认识自己。我们可以通过真诚的交谈，让他们全面了解自己的不足，认识到每个人都有不足之处，并且可以通过努力来改变。同时，向对方描绘他们在他人心中所展现的优秀品质，引导他们发现自身的优点，并帮助他们正确看待自己的成长背景、家庭及见识相对较少等问题。这样他们便能逐渐对自己形成肯定的评价，并在人际交往中找到自信。其次，主动与他们交流，给予关心和帮助，并教授他们一些社交技巧，以提高社交能力。最后，组织有助于互动交流的班会活动，增进他们与同学的交流，逐步引导他们融入班级大家庭。

心灵感悟

一、放松训练

正念呼吸法，一种随时随地放松大脑的方法。实施正念呼吸法。首先，要有一个安静环境，保持一个舒适姿势，坐在椅子上，将背部稍微挺直，离开椅背；腹部放松，手放在大腿上，双腿不交叠；闭上眼睛。接着，在自然呼吸中，要将意识导向呼吸的感觉，比如：吸气时清凉的感觉，呼气时温暖的感觉，呼吸时胸部像潮起潮落等。对注意点跑神，觉知而不对抗，拥抱而不抵触情绪，舒缓减轻难熬的情绪，顺其自然又回归呼吸感觉上。专注呼吸，体验宁静自在。

放松音频：慢歌

二、吟诵一句禅

- 独学而无友，则孤陋而寡闻。

- 敬人者，人恒敬之；爱人者，人恒爱之。
- 己所不欲，勿施于人。

随着教师的带读闭目吟诵，体会自己向自己心灵倾诉的感动，将心理观念嵌入自己的潜意识中。

🍃 修心践行

请结合《高职心理健康教育活动手册》项目八任务一的"课后训练"，完成"人际吸引小调查"。

任务二

开展有效沟通，形成和谐关系

🍃 课前热身

请结合《高职心理健康教育活动手册》项目八任务二的"课前热身"，完成"我说你画"。

🌿 勤学善思

想换寝室的小溪

我叫小溪，是一名女生，今年19岁，性格倔强，不善言辞，平时和父母沟通也较少。上高中的时候，我学习很刻苦，除了学习没有其他爱好，也没什么朋友。因高考成绩不理想，我补习了一年。考入大学后，我想做一些新的尝试，便参加了寝室长的竞选。当选后，我想好好与室友相处。但时间一长，我发现自己真的无法和她们相处，实在郁闷极了。

我习惯早睡，而其他室友习惯晚睡，她们要么上网、玩游戏，要么打电话聊天，一直到深夜。我躺下半天都睡不着，每天只有等到她们休息才能入睡，导致第二天起来昏昏沉沉的。相对来说，我比较喜欢整洁，她们几个却喜欢乱丢乱搭，把寝室搞得乱七八糟。

我以寝室长的身份给她们明确提出过一些建议和要求，但是她们不以为然，甚至还恶言相向，说我当个小官"管得太多""过于计较，喜欢挑刺"。就这样，我与室友经常因一些琐事而发生争执。我认为自己是对的，错的是她们，因此每次都会据理力争。但她们并不理睬，依旧我行我素，后来寝室里几乎没人跟我说话。现在我和室友的关系很糟糕，已经到了孤立无援的地步。我一待在寝室就感到压抑、郁闷，除了睡觉，我一点都不想在宿舍多待。我真的很想换寝室。可能因为心情不佳，我学习时也不能静下心来，还时常觉得自己孤单无助，不知如何是好。

思考：分析小溪出现人际交往困境的原因。

🌱心理解码

一、调适人际交往中的问题

（一）自卑心理及调适

自卑心理表现为消极自我评价，认为自己不如他人，有强烈失落感。具有自卑心理的人回避交往，不积极参加集体活动。例如，他们可能会觉得"从来就没有人愿意与我交朋友"。他们遇事从坏处着想，对自己没有信心，对同学和教师的话过于敏感，时常情绪低落。为了避免别人看到自己的不足，一般会回避交往，在学校不积极参加集体活动。例如，他们会想"我能说出什么好的建议呢？还是不说话为妙"。自卑心理的调适方法如下。

第一，正确认识自我，提高自我评价。要挖掘和发展自己的优势，扬长避短，正视差异，按目标去交际、生活。

第二，调整心态，积极与他人交往。自卑者要看到自己在人际交往中的积极因素，积极与人交往，克服自卑心理。

第三，进行积极的自我暗示和鼓励。面对新局面，要鼓励自己，竭尽全力争取成功。

（二）自我中心及调适

自我中心表现为一切都以自我为中心，对于人和事物的看法具有较强的主观性。自我中心的人往往只从自己的角度去看待事物，不考虑别人对于事物的看法。例如，他们经常会觉得："他们太讨厌了，没有人认真听我说话。""我说的这些才是有用的，你们就听着好了"。自我中心的调适方法如下。

第一，提高辩证思维水平，培养辩证思考的能力。自我中心最初在个体身上的表现是认知的局限，因此，思维水平的提高能够帮助个体解除自我中心。在待人处事中了解对方的"主观自我"，即他对自己的认识与评价，从而对对方有一个客观、全面的认识。

第二，培养同理心，提高社会视角转换的能力。可以通过情景体验、榜样示范、角色扮演、换位思维、作文训练等方式进行角色的心理互换。

第三，开展行为训练，矫正不良行为。行为主义认为，行为是环境因素的产物，自我中心的不良行为的矫正可以通过改变环境因素来实现。进行观察学习、奖励良好行为和惩罚自我中心等都是矫正自我中心的方法技术。但值得注意的是，行为训练只有结合认知改变、情感体验进行，才能取得预期的效果。

（三）嫉妒心理及调适

嫉妒心理是因害怕被人赶超而引起的抵触情绪，表现为对在某方面比自己好的人产生怨恨和愤怒的心理，总认为别人的成功是对自己的威胁。一些高职学生不服其他同学的成绩超越，不甘于落后，但又无能为力，内心痛苦不已，甚至抨击报复他人，以此来寻求内心平衡。别人的幸福和自己的不幸令嫉妒者比其他人更为痛苦。嫉妒心理的调适方法如下。

第一，转移注意力。嫉妒的产生总是在闲暇时间。如果我们积极参加有益的活动，使自己的生活充实起来，也许就没有时间去嫉妒别人了。如果在嫉妒心理似出非出之时有意识地进行一次注意的转移，看看自己的优点，就会使原先失衡的心理获得一种新的平衡，嫉妒心理也就不会产生。

第二，学会欣赏别人的成功和优点。学会悦纳他人，学会赞美别人的成功和优点，在真诚的祝愿中学会"我好，你也好"的交往态度。

第三，加强学习、提高修养。当别人比自己强时，应当把不服气的心理引导到积极的方面，化嫉妒为积极进取的力量，争取赶上甚至超过对方。当不能通过努力赶超对方时，还可以扬长避短，以自己之优胜对方之劣，获取总的心理平衡。

（四）猜疑心理及调适

猜疑心理表现为敏感多疑、小心谨慎、戒备心强等。这是一种由主观推测而产生的不信任他人的复杂情感体验。猜疑心过重的高职学生常常怀疑他人对自己存在着威胁，认为别人的一举一动都跟自己有关，并且将其看成阻碍。如果对方对自己热情，则会认为："对我这么热情，是不是另有所图？"看到别人在一起说话的同时看向了自己，会不自觉地想："他们肯定又在议论我。"因此，有些人在与他人交往时也戴上"假面具"。有些人由怀疑他人转变为怀疑自己，变得自卑又堕落，陷入交往困境。猜疑心理的调适方法如下。

第一，掌握正确的人际认知方法。对他人和客观事物的认识要力求客观、全面、公正。只有对他人认知正确、全面、深刻，才能避免猜疑。

第二，加强沟通。交往过程中如果出现了疑点，不要乱猜测、乱对号，而是要主动与你所猜疑的对象多接触、多交流，敞开心扉，甚至可以向对方袒露心中的疑虑，并邀请对方给予反馈。这样往往能避免猜疑的出现。

第三，学会"冷处理"。对于那些一时得不到证实的事情，最好的办法是先放一放，相信总有水落石出的时候。急于求成、胡乱猜测往往弊多利少，远不及耐心考察的"冷处理"效果好。

第四，学会识别信息。猜疑心理可能源于自身，也可能因听信别人的流言蜚语而产生。因此，在人际交往中，要善于对信息和信息源进行认真的鉴别，冷静筛选，去伪存真，不可偏信。

🌱 心理视窗·身边故事

从"社交恐惧"到"外交达人"

石玉杰是湖南大学外国语学院2019级的本科生。她勇于突破自我、不懈打磨技能，从战胜"社交恐惧"到成为学生骨干，怀揣着讲好"中国故事"的坚定信念，一路披荆斩棘，走出了属于自己的青春之路。

刚来湖南大学的石玉杰并不擅长社交。"因为'社恐'错过了很多喜欢的事情，不敢进学生会、不敢参加竞赛，也不敢主动交朋友"。石玉杰回忆起当初的自己说："其实也不讨厌'社恐'的自己，但是为了能去做我所热爱的事业，我必须得做出改变去突破自己。"

参加志愿服务是石玉杰迈出的第一步。2019年12月，初入校园的她接受了入学以来的第一份志愿工作——在人山人海的五一广场地铁站当导路员。"一开始，我只敢站在路口被动地等待游客们求助"。石玉杰苦笑着说。"最后决定逼自己一把，凡是看到有在路口踟蹰的人，就鼓起勇气上前主动询问是否需要帮助"。那一次，石玉杰战胜了自己的"社恐"。

后来，石玉杰渐渐喜欢上了这样的志愿工作。"每次我都非常积极地报名校园交通岗、迎新志愿者、核酸志愿者……"那一小叠她攒了许久的志愿证明见证着她一次又一次的勇敢突破。她感叹道："胆子慢慢练出来了，感觉世界仿佛慢慢向我打开了。"

石玉杰还登台参加朗诵比赛，通过竞选成为班委，接任党支部的支部书记。她加入湖南大学口译"译麓有你"工作组……她说："我'逼着'自己不断尝试一切自己感兴趣的事，每一次尝试都收获满满。"2022年，她如愿通过了上海外国语大学口译考试，希望成为一名译员，把"中国故事"讲给世界听。

（资料来源：中国大学生在线网站——湖南大学校园网络通讯站，内容有删改）

二、优化人际交往

（一）遵循人际交往的原则

卡耐基说过："和谐的人际关系是一笔宝贵的财富。"那么，我们怎样才能拥有这笔财富，进而谱写出和谐人际关系乐章呢？下面是人际交往中应当遵守的基本原则，也是奏响和谐人际乐章不可或缺的基本音符。

1. 真诚守信原则

真诚待人是人际交往中最重要的原则，能增进彼此的理解和信任，进而建立深厚的友谊。守信是每个人无形的"名片"，影响着个人形象和品质。然而，在现实中许多人忽视守信，导致人际关系紧张。为了建设诚信社会，每个人都需要从自身做起，如不失信于人、坦诚相待等。只要每个人都积极行动，诚信之风必将盛行，和谐的人际关系也将随之建立。

2. 平等尊重原则

现实生活中的每个人，无论职务高低、知识多寡、贫富差距、身体强弱、年龄长幼、性别不同，在人格上都是平等的。因此，在人际交往中我们绝不能把自己高抬一寸、把别人低放一尺，不能有意与对方"横着一条沟，隔着一堵墙"，以免给别人一种"拒人于千里之外"的感觉。如果在交际中出现以权压人、以势压人、以强凌弱的现象，就根本不可能有人人平等，不可能有和谐相处的人际关系。

渴望受到尊重是每个人的基本需求之一，只有满足了尊重的需要，人才会体验到生活的价值。尊重包括自尊和尊重他人。自尊表现为自我尊重和自我爱护，时刻做到自重、自爱，不做有损人格尊严的事。自尊还包含要求他人、集体和社会尊重自己的期望。自尊心是人的心灵里最敏感的角落，一旦挫伤一个人的自尊心，他就会以十倍的、百倍的力量来与你抗衡。尊重他人指在人际交往中，我们对所有人都应该给予应有的尊重。我们不仅要尊重他人的人格、价值、个人习惯、兴趣爱好和隐私，还要尊重彼此之间存在的外显或内在的心理距离，不要轻易地去突破它，否则就是对对方的冒犯，势必造成对方的戒备、反感和疏远。

3. 互惠互利原则

古人云"来而不往，非礼也"。在现实生活中，人与人之间的人际交往是一种双向行为。许多关系之所以出现不和谐的音符，是因为与一方利益受损密切相关。因此，要有效化解矛盾、消除摩擦，就要坚持"互惠"、追求"双赢"。例如：在交际心态上，不要只想自己享受，不让别人舒服；考虑问题时，不能只为自己着想而不为他人考虑，不能只顾眼前利益而不考虑长远利益；对利益有争议时，双方要坐下来诚恳协商，必要时不妨都退一步做出一定的妥协。人际关系要达到和谐，必须保持一定的平衡，好的关系都是双方受益的，如果一方长期受损，那么这种关系是无法长久的。

4. 宽容理解原则

俗话说"尺有所短，寸有所长"，人的性格、喜好各有差异，在处理人际关系中不能强求一致。人与人要和谐相处，就要有求同存异、相互谅解和不求全责备的宽广胸怀。既然我们自身都不完美，又怎能苛求他人完美无缺呢？在人际交往中，我们不要强求于人，而要能让人时且让人，能容人处且容人。对方犯了错误，我们不要过分苛责，应适当给予其改过的机会，并帮助对方改正错误。俗话说"海纳百川，有容乃大"，在工作和生活中人们总是喜欢和那些宽容厚道的人交朋友，正所谓"宽则得众"。

5. 换位思考原则

在现实生活中，我们为人处世时总是习惯从自己的主观判断出发，因而常导致一些误解的发生。因此，要达到彼此的认同和理解，避免误会和偏见，我们就要学会换位思考。所谓"换位"，即俗话说的"板凳调头坐"，指要善于从对方的角度和处境认知对方的观念、体会对方的情感，发现对方处理问题的个性方式。只有设身处地地为别人着想，才能够最大限度地理解别人，从而找到相处的最佳途径及解决问题的恰当方法。孔子有言"己所不欲，勿施于人"，意思是自己所不想要的，不要强加给对方，以此来警示世人要学会换位思考，将心比心地对待别人。正如戴尔·卡内基所说："你希望别人怎样对待你，你就应该怎样对待别人。"因此，在人际交往中只要少一点自以为是、多一点换位思考，就会少一些误解和摩擦、多一些理解与和谐。

> **心随我动**
>
> 请结合《高职心理健康教育活动手册》项目八任务二的"课中训练训练一"，完成"人际冲突小剧场"。
>
> 此活动旨在引导学生遵循人际交往原则，学会处理常见人际冲突，营造宽容理解、互助互爱的寝室氛围，与室友和谐共处。

（二）掌握人际交往的技巧

1. 语言交往技巧

（1）积极倾听。现代生活的节奏加快，使人们越来越缺乏倾听的耐心。倾听是一种艺术，积极的倾听态度能够使对方感到受到重视和肯定，也会让人更受欢迎。倾听是一门学问，适当有效地倾听要做到以下几点。① 注视对方。在倾听的过程中正视对方的眼睛或者额头，表现出自己在专注地听对方讲话，让对方感受到你的真诚。② 多听少说。不要打断对方的倾诉或者妄下判断，让对方充分地倾诉。③ 积极参与。倾听时可以适时点头，给予回应，向倾诉者表示自己在积极参与谈话，使其体验到被尊重的感觉。

（2）表达得体。在社交场合中，得体的表达方式有助于增进人缘，促进关系和谐，具体来说，需要注意以下这些方面。① 不超过双方的心理承受能力，不引起对方的反感。夸大其词、言过其实、不看对象、词不达意都会影响交往的顺利进行。谈话时做到有礼有节，让对方先讲；不要谈论对方的隐私或忌讳的话题；在适当时机可以幽默一些，以活跃气氛；人多时，不要把注意力集中在一个人身上，要注意平衡。② 避免不恰当的交谈方式。在交谈过程中，不恰当的交谈方式往往会引起对方的不快甚至反感，使得交往受阻或者中断。例如：经常打断对方的谈话或抢接对方的话头；滔滔不绝，目中无人，忽视对方的反应；词不达意，让人听不明白；在交谈过程中注意力不集中，或对别人的谈话表现出不耐烦的样子；在交谈过程中目光不能长时间盯着对方或审视对方，会让对方不自在；在交谈过程中不要单方面突然结束谈话，或强行把话题转移到自己感兴趣的方面。

（3）真诚赞美。在人际交往过程中，如果能够多发现对方的优点并及时予以赞美，就更容易营造出和谐融洽的交往氛围。人们都希望得到他人的认可和欣赏，这是一种基本需求，赞美会使人感到愉快和自信，而真诚赞美对不少人来说是需要学习的。具体来说需要做到以下几点：① 欣赏他人。每个人都有自己的优点，只要你真诚欣赏，就能发现他人的优点和长处。② 勇敢表达赞美。有些人不习惯说赞美的话，但埋在心底的赞美不表达出来就失去了它原有的价值。因此，要积极表达，用语言来表达内心的欣赏和认同。③ 善于赞美。在赞美对方时，要注意一个原则：赞美要具体。赞美要言之有物，实事求是，否则就会变成恭维、奉承。

（4）学会拒绝。在人际交往过程中，我们常常会遇到各种各样的请求、邀约和要求。在面对一些不合适或不愿意接受的请求、邀约和要求时，学会拒绝是非常重要的。然而很多人碍于情面不好意思拒绝别人。久而久之，反而容易让自己陷入人际困境，如因一味地迁就朋友而影响自己的学习和生活。拒绝别人并不意味着冷漠或无情，恰当地拒绝反而更能保护个人需求、增强个人边界，更有利于创造良好的人际关系。学会拒绝是一种重要的人际交往技巧，建议做到以下几点。① 坚定但委婉。在拒绝别人时，我们要坚定地表达自己的决定，但要注意运用委婉的语气和措辞，以免伤害他人。例如，当我们不能参加某个活动时，可以说："谢谢你的邀约，我本想参加，但我当天有社团课，所以无法参加。"② 明确拒绝理由。如果我们给出含糊不清的理由，则可能会让对方不信服，明确表达拒绝的原因，能让拒绝更加坚决和清晰。但如果对方没有进一步询问，则不要过度辩解。例如，当我们无法接受他人邀约时，可以说："实在抱歉，我昨天已经答应陪室友去练琴，因此不能跟你们去打球了。"

2. 非言语交往技巧

（1）仪表仪态得体。个人的仪表仪态能反映其内在修养，良好的仪表仪态能给人留下良好的第一印象，从而在人际交往中占据有利地位。以下几点是需要着重注意的。① 保持干净整洁的形象。同学们要注意坚持洗头、洗澡，注意保持面部、手部卫生。有心理学家认为，如果人们想最简单而又最有效地改变自己的形象，那就改变自己的发型。② 保持优雅大方的仪态。仪态是人们在外观上可以明显地察觉到的活动、动作，以及在活动中身体各部分呈现出的姿态。仪态被视为"第二语言"，体态语言大师伯德惠斯戴尔的研究成果表明，在人际沟通中，65% 的信息是通过体态语言表达的。用优美的体态语言，比用口头语言更让对方感到真实、生动和容易接受。在人际交往中，优雅的仪态可以透露出自己良好的礼仪修养，增加不少的人际魅力，进而获得更多被接受的机会。

（2）创造互动机会。著名心理学家扎琼克做了这样一项研究：他让被试者看一些人的照片，有些照片让他们看25次之多，而有些照片只看1～2次，然后让被试者评价他们对每张照片及照片上人的喜爱程度。结果是见到的次数越多，喜爱的程度越高。后来，又有研究证明，喜爱的程度不仅与见到照片的次数有关，还与客体自身的特征有关。在互相具有好感或相同态度的人之间，见到的次数越多，喜爱的程度就越高；在具有不同态度的人之间，喜爱的程度不受见面次数的影响。通过这项研究，可以得出一个结论：要创造与他人互动的机会。因此，我们要主动与人交往。

合理增加互动机会，是维护自己的形象、开拓事业、发展友谊的重要方面。增加互动机会要注意以下几个方面。一是无事不登三宝殿。交往应该有内容，不是走形式。如果你想得到对方热情的接待，那么在日常生活中应当尽量减少无内容的交往。二是欲速则不达。在人际交往方面应当把握交往的频率，如果急于取得对方的信任，则往往适得其反。应当以心灵的沟通来发展和深化人与人之间的情感联系，逐渐地相互了解，不断地深化交往方式。三是善用交往的频率与人际距离的关系。彼此交往的频率越高，越有助于相互了解、沟通情感、密切关系。即使两个人的人际关系比较紧张，通过交往也有可能逐步消除猜疑、误会。如果两个人的关系很好，但长期不交往，彼此的了解减少，那么其关系也可能逐渐淡薄，切忌"有事有人，无事无人"。

（3）提升人格魅力。人格魅力是影响吸引力的最稳定的因素，也是影响个体吸引力最重要的因素之一。提升人格魅力的方法是多元的，以下是一些常见方法。① 帮助别人，快乐自己。为他人做事不仅能增加他人对自己的好感，还能建立融洽关系。助人的快乐在于实现自我价值。若遇困境无人助，则会失落。积极助人，困难时自有人相助。② 精诚合作，交流思想。现在很多大学生意识到了社会竞争的激烈，努力完善自身。但有些大学生将他人视为竞争对手，不愿合作，这是不对的。现代社会既强调能力较量，也重视合作。每个人都有优缺点，思维碰撞能产生新思想。③ 主动沟通，互帮互助。生活需要交往，良好交际需要具备主动心态。部分学生因个性、处事方式及经验等原因，不能或不愿主动交往。但面对重要的人和事需要主动沟通。产生误会时，需要主动澄清。友谊需要双方主动维系。心理学家发现，互帮互助的人际关系容易留下良好印象，缩短心理距离。困境中互帮互助更显关系牢靠可贵。

> **心随我动**
>
> 请结合《高职心理健康教育活动手册》项目八任务二的"课中训练训练二"，完成"学会拒绝，勇于说'不'"。
>
> 此活动旨在帮助学生掌握拒绝的艺术和智慧，敢于并善于表达拒绝。

🌿 案例析心

问题回顾：分析小溪出现人际交往困境的原因。

案例解析：小溪出现人际交往困境的原因主要有以下几个方面。

首先，集体生活下的室友生活习惯各不相同，生活节奏无法合拍，这些差异导致了后续的人际冲突。

其次，小溪性格倔强，不善言辞，只顾学习而缺乏人际交往的锻炼，这也是其受到孤立、人际关系僵化的一个原因。

最后，交往过程中双方均未遵循人际交往原则。一方面，小溪因为担任寝室长，可能没有较好地遵循人际交往的平等原则，其提建议和要求的方式可能让室友觉得地位不对等，所以让室友觉得她借着官职"管太多"；另一方面，其室友违背尊重的原则，缺乏对他人需要的尊重，在小溪明确说明自己需要的情况下依旧不以为然、我行我素。同时，双方都对与自己有极大差异的同伴缺乏宽容，不能换位思考，致使沟通受阻、误会加深，甚至发生人际冲突。

🌿 心灵感悟

一、放松训练

正念呼吸法，一种随时随地放松大脑的方法。实施正念呼吸法。首先，要有一个安静环境，保持一个舒适姿势，坐在椅子上，将背部稍微挺直，离开椅背；腹部放松，手放在大腿上，双腿不交叠；闭上眼睛。接着，在自然呼吸中，要将意识导向呼吸的感觉，比如：吸气时清凉的感觉，呼气时温暖的感觉，呼吸时胸部像潮起潮落等。对注意点跑神，觉知而不对抗，拥抱而不抵触情绪，舒缓减轻难熬的情绪，顺其自然又回归呼吸感觉上。专注呼吸，体验宁静自在。

放松音频：
天籁之音，
洗涤心灵

二、吟诵一句禅

- 君子和而不同，君子坦荡荡。
- 你希望别人怎么对待你，你就先怎么去对待别人。
- 做一个好听众，鼓励别人说说他们自己。

随着教师的带读闭目吟诵，体会自己向自己心灵倾诉的感动，将心理观念嵌入自己的潜意识中。

🍃 修心践行

请结合《高职心理健康教育活动手册》项目八任务二的"课后训练"，完成"人际交往实操训练"。

项目测评

一、学习检测

项目八自测题

请扫描上方二维码，完成"项目八自测题"，测测你对本项目知识的学习情况。

二、自我评估

请完成《高职心理健康教育活动手册》项目八的"项目评估"，对你的学习情况进行自我评价。

09

项目九

溯源心灵

——接纳原生家庭

　　唐代著名诗人杜甫所在的京兆杜氏，是京兆郡中的一个世家大族，早在两汉时期就已经声名在外。出身于世家大族的杜甫却在年幼时丧母，不久之后父亲续弦了，年幼的杜甫成了多余的人，于是洛阳的姑姑将其接回家中抚养。离开原生家庭的杜甫虽然衣食无忧，但是缺少母亲的关爱和父亲的教导，他寄情于读书、习字、写诗、作文。因此，杜甫诗歌中的忧郁，除忧国忧民的后天之忧外，还有童年不幸带来的先天之忧。也正是因为这份忧郁特质，使得杜甫写诗以抒怀，他因忧而诗、因家而诗。

　　溯源心灵，接纳原生家庭，了解家庭对我们的影响，治愈家庭带给我们的创伤。

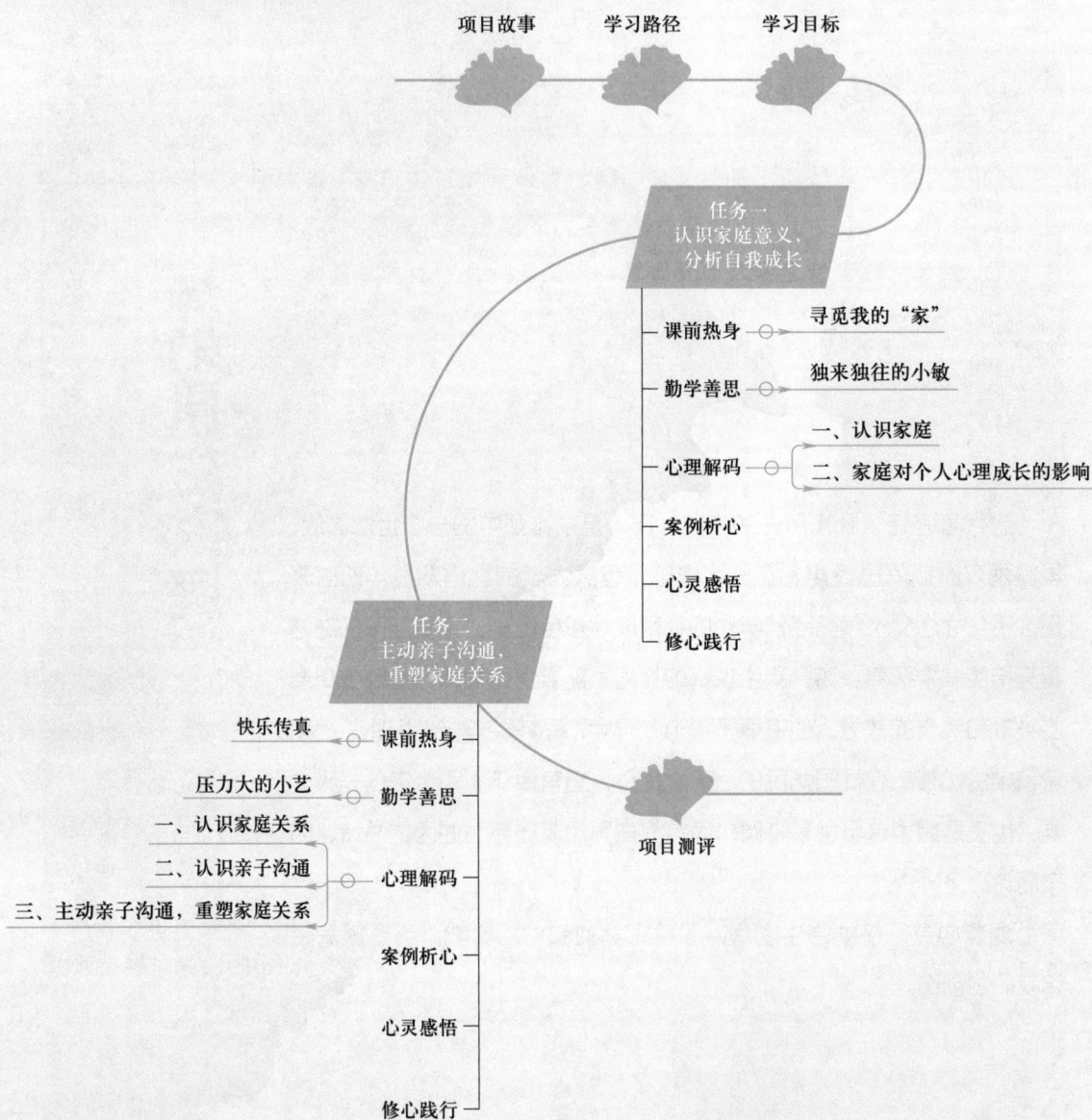

项目故事　　学习路径　　学习目标

任务一
认识家庭意义，
分析自我成长

课前热身 —○— 寻觅我的"家"

勤学善思 —○— 独来独往的小敏

心理解码 —○— 一、认识家庭
二、家庭对个人心理成长的影响

案例析心

心灵感悟

修心践行

任务二
主动亲子沟通，
重塑家庭关系

快乐传真 —○— 课前热身

压力大的小艺 —○— 勤学善思

一、认识家庭关系
二、认识亲子沟通 —○— 心理解码
三、主动亲子沟通，重塑家庭关系

案例析心

心灵感悟

修心践行

项目测评

1. **知识目标**：知晓家庭的含义、特征和功能，了解亲子沟通模式的种类。

2. **能力目标**：能够觉察原生家庭对自己的影响，运用有效的途径调适亲子关系中的矛盾。

3. **素养目标**：形成理解包容、互爱和谐的家庭关系态度。

认识家庭意义，分析自我成长

课前热身

请结合《高职心理健康教育活动手册》项目九任务一的"课前热身"，完成"寻觅我的'家'"。

勤学善思

独来独往的小敏

小敏，女，大学一年级学生。考进大学后，学生们过上了集体宿舍生活，但是室友们惊奇地发现小敏喜欢自己独来独往，不大愿意和室友讲话。她自己在床上拉了一个床帘，形成一个小世界，在里面自己想做什么就做什么。有时室友跟她讲话，她也不爱理会，当然，她似乎也没有什么事情想让室友帮忙，有井水不犯河水之意。虽然如此，遇到宿舍水管漏水，室友还是帮她把可能淹到的东西挪开了，下雨把她晾在窗外的衣服收进来。遇到这种情况小敏也很诧异，她说在我们家就是各干各的，互相之间不管不问，无论是父母之间还是父母跟她之间，都是这样。用她的话说，她是在自我教育中长大的。

思考：小敏的性格与她的家庭有关系吗？她为什么会有这样的性格？

心理解码

一、认识家庭

（一）家庭的含义

从社会学角度看，家庭是社会的基本单元。社会学家伯吉斯和洛克（Locke）在《家庭》一书中指出："家庭是被婚姻、血缘或养育等纽带联系起来的人之群体，各个成员都以家庭作为其父母、夫妻或兄弟姐妹相互作用和交往的基础，从而创造出属于他们的共同文化。"

从心理学角度看，家庭为我们提供了亲密关系和具有亲密感的环境，是随着时间不断推进、不断变化的系统。奥地利心理学家弗洛伊德认为，家庭是"肉体生活同社会机体生活之间的联系环节"。

中国传统意义上的家，如赵家、王家等，是指同姓宗族的人的称谓，即家族。然而，随着社会的变迁，现代人对家庭的定义也发生了变化。贾晓明在《大学生心理健康》中表明，家庭是建立在婚姻关系、血缘关系或收养关系之上的，由亲属组成的社会生活单位，对人的成长产生重要的和深远的影响。

综上所述，家庭是指长期生活在一起，在现实生活中、在情感上有密切关系的父母及其子女们。

（二）家庭的特征

家庭是介于个人和社会之间的最普通的基础性社会组织，是每个人不可或缺的重要的日常生活领域，家庭生活占据着人一生的绝大部分时间。家庭具有一般社会团体所具备的所有特征，同时具有其他的一些特征，具体如下。

1. 家庭是一个复杂的心理或情绪系统

家庭是一个社会法律层面上的组合，更是一个复杂的心理或情绪系统。家庭成员在家庭中往往扮演多种角色，连接家庭成员的纽带一般是婚姻和血缘，但也可以是其他关系，如收养关系、同居关系等。他们对家庭的投入是全面的，涉及身体的、情感的、经济的各层面；家庭成员之间的互动频繁，具有直接性、面对面的特点，同时家庭成员间有强烈的情感认同。

2. 家庭成员的身份及彼此关系是固定的

在传统意义上，家庭成员通过生育、婚姻、领养加入家庭，身份除婚姻外不可选。家庭成员间身份结构固定，联结持续。即使家庭成员离开或去世，情感联结仍存在。离婚不会彻底消除原配偶或亲子间的情感。离去的家庭成员永远存在于家庭心理结构中。在现实中，即使家庭成员宣布断绝关系，也仍处于原家庭结构中。

3. 家庭成员之间的关系会随着时间的变迁而有所变化或转移

随着子女的出现，夫妻的角色中增加了父母的角色；个人一旦结婚，就增加了和原生家庭的关系问题，并且将原来没有关系的几个家庭系统联结在一起。

（三）家庭的功能

家庭的功能或职能是指家庭在人类生活和社会发展中发挥的作用。家庭的功能是多方面的，生物繁衍、养育子女、心理情感、学习教育等无不与家庭的功能息息相关。家庭的功能具体可以从以下三个方面来阐述。

1. 生物功能

家庭能满足繁衍后代与性欲的需求，提供身体成长与保护、保健的环境。恩格斯认为生产本身有两种：一方面是生活资料的生产，即食物、衣服、住房及为此所必需的工具的生产；另一方面是人类自身的生产，即种族的繁衍。生育是两性结合的产物，是人作为自然界生物的本性体现，而人的生育繁衍一般而言需要通过婚姻家庭实现。然而人类生育功能的体现不仅是将孩子生下来，还包括对孩子的养育，以及为其提供一个安全的、适宜的成长环境。

2. 心理功能

在心理上，家庭提供养育、爱、支持、归属感、认同及促使心理成熟与发展的功能。苏联教育家苏霍姆林斯基强调，家庭是精神生活的场所。家庭给予心理和精神满足，提供社会支持。家庭被形容为"港湾""避难所""心灵的驿站"，表达其情感功能。在遇到困难时，家庭给予成员温暖，弥补其心灵创伤。尽管其他家庭功能有所变迁，但人们对家庭心理功能的需求始终强烈。

3. 社会功能

在社会方面，家庭给予成员社会位置并协助成员社会化，提供经济、娱乐、教育、宗教等功能。在我国，家庭的经济功能主要表现为消费功能，即家庭具有维持生存所必需的消费能力。在城市，家庭成员主要通过参加社会化劳动谋生。

家庭还承担起教育家庭成员，尤其是培养下一代的重任。父母是孩子的启蒙老师，家庭是孩子的第一个社会化场所。因此，家庭对孩子的教育影响是任何教育组织都不可替代的。人的个性、行为、态度、价值观等与其最初接受的家庭教育是分不开的，父母是子女最先接触并与之有密切交往的群体，其言行是子女最有可能的模仿对象和榜样。例如，有的高职学生在人际交往中表现出被动退缩，往往他（她）的父母朋友也很少，没有给孩子提供积极的社交互动示范。

> **心随我动**
>
> 请结合《高职心理健康教育活动手册》项目九任务一的"课中训练训练一"，完成"描述我的家庭"。
>
> 此活动旨在通过补充句子描述自己的家庭，让学生分析家庭带给自己的感受，理解家庭的功能。

二、家庭对个人心理成长的影响

著名的家庭治疗师维吉尼亚·萨提亚曾经说过："一个人和他的原生家庭有着千丝万缕的联系，而这种联系有可能影响他一生。"高职学生来自不同的原生家庭，带着各自的痕迹进入高职校园。早年的经验已经清晰印刻在他们头脑中，也许没有语言编码，甚至不能被意识到，但其影响可能伴随人的一生，对于个人的心理成长有着重要的影响（图9-1）。

云微课

家庭对个人
心理成长的
影响

（一）家庭教养方式

我们每个人的心理特点的形成在很大程度上受到父母教养方式的影响。可以说我们在学校的一举一动、一言一行无不有着父母教育方式的影子。有些学者根据父母对孩子是否有要求、是否能敏锐地觉察到孩子的需要这两个维度，将家庭教养方式分为四种类型，每种类型的教养方式会对孩子的个性产生不同的影响。

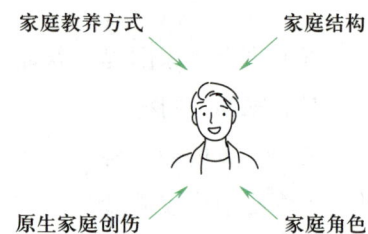

图 9-1　家庭对个人心理成长的影响

1. 民主型

采用民主型教养方式的多为高要求性、高反应性的父母，他们对孩子热情、体贴、有明确的高要求，并能对孩子进行监督，他们强调与孩子的良好沟通，愿意向孩子解释制定规则的原因，重视孩子独立性的培养。这类父母以民主的态度对子女进行教育，比较尊重子女的想法与行动。这样的孩子长大后有较强的社交能力，有责任感，独立自主，注重学业成绩和工作规范，出现心理问题的概率较小。由于他们从小就能够参与到家庭决策中，所以很少反叛，更能独立地解决问题。

2. 专制型

采用专制型教养方式的多为高要求性、低反应性的父母，他们强调自己的标准，很少从孩子的角度考虑问题，强调对孩子的严格要求和让孩子顺从自己，不会向孩子解释制定规则的原因，有较强的控制性，甚至不惜用打骂的方式来达到目的。这样的孩子长大后可能成绩优良，也可能存在较少的心理问题，但在人际交往中非常被动，行为缺乏主动性，自我评价偏低。当亲子之间产生冲突而无法沟通时，只能一味服从，长大后孩子会更多地转向寻求同伴的支持，缺乏对家庭的依恋之情。

3. 溺爱型

采用溺爱型教养方式的多为低要求性、高反应性的父母，他们对孩子不做任何要求，但会尽可能地回应孩子的需求，唯恐孩子受到挫折，对子女热情、体贴，没有要求，没有控制，不采用惩罚措施，也不参与子女的决策。这样的孩子长大后适应性比较强，具有良好的社交能力，但在做决定时主要考虑自己的需要，缺乏同情心，因此不善于处理人际问题，对学习的兴趣也不高，出现心理问题的可能性较前两类孩子更大。

4. 放任型

采用放任型教养方式的多为低要求性、低反应性的父母，他们不关注孩子的感受与需求，无监管、无限制、无热情，子女进步无鼓励、犯错无引导。这样的孩子长大后目标不明确，易偏离正常发展路径，易产生行为问题。

当前中国家庭教育中常见问题是高要求、高期望于孩子的知识学习，过分关心和照顾孩子的生活，过多限制和干涉社会活动。家庭治疗师梅纽钦指出，中国家庭常因关系过紧而出现问题，导致子女心理幼稚。对高职学生而言，应培养独立解决问题的能力，积极回应父母关心，让父母看到成长与努力，以获得更多成长空间。

（二）家庭结构

随着社会的发展，各种家庭结构类型越来越突显，如独生子女家庭、单亲家庭、重组家庭等。不同的家庭结构类型会有不一样的家庭规模、家庭代际层次、家庭配偶的对数，这些都会影响个体的心理成长。

1. 独生子女家庭

在对高职学生的调查中发现，独生子女可能因家庭环境更加安逸、在家庭中享受了更多父母的宠爱而习惯于主动接受和被动付出，这种行为迁移到学习上就容易产生学习倦怠。调查还发现，独生子女的心理韧性可能更弱一些，因为没有兄弟姐妹，所以缺少竞争性，在生活中较少经历挫折和磨砺，相对容易缺乏社会适应能力。此外，独生子女的自尊水平明显高于非独生子女，他们大多数生活和教育条件比非独生子女优越，长辈给予的温暖和理解也较多，因此他们较有自信，其自尊水平也较高。

2. 单亲家庭

目前，中国单亲家庭形成的主要原因是离异和丧偶。在以往的研究中发现，大约有25%的离异家庭的子女会出现各种问题，而完整家庭的孩子的这一比例是10%。在单亲家庭长大的孩子通常因享受不到充分的家庭温暖或因社会的某种偏见而更为自卑、内向、敏感、孤独、焦虑、情绪不稳定，缺乏自信和安全感。但单亲家庭也不一定给孩子带来的都是负面影响，在单亲家庭中由于要独自承担更多的事情，孩子可能会更自主、更独立、更有责任感。

对大学生来说，无论是自身经历过父母离异或身故，还是与身边有此经历的同龄人相处，都需要更多地了解单亲家庭可能带来的消极的和积极的影响，主动培养自己发现问题和应对问题的意识与能力。

🌱 心理视窗·身边故事

带着母亲上大学

陈重私，海南工商职业学院信息工程学院学生，家境较为贫困。他的父亲早逝，母亲双腿残疾，后又确诊红斑狼疮。为挣医药费，陈重私高中时利用暑假时间在槟榔加工厂打工，他用坚强扛起生活重担。

后来，陈重私高考分数足以报考省外学校，但因母亲肌肉萎缩，他选择留在海南读书，并带着母亲去上学。他肩负着学业和生活的双重压力。2020年6月，母亲因红斑狼疮住院，陈重私每天骑电动自行车往返医院和学校。学校得知后组织捐款，提供帮助。大学期间，他努力学习、照顾母亲、做兼职，但仍获得优异成绩和奖学金。

毕业后陈重私就职于中建一局北京公司海口国际免税城项目任机电工长，获得了"第八届全国道德模范""全国向上向善好青年·崇德守信好青年""海南省道德模范""感动海南十大年度人物""孝老爱亲类'中国好人'""中国大学生自强之星"等荣誉称号。

从陈重私带着母亲去上学的故事中，我们能感受到一股动人的青春正能量。虽然他身处单亲家庭，但不卑不亢、坚韧乐观，通过刻苦求学改变了命运。母亲的重病没有浇灭他的拳拳孝心，他用自己瘦弱的肩膀、顽强的毅力支撑起这个家庭，让我们感慨而又钦佩。

（资料来源：中国青年报，内容有删改）

3. 重组家庭

重组家庭是指离婚后重新组成的家庭。重组家庭可能是离婚的一方和未婚的另一方组成的家庭，也可能是双方离婚后重新建立的家庭。这种家庭通常比完整家庭的家庭关系更复杂。在大众以往的认识中，对再婚家庭存在一定的偏见，但电视剧《家有儿女》中和睦相爱的家庭气氛却改变了我们的看法。孩子年龄越小，对新家庭的适应性就越强；但如果孩子恰好是在青春期，这样的家庭就面临着更多的压力和考验。

对大学生来说，要认识到自己处于怎样的家庭并不是最重要的，重要的是要能够掌握在不同的家庭结构中与他人相处的方式。对于已经迈向成熟的高职学生来说，要学会更理性地认识和处理各种家庭问题。

（三）原生家庭创伤

原生家庭对个体带来的心理创伤也会影响其心理的成长。原生家庭创伤，是指在童年时期经历"超出一般常人经验的事件"而产生的心理障碍。

导致产生原生家庭创伤的情况一般有两种。一种是现实中发生的重大创伤事件：如亲人去世、个体被遗弃、父母离婚等，可能导致个人心理产生精神疾病，易患抑郁症、焦虑症、精神分裂症等。另一种是内在体验的放大：可能是父母把孩子放在一个陌生的地方，虽然父母远远地监护着，但是孩子却感觉自己被遗弃了；也可能是家长的一个玩笑，如"你是从垃圾堆里捡来的"。这易导致个体形成不健康的依恋类型，如边缘型人格障碍和强迫型人格障碍，导致个体非常担心被抛弃，缺乏安全感。

原生家庭创伤的影响在很多时候是隐匿的，但往往影响深远。

（四）家庭角色

阿德勒提出了著名的出生次序效应。他认为，即使父母合作良好，尽心尽力教养孩子，在同一家庭中的兄弟姐妹的生活方式也会有所不同。出生次序不同，导致孩子采取相应的方式来适应生活，他们的生活风格发展也受到影响。

在家庭中，第一个孩子降生时，父母会倾注所有关注和期望。他们受到百分百重视，也面临父母初为人父母的焦虑。第一个孩子往往顽强、懂事，害怕让父母失望，因此保守、尊重权威，有责任感，自觉照顾弟弟妹妹。排行在中间的孩子面临复杂的人际关系，可能发展出不同个性倾向。最小的孩子常得父母最多的宠爱，优越感强，性格灵活、不受拘束、唯我独尊。

综上所述，无论从哪个方面来说，家庭对于个体心理成长都有着极大的影响。对于原生家庭，我们需要持有一种理性的态度，不能忽视家庭对我们的影响，也不要过度放大其带来的创伤。只有锻炼和家人相处的能力，提高自身心理健康水平，才是健康成长之道。

> **心随我动**
>
> 请结合《高职心理健康教育活动手册》项目九任务一的"课中训练训练二"，完成"绘制我的家谱图"。
> 此活动旨在引导学生深入分析和理解家庭成员带给自己的影响。

🌿 案例析心

问题回顾：小敏的性格与她的家庭有关系吗？她为什么会有这样的性格？

案例解析：小敏性格孤僻，活在自己的世界里，对外界环境不敏感，也不关心。这主要是由于其父母的家庭教养方式是放任型，父母长期对小敏不管不问且父母相互之间也互不影响，小敏自然而然地习得了这种人际相处模式并认为这种模式是正确的。同时，因为家庭人际交往模式单一，小敏可能没有足够的机会学习和练习有效的社交技能。在一个"各干各的"家庭环境中，她可能很少观察到或参与到积极的社交互动中，从而缺乏处理人际关系的技能。

除家庭环境的直接影响外，小敏的内向或孤僻性格可能还与她的个人心理发展有关。例如，她可能天生较为内向，或者在早期社交经历中可能遇到了使她退缩的情景，这些都可能促成她形成更倾向独处的性格。

总之，小敏从一个独立性很强的家庭环境转变到需要集体协作和交流的宿舍生活，这种环境的改变可能对她来说是一个挑战。她需要时间来调整自己的行为模式，以适应新的社会环境。

🌿 心灵感悟

一、放松训练

现在请你轻轻地闭上你的眼睛，随着这优美的音乐，让心情慢慢平复，让你的身体慢慢地全面放松下来。现在你已经完全放松了，你的内心平静自然，心无杂念。此时此刻，你的心灵慢慢升起，离开你的躯体，来到一片风景优美的草地上。这是一个初夏的午后，你迎着轻轻的微风，缓缓地走在这一望无际的绿油油的草地上，草地上点缀的星星点点的小花随着轻风微微地点着头，偶有几只小鸟飞过，在轻风中流连往返，远处蓝天中飘荡着几缕白云。此时，你看着眼前的美景，感觉你的身心豁然开朗，有一种非常舒适的感觉在你的身体里蔓延开来。

放松音频：
打坐

二、吟诵一句禅

- 我们无法选择出生环境，无法选择父母，但我们可以去理解与体谅父母。
- 我们感恩父母给予了我们生命，养育我们长大，而生命的长度与厚度应由我们自己去创造。

随着教师的带读闭目吟诵，体会自己向自己心灵倾诉的感动，将心理观念嵌入自己的潜意识中。

🌿 修心践行

请结合《高职心理健康教育活动手册》项目九任务一的"课后训练"，完成"写给_____的一封信"。

任务二 🌿

主动亲子沟通，重塑家庭关系

🌿 课前热身

请结合《高职心理健康教育活动手册》项目九任务二的"课前热身"，完成"快乐传真"。

压力大的小艺

小艺，女，大学一年级学生。她觉得自己的父母要求太多、控制欲太强了，整天不是给她提各种要求，就是拿她与别人家的孩子比较。这导致小艺一直觉得自己很无能、很差劲。一开学父母就给她提要求："这个学期一定要通过教师资格证的考试，不然……""一定要多参加比赛拿奖回来，你看隔壁的叮叮……"。每次打电话就是在听父母对自己的诸多要求和期待，她只敢唯唯诺诺地答应说好，因为她知道只要自己表现出为难或者其他想法，父母就有更多的劝慰等着她。每到放假小艺就不想回家，害怕看到父母失望的眼神、命令的话语。

思考：小艺与父母的沟通模式是哪种类型？你如何帮小艺更好地与父母沟通？

🌿 **心理解码**

一、认识家庭关系

（一）家庭关系的基础

一个家庭的诞生始于父母组合，孩子出生后长时间依赖父母，因此家庭情感氛围主要由父母营造。英国心理学家约翰·鲍尔比提出依恋理论，强调个体与重要他人建立的亲密关系模式对个体社会化的影响。婴儿早期与母亲建立的亲密关系模式分为安全型、回避型、焦虑型、混乱型，其中后三者都是非安全的依恋类型。建立安全型依恋关系的婴儿会更主动地探索外界，适应陌生环境。心理学家进一步研究依恋关系的连续性，发展出成人依恋理论，研究成人恋爱过程及亲密关系中的内心想法与情感。成人依恋类型与婴儿依恋类型相似，通过回避和焦虑两个维度测量。安全型依恋者得分较低，会积极地建立亲密关系；非安全型依恋者包括依恋焦虑型和依恋回避型，可能导致情感表达障碍，影响社会适应和自我效能感等。

> 🌿 **心理视窗·实验日志**
>
> "陌生人情境"实验
>
> 第二次世界大战期间，许多儿童因战争离开或失去了父母，被送进了孤儿院。这些儿童虽然得到了身体上的看护，但表现出严重的心理障碍。20世纪60年代，英国精神病学家和心理分析学家约翰·鲍尔比据此创建了依恋理论的基本框架，阐明了母爱被剥夺的危害。

后来，美国心理学家艾恩斯沃斯创设了著名的"陌生人情境"实验，其模拟图如图 9-2 所示。在这个实验中，婴儿会在玩耍的时候被观察，并且记录养育者和陌生人进入房间、离开房间时婴儿的反应。具体的操作步骤为：① 养育者和婴儿进入房间；② 养育者和婴儿单独在一起，当婴儿自己探索玩耍时养育者并不参与；③ 陌生人进入房间，和养育者进行交谈，然后和婴儿进行接触，养育者明显地离开房间；④ 第一个分离事件——陌生人和婴儿进行互动；⑤ 第一个重逢事件——养育者进来和婴儿打招呼，并且安抚婴儿，然后再次离开；⑥ 第二个分离事件——婴儿独自一人；⑦ 第二个分离事件的继续——陌生人进入房间，和婴儿进行互动；⑧ 第二个重逢事件——养育者进来，问候婴儿，抱起婴儿，陌生人明显地离开。

养育者　　　　　　　　　　　　陌生人

图 9-2 "陌生人情境"实验模拟图

在整个实验过程中，婴儿的四个行为反应被观察和记录：① 婴儿投入探索和玩耍的次数；② 婴儿对养育者离开时的反应；③ 当婴儿单独和陌生人在一起时的焦虑；④ 婴儿和养育者的重逢行为。

通过观察和分析婴儿在陌生情境中的行为，艾恩斯沃斯将婴儿的依恋分为四种类型。

（1）安全型依恋：婴儿与养育者相处愉快，可以自信探索。养育者离开时婴儿可能哭泣，但养育者回来后婴儿会继续游戏和探索。

（2）回避型依恋：婴儿人际关系冷淡，对养育者在不在场无所谓。养育者离开和归来时，婴儿反应不明显，可独自探索。

（3）焦虑型依恋：婴儿依赖养育者，探索不积极。养育者离开时极端痛苦，反抗、哭泣，养育者返回时既想亲近又矛盾，生气、拒绝。

（4）混乱型依恋：婴儿行为紊乱，表现为矛盾的情绪和行为，有时出现刻板行为或解离。

（二）家庭关系的意义

家庭是每个人成长的地方，家庭关系是我们最宝贵的情感纽带。鲍恩指出，人无法完全脱离家庭、他人和祖先的影响。家庭是每个人最紧密的人际关系环境，我们的感受和表现都与家庭息息相关。在良好的家庭关系中，我们能感受到自己的重要性和价值，这会影响我们未来的社会关系。

婴儿和母亲的依恋模式，为他在人际关系中提供了一个相处的模板。婴儿会将和母亲相处时的感受，转移到成年后的其他相处对象那里。例如，回避型依恋的孩子容易对他人缺乏信任感和安全感，在和他人相处的时候，他的身体会不由自主地产生一些排斥和想回避他人的感觉。又如，混乱型依恋的孩子可能会陷在一个怪圈里——既想和别人接触，得到别人的认可和喜欢，又害怕和别人接触，怕自己受到伤害。

（三）家庭关系的发展

家庭生活是一个线性的过程，它会沿着时间的方向不断地向前推进。个体从与自己的父母分离到结婚、生子、退休，直至死亡，包括单身期、家庭形成期、家庭成长期、家庭成熟期、家庭衰老期五个阶段。这期间夫妻不仅要经营彼此之间的关系，还要学习和承担做父母的职责。

高职学生正处于青春期，他们开始表现出与父母逐渐保持距离的愿望，而喜欢与自己的同龄朋友接近。由于认知能力的发展，他们有自己的见解，容易对父母的看法表示不同意见，开始表现自己的性格，并且渴望自我的独立，表现为第二反抗期。这时他们虽然继续向父母模仿与认同，但也通过外界的各种人和事来学习各种知识，增长待人接物的社会经验。父母需要以督导的方式引导子女，同时尊重子女的自我意见，循循善诱，维持和谐的亲子关系。

🌱 心理视窗·知识卡片

家庭生命周期

如果生命是一部乐曲，那么家庭生命周期（图9-3）的不同阶段就为之谱写了不同的乐章，我们通常会以家庭所经历的重大事件为标志对这部乐曲进行不同乐章的划分。

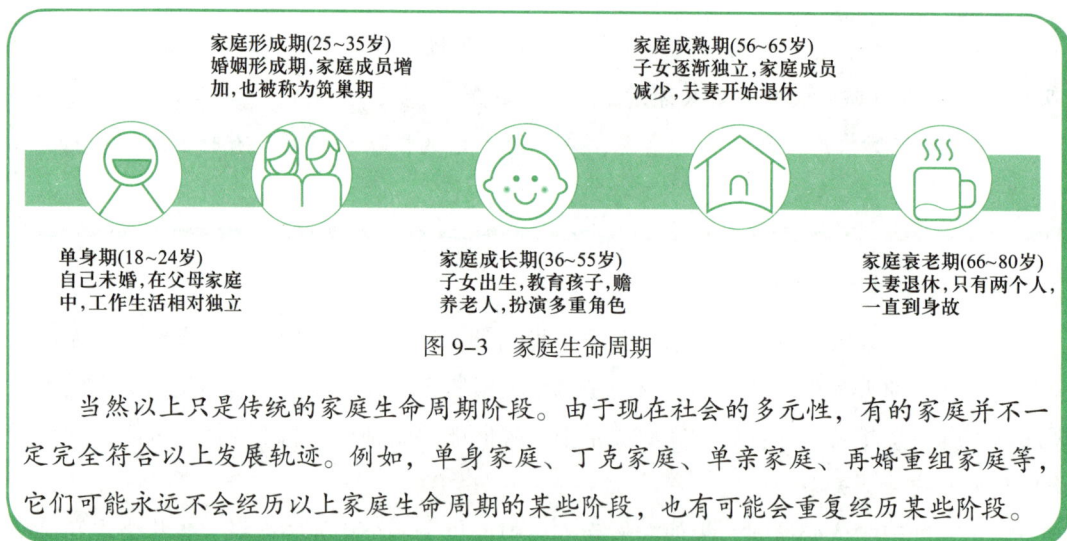

家庭形成期(25~35岁)
婚姻形成期,家庭成员增加,也被称为筑巢期

家庭成熟期(56~65岁)
子女逐渐独立,家庭成员减少,夫妻开始退休

单身期(18~24岁)
自己未婚,在父母家庭中,工作生活相对独立

家庭成长期(36~55岁)
子女出生,教育孩子,赡养老人,扮演多重角色

家庭衰老期(66~80岁)
夫妻退休,只有两个人,一直到身故

图9-3　家庭生命周期

当然以上只是传统的家庭生命周期阶段。由于现在社会的多元性,有的家庭并不一定完全符合以上发展轨迹。例如,单身家庭、丁克家庭、单亲家庭、再婚重组家庭等,它们可能永远不会经历以上家庭生命周期的某些阶段,也有可能会重复经历某些阶段。

二、认识亲子沟通

（一）亲子沟通模式的意义

家庭内部沟通直接影响个人内心,同时影响人际沟通。沟通应直接、真诚,避免攻击、纠缠过去、贴标签,确保信息传达有效。攻击性沟通可能导致误解和争吵,阻碍有效沟通。我们常根据早期亲子沟通模式预测与他人的沟通。例如,童年时受到惩罚或指责,因此经常感到不安,成年后易对他人行为产生警惕和防范心理。

（二）亲子沟通模式的种类

美国家庭治疗师萨提亚提出五种亲子沟通模式,其与自我、他人、情境的关系如图9-4所示。

	自我	他人	情境
讨好型		√	
指责型	√		
超理智型			√
打岔型			
一致型	√	√	√

图9-4　亲子沟通模式与自我、他人、情境的关系

1. 讨好型沟通模式

讨好型沟通模式的人常常自我贬低、自我乞怜和让步,总是感到抱歉且不断试图取悦他人,尤其是生命中的重要他人。他们与家庭成员交谈多是赞同他人观点,不敢发表自己的看法、观点,一切都是为了获得家庭其他成员的承认与认可。例如,有些家长以牺牲自我的方式唤起孩子的内疚,促使其取得好成绩,表现出"只要你能……你喜欢怎样就怎样"的态度。

2. 指责型沟通模式

指责型沟通模式的家庭成员在与他人对话时更容易表现出怀疑、责备、挑剔、谩骂、咄咄逼人,认为自己是家庭权威,并且不允许自己受到挑战。例如,"你到底在做什

么""都是你的错""要不是你……，我才不会……"这些都体现了责备的语气。指责型父母更关注当下自我的感受，却忘记了关注孩子的情绪和感受。在指责型沟通模式中，孩子为了获得父母的肯定，容易成为"讨好者"。

3. 超理智型沟通模式

超理智型沟通模式是一种过于客观、压抑自我感觉的沟通模式，认为人一定要保持客观、冷静，另外，在这种模式下人们喜欢使用抽象的术语，只注重客观情境，不关注他人和自己，缺乏人情味。超理智型的父母可能告诉自己和孩子，遇到某个问题时，用对应的规范、逻辑、准则就都能解决，他们像计算机一样，准确而又理智，但是缺乏对孩子和自己感受的关注。

4. 打岔型沟通模式

打岔型父母从不给予孩子正面的回应，而是喜欢顾左右而言他。"孩子说东，他要说西"，总是习惯性忽略当下的情境和孩子的感受。这种沟通模式虽然有互动的节奏，可能给予孩子的回应也是及时的，但互动的质量是非常差的。碰到喜欢打岔的父母，孩子容易感受到"没有人在意我说的话"的悲伤。

5. 一致型沟通模式

一致型沟通模式的人重视他人、情境和自我。他们在与他人交流过程中，尊重他人，注重他人感受、愿意倾听别人，也愿意表达自己的意见和感受，认可环境的压力，勇于承担自己的责任。他们在与他人交流时呈现出放松、精神抖擞、乐观冷静、开朗自信的状态。在拥有一致型沟通模式的家庭中，人们既看到了他人的情绪，也感受到了自己的情绪。

在这几种沟通模式中，有三个元素：自我、他人和情境。讨好型的人一心关注他人，忽略了自我和情境。指责型的人一心关注自我，忽略了他人和情境。超理智型的人关注情境，却把自我和他人忽略了。打岔型的人把自我、他人和情境都忽略了。一致型的人则能够同时意识到自我、他人和情境。

萨提亚发现：在普通家庭中，50% 是讨好型，30% 是指责型，15% 是超理智型，0.5% 是打岔型，这四种沟通模式占了 95.5%，仅有 4.5% 是一致型沟通模式。当下家庭成员之间无意识产生的亲子沟通模式，很可能是上一辈给予下一辈的沟通模式，类似的沟通模式在亲子之间产生着代际传递。

心随我动

请结合《高职心理健康教育活动手册》项目九任务二的"课中训练 训练一"，完成"亲子冲突小剧场"。

此活动旨在通过情境表演展现亲子沟通的模式，让学生体会家庭中不同角色的情绪感受，促进家庭成员之间相互理解和包容。

三、主动亲子沟通，重塑家庭关系

（一）培养主动沟通意识

沟通作为一种技能，只要我们认识到其重要性并怀揣改进之心，就能够在与父母的交流中逐步形成主动沟通的意识。

首先，我们要有愿意沟通的态度，关心对方，认为沟通有价值。在此基础上，要相信并爱父母，从他们的角度理解他们。其次，要有理解父母的态度，从成人的角度理性地看待父母，换位思考，认识到父母也有缺点，不能要求完美。最后，要主动和父母交流，让他们感受到被在乎，减少探寻秘密的意图。习惯向他们倾诉，耐心倾听他们的教导，理解他们的关心和呵护。

（二）学会有效亲子沟通

《非暴力沟通》的作者马歇尔·卢森堡一生致力于非暴力沟通研究。他认为非暴力沟通有四个要素（观察、感受、需要、请求），人们通过这四个要素可以学会爱的语言，真正地学会向父母表达自己内心的真实想法并理解父母，与父母进行有效的沟通。

1. 观察而非评论

通过观察陈述事实，而不是站在自己的立场去评论，只有这样才能引起对方的重视。例如，在与父母相处时，你可以客观地向他们阐述一件你认为会引起矛盾的事情，以"我已经成年了，但是我觉得你并没有给予我足够的自由空间"取代"你别再管我了"，以平和的方式让这件事引起他们的重视。

2. 合理表达感受

在沟通中表达感受十分重要，不同的人对同一件事往往有不同的感受，因此我们在与父母相处的过程中，对同一件事极有可能存在不同的感受，而这往往会成为争论的导火索。例如，当父母打击式教育孩子时，他们觉得这是为了孩子好，但是孩子在批评中可能生出逆反情绪。因此孩子在向父母阐述了事实后，一定要直白地说出自己的感受。

3. 直白说出需要

在表达完感受后，就可以直接说出自己有什么需要。在生活中，孩子往往以批评、抱怨的方式间接表达自己的需要，但这往往招来父母的反击。有时候，我们心里只是希望父母能够理解我们，多听一听我们内心的真实想法，但嘴巴里说出来的却是"你能不能别再管我""我不想跟你讲话"甚至对父母采取冷暴力。因此，我们在与父母沟通的过程中，一定要直接说出自己到底想要什么，而不是让情绪主宰我们的嘴巴和大脑，更不能拒绝沟通。

4. 提出具体请求

告诉父母他们需要为自己做什么，越具体越好。让父母能够真正明白你的意思，并做出改变。同时要注意的是，请求是在尊重和倾听的基础上进行的，只有相互理解，双方才能真正改变行为、打破僵局，从而改善亲子关系。

心随我动

请结合《高职心理健康教育活动手册》项目九任务二的"课中训练训练二"，完成"沟通改善一小步"。

此活动旨在让学生克服畏难情绪，调动个体积极性，使学生萌生主动与父母沟通的意愿，尝试运用有效的沟通方法改善现状。

🍃 案例析心

问题回顾：小艺与父母的沟通方式是什么？你如何帮小艺更好地与父母沟通？

案例解析：从案例中可以看出，小艺一直生活在权威型的教养方式下，父母对小艺采用指责型沟通模式，只会一味地提要求、讲不足，而小艺却不敢反驳父母，也不敢表达自己的感受，小艺对父母采用讨好型沟通模式。

从案例中我们可以看出，小艺已经觉察到了自己被压抑的情绪，接下来她要练习如何合理地表达自己的感受，如"你们的要求太多了我感觉压力很大，一方面想达成你们的期待变得更优秀，另一方面这样的生活真的让我喘不过气来"；还要练习如何直白地说出需要和请求，如"我希望你们能看到我的每次努力而不只是关心结果，这次我报名了主持人大赛，我就很想听到你们说'女儿真棒勇敢地跨出了第一步'"。这样的沟通可能不是一次就会成功的，需要通过刻意练习反复提高自己的觉察能力和表达能力。

🌿 心灵感悟

一、放松训练

现在请你轻轻地闭上你的眼睛，随着这优美的音乐，让心情慢慢平复，让你的身体慢慢地全面放松下来。现在你已经完全放松了，你的内心平静自然，心无杂念。此时此刻，你的心灵慢慢升起，离开你的躯体，来到一片风景优美的草地上。这是一个初夏的午后，你迎着轻轻的微风，缓缓地走在这一望无际的绿油油的草地上，草地上点缀的星星点点的小花随着轻风微微地点着头，偶有几只小鸟飞过，在轻风中流连往返，远处蓝天中飘荡着几缕白云。此时，你看着眼前的美景，感觉你的身心豁然开朗，有一种非常舒适的感觉在你的身体里蔓延开来。

放松音频：
远风

二、吟诵一句禅

- 学习有效与父母沟通是我们一生的课题。
- 与父母沟通需要我们在懂得道理的基础上反复试错、不断练习。
- 与父母沟通时我会一直相信，家无论何时都是我可以卸下心防、展现真实自我、感受爱与幸福的港湾。

随着教师的带读闭目吟诵，体会自己向自己心灵倾诉的感动，将心理观念嵌入自己的潜意识中。

🌿 修心践行

请结合《高职心理健康教育活动手册》项目九任务二的"课后训练"，完成"学唱歌曲《是妈妈是女儿》"。

🌀 项目测评

一、学习检测

项目九自测题

请扫描上方二维码，完成"项目九自测题"，测测你对本项目知识的学习情况。

二、自我评估

请完成《高职心理健康教育活动手册》项目九的"项目评估"，对你的学习情况进行自我评价。

10

　　春秋战国时期的大思想家庄子曾游历列国。有一次正值盛夏时节，他走在路上，天空中黑云密布，隆隆的雷声响个不停，随着一道闪电划过长空，大雨倾盆而下，地面上很快就有了一片片的水洼。突然庄子听到"噼啪、噼啪"两声，顺声音看去，竟然发现水洼里有两条三四指长的鱼儿。

　　三伏的雨，来得快去得也快，不一会儿就雨过天晴，火辣辣的太阳又照射在地面上。地面很快变干，而那两条鱼儿依然在水洼里噼噼啪啪地翻跳着。庄子想，这可怎么办？两条鱼儿会被晒干的。果然，洼里的水很快被蒸干了，看来鱼儿是死定了。但事情并没有像庄子预料的那样发展，其中的一条鱼儿把很多水沫吐在另一条鱼儿的身上，以免它的同伴被晒干，另一条鱼儿也是如此，就这样，两条鱼儿互相用吐出的水沫濡湿着……庄子看得呆住了，自言自语道：真乃相濡以沫也！

　　爱情不是一时的冲动和激情，真正的爱情是相濡以沫，是建立在深厚情感和信任的基础之上的，相互尊重、理解、关注，彼此扶持、共同前行，在人生的旅途中互相陪伴，默默承担责任和义务，共同经历彼此生命中的快乐、困难和挑战。

学习路径

项目故事　学习路径　学习目标

任务一
追求美满爱情，
感受幸福生活

课前热身 ○— 测一测你的依恋类型

勤学善思 ○— "变质"的爱情

心理解码 ○—
一、认识爱情
二、大学生恋爱心理误区与
消极恋爱观解析
三、培养爱的能力

案例析心

心灵感悟

修心践行

任务二
了解性爱心理，
调适性爱行为

大胆开麦——性是什么 —○ 课前热身

"我该怎么做？" —○ 勤学善思

一、性与性心理
二、了解常见性困扰 —○ 心理解码
三、培养健康的性心理

案例析心

心灵感悟

修心践行

项目测评

学习目标

1. 知识目标：知晓爱情的定义与本质，了解大学生的性心理特征。

2. 能力目标：领悟爱的真谛，并能够有效调适爱与性的困扰，培养爱的能力。

3. 素养目标：形成尊重爱情，以及对恋人、对家庭、对社会负责的恋爱态度。

追求美满爱情，感受幸福生活

课前热身

请结合《高职心理健康教育活动手册》项目十任务一的"课前热身"，完成"测一测你的依恋类型"。

勤学善思

"变质"的爱情

王军和李欢是高中同学，他们一起考上了同一座城市的两所高职院校。他俩高中时关系一般，上大学以后也联系不多，后来在一次同学聚会中再次相遇。见面之后，他们聊起高中时候的事情，并介绍了各自在学校的一些情况，慢慢地感觉亲近了很多。这次接触让王军觉得李欢很有魅力，因此对李欢很热情，李欢也很开心。那晚王军喝醉了，李欢很自然地照顾起王军，王军为此很心动。

此后王军经常给李欢打电话，两个月后两人正式在一起了，成了男女朋友。他们的感情进展很快，也很热切，一到周末两人就待在一起，尽管偶有吵闹，但两人很快就解决了。相处半年之后，李欢发觉王军疏远了自己。李欢问原因，王军总是说学校事情多。李欢托与王军同校的朋友打听，才知道最近王军经常与本校的一个女生在一起，还很亲密。李欢觉得很生气也很难过，在一个周末偷偷到王军的学校，在王军宿舍楼下等了一个下午，见到王军和一个女生牵着手回来。李欢顿时觉得自己受到了欺骗，上去就给了王军一巴掌，并提出了分手。由于事情败露，王军和两个女生都反目成仇。他们甚至在朋友面前互相言语攻击对方，弄得两人在以前的同学面前都抬不起头来。

思考：分析王军和李欢爱情"变质"的原因。如果你是王军/李欢的同学，那么你打算怎么帮助他/她？

心理解码

一、认识爱情

（一）爱情的定义与本质

爱情，在不同时代有不同的定义。在现代，爱情被定义为一对男女基于一定的物质条件和共同的人生理想，在各自内心形成相互间最真挚的并渴望对方成为自己终身伴侣的专一和稳定的感情。

爱情是由生理、心理、社会三个因素相互作用构成的，如图 10-1 所示。

图 10-1　爱情的本质

爱情的生理因素是人的性欲，这是一种延续种属的求偶本能。它构成了男女相互倾慕、相互爱恋的基础和原始动力。

爱情的心理因素是思想吸引、心理相容。人类的爱情生活与动物求偶一个根本的不同就是人类情感的存在。在人类爱情中，情爱制约着性爱。性爱促使人们追求异性，情爱则决定人们有选择地爱某个异性。情爱以性爱为基础，反过来又制约着性爱。

爱情的社会因素有着丰富的内涵。首先，人类的爱情是在社会交往活动中萌发的。没有人们之间的社会交往活动，就不会产生爱情。其次，人类的爱情生活受社会的道德和法律制约。在恋爱阶段，恋人的行为要受道德规范制约，爱情一旦成熟，双方还须共同承担对新生命诞生的责任和义务。而婚姻不仅受道德限制，还受法律保护。因此，爱情是建立在生理、心理和社会综合需要基础之上的，使人能获得强烈的生理和心理享受的稳定而持久的情感。

心随我动

请结合《高职心理健康教育活动手册》项目十任务一的"课中训练训练一"，完成"绘制我的情侣照"。

此活动旨在通过让学生绘制自己的情侣照，使学生认识自己，对自己做出合理的评价，明确需求并懂得发展、利用自身长处追求自己的爱情。

（二）爱情三因素理论

不少心理学家从心理学的角度对爱情进行了深入的探讨，其中，最受关注的可能是美国耶鲁大学教授斯滕伯格的爱情三因素理论，又称爱情三角形理论。

斯滕伯格认为，爱情有三个基本的成分：亲密、激情与承诺（图 10-2）。亲密是一种相互喜欢、亲近、归属的感觉，属于爱情的情感成分；激情是指强烈地渴望跟对方在一起的状态，是与"性"相关的动机驱力，属于爱情的动机成分；承诺指自己愿意与所爱之人保持关系并主动维持情感，属于爱情的认知成分。斯滕伯格认为不同的爱情可以表示为不同大小的三角形。三角形的形状代表爱情三种成分之间的关系，三角形的面积大小代表爱情的质与量，"三角形面积越大，爱情就越丰富"。根据爱情的三个基本因素，可以组成七种不同类型的爱情。

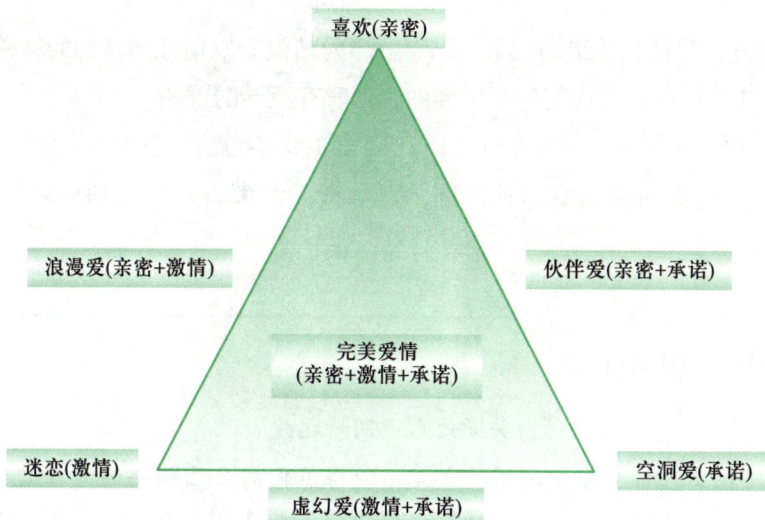

图 10-2　爱情三因素理论

（1）喜欢：只有亲密因素。当两性之间的关系在爱情的三因素中只有亲密因素时，双方在交往中会感觉亲切、轻松，有很强的信赖感，表现在生活中就是两性之间真诚的友谊。严格地说，此种关系还不能被纳入爱情之中。喜欢和爱的区别被现代男女严格区分，因此，他们常常固执地要求明确地答复：你究竟是喜欢我还是爱我？当然，这种关系会因二者中任何一方情感因素奥妙的变化而发生改变，这也是人们常常怀疑男女之间是否有真正友谊的原因。

（2）迷恋：只有激情因素。当两性之间的关系在爱情的三因素中只有激情因素时，双方有强烈的性的吸引，但缺乏对彼此的了解与信任，当然，更没有发展到承诺的阶段。处于迷恋中的个体相信爱不需要理由，也常常无奈地吟唱：为何偏偏爱上你？迷恋开始于生活中的一见钟情，这种刹那间绚烂如夏花的情绪是否有生命力，是否能发展为稳定的情感，取决于是否会有亲密和承诺因素的形成。

（3）空洞爱：只有承诺因素。当两性之间的关系在爱情的三因素中只有承诺因素时，是没有爱情成分的空洞的爱，如有名无实的婚姻。

（4）浪漫爱：亲密和激情两因素的结合。当两性之间的关系具有亲密和激情两种因素，双方的关系不需要承诺来维系时，是一种最轻松、最享受、最唯美的浪漫之爱，正所谓"没有承诺，却被你抓得更紧"。浪漫之爱，若是缺乏承诺的意愿或能力，则与婚姻无缘，是所谓的"相爱容易相处难"。

（5）伙伴爱：亲密和承诺两因素的结合。当两性之间的关系有亲密因素也有承诺因素，但缺乏性爱吸引时，彼此的关系已经升华为亲情式的信任和依赖，如携手走过漫漫人生的银发夫妇，虽没有青春时的激情，却具有难以描述的情感深度，是不离不弃的黄金伴侣。

（6）虚幻爱：激情和承诺两因素的结合。当爱情没有以信任为基础的亲密因素时，仿佛大厦没有坚实的地基，是虚幻的空中楼阁，随时有变异的可能。

（7）完美爱情：亲密、激情和承诺三因素的结合。真正的完美爱情应该以信任为基础，以性爱的吸引和欣赏为催化剂，以承诺为约束，是活力和稳定性并存的情感集合。

> ### 🌱 心理视窗 · 知识卡片 ◦●
>
> #### 关爱他人：同情之爱
>
> 研究者发现爱人常会感受到同情之爱，使得他们对自己伴侣的幸福进行利他主义的关心和关注。具有同情之爱的人认为，当他们看到其他人悲伤时，他们有义务伸出援助之手。他们很容易感受到他们的伴侣所经历的痛苦或快乐，宁愿自己受苦，也不让自己亲近的人受到伤害。对他人的关爱、关注和支持是同情之爱的核心特征，富于同情之爱的人比缺乏同情心的人能为伴侣提供更多的支持。在帮助别人的过程中，他们也会享受到更多的快乐。
>
> 同情之爱与浪漫爱、伙伴爱的情感特征有着很高的相关，但仍存在差异。男性对女性伴侣的同情之爱能很好地预测女性伴侣可能的满意程度，而女性对男性伴侣的同情之爱则能预测男性伴侣可能的忠诚程度。因此，除激情和友谊外，对伴侣富有同情心的关爱或许是最美妙的爱情体验的另一个重要成分。

二、大学生恋爱心理误区与消极恋爱观解析

（一）大学生恋爱中常见的心理误区

1. 逆反心理

逆反心理是指因客观与个人主观需要不相符而产生强烈的抵触情绪，并引发一种负向要求和行为的心理活动倾向。例如，有的大学生在恋爱过程中，因为受到双方父母的反对或其他不利因素的阻挠，所以彼此相爱的态度更加坚决，难舍难分，但是承受着巨大心理压力，往往会与恋爱对象发生矛盾，使恋爱无法得到圆满的结果。面对恋爱中的逆反心理，保持理智、有效沟通、寻求专业帮助及设定现实目标都是非常重要的。只有这样，才能更好地处理恋爱过程中的问题，实现恋爱的和谐与美满。

2. 自卑心理

自卑心理指在对待恋爱上，常会因怀疑自己的能力、惧怕自尊受到伤害而无法敞开心扉；一旦在恋爱中受到挫折，往往会采取自我封闭、不再与他人交往的方式，以逃避现实。

大学生恋爱中的自卑心理大多是由自身的"缺陷"和"不足"造成的。例如，有的学生认为自己的相貌、身材不如他人；或者认为自己的家庭出身、社会地位、经济条件低人一等；或者感到自己在学习成绩、社交能力、个人修养等方面总不如人。

在恋爱中，大学生要学会正确看待自己的价值和能力，树立自信，积极交往，努力提升自我，只有这样，才能在恋爱中收获幸福和成长。

3. 从众心理

恋爱从众心理是指恋爱者对有关事件的评价及相应行为易受众人言行左右的心理现象，是从众心理在恋爱行为中的表现。如果周围同学大部分有了恋爱对象，则大学生极易随波逐流，随同恋爱大军，盲目投入恋爱中；有的大学生也容易因周围人对爱情和择偶的看法而丧失自己的立场。在恋爱行为中，从众心理有积极的一面，也有消极的一面，成熟者的恋爱是参考、借鉴他人的意见和方式，做出符合自己的选择。

4. 消遣心理

消遣心理指在日常生活中，由于种种原因，如离开父母和朋友来到新的环境、对学习没有兴趣或不适应等，大学生常常陷入孤独寂寞之中。这时，一些大学生会不自觉地希望寻求异性知己，试图以爱情来抚慰自己，消愁解闷，寻求寄托，用爱情填补生活的空白。建议大学生通过寻找兴趣点、建立支持系统、调整学习态度、正确看待爱情及保持积极心态等方式来应对消遣心理，以更健康、更积极的方式度过大学生活。

（二）大学生恋爱中常见的消极恋爱观

随着时代的演进，现代社会的思想日益丰富，生活方式愈发多样，价值取向更为多元。这些变化促使传统的道德观与恋爱观发生显著转变。大学生恋爱中常见的消极恋爱观如下。

1. 游戏人生的爱情观

有的大学生认为爱情就是"一场游戏一场梦"，于是选择"三角恋""多角恋"，甚至认为异性朋友越多就越能证明自身的魅力，并以此作为炫耀自己的资本。

这种游戏人生的爱情观，看似潇洒自在，实则是对感情的一种肤浅和扭曲的理解。他们可能将爱情视作一种娱乐，而非一份需要投入真挚情感和承担责任的事业。然而，真正的爱情应该是建立在尊重、理解和信任基础之上的，而不是一场毫无意义的角逐。大学生应该树立正确的爱情观，尊重自己和他人的感情，珍惜每份真挚的情感。爱情不是一场游戏，而是一份需要用心经营和守护的宝贵财富。

2. 爱情至上观

调查研究发现，有些大学生一旦坠入情网就不能自拔，强烈的感情冲击一切，学习受到严重影响。有的学生整天如痴如醉，想入非非，沉浸在卿卿我我的甜言蜜语中；有的学生中午、晚上不休息，加班加点谈恋爱，致使上课时倦意甚浓、无精打采，学习和成就事业的热情一天天冷却，爱情渐渐成为生活的唯一追求，最后除了一场风花雪月什么也没得到。

大学生应该意识到，爱情并不是生活的全部，而是生活的一部分。过度地投入和依赖爱情可能会让人失去自我，忽视其他重要的生活领域，如学业、个人成长等。因此，他们需要保持理性和平衡，不要让爱情成为生活的唯一追求。大学生应该树立正确的价值观。爱情是美好的，但它并不是衡量一个人价值的唯一标准。除了爱情，还有许多其他的事情值得追求，如学业、事业、个人兴趣等。因此，大学生应该努力拓宽自己的视野，寻找更多的生活乐趣和成长机会。

我们要明确，爱情并不是一场交易，不应该用金钱或地位来衡量。大学生应该树立正确的人生观，追求真挚的感情，而不是被世俗的功利观念所束缚。

3. 轻率洒脱的爱情观

"只在乎曾经拥有，不在乎天长地久"的恋爱观在大学生中也存在，在这洒脱的宣言背后隐藏的是对感情的轻率、对责任的逃避。

爱情并不是一场短暂的狂欢，而是一场长久的陪伴，伴随着双方的共同成长。大学生在恋爱中要注重培养责任感和长久规划的能力。在享受爱情带来的甜蜜的同时，也要思考如何为对方创造一个稳定、幸福的未来。这不仅包括对彼此的承诺和信任，还包括对彼此成长和发展的支持。

三、培养爱的能力

（一）准确识别爱

1. 好感不是爱情

好感与爱情是大学生异性交往中经常遇到又难以区分的两种感情。青年人在性发育成熟时，便开始被异性吸引，对异性产生好感，开始有寻求恋人的需要，这是人生理上的自然本能。如果把爱的历程描绘为"好感、爱慕、相爱"三部曲，那么好感只是爱情的前奏，并不一定会发展为爱情。异性之间的好感一般来讲是广泛的、无排他性的，而爱情则是专一的、排他性的、具有性爱的因素；好感常常表现为人们一时出现的情绪感受，而爱情则是在长时间的相互了解中形成的。

2. 异性友谊不是爱情

友谊是在互相尊重、互相信赖的基础上建立的一种美好的情谊。爱情是男女之间产生的强烈感情。在一定条件下，异性友谊可以发展为爱情，而爱情本身也包含着友谊。然而，在两性交往中，我们可能对友情与爱情产生混乱和迷惑，导致误会或自作多情，陷入暧昧的烦恼。正因如此，有人甚至认为男女之间没有真正的友谊。

3. 单相思不是爱情

伊萨可夫斯基说过："爱情是两颗心撞击出来的火花，不是一颗心对另一颗心的敲打。"爱情必须以互爱为前提，只有一方爱上另一方，同时得到对方同样的爱，才是美好的爱情。如果自己付出爱却不能引起对方的反馈，那么应该及时从情感的漩涡里挣脱出来，去寻找真正属于自己的爱的归宿，因为一厢情愿的爱是不会结出幸福之果的。

（二）恰当表达爱

在现实生活中，处于爱情中的人往往会遭遇这种尴尬：自己所说所做的和内心所想所期待的恰恰相反——明明是爱着对方的，但表达的却是伤害对方的话语，做出的却是伤害对方的事情。许多恋人之间矛盾不断，并非缺乏爱，而是缺乏表达爱的艺术。大学生要培养表达爱的艺术，懂得怎样选择适当的时机、适当的地点，用适当的方式来表达自己的爱。

（三）善意拒绝爱

大学生要敢于理智地拒绝不希望得到的爱情。在一份并不希望得到的爱情到来时优柔寡断，或屈从于对方的穷追不舍都是有害的，因为爱情容不得半点勉强和将就。因此，要掌握恰当的拒绝方式，学会勇敢地说"不"。拒绝爱需要针对不同的情况采用不同的拒绝方式。

1. 勇敢断舍型

如果对方是一个不顾你的反应，让你难堪或为难的人，则你的拒绝要勇敢、坚决、直接、毫不含糊，但切忌作恶。如果优柔寡断或屈从于对方的穷追不舍，则发展下去对双方不利。

2. 婉言谢绝型

如果对方是一个有诚意的追求者，则你应该在尊重对方的基础上拒绝对方。考虑拒绝方式，以免伤害对方的自尊心，不妨尝试以下做法：一是要感谢对方对自己的喜欢；二是要态度明确，表达清楚，措辞语气既要诚恳委婉又要肯定明确，不能使用让对方存有某种希望的语气，不要拖延时间，讲明这不是对方的错，只是自己不能接受，请对方理解自己拒绝的苦衷和歉意；三是行动与语言要一致，有的大学生怕对方受伤害，虽然语言上拒绝了对方，但是行动上还与对方保持较亲密的接触，如单独看电影、吃饭等，这容易使对方误解，认为还有机会，纠缠在与自己的情感中。

（四）在失恋中成长

恋爱是一对男女为寻求和建立爱情而相互了解与选择的过程。在交往中，一旦双方或者某一方出于这样或那样的原因，不愿再保持彼此的恋爱关系，就意味着双方恋爱的终止。恋爱的一方失去另一方的爱情，就是通常所说的失恋。

云微课

失恋中成长

对任何人来说，失恋都是一种痛苦的情感体验，会不同程度地造成剧烈且深刻的心理创伤，有时会使人处于极其强烈的自卑、忧郁、焦虑、悲愤甚至绝望的消极情绪中，甚至有的人会失去生活的信心或勇气。个别人会因失恋而形成各种心理障碍：有的人从此怀疑和不信任任何人，把自己的感情之门永远封闭起来，变得郁郁寡欢；有的人看破红尘、自暴自弃，从而消沉下去；有的人反目成仇，图谋报复，损人害己。失恋是人生中最为严重的心理挫折之一。

失恋考验的是人耐受挫折的能力。失去爱会使人感到一种重要关系的丧失、一种身份的丧失，需要一定的时间去面对和适应。

首先，应该正确认识失恋。① 失恋只是一种选择的结果。一个人不选择自己不等于自我彻底失败、一无是处。每个人在爱的关系中心理需要不同，看重的关键点不同。每个人都有可爱的一面，只是每个人欣赏的角度不同。② 在失恋中学习，把失恋作为一种人生的财富。也许失恋给人带来的强烈的内心冲击是其他事件所不能代替的，但把在这个过程中体会到的情感、挣扎与痛苦变为一笔人生财富，就有了更多的人生体验，会在失恋中变得更加成熟。③ 失恋给人再恋爱的机会。一次失恋不等于整个爱情生命的结束，人还会再恋爱、再体验美好的爱情。只要用心去体验、去建设、去学习和感受，美好的爱情终将来临。

其次，要合理宣泄负面情绪。人的理智可以战胜感情，失恋者可以采用倾诉、振笔疾书、关门痛哭等方法，消除失恋带来的心理压力，恢复心理平衡。

最后，通过适当的方式转移注意力。采用转移法，主动置身于欢乐、开阔的环境，或有意识地潜心于自己感兴趣的事情中，用新的乐趣来冲淡、抵消旧的郁闷忧伤。

（五）树立正确的恋爱观

恋爱观是人们对于择偶和爱情的基本看法与态度，是人生观在恋爱问题上的表现。对于大学生而言，应树立科学的无产阶级的恋爱观。具体来说，有以下几个方面的内容。

第一，提倡志同道合的爱情（图 10-3）。

第二，正确处理爱情与事（学）业之间的关系。

图 10-3　志同道合的爱情

第三，要懂得爱情是一种责任和奉献。

第四，恋爱要严肃认真、感情专一。

第五，在恋爱过程中，应多一些理解、信任和宽容，互相尊重，共同进步。

爱情是高尚的，在恋爱中应遵循的道德是：以爱为基础，以高尚情趣为恋爱发展的动力，在恋爱中相互尊重各自的选择、自由、权利与人格，同时信守责任，忠贞专一，以诚相待。爱应以理解为前提，以奉献为内容，以被爱为结果。

请结合《高职心理健康教育活动手册》项目十任务一的"课中训练训练二",完成"种植我的爱情树"。

此活动旨在通过思考和交流,让学生感悟到爱人是需要能力的、爱情是需要用心经营的。

🍃 案例析心

问题回顾:分析王军和李欢爱情"变质"的原因,如果你是王军/李欢的同学,那么你打算怎么帮助他/她?

案例解析:王军和李欢爱情"变质"的原因有以下几个方面。

(1)没有分清楚好感与爱情、喜欢与爱的区别。王军和李欢的交往很仓促,甚至有点盲目。他们之前交往并不多,对对方也不是很了解,只是因为比较谈得来。他们没有分清楚好感与爱情、喜欢与爱的区别就选择交往,这是欠缺充分考虑的。

(2)没有成熟的恋爱观,对待爱情不够严肃真诚。王军没有结束上一段感情就开始下一段感情,这对于两个女生来说都是一种伤害。这样对待爱情是不负责任的。

(3)在遇到新的感情时,没有采取正确的处理方法。王军较为仓促地开始一段恋爱,又单方面通过冷落的方式结束一段感情,如果王军能坦诚地与李欢沟通,则反而有机会获得李欢的理解和祝福。

(4)不能正确对待恋爱失败。王军和李欢感情失败后没能好好反省自己,都把责任归咎于对方,导致反目成仇。他们分手后觉得对方浑身都是缺点,并相互攻击,这根本不是爱。

对于类似的情况,我们可以采取以下措施帮助他们。

首先,引导他们认识喜欢与爱的区别,深入了解对方的性格、爱好等,同时需要内观自身的情感需求,在双方深思熟虑、真诚沟通之后再决定是否与对方建立恋爱关系。

其次,让他们明白在恋爱过程中需要懂得相互体谅,有问题时要真诚交流,任何亲密的关系都会有遇到矛盾的时候,当矛盾出现时,需要懂得换位思考,共情对方的心理需求,而不是冷漠地转身离开或另寻他欢。对待恋人需要持有关心、关爱对方的责任心,在一段感情中保持忠诚。即使是结束关系也应当严肃对待,正确处理。

最后,当一段感情以失败告终时,应该理智看待,可以采取倾诉、运动或寻求专业心理咨询的方式梳理内心的情绪。在情绪得到释放后,利用这次机会反思自己,改变和提升自己,寻求新的人生目标和意义,成为更好的自己。

🌿 心灵感悟

一、放松训练

现在请你轻轻地闭上你的眼睛，随着这优美的音乐，你已经放松下来，你内心平静自然，心无杂念。此时此刻，你的心灵慢慢升起，离开你的躯体，你正沿着一个美丽的、荒芜的海滩散步。你光着脚，沿着海边散步，能够感觉到脚下坚硬的、白色的沙子。潮涨潮落，你能听到海浪拍岸的声音。这种声音如此催眠，使你越来越放松。海水是蓝绿色的，非常美丽，在远处的浪尖上斑斑点点地泛着白色的泡沫，海浪的声音停留在海岸，使你平静并越来越放松。每次呼吸，你都会嗅到新鲜的、咸丝丝的空气。你的皮肤如阳光般温暖，你可以感觉到轻柔的微风吹着你的脸颊，轻拂着你的头发，你感觉非常的安静、自在。

放松音频：
水声

二、吟诵一句禅

- 相敬如宾方得长远，举案齐眉可伴终生。
- 不患人之不己知，患不知人也。
- 做真诚、包容、忠诚、有责任心的人。

随着教师的带读闭目吟诵，体会自己向自己心灵倾诉的感动，将心理观念嵌入自己的潜意识中。

🌿 修心践行

请结合《高职心理健康教育活动手册》项目十任务一的"课后训练"，完成"父母爱情故事专访"。

任务二 🌿

了解性爱心理，调适性爱行为

🌿 课前热身

请结合《高职心理健康教育活动手册》项目十任务二的"课前热身"，完成"大胆开麦——性是什么"。

"我该怎么做?"

高考后的暑假,小绿和小蓝相处得很好,走得越来越近,很快产生了恋情。小蓝对小绿有很强的性冲动,频繁做出亲密的举动,小绿觉得很高兴,感觉这是对方更加亲近自己的表现。趁着一次出游,小蓝要求和小绿发生性行为。一开始,小绿有些担心,但小蓝强调不用担心自己会负责,并常说"如果你喜欢我,你就应该同意,让我高兴"。怀着惴惴不安的心情,小绿同意了。出游经历后,小绿在心理上更加依赖小蓝。

不久,随着大学开学日的到来,去异地上学的小蓝却不知所踪,再也没有联系过小绿。小绿顿时感到一种巨大的落差感,经常想起两人曾经的相处时光,"是不是自己太轻率才导致了这个结果?"这个念头反复出现。小绿企图向他人倾诉,但又因为感到羞耻无法开口,只能把这件事情藏在心里,不敢向任何人提起。小绿越发不能原谅自己的轻率,也认识到自己被无情地抛弃,越想越觉得肮脏,甚至觉得自己没有了存在的意义……

思考:你觉得小绿的行为轻率吗?接下来,小绿该怎么做?

🌱 心理解码

一、性与性心理

性向来是一个具有神秘色彩的词汇,能引发人们的众多联想。然而社会的禁忌、传统的文化使人们讨论性、了解性时会感到压力,年轻人也很少能从父母、教师那里得到更多的性教育。但是性作为人类的自然属性是个体身心成熟发展的重要部分。大学生正处于青春年少的阶段,内心情感懵懂而活跃,性生理趋于成熟,因此如何正确地认识与理解性,明确自己的性观念,调控性冲动与性需求的平衡,保持身心健康和谐,是大学生需要面对的重要成长课题。

(一)性的本质

性源于生物繁衍的本能,也是人类最基本的生物特征之一。性欲和食欲、睡眠欲一样,都是人类为了不断生存繁衍而自然产生的欲望,是每个人都有的欲求。在心理测量中,性欲也是衡量一个人心理健康的重要指标之一。因此,性并没有什么神秘的,大可不必谈性色变。

了解性的本质，把握人类的性同时具备自然属性和社会属性的特点，如图 10-4 所示。

性作为人的生理本能之一，是人发育到一定的时候就会自然生出性的需求，即性的欲望。当这一要求较为强烈时就会形成性冲动。性欲受生理和心理因素的影响。性激素是产生性的欲望的生理基础，与性有关的感觉、情感、记忆、想象是引起性的欲望的心理基础。大学生只要生理、心理正常，大多会产生一定的性的欲望，只是强弱程度不同。

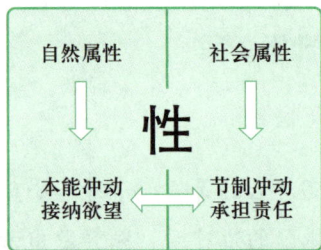

图 10-4　性同时具有自然属性和社会属性

既然性是人的生理本能之一，那么可否如饥要食、渴要饮般随意宣泄呢？回答是否定的。因为人不仅具有自然性，还具有社会性，人的一切自然属性都在社会规定中以曲折的方式表现出来。人能够根据一定的社会道德法律规范，运用理智和意志的力量调节欲念及行为，从而将性限制在适度的范围内。人类社会对性的宣泄有众多的限制，教育青年抑制性活动，对性承担社会义务。正是在这一点上，人类将自己与动物区别开来，使性得以升华。因此，对性的适当压抑与控制是个体适应社会的基本要求，是个体社会化的基本能力与义务。

此外，性的概念很广泛，不仅包含性欲望与性行为，还包含性别、身体发育、性倾向、性关系等内容。学习这些内容能够使人更好地了解和爱护自己、尊重他人，并且获取与伴侣构建舒适、健康的性关系的能力。

（二）大学生性心理成熟的标志

随着大学生生理的发育和对性知识的了解与认识，性心理将逐渐趋向成熟，其标志有以下几个方面，如图 10-5 所示。

1. 性意识健康

性意识是人对性的认识和态度，包括性别意识和性欲意识。大学生性意识健康表现为能正确理解性别的内涵，理解和尊重性别与取向的差异，以及把握性的科学态度和行为规范。

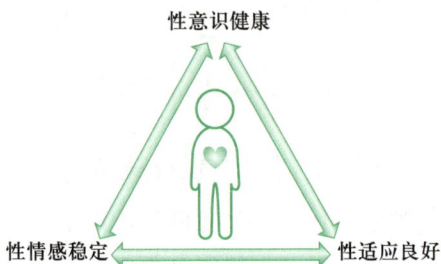

图 10-5　大学生性心理成熟的标志

2. 性情感稳定

性情感是人们对性所持的态度的体验。性意识觉醒必然带来性情感的萌动。性生理机能的发育成熟是产生性情感的内在因素，现实生活中的性信息是产生性情感的外在因素。在内因启动和外因刺激下，大学生体验到复杂的性情感。性情感的发展从波动到稳定，是大学生性心理走向成熟的标志。

3. 性适应良好

性适应指大学生能自觉地按照社会文化规范的要求，约束和调整自己的性欲望和性行为。大学生的性适应包括两个方面：一是与相同和不同性别、取向的人相处和谐；二是与社会规范要求相协调统一的适应。能自觉按照社会道德规范、风俗习惯、身份特点和法律要求，来控制自己的性冲动和性行为，承担性行为的社会责任，是一个人性心理成熟的主要标志。

> **心随我动**
>
> 请结合《高职心理健康教育活动手册》项目十任务二的"课中训练训练一"，完成"成熟的标志"。
>
> 此活动旨在通过描绘具象化的性成熟形象，让学生理解与内化性道德，树立科学的性观念，向健康、成熟的大学生形象靠拢。

二、了解常见性困扰

从性生理来看，大学生的第二性征基本发育成熟，但从性心理来看，高职生相对稚嫩，不能科学地理解与性相关的现象与问题而产生困扰。因此，消除大学生性生理的心理困惑，维护其性生理的心理健康，应从科学的性认知开始。

（一）生理因素导致的性困扰

随着青春期发育，男女出现了第二性征，使体像发生了很大变化，如男性喉结突出、身材高大，女性乳房发育、身材丰满。部分青少年希望自己在这些方面具备优势，但如果以第二性征为重点的体像不尽如人意，并且很难将它改变，青少年就容易出现烦恼和忧虑。这些性生理发育问题，往往给一些大学生带来很大的思想负担和心理变化。有调查数据显示，女性由于生活环境、营养程度、遗传等因素的影响，乳房的发育程度有很大的差异，但其大小并不影响功能的发挥。同时，性征发育导致女性较男性更容易在腹部和大腿囤积脂肪。面对差异，大学生应该学会尊重和接纳。

（二）心理因素导致的性困扰

1. 性幻想与性梦

性幻想又称性想象，是一种介于意识和潜意识之间的、带有性色彩的精神自慰行为。性幻想的内容可以是自己喜欢的对象，也可以是用浪漫的方式构想出来的性爱偶像。性幻想能够最大限度地满足个体的性心理需求，能够让心理冲突得以平息，使心灵得以抚慰。性梦是性成熟的个体在睡眠状态下，由以往的性刺激所留下的痕迹引起的一种自然的，具有弥散性、盲目性的性生理和性心理现象。性梦的表现多样，可能是极为复杂的、零乱无序的，也可能是连贯完整的性行为过程。性梦的自然宣泄可以缓释性能量。

性幻想与性梦都是性成熟过程中的一种正常的生理和心理现象，但当性幻想与性梦过度频繁，达到影响正常生活和学习的程度时，应当寻求帮助减轻频率。同时，两者都是个体感受，要区分现实、幻想与梦境，不能借此骚扰他人。

2. 性自慰

性自慰俗称手淫。它是指用手或其他器具刺激性器官获得快感，宣泄性冲动的一种行为方式。它是生物本能的重要组成部分，通常也是人们体验性快感的第一种方式。受传统观念的影响，人们常误以为它是淫秽、肮脏、罪恶的行为，进而产生恐惧、自责、可耻等不正确想法，从而造成巨大的精神和心理压力，这种精神和心理状态又进一步引起身体上的症状，它使个体产生精神恍惚、神经衰弱、浑身乏力、腰酸背痛、学习退步等一系列问题，并反过来使心理负担加重，从而形成恶性循环。

现代性心理学家认为，性自慰是性心理发育、性意识发展的一种表现，是解除性紧张、宣泄性能量的方式之一。当然，任何事物都有两面性，性自慰过度会引起性欲增强、性冲动加重，反而达不到缓释性能量的目的，还会使人经常处于兴奋状态，身体得不到充分的休息，让人感到疲劳，引起食欲下降和身体免疫力下降，严重者还会出现神经衰弱现象，同时，毫无节制的性自慰可能会造成泌尿生殖系统的持续充血和其他病变。从这个意义上看，性自慰过度是有害的、有碍于身心健康的。什么样的性自慰是适度的？事前注意卫生，事后感到身体舒服、心情愉快，不影响生活与学习就是适度的。

3. 性议论与性骚扰

性议论是对性相关的问题进行讨论的行为。无论是在宿舍熄灯后的卧谈会中，还是在平日的聊天里，大学生们都常会彼此分享对于性与亲密关系的见闻及看法。这是年轻人宣泄性能量、缓解性紧张、获取性知识的常见方式，不必忧虑。但是，对于他人传播的讯息要谨慎甄别，避免因轻信错误的性知识而伤害自身。同时，性议论要注意尺度，言论必须以不伤害他人人格为基准，不造谣不传谣。尤其需要注意谈论性的场合，一切让对方感到不适的关于性的言论都属于性骚扰。

🌱 **心理视窗·身边故事**

勇敢的女孩

一个消息突然间打破了李静（化名）平静的大学生活，通过朋友的告知，她发现一个网络账号发布了大量自己和其他女同学的裸照。李静不敢置信，震惊之余，她急忙联系了其他受害的女同学，在迅速交换信息后，怀疑是一名高中男同学王岷（化名）所为。事后证明，正是该同学由于几年前的表白不顺、骚扰未遂，将偷拍和收集的女同学照片与裸照拼合，并配上大量低俗言论，对她们进行羞辱与造谣。

一开始，李静倍感气愤、郁闷和恶心，也免不了有一些逃避心理，心想："这样的事为什么会发生在我身上？"但看着茫然无措的同学，她思索再三，决定面对这一危机，不能让造谣者逍遥法外，并决心夺回话语权。李静和女同学们迅速收集了造谣的证据，就近报警，同时在网络上寻求博主和专业人士的帮助。

李静的发声，得到了支持与回应，王岷更多的恶劣行径被发现，其他的受害者们带着证据找到她。李静在警方和专业人士的帮助下，一一整理，理性应对。最终，王岷被当地警方刑拘，同时，他刚签订的工作合同也被解除。许多遭遇过类似伤害的女生和男生找到了李静，表示她的行为给了自己力量。李静从自我救赎走向了对他人的救赎。

互联网不是法外之地，我们会为自己的行为买单。面对性羞辱事件，作为当事人，不要被性耻感绊住自己的脚步，要以智慧的方式应对事件的发生；作为旁观者，不要被信息迷惑了眼睛，加强甄别，不信谣不传谣，共建积极健康的校园环境。

由于个体的差异，每个人面对的性困扰是不同的。面对困境，应对时可以遵循以下原则：第一，积极悦纳自己的身体变化，凡是不干扰他人、不影响自身正常学习与生活的行为或现象，都不必过度担忧；第二，存在极大困扰而无法独立解决时，不要羞耻，坦然面对，应该积极寻求专业人士的帮助。

心随我动

请结合《高职心理健康教育活动手册》项目十任务二的"课中训练训练二"，完成"打破性审美偏见"。

此活动旨在通过辩证看待不同的性特征，打破性审美的偏见，让学生感受审美的多样性，尊重差异，悦纳自己的身体特征。

三、培养健康的性心理

大学生正面临着性生理和性心理的发展与完善，可以从科学获取性知识、正确应对性需求及合理调适性行为三个方面，培养自己健康的性心理，成长为身心健全、成熟的人。

（一）科学获取性知识

大学生应该以科学的态度坦然地面对性问题。通过获取科学、健康的性知识，大学生可以了解自身与性相关的生长规律，树立科学的、健康的性观念和性道德，从而缓解由于身体发育带来的焦虑、烦躁、不安的情绪，正确对待羞耻、恐惧、负罪感等心理困扰。通常，大学生可以通过线上线下的科普栏目、网站与书籍，了解自己困惑的议题。同时，学校和家庭是获取性知识的正当渠道，大学生应当主动地、大大方方地寻求学校和家庭的帮助。

值得注意的是，获取性知识时，要注意避免沉迷黄色书刊、色情视频与淫秽网站。该类不良网站所传播的不平等的两性观念及不安全的性行为，会对大学生的恋爱与性观念产生极大的误导，从而造成现实交际中的困难。大学生应该提高自我鉴别能力，区分网络与现实，自觉地抵制不良信息的诱惑。

（二）正确应对性需求

大学生精力旺盛，情感丰富，充满了生命的活力。一方面，大学生可以通过积极参加集体活动和体育活动，增强社交的能力，学会构建健康的关系，把握交际的尺度，缓解和释放精力与能量。另一方面，大学生通过培养自己的爱好和兴趣，使自己的生活丰富多彩，可以避免沉湎于性追求、性满足。弗洛伊德认为，原始欲望可以升华成艺术，转为对文学、美术、音乐的需求。

与此同时，大学生在交往中应该注意相互尊重，保持合理的距离，避免性骚扰和性侵犯。面对对方的邀请时，应当保持一定的警惕，如不随便接受他人的食物、尽量不深夜单独外出、避免封闭空间的单独相处等。遇到问题或感到不适时，视情况灵活脱身，不因性羞耻而容忍，应当勇敢说不，积极向他人寻求帮助。

（三）合理调适性行为

大学生应当明确：性行为伴随着社会责任。作为成人，应该掌控自己的性冲动，谨慎面对性行为带来的责任与风险。安全、卫生与自愿是健康的性行为的底线。因此，在进行性行为之前，应该满足两个基本条件。

第一，充分尊重对方的意愿。在任何时间，双方都有说"不"的权利，当对方拒绝或反悔时，应该控制好情绪，尊重对方的选择。性应当是爱的衍生，而相互的爱应该带来相互的尊重，多倾听彼此的需求，懂得保护对方。在过程中，关心对方的感受，并且敢于表达自己的不适。

第二，掌握科学的避孕与安全措施。无论是男性还是女性，都应该明确自己是性的主体，应该避免偏见，不将保护生命健康的权利轻易交由他人，而要主动掌握保护自己的方法。一方面，掌握可靠的避孕措施，如知道获取和使用安全套的方法，不轻信"安全期"等伪概念。另一方面，决不进行高风险的性行为，避免疾病的感染。性传播是艾滋病的主要传播途径，由于性好奇与性知识的缺乏，大学生已成为艾滋病的高危人群，因此大学生应该主动了解防艾知识，不与陌生人、多人进行性行为，降低感染的概率。此外，如果进行了不安全的性行为，则应该立即采取补救措施，如在医生的指导下服用艾滋病阻断药。艾滋病阻断药服用的有效时间通常为高危行为发生后的 72 小时内，以 2 小时内服用药效最佳。

🌿 案例析心

问题回顾：你觉得小绿的行为轻率吗？接下来，小绿该怎么做？

案例解析：小绿在处理性关系时是存在问题的。健康的性关系应该建立在双向的爱与尊重上，小绿的问题主要在于没有将自己作为性的主体，即在性中重视自己的需要、主动保护自己。

第一，应该注重自己的需要，在两性交往中双方是没有性义务的，以性换爱是极其不理智的。小绿追求爱情，但思想偏于传统和保守，在不清楚对方是否真心爱自己的情况下与之轻易发生性行为，是违背小绿的自身期望的，也是造成小绿困境的最大原因。每个人对性的需求和态度有所不同，在健康的性关系中，双方应该出于对彼此的爱，主动沟通，了解彼此，相互理解。如果自己不愿意，就应当拒绝，而对方也应当给予尊重。

第二，自己具有保护自己的责任。在进行性行为前，小绿应该主动学习科学避孕措施和安全措施，不要因害羞而将权利交给他人，不可以轻率地信赖对方的"打包票"行为。

但是，性本身是不可耻的，欺骗和逃避行为后果的行为才可耻，小绿缺乏社会经验，被他人欺骗后，不应该在事后过多苛责自己，而应该积极自我帮助。

在事情发生后，小绿应该从生理和心理上积极自助。

（1）如果之前的性行为存在高风险，如没有采取科学的避孕措施或者存在感染疾病可能，则应该立即采取补救措施，如在医生指导下服用紧急避孕药、艾滋病阻断药，进行血液检测等。

（2）及时检查身体，如果已经受孕或者染病，则应尽早采取对应措施。主动联系、询问对方的想法，如果对方敷衍搪塞、推卸责任，则应及时认清对方的真面目，并立即终止妊娠，避免大月龄流产造成的身体伤害。从中吸取教训，认识到性和孩子都不是维持与挽留感情的正确方式。谨慎对待爱情和性，树立科学的爱情观和性观念，主动学习安全的性行为方式，以便在未来保护好自己。

（3）小绿在被冷落甚至抛弃后，产生了强烈的痛苦和自责。在自身难以解决的情况下，要勇敢地借助他人的力量走出困境。其中，倾诉是帮助自己面对和接纳负面经历的重要途径，如果对身边朋友无法启齿，则可以寻求线上、线下心理师或咨询师的帮助。如果涉及纠纷和侵害，则要及时寻求家长、学校和警方的帮助。

🌿 心灵感悟

一、放松训练

现在请你轻轻地闭上你的眼睛，随着这优美的音乐，你已经放松下来，你内心平静自然，心无杂念。此时此刻，你的心灵慢慢升起，离开你的躯体，你正沿着一个美丽的、荒芜的海滩散步。你光着脚，沿着海边散步，能够感觉到脚下坚硬的、白色的沙子。潮涨潮落，你能听到海浪拍岸的声音。这种

放松音频：
净水

声音如此催眠，使你越来越放松。海水是蓝绿色的，非常美丽，在远处的浪尖上斑斑点点地泛着白色的泡沫，海浪的声音停留在海岸，使你平静并越来越放松。每次呼吸，你都会嗅到新鲜的、咸丝丝的空气。你的皮肤如阳光般温暖，你可以感觉到轻柔的微风吹着你的脸颊，轻拂着你的头发，你感觉非常的安静、自在。

二、吟诵一句禅

- 两性的结合，只有在它给双方带来幸福时，才是神圣的。
- 欲望须服从理性的约束。
- 爱是承担，爱是付出，爱更是责任。

随着教师的带读闭目吟诵，体会自己向自己心灵倾诉的感动，将心理观念嵌入自己的潜意识中。

修心践行

请结合《高职心理健康教育活动手册》项目十任务二的"课后训练"，完成"性健康小调查"。

项目测评

一、学习检测

项目十自测题

请扫描上方二维码，完成"项目十自测题"，测测你对本项目知识的学习情况。

二、自我评估

请完成《高职心理健康教育活动手册》项目十的"项目评估"，对你的学习情况进行自我评价。

模块六

健康心理

　　有兄弟两人，年龄不过四五岁，由于卧室的窗户整天都是密闭的，所以他们认为屋内太阴暗，看见外面灿烂的阳光十分羡慕。兄弟俩商量："我们可以一起把外面的阳光扫一点进来。"于是，兄弟两人拿着扫帚和畚箕，到阳台上去扫阳光。等到他们把畚箕搬到房间里的时候，里面的阳光就没有了。这样重复扫了许多次，屋内还是一点阳光都没有。正在厨房忙碌的妈妈看见他们奇怪的举动，问道："你们在做什么？"他们回答："房间太暗了，我们要扫点阳光进来。"妈妈笑道："只要把窗户打开，阳光自然会进来，何必去扫呢？"

　　积极应对乃是解决心理障碍的一个重要法宝。这个故事启示我们把封闭的心门敞开，阳光就能驱散心灵的阴暗。我们可以改变自己，及时清理心灵的垃圾，获得健康的人生。

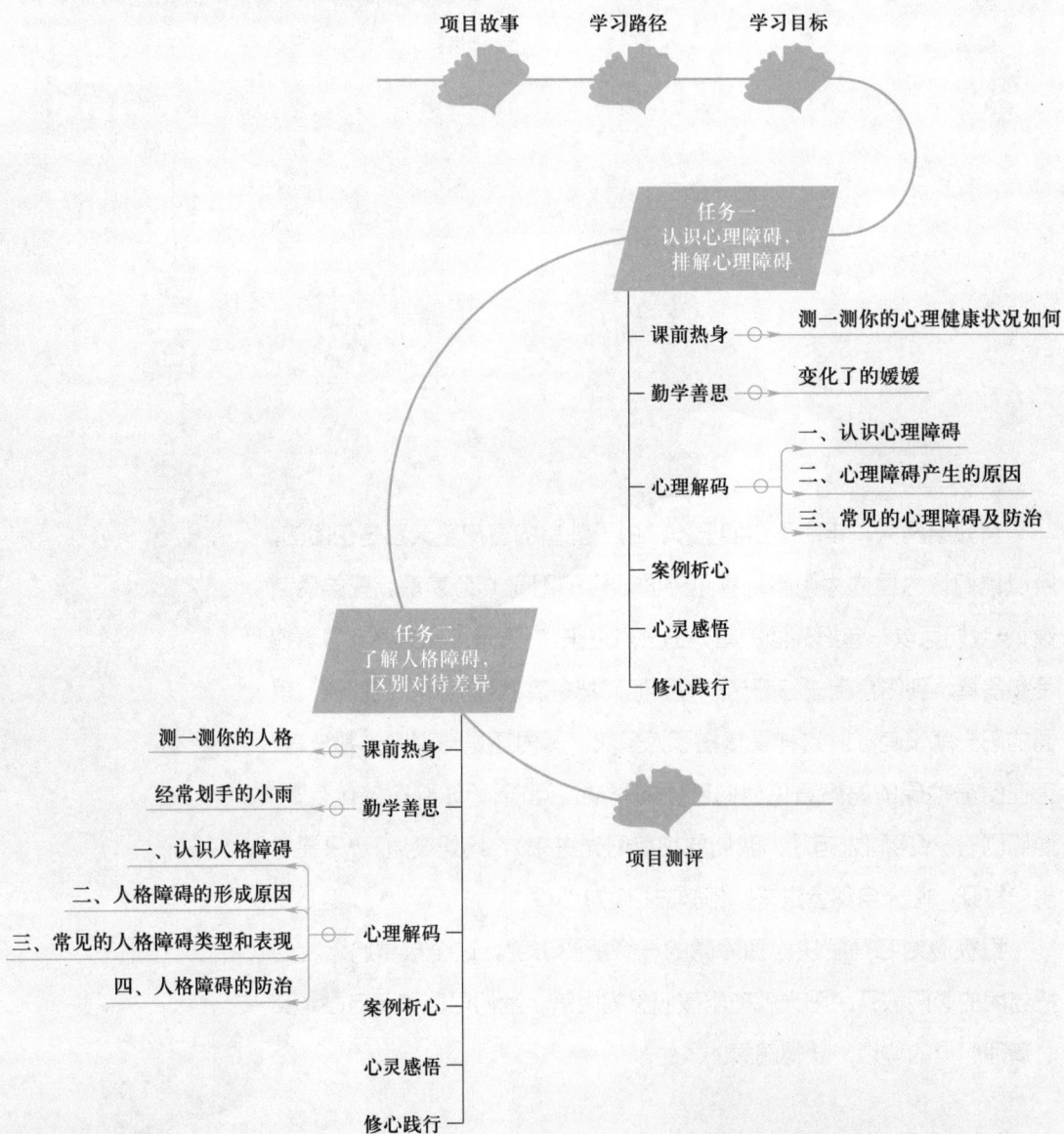

学习路径

项目故事　　学习路径　　学习目标

任务一
认识心理障碍，
排解心理障碍

课前热身 —○— 测一测你的心理健康状况如何

勤学善思 —○— 变化了的媛媛

心理解码 —○—
一、认识心理障碍
二、心理障碍产生的原因
三、常见的心理障碍及防治

案例析心

心灵感悟

修心践行

任务二
了解人格障碍，
区别对待差异

测一测你的人格 —○— 课前热身

经常划手的小雨 —○— 勤学善思

一、认识人格障碍
二、人格障碍的形成原因
三、常见的人格障碍类型和表现
四、人格障碍的防治
—○— 心理解码

案例析心

心灵感悟

修心践行

项目测评

学习目标

1. 知识目标：了解心理障碍的含义、分类和产生原因，了解常见心理障碍的含义、症状表现。

2. 能力目标：掌握大学生常见心理障碍的识别和治疗方法，学会积极应对心理障碍。

3. 素养目标：正确看待心理障碍，消除对心理障碍的"污名化"，遇到心理障碍学会求助，同时学会关心心理障碍患者。

认识心理障碍，排解心理障碍

课前热身

请结合《高职心理健康教育活动手册》项目十一任务一的"课前热身"，完成"测一测你的心理健康状况如何"。

勤学善思

变化了的媛媛

媛媛本是个活泼开朗的女孩子，但是在新学期开学后变得情绪低落，以前常挂在脸上的笑容也不见了，每天一个人闷闷不乐。同学们关心她，她也不搭理，对以前最爱吃的零食也没有了兴趣，吃饭胃口不好，体重下降。室友半夜醒来发现她还没睡，躺在床上翻来覆去。她每天也不说话，常常一个人待着，什么也不愿意干，上课集中不了注意力，记忆力下降，成绩下降许多。

思考：媛媛遇到了哪种心理障碍？你该怎么帮助她？

心理解码

一、认识心理障碍

（一）心理障碍的含义

心理障碍是指由生理、心理或社会原因导致的一类具有诊断意义的精神方面的问题，特征为认知、情绪、行为等方面的改变，可能伴有痛苦体验或功能损害。心理障碍也称精神障碍、心理疾病或精神疾病。

（二）心理障碍的分类

心理障碍可以按照不同的依据做不同的分类。按照是否有可以检出的器质性病变（脑部疾病和躯体疾病），心理障碍可分为器质性障碍和功能性障碍；按照患者的自知力水平和疾病对个体社会功能损害程度的不同，心理障碍可分为重性的精神病和轻性的心理障碍，前者包括精神分裂症、抑郁症等，后者包括各种神经症。

我国制定了《中国精神障碍分类与诊断标准第三版》，对心理障碍进行了分类，具体内容如下。

（1）器质性心理障碍：脑瘤所致心理障碍、颅内感染所致心理障碍。

（2）精神活性物质与非成瘾物质所致心理障碍：烟瘾、毒品成瘾。

（3）精神分裂症和其他精神病性障碍：紧张型分裂症、偏执性心理障碍。

（4）心境障碍（情感性心理障碍）：躁狂症、抑郁症、双相情感障碍。

（5）癔症、严重应激障碍和适应障碍、神经症：神经衰弱、焦虑症、强迫症。

（6）心理因素相关的生理障碍：神经性厌食、神经性呕吐、失眠症。

（7）人格障碍、习惯和冲动控制障碍、性心理障碍：边缘人格障碍、病理性偷窃。

（8）精神发育迟滞与童年和少年期心理发育障碍：儿童孤独症。

（9）童年和少年期多动障碍、品行障碍、情绪障碍：多动症、品行障碍。

（10）其他心理障碍及心理卫生情况。

二、心理障碍产生的原因

心理障碍与其他躯体疾病一样，均是生物、心理、社会因素相互作用的结果。

（一）生物因素

影响心理障碍的主要生物因素为遗传因素。遗传因素指遗传物质基础发生病理性改变，从而引起疾病作用。遗传因素在心理障碍发展中是较重要的因素之一。已有较多的证据表明部分心理障碍，如精神分裂症、心境障碍、癫痫性心理障碍、某些精神发育迟滞、人格障碍、某些神经症等有明显的遗传倾向，即如果父母上一代患有某种心理障碍，则下一代患有心理障碍的概率会高一些。虽然遗传因素对心理障碍的发生有重要作用，但绝不能忽视环境因素的共同作用。在不同个体心理障碍的病因中，两种因素所起的作用是不同的。

（二）心理因素

影响心理障碍的主要心理因素包括应激和个体人格特征。应激是个体因感受到某种应激事件无法摆脱和解决而产生的身心紧张状态。导致应激的各种刺激因素被称为应激源。这些刺激因素可为躯体的、心理的或社会的，是各种心理障碍发生的直接因素或间接诱因。人格是个体在先天遗传和后天环境下逐步形成的相对稳定的独特的思想、情感和行为模式。面对同样的应激事件，具有不同人格特征的人的反应不同。一个具有开朗、乐观性格的人在面对应激事件时能够承受住更多的打击并用积极的方式应对，降低心理障碍发生的可能性；一个悲观的人在遇到不良刺激时可能用消极的方式看待和应对事件，这增加了其心理障碍发生的可能性。

（三）社会因素

家庭和学校是影响较大的社会因素。家庭结构、家庭养育方式、学校环境、教育方式对心理障碍的产生、维持和发展具有重要的影响。同时，社会支持系统，特别是人际关系针对应激的保护作用愈来愈受到重视。研究表明，良好的社会支持系统有助于预防心理障碍和促进心理障碍的康复。

三、常见的心理障碍及防治

高职学生常见的心理障碍包括神经症、心境障碍、精神分裂症、人格障碍等，在项目十一任务二中将具体介绍人格障碍。

（一）神经症

神经症，以前也被称为神经官能症，是一组精神障碍的总称。它们的共同特征为：起病常与心理社会因素有关；发病前多有一定的素质和人格基础；症状主要为脑功能失调症状、情绪症状、强迫症状、疑病症状、多种躯体不适感等，这些症状在不同类型的神经症患者身上常常混合存在，没有发现脑和身体的病变。患者对疾病有较好的自知力，疾病痛苦感明显，有求治要求；社会功能相对完好，行为一般保持在社会规范允许的范围之内；病程大多持续迁延。在神经症中我们主要介绍焦虑症、恐惧症、强迫症三种类型。

1. 焦虑症

焦虑症即焦虑性神经症，是一种具有焦虑、紧张、恐惧等情绪，并伴有明显的植物神经功能紊乱、睡眠障碍等的心理疾病。它是一种以显著的负性情绪、紧张的躯体症状及对未来的担忧为特点的情绪状态。患者常感到内心有一种说不出缘由的紧张、恐惧或难以忍受的不适，并且无法摆脱。在高职学生中，常见的表现为考试焦虑、自我形象焦虑、学习焦虑和情感焦虑。学生可以通过自主放松训练、改善认知来调节焦虑情绪，同时可以通过支持性心理治疗、放松疗法、行为疗法、催眠疗法等心理治疗方法改善焦虑症状，抗焦虑药物对较严重的焦虑有较好的效果。

2. 恐惧症

恐惧症又称恐怖症、恐怖性神经症，是指对某种特定的事物或情境产生的持久的、特殊的、不合理的、强烈的恐惧感。恐惧症发作时往往伴有明显的植物神经症状，如心悸、气促、面红、出汗等。个体有时候知道这种害怕是不切实际的、不合理的，因为引起恐惧反应的事物或情境实际上对个人往往并无伤害或威胁，也知道别人并不会因这些事物或情境而产生恐惧，但这种认识仍不能防止恐惧症发作。有的高职学生对某种特定事物、情境或人际交往产生强烈的恐惧和主动回避，一旦处于无法回避之境，便会脸发红、手发抖、浑身出汗、双腿无力等。恐惧症患者恐惧的对象有很多，依此通常可将恐惧症归纳为三大类，即场所恐惧症、社交恐惧症、单一恐惧症。社交恐惧症是高职学生常见的一种恐惧症，主要特点是害怕被人注视，一旦发现别人注意自己，就会不自然，表现为脸红、不抬头、不敢与人对视，甚至觉得无地自容，因而不愿参加社交活动，不敢在公共场合讲话，不敢坐在前排等。

行为疗法是治疗恐惧症的首选方法。系统脱敏疗法、暴露冲击疗法对恐惧症的治疗，已取得了相当好的治疗效果。药物治疗对恐惧症有一定的疗效，并能减轻焦虑和抑郁症状。药物的使用不仅可以有效缓解患者的焦虑，还可以增强患者接受行为治疗的信心。

3. 强迫症

强迫症（图11-1）即强迫性神经症，是以强迫观念、强迫意向和强迫动作为主要临床症状的一类神经症。强迫症大多在青少年期发病，症状以强迫观念最多见。强迫行为多是为减轻强迫观念引起的焦虑而不得不采取的顺应行为，常见的有强迫检查、强迫询问、强迫清洗等。强迫症的临床特征是患者意识到强迫观念、强迫意向和强迫动作是不必要的，欲控制而不能控制。由于患者的自制力完好，常为这些强迫症状所苦恼和不安。

图11-1　强迫症

对于强迫症的治疗应采取心理治疗和药物治疗相结合的方式。本段主要介绍心理治疗方法。心理治疗的目的是使患者对自己的个性特点和所患疾病有正确客观的认识，对周围环境、现实状况有正确客观的判断，丢掉精神包袱，以减轻不安全感。具体做法：学习合理的应对应激的方法，增强自信，以减轻其不确定感；不好高骛远，不过分精益求精，以减轻其不完美感；同时动员其亲人朋友，对患者既不姑息迁就，也不矫枉过正，帮助患者积极参加体育、文娱、社交活动，使其逐渐从沉湎于穷思竭虑的境地中解脱出来。行为治疗、认知疗法、森田疗法、精神分析治疗均可用于强迫症，并且效果较好。

（二）心境障碍

心境障碍是以显著而持久的心境改变（情绪持续性高涨或低落）为主要特征的一组疾病，包括抑郁症、躁狂症、双相情感障碍、持续性心境障碍等，其中以抑郁症为主。

1. 抑郁症

抑郁症是以显著的心境低落为主要特征的心理障碍，并且心境低落与其处境不相称。

临床表现为情绪低落、兴趣和愉快感减退或丧失，导致劳累感增加、精力降低和运动减少，有食欲减退、睡眠障碍，甚至有自杀观念和行为；部分病人有明显的焦虑和运动性激越；严重者可出现幻觉、妄想等精神病性症状。多数病例呈反复发作，每次发作大多可以缓解，部分病人可能有残留症状或转为慢性。

抑郁症症状以情感低落、思维迟缓、意志活动减退（"三低"症状）和躯体症状为主。抑郁症的表现如图11-2所示。情感低落主要表现为显著而持久的情感低落，抑郁悲观；终日忧心忡忡、郁郁寡欢、愁眉苦脸、长吁短叹。典型病例的抑郁心境具有晨重夜轻的节律特点，即情绪低落在早晨较为严重，而在傍晚可有所减轻。思维迟缓主要表现为思维联想速度缓慢、反应迟钝、思路闭塞，自觉"脑子好像是生了锈的机器""脑子像涂了一层面糊一样开不动了"；主动言语减少，语速明显减慢，声音低沉，思考问题困难，工作和学习能力下降。意志活动减退主要表现为意志活动呈显著持久的抑制，行为缓慢，生活被动、疏懒，不想做事，不愿和周围人接触交往，常独坐一旁，或整日卧床，不想起来上班，不愿外出，不愿参加平常喜欢的活动和业余爱好活动，常闭门独居，疏远亲友，回避社交。躯体症状主要有睡眠障碍、食欲减退、体重下降、性欲减退、便秘、身体任何部位的疼痛、阳痿、闭经、乏力等。

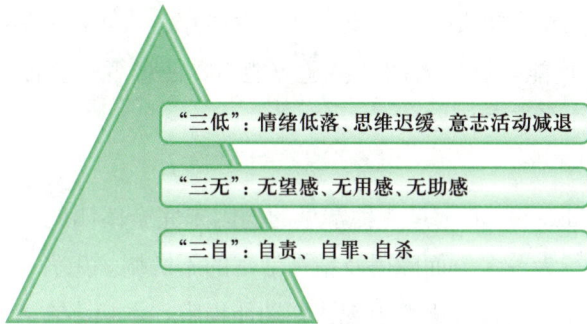

"三低"：情绪低落、思维迟缓、意志活动减退

"三无"：无望感、无用感、无助感

"三自"：自责、自罪、自杀

图11-2　抑郁症的表现

作为重型精神疾病，抑郁症的治疗原则是以药物治疗为主、以心理治疗为辅。已有的抗抑郁药在临床上均已取得显著的疗效。对有明显心理社会因素作用的抑郁症患者，在药物治疗的同时常常需要进行心理治疗。支持性心理治疗通过倾听、解释、指导、鼓励和安慰等手段，帮助患者正确认识和对待自身疾病，主动配合治疗。认知疗法、行为治疗、人际关系治疗、婚姻及家庭治疗等一系列的治疗技术，能帮助患者识别和改变认知歪曲，矫正不良的适应行为，改善患者人际交往能力和心理适应功能，提高患者解决问题和处理应激的能力，从而减轻或缓解患者的抑郁症状，调动患者的积极性，纠正其不良人格。另外，对于有严重自杀企图的患者及使用抗抑郁药治疗无效的抑郁症患者，可采用电抽搐治疗、经颅磁刺激治疗。

请结合《高职心理健康教育活动手册》项目十一任务一的"课中训练 训练一",完成"角色扮演:如何做一个更好的陪伴者"。

此活动旨在通过体验不同的沟通方式,让学生学习如何正确地陪伴抑郁症患者,以及如何与其沟通交流。

心随我动

2. 双相情感障碍

双相情感障碍是指既有躁狂发作,也有抑郁发作的一类心境障碍。躁狂发作时,患者表现为心境高涨、思维奔逸、语言行动增多。病情轻者社会功能无损,或轻度损害,严重者可出现幻觉、妄想等精神病性症状。抑郁发作时临床症状同抑郁症。双相情感障碍一般呈躁狂和抑郁反复、交替发作,也可以混合方式存在。

双相情感障碍的治疗大多以药物治疗为主、以心理治疗为辅。躁狂发作期以抗躁狂状态药物治疗为主,应用情绪稳定剂及电休克治疗;抑郁发作期进行抗抑郁治疗,应用抗抑郁药,同时配合心理治疗。双相情感障碍具有反复发作性,在抑郁发作或躁狂发作之后应采取维持治疗。对恢复期患者,配合心理治疗、家庭干预及社会康复措施,对预防复发和提高患者社会适应能力十分重要。采用支持性心理治疗、认知行为治疗、人际关系治疗和短程精神分析治疗等均能提高患者的社会适应能力,使患者学会面对现实,改善人格结构,更好地应对现实中的各种问题。

(三)精神分裂症

精神分裂症(Schizophrenia)是一种常见的病因未完全阐明的精神疾病。临床表现为知觉、思维、情感、行为等多方面障碍及精神活动的不协调。患者一般意识清楚,智能基本正常,但部分患者在发病过程中会出现认知功能损害。本病多在青壮年起病,病程多迁延,缓常,缓慢进展,如果不积极治疗,则可能逐渐加重或恶化,有发展为衰退的可能。部分患者可保持痊愈或基本痊愈状态。

精神分裂症主要症状表现为认知、情感、意志行为等方面的障碍(图11-3)。第一,认知障碍。精神分裂症最突出的感知觉障碍是幻觉,以幻听最为常见;思维障碍通常表现为妄想、被动体验、思维联想障碍、思维贫乏等。第二,情感障碍。主要表现为情感迟钝或平淡,即表情呆板、缺乏变化,自发动作减少、缺乏体态语言;同时,患者对亲人感情冷淡,亲人的伤病痛苦对患者来说无关痛痒。第三,意志行为障碍。主要表现为意志减退和紧张综合征。意志减退指患者在坚持工作、完成学业、料理家务等方面有很大困难,往往对自己的前途毫不关心,没有任何计划,或者虽有计划,但从不施行。紧张综合征以患者全身肌张力增强而得名,包括紧张性木僵和紧张性兴奋两种状态,两者可交替出现,这是精神分裂症紧张型的典型表现。

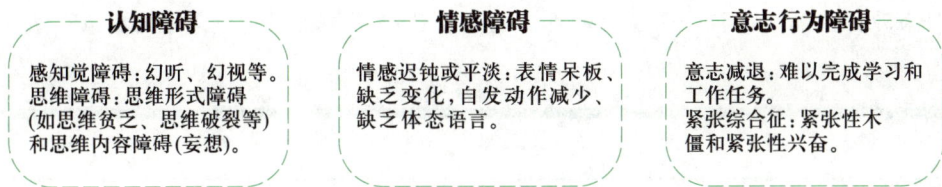

认知障碍	情感障碍	意志行为障碍
感知觉障碍：幻听、幻视等。 思维障碍：思维形式障碍（如思维贫乏、思维破裂等）和思维内容障碍（妄想）。	情感迟钝或平淡：表情呆板、缺乏变化，自发动作减少、缺乏体态语言。	意志减退：难以完成学习和工作任务。 紧张综合征：紧张性木僵和紧张性兴奋。

图 11-3　精神分裂症的主要症状表现

同样作为重型精神疾病，精神分裂症治疗主要采用药物治疗，并辅助加以心理治疗。药物治疗不但对幻觉、妄想等阳性症状有效，而且对情感平淡、意志减退等阴性症状也有一定疗效。同时，心理治疗是精神分裂症治疗的一部分。心理治疗不但可以改善患者的精神症状、提高自知力、增强治疗的依从性，而且可以改善家庭成员间的关系，促进患者与社会的接触。行为治疗有助于纠正患者的某些功能缺陷，提高人际交往技巧。家庭治疗使家庭成员发现存在已久的沟通方面的问题，有助于宣泄不良情绪，简化交流方式。

🌱 心理视窗·身边故事

克服了心理障碍的小阳

小阳是某高职院校的一名女同学，来自中部农村地区，家中有爷爷奶奶、父母、比自己小三岁的妹妹和比自己小五岁的弟弟，奶奶因心脏病瘫痪在床上，母亲在建筑工地上做包工头，父亲跟随母亲一起工作。小阳的父母在外打工，她由爷爷奶奶带大，奶奶脾气有些暴躁，经常会因为一些小事打骂小阳；小阳的父母关系一般，母亲经常忽视小阳，有时候还威胁要抛弃小阳。进入大一下学期，小阳和一个寝室室友关系不好，总觉得室友排挤自己；她情绪也很不稳定，经常因一些小事而哭泣。在教师的建议下，小阳的母亲带其去医院就医，在医院小阳被诊断为青少年情绪障碍。

小阳在医生的帮助下，开始接受系统的药物治疗，并办理了休学手续，在家休息养病。休学前，小阳的母亲带着小阳一起到学校心理中心，听取了心理教师的建议。经过一年的系统治疗后，小阳回到了学校，边读书边继续服药治疗。同时，她主动到学校心理中心寻求教师的帮助，在心理中心进行了一周一次的咨询，共16次。在此期间，辅导员定期和小阳的家人沟通，共同为小阳营造良好的学习和家庭环境。小阳自身也积极面对自己的问题，其情绪症状有明显缓解，能更好地控制自身情绪和处理人际冲突。后来，她还获得了学校的奖学金，顺利毕业并找到了一份心仪的工作。

针对高职学生心理障碍的治疗和康复，需要学校、医院和家庭的合作，更需要学生自身的调节和努力，相信问题会得到解决。

（资料来源：某高职院校一名学生的真实案例，已征得学生同意，文章已发表，内容有删改。）

心随我动

请结合《高职心理健康教育活动手册》项目十一任务一的"课中训练 训练二"，完成"出谋划策，共渡难关"。

此活动旨在通过学生相互交流心理困扰，让学生讨论应对方法，分享经验，获取更多解决心理问题的方式和技巧。

🌿 案例析心

问题回顾：媛媛遇到了哪种心理障碍？你该怎么帮助她？

案例解析：该案例中的媛媛很可能患上了抑郁症。抑郁症的主要症状表现为情绪低落、思维迟缓、意志活动减退和躯体症状。媛媛表现为情绪低落、闷闷不乐，其心境与现实处境不相符；其思维迟缓表现为每天不说话，注意力难以集中、记忆力下降；意志活动减退表现为对什么都不感兴趣，什么也不愿意干；躯体症状为食欲减退，体重下降，睡眠不好。

抑郁症的治疗一般需要药物治疗和心理治疗相结合。轻度抑郁者及时治疗，可以不服用药物，采用心理治疗或自我调整；中度抑郁者应适当采用药物治疗，加上心理调整；重度抑郁者必须用药，仅心理治疗没用。作为同学，可以陪伴、关心、理解和支持媛媛，给予其充分的关注和沟通，并建议她就医，接受专业的帮助；同时可以上报辅导员或者心理教师，寻求教师的帮助。

🌿 心灵感悟

一、放松训练

现在请你轻轻地闭上你的眼睛，随着这优美的音乐，你已经放松下来，你内心平静自然，心无杂念。此时此刻，你的心灵慢慢升起，离开你的躯体，你正舒适地蜷缩在你的睡袋中。拂晓降临在森林之中，你可以感觉到初升的阳光开始温暖你的脸颊，在你的上方，黎明的天空渐渐拉开帷幕，显出粉色和橙色的柔和的光影，你可以闻到清新的、周围树林中散发出的松香，你可

放松音频：鸟语花香

以听到附近山中小溪的水流声，纯净、凉爽的清晨的空气是清新而滋润的。你感到非常惬意、舒服、安全。

二、吟诵一句禅

- 心理创伤是一个脓疮，逃避只会掩盖一时，只有直面才会痊愈。
- 顺其自然，为所当为。
- 求助是强者和智慧者的表现。勇于面对，主动求助，跨越创伤，实现成长。

随着教师的带读闭目吟诵，体会自己向自己心灵倾诉的感动，将心理观念嵌入自己的潜意识中。

🍃 修心践行

请结合《高职心理健康教育活动手册》项目十一任务一的"课后训练"，完成"测试你的抑郁程度"。

任务二

了解人格障碍，区别对待差异

🌿 课前热身

请结合《高职心理健康教育活动手册》项目十一任务二的"课前热身"，完成"测一测你的人格"。

🌿 勤学善思

经常划手的小雨

小雨，女，19岁，在她上幼儿园时父母离异，和母亲一起生活。母亲平常忙于工作，没有时间照顾小雨，因此小雨由外婆带大。母亲脾气有些暴躁，小学时小雨经常跟母亲吵架，吵架后小雨会用自己的头撞墙。进入大一，小雨交了几个好朋友。有一次一起出去玩，回寝室的路上小雨去了一趟厕所，小雨的同学小丽问"你怎么去了这么久"，小雨没有回答，之后开始情绪崩溃，并在寝室用刀划了自己的手臂。原来小雨和小丽本来关系很好，之后产生了一些小矛盾，但小雨一直没有表达，将情绪压抑在心里，担心说出来不好，直到后面情绪控制不住，甚至用刀划自己的手腕和手臂，并自述这么做是为了缓解内心的痛苦，用身体上的痛来缓解心理上的痛。

思考：你觉得小雨是哪种人格障碍？为什么？

🍃 心理解码

一、认识人格障碍

人格障碍指人格特征严重偏离特定的文化观念、思想、情感和人际关系中人们普遍的模式。它严重影响患者的社会功能与职业功能，造成对社会环境的适应不良，患者遭受痛苦，或使他人遭受痛苦，或给社会带来不良影响。部分人格障碍在成年后有所缓和。

人格障碍具有以下特点。一是异乎寻常的极端性。人格特征显著偏离正常，使患者形成了一贯地反映个人生活风格和人际关系的异常行为模式。二是具有相对稳定性。通常开始于童年时期或青少年时期，并长期持续发展到成年或终生。三是给患者及他人带来问题。这种模式显著偏离特定文化背景和一般认知方式（尤其在待人接物方面），造成对社会环境的适应不良，患者虽然无智能障碍，但适应不良的行为模式难以校正，仅少数患者在成年后有所改善。四是社会性。在与人交往的社会活动中出现。五是认知存在偏差。患者往往认为自己所做的事情都是正确的。

二、人格障碍的形成原因

人格障碍是因个体存在某种不健全的先天素质而形成的，或在后天不良社会环境因素的影响下形成，两种情况兼而有之。

（一）遗传因素与脑发育因素

人格障碍的双生子研究发现，同卵双生子中共同犯罪率为55%，异卵双生子中共同犯罪率为17%。另有人格障碍的寄养子研究发现，即使从小寄养在别处，但与对照组比较仍然是人格障碍者的子女患病率较高。染色体检查发现，XYY核型者的犯罪率高于普通核型的人。这些均说明人格障碍与遗传因素有明显关系，总体遗传度为40%～60%。

有人发现，脑外伤癫痫等慢性、反复发作性短暂脑功能失调综合征是人格障碍的诱发因素，约50%的人格障碍者本身存在脑电图异常，如常见慢波增多等，这表明患者可能有脑成熟障碍。

（二）心理发育因素

童年的精神创伤与不合理的教养，会影响良好人格的形成。例如，婴儿期失去了母爱或父母离异，可能形成儿童的反社会人格；父母无意识地放任儿童说谎、做坏事，会招致儿童人格不稳定和混乱；在孤儿院成长的儿童后来形成内向性格者较多。学校教育与家庭教育对儿童有不切实际的希望，使儿童长期在失败中度日。由于学习成绩较差，始终承受着老师的鄙视和同学的排挤，这部分儿童容易形成不良人格。

（三）社会环境因素

不同的社会环境和文化塑造不同的性格。成年期之前各阶段的不良家庭环境和社会环境，对人格障碍的形成具有十分重要的影响。某些社会和家庭环境与特定人格障碍之间有密切的关系。例如，青少年法律意识淡薄，自制能力低下，易受不良生活习惯的影响；社会上的金钱至上观念，造成少数人人生价值观的扭曲；社会风气恶劣，使部分人受到黄色淫秽文化的不良影响。这些均是导致人格障碍形成的因素。

三、常见的人格障碍类型和表现

根据《精神障碍诊断与统计手册（第五版）》，将人格障碍分为三大类。第一类为"古怪组"人格障碍，其主要特点是思维内容不符合常理，导致行为古怪、难以理解，包括偏执型、分裂型人格障碍；第二类为"戏剧化组"或"情绪化组"人格障碍，也叫"不稳定组"人格障碍，其主要特点是戏剧化、情感强烈、不稳定，包括表演型、自恋型、边缘型、反社会型人格障碍；第三类为"焦虑组"人格障碍，主要特点是紧张、焦虑行为，包括回避型、依赖型、强迫型人格障碍。常见的人格障碍类型和表现如下。

（一）偏执型人格障碍

偏执型人格障碍是以广泛的猜疑和偏执为特点的人格障碍。这类人格障碍的特点是主观、固执、敏感多疑、心胸狭隘、报复心强。一方面，骄傲自大，自命不凡，总认为自己怀才不遇，自我评价甚高；另一方面，在遇到挫折与失败时，又过分敏感，怪罪他人，推诿塞责，很容易与他人发生冲突与争执。在平时学习生活中，老师要与偏执型人格障碍患者建立信任关系，在互相信任的基础上交流感情，向他们全面介绍其自身人格障碍的性质、特点、危害性及纠正方法，使其对自己有一个正确、客观的认识，并使其自觉自愿改变自身人格缺陷，同时鼓励他们积极主动地进行交友活动，在交友中学会信任别人，消除不安感。此外，具有偏执型人格的人喜欢走极端，这与其头脑里的非理性观念相关联。因此，要改变偏执行为，他们必须分析自己的非理性观念；由于他们易对他人与周围环境充满敌意和不信任感，可以采取敌意纠正训练的方法克服敌意和对抗心理。

（二）自恋型人格障碍

自恋型人格障碍患者主要表现为过分自高自大，希望受人特别关注，其个体需要不断从外部获得认可来维持自尊。具体表现为：对批评的反应是愤怒、羞愧或感到耻辱（尽管不一定当即表露出来）；喜欢指使他人，过分自高自大，对自己的才能夸大其词，希望受到特别关注；坚信他关注的问题是世上独有的，不能被某些特殊的人物了解；认为自己应享有他人没有的特权；渴望持久的关注与赞美；缺乏同情心；有很强的嫉妒心。具有自恋型人格的学生需要学会全面、正确、客观地认识自己，解除自我中心的观念，并学会爱别人，因为你要获得爱首先要付出爱。

（三）边缘型人格障碍

边缘型人格障碍患者主要表现为人际关系、自我形象和情感的不稳定，同时有明显冲动性的行为模式。具体表现为：疯狂努力以避免真实或想象中的被抛弃；拥有不稳定且紧张的人际关系模式，其特点是对所交往的人的印象从极端理想化到极端的贬低之间变来变去；自我形象或自我感受持续明显不稳定；长期感到空虚、情绪不稳定；存在冲动行为和自伤行为。针对边缘型人格障碍患者，可以通过辩证行为疗法，运用正念技巧、情绪调节技巧、人际效能技巧及承受痛苦技巧来改善其人格。边缘型人格障碍的情绪形态和行为如图 11-4 所示。

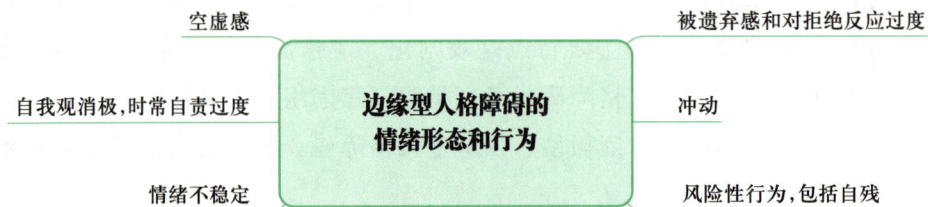

空虚感　　　　　　　　　　　　　　　　　被遗弃感和对拒绝反应过度

自我观消极,时常自责过度　　**边缘型人格障碍的**　　　冲动
　　　　　　　　　　　　　　　情绪形态和行为

情绪不稳定　　　　　　　　　　　　　　风险性行为,包括自残

图 11-4　边缘型人格障碍的情绪形态和行为

（四）回避型人格障碍

回避型人格障碍又称逃避型人格障碍，其患者最大的特征是行为退缩、心理自卑，面对挑战多采取回避态度或无能应付。具体表现为：想与人来往，但怕被人拒绝、嫌弃；想得到别人的关心与体贴，但害羞不敢亲近；很容易因他人的批评或不赞同而受到伤害；敏感羞涩，害怕在别人面前露出窘态；在做那些普通的但不在自己常规计划之中的事时，总是夸大潜在的困难、危险或可能的冒险。针对回避型人格障碍患者，需要消除自卑感，正确认识自己，提高自我评价；正确认识自卑感的利与弊，提高克服自卑感的自信心；进行积极的自我暗示，自我鼓励，相信事在人为；同时要克服人际交往障碍，可以通过梯级任务作业的形式给自己定一个交朋友的计划，并不断鼓励强化自己的行为。

（五）依赖型人格障碍

依赖型人格障碍以极度依赖他人的照顾，并且害怕与人分开为特征。具体表现为：过分被动、无主见、自卑和远离人群；自以为愚笨，对别人的意见从不反驳，对他人绝对服从和百依百顺；生活中的事总是靠别人来替自己做出决策，或指明方向，哪怕是很小的决定。由于具有依赖型人格的人的依赖行为已经是一种习惯，治疗可以从改变这种不良的习惯开始，同时要重建自信。

（六）强迫型人格障碍

强迫型人格障碍以过分的小心拘谨、严格要求、完美主义与内心不安全感为特征。具体表现为：过于按部就班，常拘泥于小节，生怕有所遗漏；常有不安全感，穷思竭虑，反复核对检查，唯恐有所差错；刻板、固执，要求别人按规矩办事，缺乏灵活性，并且事无巨细，事必躬亲；过分沉溺于职责义务和道德规范，过度投入工作，缺少社会交往和娱乐；常处于紧张、焦虑之中，神经得不到松弛；过分节俭，甚至吝啬。森田疗法是治疗强迫型人格障碍的首选方法，其核心要义是"顺其自然，为所当为"，即患者可以带着这种强迫的症状去生活，顺其自然，并做好应该做的事情。

心随我动　请结合《高职心理健康教育活动手册》项目十一任务二的"课中训练　训练一"，完成"分享经历"。

此活动旨在通过小组分享平常生活中见到的"怪怪的人"，让学生理解人格障碍。

四、人格障碍的防治

人格障碍的防治策略重在早期发现、早期诊断和早期治疗，也就是在成年早期便开始诊治和调适。人格障碍的治疗以综合治疗为主。心理治疗着重强调人格重建，改善患者的社会和心理适应能力，重建信心，纠正不良习惯与行为。药物治疗不能改善人格障碍，只能用于应激和情绪症状的处理，不能长期应用。

（一）药物治疗

对冲动、存在攻击行为及情绪不稳定者，给予小剂量的抗精神病药治疗；焦虑、抑郁情绪可适当用抗抑郁药治疗。

（二）心理治疗

心理治疗对于人格障碍有着重要的意义：一方面，创造真诚、共情、积极关注的治疗关系，可以帮助患者重建心理社会环境；另一方面，帮助患者认识人格问题的根源和影响，并鼓励其改变适应不良的认知和行为模式，促进人格重建，提高其社会适应能力。常用的心理治疗方法包括认知行为治疗、精神分析治疗、家庭治疗、团体治疗、支持治疗等。

（三）自我调整

人格障碍患者自身可以通过树立正确的人生观、价值观，增强自我意识，正确认识自我，悦纳自我，调整自身不合理的认知和行为，建立和谐的人际关系，学习管理情绪的技巧，做情绪的主人，积极投身于社会实践活动中等来完善自己的人格。

🌿 心理视窗·知识卡片 ⦿

主要心理咨询流派对心理障碍的理解

心理咨询领域有不同的流派，每个流派都有不同的理论主张、咨询技术及擅长领域，其中具有代表性的流派有精神分析流派、人本主义流派和认知行为流派三大类。各心理流派对心理障碍和心理咨询方法有不同的理解。

（1）精神分析流派。该流派强调人的心理过程受到潜意识的影响。弗洛伊德认为，个体的行为和情感问题源于无意识中的冲突及欲望。它的咨询方法主要是通过解析潜意识中的冲突和过去经历，帮助个体增进自我认识和解决心理问题。

（2）人本主义流派。该流派强调个体的自我实现和自我发展，其核心观点是人们具有自我决定的能力，追求自我实现和成长，将心理障碍成因解释为自我概念与经验之间的不协调。心理干预所要做的就是通过非指导性的谈话帮助个体认识到自己本身的宝贵，建立自信从而达到自我治疗的目的。

（3）认知行为流派。该流派强调人的思维、情绪和行为之间的相互关系。认知行为心理学的核心观点是，个体的心理问题和困扰往往源自错误、负面或不适应的思维模式和行为模式。咨询方法注重个体的思维重建和行为改变。

（资料来源：麦克劳德.心理咨询导论 [M].夏颖，刘凤至，译.4 版.上海：上海社会科学院出版社，2019.）

心随我动

练　　请结合《高职心理健康教育活动手册》项目十一任务二的"课中训练二"，完成"电影讨论"。
　　此活动旨在通过小组讨论电影中的角色，让学生理解人格障碍的特点和治疗方法。

🌿 案例析心

问题回顾：你觉得小雨是哪种人格障碍？为什么？

案例解析：该案例中的小雨很可能是边缘型人格障碍。边缘型人格障碍的主要表现为人际关系、情绪、自我意象的不稳定，以及冲动行为。小雨的人际关系不稳定，在人际关系中缺乏信任感和安全感，出现"两极"化，非好即坏；其情绪不稳定，不能很好地调整，甚至用自残自伤的方式来宣泄自己的情绪。以上这些表现都是边缘型人格障碍的表现。

小雨的边缘型人格障碍跟其早期经验可能有较大的关系，父母离异，母亲忽略，其依恋关系可能受损。针对她的治疗一般需要药物治疗和心理治疗相结合。通过药物治疗缓解情绪症状，通过心理治疗（如辩证行为疗法、移情焦点治疗等）改善情绪调整方式、人际关系、认知模式，进而完善人格。

🌿 心灵感悟

一、放松训练

现在请你轻轻地闭上你的眼睛，随着这优美的音乐，你已经放松下来，你内心平静自然，心无杂念。此时此刻，你的心灵慢慢升起，离开你的躯体，你正舒适地蜷缩在你的睡袋中。拂晓降临在森林之中，你可以感觉到初升的阳光开始温暖你的脸颊，在你的上方，黎明的天空渐渐拉开帷幕，显出粉色和橙色的柔和的光影，你可以闻到清新的、周围树林中散发出的松香，你可以听到附近山中小溪的水流声，纯净、凉爽的清晨的空气是清新而滋润的。你感到非常惬意、舒服、安全。

放松音频：
鸟叫

二、吟诵一句禅

- 尊重个性，理解差异，学会与人格障碍者相处。
- 优化人格，修炼品质，调适自己偏离正常的行为方式，主动适应社会环境。
- 接纳本性，保持自信，发扬个性特长。

随着教师的带读闭目吟诵，体会自己向自己心灵倾诉的感动，将心理观念嵌入自己的潜意识中。

🌿 修心践行

请结合《高职心理健康教育活动手册》项目十一任务二的"课后训练"，完成"边缘人格障碍自助技巧：摆脱自毁的行为"。

一、学习检测

项目十一自测题

请扫描上方二维码，完成"项目十一自测题"，测测你对本项目知识的学习情况。

二、自我评估

请完成《高职心理健康教育活动手册》项目十一的"项目评估"，对你的学习情况进行自我评价。

12

　　春秋时，卫懿公是卫国的第十八位君主，他特别喜欢鹤，整天与鹤为伴，如痴如醉，丧失了进取之志，常常不理朝政、不问民情。他还让鹤乘坐高级豪华的车子，比大臣所乘的车子还要高级。为了养鹤，他每年耗费大量资财，引起大臣不满，百姓怨声载道。公元前 660 年，北狄部落侵入国境，卫懿公命军队前去抵抗。将士们气愤地说："既然鹤享有很高的地位和待遇，现在就让它去打仗吧！"卫懿公没办法，只好亲自带兵出征，与狄人战于荥泽，由于军心不齐，结果他战败而死。

　　人们把卫懿公的行为称作玩物丧志。该成语现常指醉心于玩赏某些事物或迷恋于一些有害的事情，丧失了积极进取的志气。当前，一些青年学子沉迷于网络，荒废学业，患上了典型的"网络成瘾综合征"，这何尝不是一种玩物丧志呢？

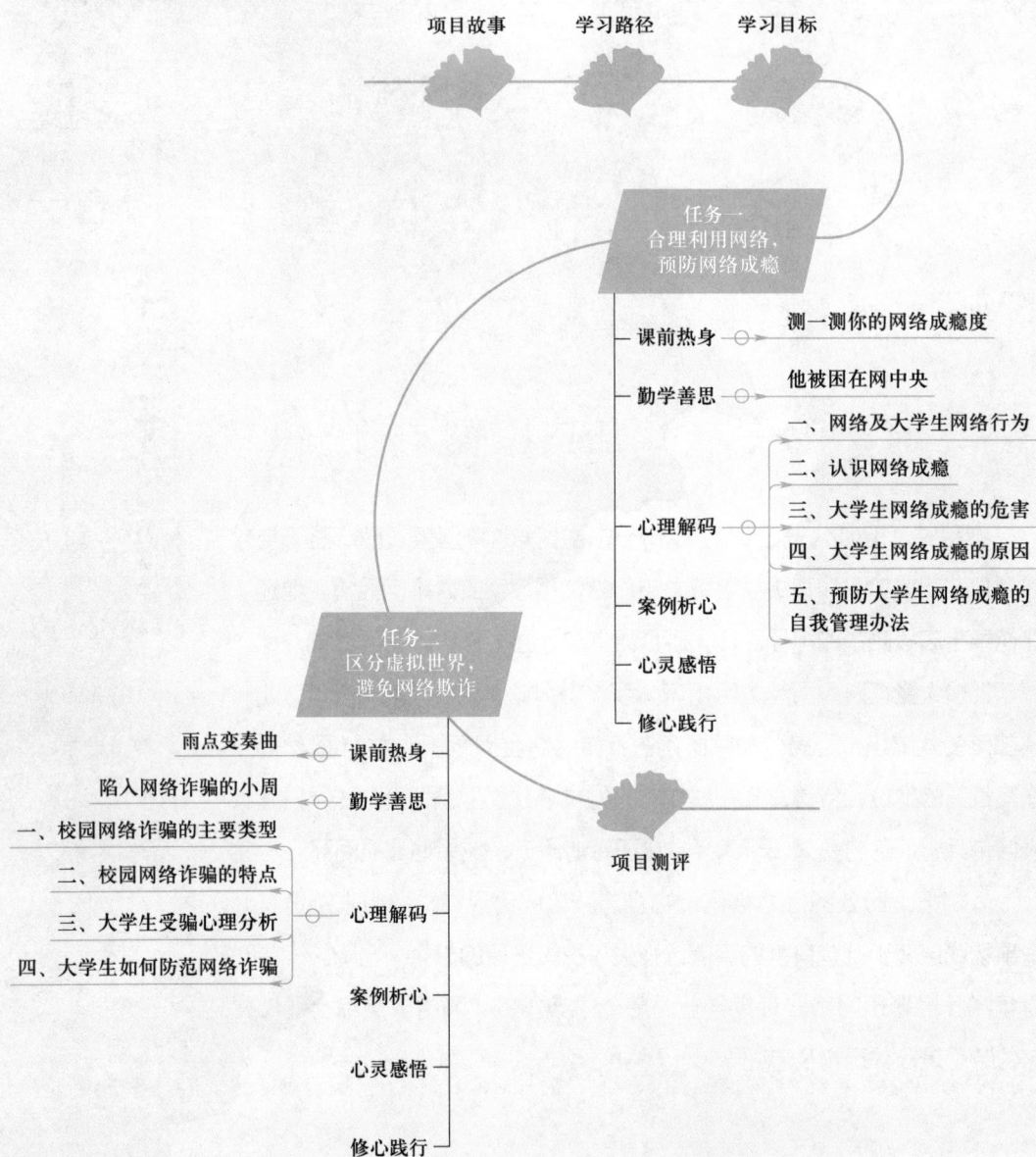

项目故事　学习路径　学习目标

任务一
合理利用网络，
预防网络成瘾

课前热身 —— 测一测你的网络成瘾度

勤学善思 —— 他被困在网中央

心理解码
一、网络及大学生网络行为
二、认识网络成瘾
三、大学生网络成瘾的危害
四、大学生网络成瘾的原因
五、预防大学生网络成瘾的自我管理办法

案例析心

心灵感悟

修心践行

任务二
区分虚拟世界，
避免网络欺诈

雨点变奏曲 —— 课前热身

陷入网络诈骗的小周 —— 勤学善思

一、校园网络诈骗的主要类型
二、校园网络诈骗的特点
三、大学生受骗心理分析
四、大学生如何防范网络诈骗
—— 心理解码

案例析心

心灵感悟

修心践行

项目测评

学习目标

1. 知识目标：了解大学生网络成瘾的原因及危害，了解校园网络诈骗的主要类型。

2. 能力目标：能有意识地合理使用网络，掌握预防网络成瘾的方法，能自觉警惕网络欺诈。

3. 素养目标：形成喜好有度的使用网络态度，能有效处理网络与现实生活的关系。

合理利用网络，预防网络成瘾

课前热身

请结合《高职心理健康教育活动手册》项目十二任务一的"课前热身"，完成"测一测你的网络成瘾度"。

勤学善思

他被困在网中央

汪鑫（化名），是一名高职大一学生，自大一第一学期入校以来，他积极上进，并热衷于参加学校组织的各类学生活动。然而到了大一第二学期，他却沉溺于网络游戏，经常旷课，导致成绩直线下滑。通过深入的谈心谈话，辅导员得知其成绩一落千丈的主要原因是入学之前父母管教严格，没有太多的时间来玩游戏，到了大学以后开始放纵自己，想通过虚拟的网络世界来麻痹内心压抑的情绪，从刚开始的宣泄到逐渐沉迷，最后导致网络成瘾无法自拔，浪费了大量时间和金钱，甚至欺骗父母。矛盾、愧疚、压力导致汪鑫的精神高度紧张，失眠，记忆力下降，学习效率降低，对自己的未来感到迷茫，并且因学业问题与父母及亲戚朋友的关系越来越紧张。

思考：汪鑫目前面临哪些问题？他应该怎样应对？

心理解码

一、网络及大学生网络行为

（一）网络的基本特征

1. 虚拟性和匿名性

网络是一种虚拟的数字空间。1993 年，美国著名杂志《纽约客》的漫画家施泰纳创作了一幅漫画——"在互联网上，没有人知道你是条狗。"这幅漫画真切地体现了网络的虚拟性和匿名性。网络中的交往缺乏面对面的交流和监督，使得双方的身份不易识别，他们既可以暴露自己的真实身份，也可以匿名或用虚假的身份。

2. 交互性

在网络环境中，每个用户既是信息的发布者，又是信息的接收者，即形成"发布—接收"双向互动或多向互动（图 12-1）。

3. 丰富性

由于互联网容量大、可交互性强、信息发布主体多、第一手信息丰富，被过滤的可能性相对较小，信息客观而实在，全面而丰富。在网上，你可以找到你想要的任何信息。

4. 全时性

互联网是一个没有白天和黑夜的世界。全世界的网民可以不受任何时间或外界条件的约束，同时向外发布或接收信息。

图 12-1　利用网络进行互动

（二）大学生常见的网络行为

1. 信息查询和在线学习

互联网的开放性，使得网络如同一个信息的"聚宝盆"，各种信息应有尽有。这些取之不尽、用之不竭的多彩信息赋予了网络无穷魅力，网络开阔了大学生的视野，让足不出户尽知天下事变为现实，这也是大学生们上网最主要的目的。随着数字技术的迭代升级及人工智能的发展，如 ChatGPT 的出现，大学生通过网络获取信息和进行在线学习变得更加便捷。

2. 网上聊天

聊天交友是大学生在网上的主要活动内容之一。随着网络的普及与发展，大学生通过各种网络聊天软件可以随时与朋友保持联系，也可以随时与陌生人成为朋友。网络交流大大拓展了人际交流的广度，增强了大学生与家人、同学之间的联系。在遇到挫折和困难时，大学生能及时获取网络好友的支持，调整情绪。但由于大学生的年龄特点，容易出现交友不慎的情况，尤其是陷入网恋骗局，将会严重影响大学生的身心健康。

3. 网上娱乐

在一项针对 2 000 名大学生上网目的的调查中发现，以聊天、玩游戏为主要目的的大学生有 1 070 名，占总人数的 53.5%。在学习之余，大学生通过上网听音乐、看电影、玩游戏等释放压力、缓解情绪，达到放松身心的目的。但也有不少大学生受自身自控能力较差及对大学生活缺乏明确规划等的影响，将上网玩游戏、看视频等作为唯一目的，以致荒废了学业。

4. 商务行为

随着网络的普及，原本购买商品需要特意去商场选物、购物，如今却可以在短时间内浏览购物网站上的各式商品，并通过电子支付平台进行交易，最后送货上门，省时省力省钱。购物网上的商品既时尚漂亮又相对便宜，对大学生们充满诱惑。例如，有一些大学生在购物网站购买衣服、鞋子、化妆品等，价格比商场便宜很多；也有一些有商业头脑的大学生在网上开起了小店，在学校做起了兼职。网络大大地提高了高职学生生活的便利性，同时为他们提供了新的创业机遇。

二、认识网络成瘾

（一）网络成瘾的定义

网络成瘾简称网瘾，也称网络依赖综合征（IAD），学名为病理性网络使用（PIU），参照世界卫生组织的定义，网络成瘾是指由过度地使用网络导致的一种慢性或周期性的着迷状态，并产生难以抗拒地再度使用的欲望。网络成瘾的个体会产生想要增加使用时间及提高耐受性、出现戒断反应等现象，对于上网所带来的快感会一直有心理与生理上的依赖。

（二）网络成瘾的诊断标准

网络成瘾最早由美国精神病医生依凡·葛尔柏格在 1997 年确立其理论化病态并正式承认其研究价值，依凡·葛尔柏格提出了诊断网络成瘾的 10 条标准，具体如下。

（1）下网后总是不忘"网事"。

（2）不满足上网时间。

（3）无法控制上网的冲动。

（4）一旦减少上网时间就会烦躁不安。

（5）总是想借助网络缓解压力。

（6）认为上网比学业更重要。

（7）为上网而不惜失去重要的人际交往和工作。

（8）不惜支付巨额网费。

（9）不愿向亲友吐露频频上网的真相。

（10）下网后有焦虑、失落感。

只要满足以上 10 条中的五条，就可以诊断为网络成瘾。

（三）网络成瘾的类型

根据成瘾者网络使用行为的不同特征，可以将网络成瘾分为以下四种。网络游戏成瘾——指沉溺于各种网络游戏，将大量时间、精力和金钱花费在网络游戏之中。网络关系成瘾——指利用各种聊天工具软件及网站开设聊天室长时间聊天，将全部精力投入虚拟情感和在线交往中。网络信息成瘾——强迫性地从网上收集无关紧要的或者不迫切需要的信息，例如无法控制地打开网页想获取更多信息。网络色情成瘾——成瘾者通过网络搜索、下载浏览、传播交流网上的色情音乐、图片及影像等作品，并因此而形成一种迷恋状态。

（四）网络成瘾的心理机制

1. 奖赏机制的作用

现代生物医学研究表明，成瘾与多巴胺有关。除了食物、水这类自然奖赏，大脑还会对新奇事物乐此不疲，它们在进化意义上都具有生存与繁衍的价值。例如，每次获取新的信息（微博内容）或刺激（打通关游戏），大脑就会产生一些分泌物——多巴胺等，使人产生愉悦感，这就是人们的奖赏。在现实生活中，有很多行为让人们感到十分愉快，为确保之后重复这一行为，奖赏通路会连接到控制记忆和行为的大脑区域。人们会对这种愉悦感上瘾，并乐此不疲。网络成瘾的奖赏机制如图 12-2 所示。

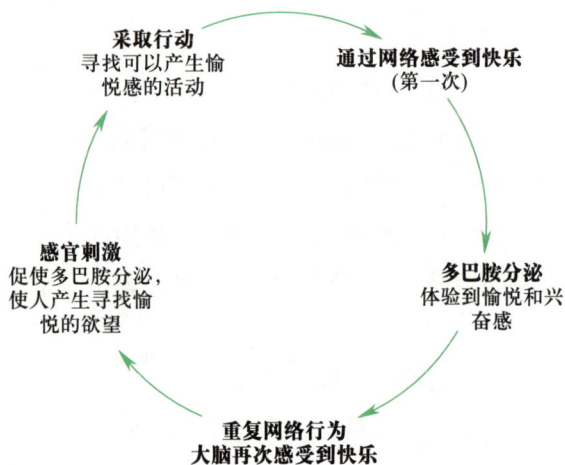

图 12-2　网络成瘾的奖赏机制

2. "失补偿"假说

"失补偿"假说认为上网行为是个体心理发育过程中受阻时的补偿表现。如果形成"建设性补偿"，则完成补偿、恢复常态发展，即正常上网行为；如果形成"病理性补偿"，则引起失补偿，导致发展偏差或中断，即网络成瘾行为。邓林园等通过研究发现，现实满足低、网络满足高的大学生中网络成瘾的比例最高，而现实满足高、网络满足低的大学生中网络成瘾的比例最低。这说明网络在一定程度上起到了补偿大学生心理需求在现实中无法满足的作用。当大学生的心理需求在现实中无法得到满足时，功能强大的网络提供了另一种途径来满足其需求，如从网络游戏中获得成功体验，进而促使大学生更多地使用网络，通过不断地强化最终导致大学生网络成瘾。

三、大学生网络成瘾的危害

（一）危害身心健康

网络成瘾容易使大学生的新陈代谢、正常生物钟遭到破坏，使人身体虚弱。长时间上网，可导致视力下降、肩背肌肉劳损、食欲不振、消化不良、睡眠障碍、注意力及反应能力迟缓等不良危害。严重网瘾者还会出现神经紊乱、免疫功能下降，甚至引发焦虑症、抑郁症。与此同时，大脑中枢神经长期处于高度兴奋状态，交感神经过度兴奋，肾上腺素水平增高，血压升高，当这些生理和生物化学变化超过自身承受能力时，严重的可能会造成晕倒或猝死。一项有关网络成瘾者的研究发现，网络成瘾可能会严重影响成瘾者大脑结构的物质重组。

（二）导致学习兴趣下降

网络成瘾会损害大脑的认知功能。长时间沉迷于网络易导致大学生没有足够的时间和精力来完成学业，进而使学习兴趣下降，学习时不能集中注意力，思维迟钝，独立思考、分析和推理的能力下降，严重影响学习效率，从而容易出现厌学、逃课等现象。

（三）导致人际交往能力下降

网络交往是在虚拟情境下进行的，而非现实的面对面的交往，长期沉迷于这种人机互动的交往模式易导致大学生的现实交往能力下降。网络成瘾者在网络中充分张扬个性的同时会获得心理满足，认为现实人际交往可有可无，减少与现实中的他人交往和沟通的机会，导致人际淡漠。

（四）导致道德意识、法律意识弱化

网络空间对个体自我的心理活动具有去抑制的效果，易导致网络欺负、网络暴力等现象。去抑制可以被视为公共意识的减弱，网络环境中的匿名技术和行为方式会带来"去抑制效应"。大学生沉迷网络，容易在网络游戏、暴力网站中放纵自己，弱化道德意识，甚至走上违法犯罪的道路。

（五）导致人生观、价值观扭曲

网络具有开放性和自由性，网络内容复杂、良莠不齐，不同意识形态、价值观念的信息杂陈于网上。大学生尚处在价值观、人生观塑造时期，涉世未深，社会经验不足，长期沉迷于网络容易使辨别力较弱的网瘾者受到不良价值观的影响，出现人生观、价值观扭曲错位。同时网络具有匿名性，容易使得一些大学生在网络中呈现与现实存在较大差异的言行举止，这种虚拟人格和现实人格相差很大，一旦发生冲突，将会导致大学生线下和线上判若两人，严重者可能产生人格障碍。

四、大学生网络成瘾的原因

（一）网络自身的强大吸引力的影响

网络作为心理与行为存在的"第三空间"，以其大信息量、交互性、平等性、虚拟性、匿名性对大学生形成了强大的吸引力。与传统媒体不同，在网络面前，大学生不但是读者，而且是演员，可以通过角色扮演的方式融入网络，网络互动可以满足大学生的心理需要和社会需要，并产生愉快的体验，这容易使大学生混淆虚拟世界与现实生活的区别，导致他们对网络产生不同程度的依赖。

（二）大学生身心发展特点和独生子女成长方式的影响

处于青年期的大学生，生理发育已经处于基本成熟、逐步稳定的阶段。伴随着生理的成熟，自我意识开始增强，但还缺乏稳定的自我控制能力，人际交往的需要强烈，渴望被

人理解，但心理上具有一定的闭锁性。另外，我国大学生中独生子女比重大，缺乏与兄弟姐妹等年龄略有级差的同辈的交流，大多在优裕的物质生活环境中成长。父母对他们的期望较高，易给独生子女造成较大的心理压力。这些因素都容易使他们到网络中寻找可归依的群体，迷恋网上的互动生活。

（三）高校宽松的生活环境的影响

高校的生活环境比较宽松，大学生可轻易在宿舍里面使用网络，有较多的自由支配时间，又可摆脱父母对自己的监控，大学生在遭遇情感危机、学习危机、就业危机时，往往把网络作为宣泄情绪、逃避现实的工具。此外，高校的课程设置不合理、网络管理和网络文化建设不完善，也是可能的影响因素。

（四）社会因素的影响

当今社会信息技术高速发展，网站、网吧多如牛毛，既为大学生求学提供了便利，也为大学生网络成瘾提供了诱因。由于我国网络管理制度尚不健全，有关部门缺乏有效的监控手段，一些网络不良因素很容易让大学生在眼花缭乱的虚拟世界中迷失方向。

此外，大学生沉溺网络往往与他们个人的人格特点有关，如孤独、抑郁、自我封闭、敏感、自我管理与约束能力差、纪律性不强等。

心随我动 · 练

请结合《高职心理健康教育活动手册》项目十二任务一的"课中训练一"，完成"预防网瘾有妙招"。

此活动旨在在讨论过程中，鼓励学生从多角度、采用各种方法进行资料的收集和讨论，总结出更多预防网瘾的方法。

心理视窗·知识卡片

短视频沉迷现象

短视频是指通过社交媒体平台、视频分享网站、移动应用程序等发布和分享的，时长在几秒到几分钟之间的网络视频。短视频因具有内容丰富、交互简洁、适龄广泛等特点，而获得广大用户的青睐。随着短视频的火爆，越来越多的人开始沉迷于刷短视频。什么样的个体更容易沉迷于短视频呢？个体的潜在易感特征主要有以下几点。

（1）短视频背后的个性化推荐算法使用户被个人偏好的信息所包围。因此，具有低开放性人格特质或者自我中心偏见的个体，可能更加适应短视频算法的信息分发机制，从而有更大的沉迷风险。

（2）短视频内容简短但要素丰富，可以在碎片化时间给予用户刺激满足。因此，具有无聊倾向、感觉寻求及较高最佳唤醒水平的短视频用户更可能产生沉迷行为。

（3）短视频作为一种信息媒介，交互简洁和认知参与度低是其主要特征。因此，对于那些寻求即时满足、具有较低自我控制能力的用户来说，短视频沉迷是一种潜在的风险。

（4）观看短视频可以让用户摆脱压力环境，排解负面情绪。因此，对压力敏感性高、当前感知压力大、持有抑郁情绪、同时采用消极应对方式的用户更可能产生短视频沉迷。

（资料来源：董王昊，王伟军，王兴超，等．人机互动视角下短视频沉迷的发生机制 [J]．心理科学进展，2023，31（12）：2337 - 2349.）

五、预防大学生网络成瘾的自我管理办法

（一）转移注意力

大学生可以在想上网的时候，强迫自己转移注意力，主动离开放有电子设备的房间，用看书、打球、跑步、听音乐等其他活动取代上网的行为，甚至可以主动建议父母暂时取消家庭上网服务，或给电子设备设置密码，将自己与网络绝缘。

（二）递减上网时间

大学生可以设立合理的"小步子"目标，逐渐减少上网时间。如果通常每天上网 6 小时，那么第一个目标应该是每天上网 5 小时，这个目标实现并维持一段时间之后，再把目标定为每天上网 4 小时，以此类推，直到时间合适为止。在此过程中，每次上网的时候，可以使用闹钟提醒自己准时下网，与此同时，可以让父母、朋友对自己进行监督。

（三）自我指令

大学生可以给自己制定学习时间安排表，规定每天什么时候必须学习。每当有上网的念头时，可以反复进行自我暗示："不行，现在不是时候，现在应该学习，等周末再说。"每当抵制住了诱惑，认真学习，度过了充实的一天之后，就应该进行自我鼓励："今天学得有收获，很投入，坚持就是胜利！"

（四）自觉提高上网效率

每次上网之前，应该先花两分钟时间仔细想一想自己要上网干什么，把具体要完成的任务列在纸上，再花一分钟时间估计大概需要多长时间完成所有任务。如果估计要用 60 分钟，就把闹钟定到 30 分钟，提醒自己检查任务的完成情况，并反思自己有没有做与任务无关的事情。

（五）自我奖励与自我惩罚

运用自我管理办法的同时，根据自己完成的效果给予自己奖励或者惩罚。如果完成得好，就可以好好奖励自己，如去大吃一顿或买一个自己喜欢的东西；如果完成得不好，就惩罚自己做俯卧撑或者做家务等。

（六）想象厌恶

当你非常想上网或正在上网时，想象某些厌恶的情境，达到减少上网行为的目的。例如，想象眼前站着某位使你感到害怕的人，也可以想象你最害怕的动物正在向你靠近，或想象使人感到恐怖的电影情节。通过使网络与恐怖情境建立稳固联系，消除网络成瘾行为。

网络已成为大学生活不可或缺的一部分，面对网络这把双刃剑，如何正确使用网络和处理好网络与现实生活的关系，是每位大学生必须面对和解决的问题。作为新时代的大学生，应该正确认识沉迷网上娱乐的不利方面，将更多精力用于关注网络上真正有价值的信息，通过网络接触社会，提高辨识和独立思考的能力。

🌱 心理视窗·身边故事 🔍

小磊的蜕变

小磊（化名）是一名高职大一学生，作为对他考上大学的激励，舅舅送了他一台电脑。初入大学，他满怀信心和期待，一如既往地认真学习，没课的时候总会去上自习，电脑对他来说就是摆设。可是渐渐地，他发现只要连接上网络，各科知识应有尽有，足不出户想学什么就能学什么。从此他开始慢慢转战宿舍，每天利用网络进行学习。但是没坚持几天，他就被网络游戏给吸引了，几乎把所有的时间都花在游戏上，生活规律也被打破了，以至于期末挂科了一门课程。寒假回家，看到为了替他交学费起早贪黑的父母，而自己天天在学校玩游戏，他羞愧难当。他想到自己原本是个积极上进的人，现在变成这个样子对不起父母，也对不起自己，痛定思痛，他决定不再这样下去。

回到学校，他在心理教师和辅导员的帮助下，列出了详细的行动计划，每天只在限定时间内上网，还邀请宿舍同学监督他，他又回到了原来的生活，找回了迷路前的自己，通过教师和同学的帮助，以及自己的努力，小磊战胜了网络成瘾。毕业的时候，他顺利地找到了心仪的工作。他很感谢自己有这段拯救自己的特殊经历，从这段经历中，他看到了自己的强大力量，以后即使有再大的困难，他也不怕了，他觉得这会成为自己一生的宝贵财富。

请结合《高职心理健康教育活动手册》项目十二任务一的"课中训练二",完成"合理上网管理训练"。

此活动旨在通过讨论上网行为的自我管理,使学生彼此订立相互监督上网的契约。

案例析心

问题回顾: 汪鑫目前面临哪些问题?他应该怎样应对?

案例解析: 汪鑫主要存在三个问题:第一,无法正视学业,不肯面对现实;第二,网络成瘾,自控能力不足,缺乏人生目标;第三,自尊心极强,好面子,内心深处十分渴望能顺利毕业,但自我价值未被认可,自我评价低,缺乏社会支持系统,急于求成,却不愿付诸行动。

针对汪鑫存在的问题,分析如下:首先,他内心深处的渴望成功、自尊心强可以成为他前进的动力,关键是要给予他希望,让他彻底改变不自信;其次,对于网络成瘾问题,因为自控能力不足,所以需要通过外力来改变,需要家人、舍友及教师在整个过程中进行监督和督促;最后,缺乏社会支持系统导致心理危机,这有可能影响学生的生命安全,需要专业心理健康中心的教师、同学、家长、任课教师等多方的配合和支持。

心灵感悟

一、放松训练

现在请你轻轻地闭上眼睛,随着这优美的音乐,你已经放松下来,你内心平静自然,心无杂念。想象自己躺在公园绿色的草地上,软软的,绵绵的,阵阵清香扑面而来。叫不出名的野花,争相开放。一只蛐蛐在地里蹦来蹦去,还有那树上的鸟儿不停地在歌唱。你,用心去听,远处有瀑布泻下的声音;你,深吸一口气,手中有玫瑰散发的幽香;你,认真地去体会,自己忽而飘浮在安静的湖面上,忽而又深入到葱郁的山谷中。优美、舒缓的音乐,犹如股股清泉涌入心田,顿时,心情变得豁然开朗,身体也得到了最好的放松。

放松音频:冥想音乐

二、吟诵一句禅

- 网络是把双刃剑。
- 明确目的再上网,兴趣多多防网瘾。

- 要想自由，必须先有自我，要有自我，必先自主，要有自主，必先自制。

随着教师的带读闭目吟诵，体会自己向自己心灵倾诉的感动，将心理观念嵌入自己的潜意识中。

🍃 修心践行

请结合《高职心理健康教育活动手册》项目十二任务一的"课后训练"，完成"上网周计划单"。

任务二

区分虚拟世界，避免网络欺诈

🍃 课前热身

请结合《高职心理健康教育活动手册》项目十二任务二的"课前热身"，完成"雨点变奏曲"。

🍃 勤学善思

陷入网络诈骗的小周

某高职院校在校生小周通过同学介绍下载了一款 App 进行刷单，平台客服称通过充值领取任务，点击指定链接获取积分即可用积分兑换提现。在第一次充值 318 元完成任务后，小周收到 348 元返款。小周陆续进行充值完成任务，提现时提示操作失误无法提现，后经客服的诱导继续打款进行账户解冻，直到多次尝试后仍无法提现他才发现被骗。小周累计转账七次，共计被骗 4.43 万元。

思考：该案例带给我们什么启示？

🍃 心理解码

一、校园网络诈骗的主要类型

（一）网络贷款诈骗

网络贷款包括多种形式，其中校园贷是针对学生的一种网贷，并不违反相关法律规定。

但是，很多校园贷故意以高利率吸引学生出借款项并将资金用于套利或者以欺骗手段骗取他人出借款项，即网络贷款诈骗（图 12-3）。诈骗分子利用自己的手段获取客户信息，编辑好聊天话术，冒充相关工作人员，先以助学金、助学贷款、奖学金等理由要求学生提供银行卡卡号，再通过其他话术远程操控，将钱转移，而后又以不还款将影响日后征信来催促还款，社会阅历不深的学生容易陷入高利贷陷阱。

图 12-3　网络贷款诈骗

（二）网络退款诈骗

网络退款诈骗也称为冒充客服诈骗。诈骗分子冒充各种购物平台的官方客服、快递员等，以"您的订单申请已受理，请再次申请退款"等理由，要求受害人提供银行卡卡号，并表示先打款后退款才会退回。收到款项或在受害人发现被骗后，诈骗分子马上将对方拉进黑名单，造成受害人极大的经济损失。

（三）刷单兼职诈骗

刷单兼职诈骗出现时间较早，但随着兼职信息的不断更新，仍有很多人受骗，尤其是高职学生。兼职信息从"打字员，一部手机即可完成"到现在的"整理顾客信息，日进斗金"，甚至有的需要押金，秉着"天上不会掉馅饼"原则的学生也易被诱骗。起初的小金额刷单，诈骗分子会及时返还资金以赢得信任，但随着金额增大，他们会直接消失。

（四）伪基站诈骗

伪基站是一种非法的通信设备，境外的诈骗团伙借助伪基站拨打电话、发短信，甚至更改电话号码。手机里的诈骗短信大多是从伪基站发布的，在人口密集地区或信号不发达的地方，伪基站诈骗分子有了更多机会，向用户发送诈骗广告、传销等垃圾短信。

（五）钓鱼链接诈骗

"来源不明的链接不要点，路边的二维码不要乱扫"等各种防骗小技巧不停被转发在朋友圈、微信群及各种公众号，但大学生对钓鱼链接没有戒备心，甚至有大学生充满好奇地点开 QQ 或者微信上朋友发来的消息链接，导致 QQ 号或者微信号被盗。诈骗分子会继续群发消息，朋友和家人一点开，就掉进了诈骗陷阱，并且越陷越深。

心随我动

请结合《高职心理健康教育活动手册》项目十二任务二的"课中训练　训练一"，完成"案例分析"。

此活动旨在结合案例引导学生分享、总结防范大学生受网络诈骗的注意事项。

二、校园网络诈骗的特点

区别于传统的诈骗行为，网络诈骗以互联网作为实施犯罪行为的平台。随着社会的发展，网络诈骗的各种手段层出不穷。大学生已经逐渐成为网络社会的"主力军"，而校园网络诈骗具有以下特点。

（一）诈骗者身份高度隐蔽

在具有虚拟性的互联网中，人们处于网络的两端，诈骗分子往往容易隐蔽其真实身份，甚至将其身份随机变换，难以被识别和追踪。同时，诈骗分子利用网络漏洞的隐蔽性，窃取公民个人信息实施诈骗。

（二）诈骗的手段多样

诈骗分子通过伪装身份，声称自己是学校教师或者学校的工作人员对大学生进行诈骗。采取针对大学生群体的方式方法，以各种借口（如兼职招聘、买卖收购游戏装备、学费缴纳出现问题、各种考试培训费用收取、奖助学金的发放等）实施诈骗。诈骗手段层出不穷，易使大学生上当受骗。

（三）诈骗团队组织化

诈骗分子为了骗取钱财，会针对人类懒惰贪婪的共性和不同人群的特性（如大学生涉世未深、经济不完全独立）制订专门的诈骗方案，精准把握大学生的心理状况，以提高诈骗成功的概率。从个人或几人开展的诈骗发展到构建从联络、客服到金融账号形成链条完整的专业化团队，开展有组织、专业化的精准诈骗。

三、大学生受骗心理分析

大学生心理活动比较复杂，其侥幸心理、逐利心理、同情心理、猎奇心理和猎艳心理常被诈骗分子利用。

（一）侥幸心理

心理学上的侥幸心理是指无视事物本身的性质，违背事物发展的本质规律，违反那些为了维护事物发展而制定的规则，认为根据自己的需要或者好恶来行事就能使事物按照自己的愿望发展，直至取得自己希望的结果。根据调查可知，几乎所有被骗的大学生都存在一定的侥幸心理。他们对网络诈骗存在错误认识，认为自己没钱就不会是网络诈骗分子的目标；对学校的防诈骗安全教育及身边的诈骗案例不重视，多以"看客"自居，认为自己不会上当受骗，可以轻易识别所有的诈骗手段，盲目自信。有的大学生明明怀疑自己正在被骗，却还天真地以为自己"运气好"，遇到赚钱的机会了。此外，部分大学生不了解《中华人民共和国刑法》中有关"帮助犯"的规定，缺乏相关的法律意识，面对诈骗分子要求其"租卡""卖卡"并给予蝇头小利时，出于侥幸心理，违法使用自己的电话卡、银行卡，从而涉嫌参与信息网络犯罪活动。

（二）逐利心理

逐利心理是导致大学生受骗的一大诱因。网络诈骗分子利用"赚钱容易、赚钱快"的假象，往往打着"网络兼职"的旗号，通过小利骗取大学生的信任，然后逐步增加刷单量及金额，一步步骗取当事人的资金。由于在校大学生社会经验少，明辨是非能力较差，容易随波逐流、迷失方向。大多数大学生在校学习期间没有任何收入来源，想通过各种渠道赚钱，如网络兼职刷单、网络兼职打字、校园贷推广、炒股投资等，但这些渠道都是受骗高发领域。大学生受物质主义、超前消费思想等的影响，同时缺乏充分的经济来源，面对门槛低、收入较高的诱骗极易受骗，缺乏理智思考，明明知道网络刷单不合法，还积极参与，最终上当受骗。

（三）同情心理

同情心在当代大学生中普遍存在。同情心是一种认识到他人的不幸，并产生情感共鸣，由此诱发关心、帮助的动机和行为的心理现象。诈骗分子利用部分大学生的同情心实施诈骗。第44次中国互联网络发展状况统计结果显示，在诈骗方式中"冒充好友诈骗的比例为41.9%"，所占比例仅次于虚拟中奖诈骗。例如，在Q仔诈骗中，诈骗分子利用木马程序盗取对方的QQ密码，截取对方的聊天视频资料，熟悉对方情况后，冒充该QQ账号主人身份以急需用钱、借钱、向指定账户汇款、充值、购物等事情为由对其QQ好友实施诈骗。大学生是一个重感情的群体，诈骗分子利用了大学生将哥们义气、闺蜜情谊看得很重的事实，当好友通过社交软件对其寻求帮助时，便会想着倾尽全力去帮助对方，重感情而轻怀疑。此外，在社交媒体上，经常有人转发虚假爱心捐款类的链接，迫于社交压力和同情心理，诱导其"献爱心"从而上当受骗。

（四）猎奇心理

在受骗之前，大学生的猎奇心理是诈骗分子诱饵上的香精，诈骗分子一旦诱导，大学生的猎奇心理就会一触即发。心理学上的猎奇心理，泛指人们对于自己尚不知晓、不熟悉或比较奇异的事物、观念等表现出的一种好奇感和急于探求其奥秘及答案的心理活动。大学生所处年龄阶段的猎奇心理最为强烈和活跃。网络对大学生来说是充满着新奇的事物，其中包含了无数新鲜且多变的信息。现如今，互联网上充斥着各种虚拟货币平台，它们开始慢慢入侵大学校园，经访谈得知，有一些大学生对"挖矿"特别好奇，在平台投资"挖矿"后"矿石"卖不出去，结果发现平台其实是披着大数据、比特币、区块链等互联网热点的外衣，暗中诈骗消费者。在这些平台上进行投资之前，大学生对未知的领域产生了猎奇心理，抱着试一试的态度投资，结果越陷越深。

（五）猎艳心理

猎艳心理是部分大学生的典型心理，在网络诈骗受害之前就能体现出来。猎艳心理是把异性当作猎物进行狂热追逐的恋爱失常心理。从生理上解释，猎艳心理的产生是体内的荷尔蒙在作祟；从心理上解释，猎艳心理就是为了追求新鲜感和满足感。大学生正处于从青春期向成年人过渡的阶段，对异性的兴趣强烈。从一些诈骗案例看，诈骗分子利用虚假的美女头像和身份在社交平台上对大学生进行诱导及诈骗屡试不爽。还有诈骗分子利用网恋诈骗，初步取得大学生的信任，然后步步为营，实施诈骗。曾有新闻报道一名大学生给美女主播打赏花掉数万元。大学生在此类问题上往往容易失去理智，屡屡被骗，需要加强防范。

四、大学生如何防范网络诈骗

（一）加强网络安全和防网络诈骗知识的学习

随着互联网技术的不断创新与发展，互联网在大学生的生活中扮演的角色将会越来越重要。面对频发的校园网络诈骗，大学生要主动加强网络安全和防网络诈骗知识的学习，通过学校有关网络安全和防网络诈骗的课程及讲座进行学习，并参加预防网络诈骗的宣讲活动、知识竞赛、辩论赛等活动，从而提高网络安全素养，增强防范意识，远离网络诈骗陷阱。

在学校接受安全教育的同时，大学生可以通过各种途径了解网络诈骗相关案例和预防方法，学会辨别各种诈骗手段。例如，通过微信公众号、微博等新媒体平台了解最新的诈骗手段，学习网络诈骗相关法律法规，学会用法律武器保护自己。

（二）筑起心理防线

大学生网络诈骗防范意识提升的最关键步骤是大学生筑起心理防线。在平常的生活学习中，大学生需要树立正确的人生观、价值观，客观地面对各种诱惑，严格要求自己，深刻懂得"没有免费的午餐""天上不会掉馅饼"的道理，明白任何成就都是奋斗出来的，不贪图小利，要时刻绷紧心理防线，预防诈骗分子的"糖衣炮弹"。同时树立正确的消费观，塑造健康的消费心理，保持理性的消费行为。

面对纷繁复杂的网络信息，大学生需要提高网络信息真伪鉴别能力，理性识别与应用网络信息，警惕无处不在的网络诈骗。切勿抱有逐利心理轻易相信网络虚拟利益，逐渐形成对网络诈骗犯罪的免疫力和心理防御机制。

（三）做好心理疏导，敢于维权

大学生一旦受骗，内心就会产生强烈的自责，心理压力较大。一方面，觉得对不起父母，或怕家人指责，觉得自己特别无能；另一方面，担心他人的嘲笑，因此故意隐瞒。此外，一些大学生觉得类似诈骗案件数量多，网络诈骗的虚拟性和技术犯罪的隐蔽性使其从内心对案件的侦破信心不足，从而放弃报警。因为上述两种做法都没有达到保护受害者自身权益的效果，所以从一定程度上助长了诈骗分子的再次诈骗，使其屡次得逞。

大学生在受骗后，如果将苦闷埋藏心底，久而久之得不到疏解，则可能引发严重的心理问题，因此为了预防这类情况的发生，大学生要学会调节自身情绪，用乐观积极的心态主动和老师、同学倾诉，寻求大家的帮助，排解心中的苦闷，预防出现心理问题。同时要学会及时寻求专业心理咨询师的帮助，排忧解难，做好心理疏导，减轻心理压力，防止发生不良后果。另外，一旦遭遇诈骗，受害者应该拿起法律武器维护自己的权益，震慑诈骗分子。

心随我动

请结合《高职心理健康教育活动手册》项目十二任务二的"课中训练 训练二"，完成"校园防诈小剧场"。

此活动旨在通过反映学生真实生活的比较典型的情景剧本表演，引导学生了解网络诈骗的常见心理过程。

心理视窗·知识卡片

学会应对网络暴力

网络暴力指在互联网上，通过发布具有伤害性、侮辱性、诽谤性的言论或图片，对他人进行人身攻击、名誉诋毁、隐私侵犯等行为。

网络暴力会对受害者造成严重的心理伤害，导致自卑、焦虑、抑郁、自杀等后果。网络暴力不仅是一种言语攻击，还是一种暴力行为，会给受害者带来巨大的心理压力和痛苦，甚至影响他们的正常生活和工作。

作为网络使用者，我们应该遵守网络道德和法律规范，尊重他人的权利，保持必要的理性与客观，不参与或者传播网络暴力。同时，我们应该提高自身的抗压能力和应对技巧，在生活中学会理性表达，合理宣泄情绪，学会与他人和谐相处，理解和宽容他人，努力提高解决人际冲突问题的能力。遇到网络暴力时，学会冷静处理，同时学会运用法律的手段保护自己；及时寻求帮助和支持，保护好自己的心理健康。

关于网络暴力，2019年12月国家互联网信息办公室发布《网络信息内容生态治理规定》，规定网络信息内容服务使用者和生产者、平台不得开展网络暴力、人肉搜索、深度伪造、流量造假、操纵账号等违法活动。网络不是法外之地，在网络上发表任何言论都应遵守法律法规，任何违法行为都将承担法律责任。《中华人民共和国刑法》第二百四十六条规定：以暴力或者其他方法公然侮辱他人或者捏造事实诽谤他人，情节严重的，处三年以下有期徒刑、拘役、管制或者剥夺政治权利。

🍃 案例析心

问题回顾：该案例带给我们什么启示？

案例解析：从案例中，我们看到小周受到了网络诈骗，造成这一结果的主要原因是逐利心理。逐利心理是导致高职学生受骗的一大诱因。由于在校高职学生社会经验少，明辨是非能力较差，容易迷失方向。大多数的高职学生在校学习期间，没有任何收入来源，为了给家长减轻负担，很多高职学生希望在校期间能通过兼职赚取生活费。最常见的网络兼职诈骗就是刷单。在案例中，小周就找到刷单这一兼职方式，但这是一个骗局。

针对具体情况，小周需要加强网络安全教育，对网络诈骗常见的形式进行学习，增强自身的防骗意识。另外，我们应帮助其树立正确的人生观、价值观，使其客观地面对各种诱惑，不贪图小利，明白"天上不会掉馅饼"的道理，要时刻绷紧心理防线，预防诈骗分子的"糖衣炮弹"。在受骗后，大学生要冷静、及时地与周围同学、朋友、教师协商，不要害怕、逃避或自责，第一时间向学校、教师、公安机关反映相关情况，学会用法律武器保护自己。若感到心理不适，则要及时寻求专业心理咨询师的帮助，做好心理疏导，减轻心理压力。

🌿 心灵感悟

一、放松训练

现在请你轻轻地闭上眼睛，随着这优美的音乐，你已经放松下来，你内心平静自然，心无杂念。想象自己躺在公园绿色的草地上，软软的，绵绵的，阵阵清香扑面而来。叫不出名的野花，争相开放。一只蛐蛐在地里蹦来蹦去，还有那树上的鸟儿不停地在歌唱。你，用心去听，远处有瀑布泻下的声音；你，深吸一口气，手中有玫瑰散发的幽香；你，认真地去体会，自己忽而飘浮在安静的湖面上，忽而又深入到葱郁的山谷中。优美、舒缓的音乐，犹如股股清泉涌入心田，顿时，心情变得豁然开朗，身体也得到了最好的放松。

放松音频：
叶子

二、吟诵一句禅

- 灵魂八问，头脑清醒，不贪财色，不惧恐吓。
- 天上不会掉馅饼，涉钱信息勿可信。
- 发现被炸，及时止损，告知父母，走出困境。

随着教师的带读闭目吟诵，体会自己向自己心灵倾诉的感动，将心理观念嵌入自己的潜意识中。

🌿 修心践行

请结合《高职心理健康教育活动手册》项目十二任务二的"课后训练"，完成"防诈骗知识课后实践活动"。

项目测评

一、学习检测

项目十二自测题

请扫描上方二维码，完成"项目十二自测题"，测测你对本项目知识的学习情况。

二、自我评估

请完成《高职心理健康教育活动手册》项目十二的"项目评估"，对你的学习情况进行自我评价。

模块七

择业心理

2008 年，北京奥运会女子 3 米跳板跳水决赛在国家游泳中心"水立方"进行。"跳水皇后"郭晶晶以总分 415.35 分的高分成功卫冕。

作为国内优秀的跳水运动员，郭晶晶曾多次获得世界冠军。然而，辉煌的背后是她一步步走过的荆棘之路。她 5 岁练习跳水，15 岁首次参加奥运会一无所获，1998 年参加世锦赛仅获得女子 3 米跳板亚军，在之后几年的赛事中，她始终与奥运会冠军宝座失之交臂。巨大的压力、残酷的打击并没有让她意志消沉。相反，她保持着坚韧的毅力和对职业清晰的目标，继续艰苦训练。2004 年，她终于从雅典奥运会拿回两枚金牌，2008 年，本可以光荣引退的她，仍向 2008 年奥运冠军发起冲刺，最终实现完美的落幕。

郭晶晶说："我从小就定下了跳水的职业目标，没有动摇，心无旁骛。我坚信，只要做出最大的努力，做好迎接挑战的准备，就一定会成功！"

制定目标是职业规划的重要基石。只要设置好目标，结合自身优势，心无旁骛地去实行，就会见到成功的曙光。

项目故事　　学习路径　　学习目标

任务一
确定职业目标，
明确奋斗方向

课前热身 ⊸ 测一测你的人生规划潜能

勤学善思 ⊸ "忙"和"茫"

心理解码 ⊸ 一、认识职业与职业生涯目标
二、如何设定职业目标

案例析心

心灵感悟

修心践行

任务二
制订职业规划，
落实行动计划

心中的图画 ⊸ 课前热身

圆梦成功的小陈 ⊸ 勤学善思

一、认识职业生涯规划
二、影响大学生职业生涯规划的因素 ⊸ 心理解码
三、大学生职业生涯规划的实施

案例析心

心灵感悟

修心践行

项目测评

1. **知识目标**：掌握相关职业生涯规划理论及影响大学生职业生涯规划的因素。

2. **能力目标**：学会制定适合自己的职业目标，有步骤地进行职业生涯规划。

3. **素养目标**：树立正确的择业观，激发职业热情，培养敬业精神，形成良好的职业素养。

确定职业目标，明确奋斗方向

课前热身

请结合《高职心理健康教育活动手册》项目十三任务一的"课前热身"，完成"测一测你的人生规划潜能"。

勤学善思

"忙"和"茫"

小张是一名高职院校的大二学生。在学校里，小张内心充满激情，很想成为一名优秀的学生，但回首过去一年的学校生活，他感到非常的"忙"和"茫"。小张参加了很多社团，每天忙于参加各项活动、完成各项任务；学校里各种人生观和价值观的碰撞，常会让他感到心理冲突；另外，马上大三了，面临着是升本还是实习的问题，小张感到很迷茫，不知道该何去何从。明明也忙碌了一年多，但依然不知道自己未来的职业方向是什么，他感到非常苦恼。

思考：分析小张"忙"和"茫"的原因，我们可以怎么帮助小张设定职业目标？

心理解码

职业是自我的延伸，是个人发挥才能、实现人生价值的重要手段。职业发展的好坏关系到每个学生的幸福感与生活需求。大学阶段则是职业的准备阶段。

一、认识职业与职业生涯目标

（一）职业

职业中的"职"，即职责、天职，代表权利与义务；"业"，即事业、行业。对于职业的含义，较公认的说法为，职业是指参与社会分工，利用专门的知识和技能为社会创造物质财富及精神财富，获得合理报酬，将其作为物质生活来源并满足精神需求的活动。

（二）职业生涯目标

职业生涯目标是指对人生的各阶段要做的工作、职业发展道路进行设计和规划，包括对自己的综合分析与权衡、明确自己的职业倾向，从而确定最适合自己的职业奋斗目标。

职业生涯目标的确定包括人生目标、长期目标、中期目标和短期目标的确定，它们分别与人生规划、长期规划、中期规划和短期规划相对应。一般情况下，我们首先要根据个人的专业、性格、气质和价值观，以及社会的发展趋势确定自己的人生目标和长期目标，然后把人生目标和长期目标进行分化，根据个人的经历和所处的组织环境制定相应的中期目标和短期目标。

心理视窗·知识卡片

性格类型与职业匹配表

在确定职业目标时，我们可以选择和自己性格类型相匹配的职业，详细匹配情况参考表13-1。

表 13-1　性格类型与职业匹配表

类型	具体表现	匹配职业
现实型	重视物质的实际利益，喜欢操作工具、机器，喜欢户外活动，不重视社交，喜欢有明确要求、需要一定技巧、能按一定程序进行操作的工作	技师、工程师、机械师、工匠
研究型	具有强烈的好奇心，重分析，喜欢挑战，不喜欢遵循很多固定程序的任务，喜欢需要观察、分析、推理的工作	工程设计师、生物学家、实验室工作人员
艺术型	想象力丰富、易冲动、好独创，具有强烈的自我表现欲，喜欢非系统的、自由的、要求有一定艺术素养的工作	作家、演员、音乐家、摄影师
社会型	乐于助人、善于交际、易合作、重感情，有较强人道主义倾向，喜欢直接为他人服务、为他人谋福利或建立和发展各种关系的工作	医生、教师、导游、社会学者
企业型	精力充沛、自信、热情洋溢，热衷于冒险，支配欲强，爱发表自己的见解，喜欢为直接获得经济效益而活动的工作	销售经理、律师、经纪人、政治家
常规型	易顺从，能自我抑制，愿意执行命令，不喜欢做判断，喜欢稳定的、高度有序的工作	图书管理员、计算机操作员、会计师、统计员

一般而言，单纯具有某种性格类型的人是极少的，多数人的性格具有多重性，是六种性格类型的交叉。因此，大学生在求职择业时，应客观分析自己的性格，找到适合自己性格的职业。

心随我动

练

请结合《高职心理健康教育活动手册》项目十三任务一的"课中训训练一"，完成"六岛环游游戏"。

此活动旨在帮助学生了解自己职业生涯的兴趣类型。

（三）确定职业目标的意义

李大钊曾对青年说，青年应先定方向，如航海定目的地，中途指针总指此方向，才能到达。不定方向，随风飘转，永难到达。生涯规划能帮助大学生明确奋斗目标，设定职业生涯目标是核心。事业成败，在很大程度上取决于有无正确适当的目标。职业目标确定是基于职业选择、路线选择的人生目标抉择，以才能、性格、兴趣、环境为依据，分短期目标、中期目标、长期目标和人生目标来设计。

二、如何设定职业目标

（一）了解职业选择的基本原则

择己所爱：对自己选择的职业是热爱的，从内心自发地认识到要"干一行，爱一行"。择己所长：只有选择自己所擅长的领域，才能发挥自我优势。择世所需：所选职业只有为社会所需要，才有自我发展的保障。择己所利：应该本着"利己、利他、利社会"的原则，选择对自己合适、有发展前景的职业。学生须将四项基本原则结合自身实际，在确定职业生涯的规划方向和努力目标后，进而实现自己的人生价值。

（二）充分了解自己

要想确定适合自己的职业目标，首先要充分了解自己。

（1）职业兴趣：明确自己的兴趣、优势和潜能，点燃成就欲，主动学习，成为学习的主人。

（2）职业性格：性格影响职业选择，选择与自己性格匹配的职业，发挥聪明才智和特长，驾驭本职工作。

（3）职业能力：包括情商、事业心、沟通能力、处理问题能力、领导能力、创业潜力等，提高职业能力是职业生涯规划的基础。

（4）价值观：价值观决定什么重要、什么有价值。明确最重要的价值，有助于制订职业生涯规划。

通过充分了解自己，分析优势和弱势，有助于大学生制订自己的职业生涯规划。

（三）提升行动力

生涯规划重在实践。唯有不断实践，大学生才能更好地动态把握自己的生涯规划；唯有不断实践，才能突破局限，从而走在更加宽广的未来之路上。大学生中"语言的巨人，行动的矮子"其实不在少数。在合理设置目标并掌握时间管理方法后，大学生接下来需要做的是提升行动力，以促使目标的实现。

（四）增强评估与反馈能力

大学生的职业目标是动态的，须进行动态管理，并增强评估与反馈能力。评估可从多角度进行，如考察"天时、地利、人和"因素。如果不符合一开始的设定，则应反思并考虑修正目标。反馈时要追问自己是否在做最想做的事、能否如期实现目标、是否适合当前职业目标、是否将重心放在最重要的地方。

> **心随我动**
>
> **练** 请结合《高职心理健康教育活动手册》项目十三任务一的"课中训练二",完成"找寻我的职业目标"。
>
> 此活动旨在帮助学生明晰自己的就业方向,找到自己的职业目标。

案例析心

问题回顾:分析小张"忙"和"茫"的原因,我们应该怎么帮助小张设定职业目标?

案例解析:小张的"忙"和"茫"源于缺乏明确的职业目标和有效的规划。他在升本与实习间纠结,表明职业目标不明确,存在求全心理。大学期间他做了许多事,但缺乏统一的目标和计划,导致其碌碌无为。

针对这类大学生群体,可以采取如下措施。

首先,分析现状,确定升本或实习。若想提升专业技能,则可选升本;若想工作,则选实习。确定就业意向后,须做到四问:喜欢做什么、适合做什么、能做什么、最看重什么。

其次,分析优势与弱势,如专业知识丰富、吃苦耐劳、缺乏经验、技能不足等。

最后,根据分析结果确定职业目标,以目标为导向制订计划并实施。

心灵感悟

一、放松训练

当你恐惧害怕,当你羞愧难当,当你痛哭流涕,只要给自己一个轻轻地拥抱,就可以得到不少安慰,这就是蝴蝶抱。

具体做法:交叉双臂放在胸前,双手指尖可以触到锁骨和肩膀之间的区域。双眼可以闭上或部分闭上,看着鼻尖。移动双手,模仿蝴蝶的双翼。深呼吸,感受通过身体和思维的感觉(认知,图像,声音,气味,感情和躯体感觉),不加以修改、抑制或判断。早晚各给自己一个蝴蝶抱,配合着如同朋友般的对话,如:今天真是辛苦啊!这就是生活,现在,我要对自己好一些,犒劳一下自己,辛苦了,×××(自己的名字)!

放松音频:
舒缓的音乐

二、吟诵一句禅

- 志不立，天下无可成之事。
- 一年之计在于春，一日之计在于晨。
- 只要有志向，就会有事业，只要有本事，就会有舞台。

随着教师的带读闭目吟诵，体会自己向自己心灵倾诉的感动，将心理观念嵌入自己的潜意识中。

🍃 修心践行

请结合《高职心理健康教育活动手册》项目十三任务一的"课后训练"，完成"生涯人物访谈"。

任务二
制订职业规划，落实行动计划

🍃 课前热身

请结合《高职心理健康教育活动手册》项目十三任务二的"课前热身"，完成"心中的图画"。

🍃 勤学善思

圆梦成功的小陈

小陈高考失利后，选择进入职业院校学习机电一体化专业学习。面对同学们的抱怨，他决心走出自己的路，展开寻梦—追梦—圆梦的旅程。大一时，小陈将职业目标锁定在汽车行业，并决定通过升本实现目标。他广泛学习机械专业知识，阅读大量书籍，最终连续获得专业第一，同时获得多项荣誉，并成功升本。

进入本科后，小陈及时调整了自己的职业生涯规划，开始注重全面提高综合素质和能力，力争做到懂技术、会管理、善理财、一专多能。"我深知，社会对人才的综合素质要求更高，既要能发挥团队精神，又能展示个人专长。"小陈选择加入学生会以锻炼组织协调能力，并光荣地加入了党组织。由于扎实的专业基础知识，加上平时积累的实践经验，小陈代表学校参加了第四届全国大学生机器人电视大赛，并取得了优异成绩。

最终，小陈带着三个学士学位（除本专业外，他还获得了人力资源管理专业和财务管理专业两个学位）、五项职业资格证书，以及所有参加过的国家、省和校级科技创新活动的资料参加招聘会。前后有五家企业对小陈抛出了橄榄枝，小陈顺利签约了全国500强的汽车企业，成为同学们羡慕的对象。

思考：请分析小陈就业成功的原因有哪些。

心理解码

一、认识职业生涯规划

（一）职业生涯规划的含义

职业生涯规划是指一个人对其一生中所承担职务的相继历程的预期和计划，这个计划包括一个人的学习与成长目标，以及对职业和组织的生产性贡献及成就期望。个体的职业生涯规划并不是一个单纯的概念，它和个体所处的家庭及社会存在密切的关系，并且要根据实际条件具体安排。另外，因为未来具有不确定性，所以职业生涯规划需要具有适当的变通性。虽然是规划，但不是一成不变的。同时，职业生涯规划是个体人生规划的主体部分。

用我们自己的话说，职业生涯规划就是：你打算选择什么样的行业、什么样的职业、什么样的组织，想达到什么样的成就，想过一种什么样的生活。

（二）重要的职业生涯规划理论

1. 舒伯的职业生涯发展理论

美国职业指导专家舒伯根据年龄将职业生涯划分成五个阶段，如表13-2所示。

表13-2　职业生涯发展的阶段及其特征

阶段划分	年龄	特征
成长阶段	出生至14岁	形成自我概念，能力、态度、兴趣、需要的形成和发展，并对工作开始形成大致的理解
探索阶段	15～24岁	开始在课堂、工作实践中尝试，并有意地收集相关的信息。尝试性地开始选择，发展相关的技能
建立阶段	25～44岁	开始通过工作实践接触和获得各种技能
维持阶段	45岁至退休	尽量维持已经获得的职业地位
衰退阶段	退休以后	产出开始减少

舒伯的理论将自我概念与职业联系起来，探讨在未来的职业世界中自己扮演的角色。在实际的职业选择中，个人应选择与自我概念不矛盾且可以展现自己能力的职业。同时，对职

业的满意感和对生活的满意感，取决于个人所从事职业与自己的能力、兴趣、价值观、人格特质等因素的符合程度；个人从工作中所得的满意度，取决于工作满足自我概念的程度。因此职业成为人格成长的焦点，即人们是在职业中成长与发展的。

从舒伯的理论来看，大学生正处于职业的探索阶段。

2. 霍兰德的人格–职业类型六角形模型

霍兰德用六角形将现实型、研究型、艺术型、社会型、企业型、传统型六种人格的类型画出，并把其相互关系在图中加以表示，形成人格–职业类型六角形模型（图13-1）。

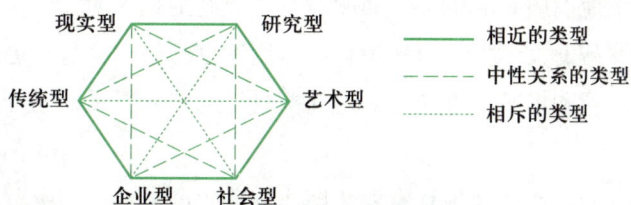

图13-1　人格–职业类型六角形模型

（三）职业生涯规划的意义

"凡事预则立，不预则废"。职业生涯规划将伴随我们的一生，一个没有规划的职业生涯是令人迷茫的、没有方向的，有时会让人走很多弯路。拥有一份成功的职业生涯规划，会帮助人实现自己的目标，拥有完美的人生。因此，职业生涯规划具有特别重要的意义。

1. 职业生涯规划可以引导你认清自己

（1）引导你正确认识自身的个性特质、现有与潜在的资源优势，帮助你重新对自己的价值进行定位并使其持续增值。

（2）引导你对自己的综合优势与劣势进行对比分析。

（3）引导你树立明确的职业发展目标与职业理想。

（4）引导你评估个人目标与现实之间的差距。

（5）引导你前瞻与实际相结合的职业定位，搜索或发现新的、有潜力的职业机会。

（6）引导你学会运用科学的方法选取可行的步骤与措施，不断增强你的职业竞争力，实现自己的职业目标与理想。

2. 职业生涯规划可以提升成功机会

生涯发展要有计划、有目的，不可盲目，很多时候我们在职业生涯中受挫就是因为职业生涯规划没有做好。例如，生涯规划应凸显其适应性和灵活性。大学生在进行职业生涯规划时，除了需要明确自身的职业发展目标和职业追求外，更应密切关注求职及工作过程中可能遭遇的各类变化与挑战，诸如行业革新、职位变动等。在职业生涯规划的科学引导下，大学生应预先制定针对潜在职业变动的应对策略，以强化自身的适应能力，从而在变动中发掘机遇，进而提升个人成功的概率。

3. 职业生涯规划可以提升应对竞争的能力

物竞天择，适者生存。在职业竞争激烈的今天，设计好职业生涯规划至关重要，有助于做到心中有数，不打无准备之仗。然而，部分应届大学毕业生在职业生涯规划方面存在明显不足，他们往往未能审慎选择适合自己的职业道路，而是盲目投身于与自身能力不相符的领域。更令人遗憾的是，他们缺乏主动去了解市场动态及个人能力素质的短板之处的意识，从而导致大量的时间、精力和资金被无谓消耗。最终，他们常常抱怨招聘单位无法慧眼识才，未能给予他们应有的机会。而职业生涯规划则是帮助大学生有效弥补这一短板的关键手段，它能够帮助大学生全面认识自我，明确自己的优势与不足，进而引导他们进行有针对性的自我学习和提升，以便更好地匹配自己的职业目标，提升在激烈竞争中的适应能力。

对于大学生而言，职业生涯规划有助于解决职业生涯中的"四定"问题，即定向、定点、定位和定心。职业生涯规划是帮助大学生确定职业方向、明确发展地点、找到人群位置及保持良好心态的有效途径。

> **心随我动** | 练
>
> 请结合《高职心理健康教育活动手册》项目十三任务二的"课中训训练一"，完成"澄清你的职业价值取向"。
> 此活动旨在帮助学生澄清个人的职业价值取向。

二、影响大学生职业生涯规划的因素

职业生涯规划是个系统工程，大学生在选择和规划自己的职业生涯时，往往受到多种因素的影响，既受自身的兴趣、气质、能力、性格、价值观等个人因素的影响，也受社会环境因素的制约，如社会评价、家庭与朋辈的影响。影响大学生职业生涯规划的因素如下。

（一）教育因素

受教育程度是影响职业生涯规划的一个重要因素，受教育的层次不同，形成的知识结构、能力结构和职业素质结构也会有所不同，从而使受教育者形成不同的思维模式，进而影响职业生涯规划与发展。

（二）家庭因素

家庭是造就个人素质、影响人生发展的重要因素之一，一个人的价值观和行为模式的形成往往受家庭成员潜移默化地影响，家庭的经济状况也对个人职业规划等产生很大影响。

（三）个人因素

个人因素包括个人能力和个人特质。具体如下。

一是个人能力，不仅包括观察能力、注意能力、记忆能力和思维能力等基本能力，还包括不同职业所要求的专业能力。个人能力直接影响职业活动的效率。大学生不仅需要加强专业技能，还需要具备多种基本能力，如表达能力、动手能力、环境适应能力、人际交往能力、组织管理能力、创新能力等。具备的能力越多，对职业规划的帮助越大。

二是个人特质，包括气质和性格。气质是不以人的活动目的和内容为转移的心理活动的典型的稳定的动力特征。它不仅能影响一个人活动的能力，还能影响活动的效率。性格则是在长期生活中表现出来的比较稳定的心理特征。不同性格对应着不同职业。

心随我动

请结合《高职心理健康教育活动手册》项目十三任务二的"课中训练 训练二"，完成"我的成就故事"。

此活动旨在帮助学生从成就故事中发现自己的能力或优秀品质，探索职业规划中自我的优势。

三、大学生职业生涯规划的实施

（一）贯彻设计职业生涯规划的原则

（1）明确性原则：目标、措施应清晰、明确，实现目标的步骤应直截了当。

（2）变动性原则：目标、措施应具有弹性或缓冲性，能随着环境的变化做调整。

（3）激励性原则：目标应符合自己的性格、兴趣和特长，并且目标的设定略高一点，从而能对自己产生内在激励作用。

（4）可行性原则：职业生涯规划各阶段的路线划分与安排必须具体可行。实现生涯目标的途径有很多，在做规划时必须考虑自己的特质、社会环境、组织环境及其他相关的因素，选择切实可行的途径。

（5）可评量原则：职业生涯规划应有明确的时间限制或标准，以便评量、检查，使自己随时掌握执行状况，并为后续的修正提供参考依据。

（二）确定职业生涯规划模式

伊利诺伊大学教授斯温从个人特质的澄清与了解、教育与职业资料的提供、个人与环境关系的协调三个方面，绘制了职业生涯规划模式图，如图 13-2 所示。

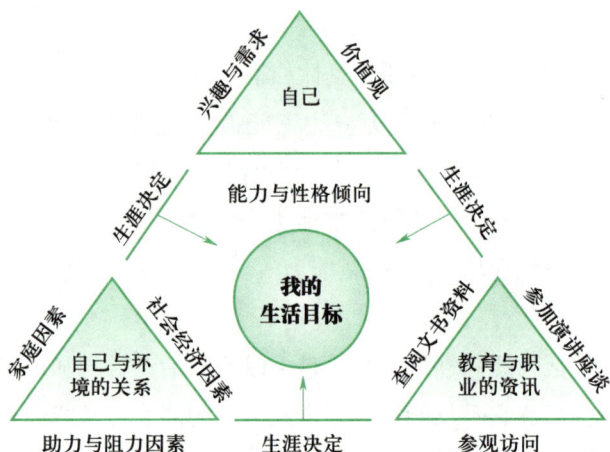

图 13-2　职业生涯规划模式图

第一个小三角形是"自己"：包括能力与性格倾向、兴趣与需求、价值观等。

第二个小三角形是"自己与环境的关系"：包括助力与阻力因素、家庭因素和社会经济因素等。

第三个小三角形是"教育与职业的资讯"：包括通过参观访问、查阅文书资料和参加演讲座谈等途径获得的信息和经验、培养的兴趣、得到的能力等。

（三）制订大学生职业生涯规划方案

大学生职业生涯规划应当是个性化的，是量体裁衣的，但制订职业生涯规划方案的基本步骤是一致的。大学生的职业生涯规划应包括生涯认知、生涯选择、生涯管理，整体保持动态评估与修正，如图 13-3 所示。

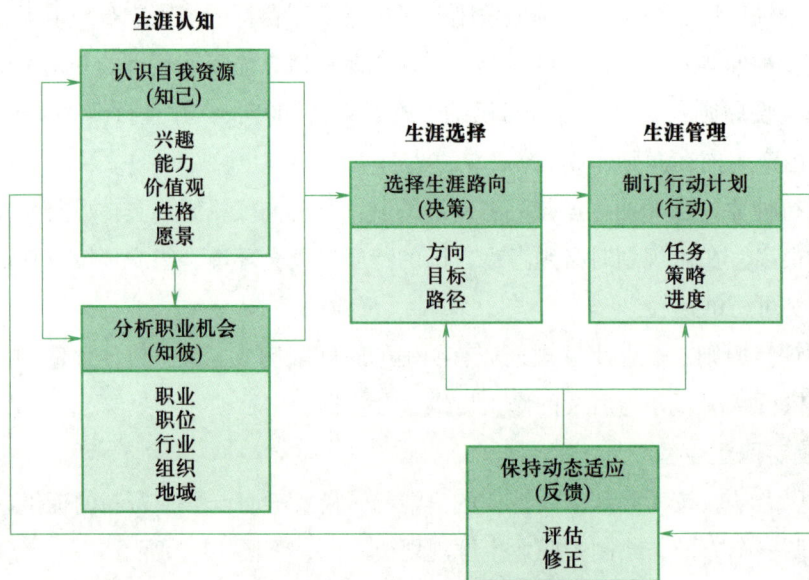

图 13-3　职业生涯规划与管理

大学生职业生涯规划方案具体如下。

1. 大学一年级：探索期

阶段目标：职业生涯认知和规划。

实施方案：要适应由高中生到大学生的角色转变，重新确定自己的学习目标和要求；要开始接触职业和职业生涯的概念，特别要重点了解自己未来所希望从事的职业或与自己所学专业对口的职业，进行初步的职业生涯设计；熟悉环境，建立新的人际关系，提高人际沟通能力，在职业探知方面可以向高年级学生，尤其是毕业生询问就业情况；积极参加各种各样的社团活动，增加交流技巧；在学习方面，要巩固扎实专业基础知识，加强对英语、计算机的学习，掌握现代职业者所应具备的最基本技能，为将来的就业选择打下良好的基础。

2. 大学二年级：定向期、准备期

阶段目标：初步确定就业方向，培养相应能力与素质，掌握求职技能，为择业做好准备。

实施方案：明确个人需求和兴趣，确定价值观、动机和抱负；考虑未来就业方向，了解相关活动，提升基本素质；参与学生会或社团，锻炼领导组织能力和团队协作能力，检验知识技能；尝试参与兼职、社会实践活动，坚持长时间从事与未来职业或专业相关的工作，提升责任感、主动性和受挫能力，总结职业经验；考取相关证书，辅修其他专业知识。

加强专业知识学习，考取与目标职业相关的职业资格证书或通过职业技能鉴定；提升求职技能，搜集公司信息；参加与专业相关的暑期工作，交流求职心得，学习求职技巧，了解获取就业信息的渠道；加入校友组织，了解往年求职情况；如果决定深造，则要做好复习准备。

3. 大学三年级：冲刺期

阶段目标：成功就业。

实施方案：这个阶段大学生的就业方向已经确定，大部分大学生的目标应该锁定在工作申请及成功就业上。这时，可先对前两年的准备做一个总结，检验自己已确立的职业目标是否明确，前两年的准备是否充分；开始毕业后工作的申请，积极参加招聘活动，在实践中校验自己的积累和准备；积极利用学校提供的条件，了解就业指导中心提供的用人公司资料信息，强化求职技巧，进行模拟面试等训练，尽可能地在做出较为充分准备的情况下进行实战演练。另外，要重视实习机会，通过实习从宏观上了解单位的工作方式、运转模式、工作流程，从微观上明确个人在岗位上的职责要求及规范，为正式走上工作岗位奠定良好基础。（图13-4）。

图13-4 获得工作录取通知

案例析心

问题回顾：分析小陈就业成功的原因。

案例解析：小陈就业成功的原因，绝不是用简单的"幸运"二字就能概括的。这都得益于他从一开始给自己制订了明确的职业生涯规划，并且按照计划坚持不懈、执着追求。每个人都行走在漫漫人生路上，所有的梦想和目标都不是一蹴而就的，需要我们制订详细的生涯规划，并像小陈这样用实际行动去践行。

高职一年级是探索期。小陈没有像其他同学那样，进入学校后开始自怨自艾或者放纵玩乐，而是及时、明确地根据自身情况和专业定位，确定了自己的长期目标——就业。随后他对就业目标进行了拆分，确定了自己的中期目标——升本。

高职二年级是准备期。小陈根据自己的升本目标，开始广泛学习专业知识，完善自身知识结构。

高职三年级是冲刺期。小陈在两年扎实的准备下获得了多项荣誉，顺利圆梦，实现了升本。

本科期间，小陈深知大企业要的不是只有专业能力的人，还需要有较强的个人综合素养和实践能力。于是他及时调整了自身目标，加入了学生会，积极申请入党，锻炼个人综合能力、团队协作能力。他还多次参加专业技能比赛，以提升自己的实践能力。最终以优异的个人条件和全方位发展，顺利完成了自己的梦想，达到了高职一年级定下的长期目标，签约了心仪的公司。

小陈有着清晰的职业规划，并将职业规划分割，一步一个脚印，有序地完成了各目标，最终实现了自己的梦想。

心灵感悟

一、放松训练

当你恐惧害怕，当你羞愧难当，当你痛哭流涕，只要给自己一个轻轻地拥抱，就可以得到不少安慰，这就是蝴蝶抱。

具体做法：交叉双臂放在胸前，双手指尖可以触到锁骨和肩膀之间的区域。双眼可以闭上或部分闭上，看着鼻尖。移动双手，模仿蝴蝶的双翼。深呼吸，感受通过身体和思维的感觉（认知，图像，声音，气味，感情和躯体感觉），不加以修改、抑制或判断。早晚各给自己一个蝴蝶抱，配合着如同朋友般的对话，如：今天真是辛苦啊！这就是生活，现在，我要对自己好一些，犒劳一下自己，辛苦了，×××（自己的名字）！

放松音频：
正念冥想

二、吟诵一句禅

- 先谋后事者昌，先事后谋者亡。
- 成功的万能公式：成功 = 明确目标 + 详细计划 + 马上行动 + 检查修正 + 坚持到底。
- 成功的人可以无数次修改方法，但绝不轻易放弃目标；不成功的人总修改目标，就是不修改方法。

随着教师的带读闭目吟诵，体会自己向自己心灵倾诉的感动，将心理观念嵌入自己的潜意识中。

修心践行

请结合《高职心理健康教育活动手册》项目十三任务二的"课后训练"，完成"拟写个人职业生涯规划表"。

项目测评

一、学习检测

项目十三自测题

请扫描上方二维码，完成"项目十三自测题"，测测你对本项目知识的学习情况。

二、自我评估

请完成《高职心理健康教育活动手册》项目十三的"项目评估",对你的学习情况进行自我评价。

14

有这样一句俗语：这世上只有卖不出豆子的头脑，没有卖不出去的豆子。

如果豆子真卖不出去，你完全可以把豆子剥成豆瓣，卖豆瓣；如果豆瓣卖不出去，就把豆瓣腌了，卖豆豉；如果豆豉还卖不出去，就加水发酵，改卖酱油。

你也可以将豆子制作成豆腐，卖豆腐；如果豆腐不小心做硬了，就改卖豆腐干；如果豆腐不小心做稀了，就改卖豆腐花；如果豆腐花实在太稀了，就改卖豆浆；如果豆腐卖不出去，就放几天，改卖臭豆腐；如果还卖不出去，就让它彻底长毛发霉后，改卖腐乳。

你还可以让豆子发芽，改卖豆芽；如果豆芽滞销，就让它长大点，改卖豆苗；如果豆苗卖不出去，就再让它长大点，当盆栽卖，命名为"豆蔻年华"，到城市的各大中小学校门口摆摊，并到白领公寓区开产品发布会，记得这次卖的是文化而非食品；如果还卖不出去，则可以拿到适当的闹市区进行一次行为艺术创作，主题就是"豆蔻年华的枯萎"，记得以旁观者的身份给各报社打电话报料，如果成功，则你可迅速成为行为艺术家，并以此完成另一种意义上的资本回收，同时可拿到报社的报料费；如果行为艺术没人看，报料费也拿不到，就赶紧找块地，把豆苗移栽入土，灌溉施肥，除草培育，几个月后收成，再去市场卖豆子……

通往成功的路不是只有一条，每个人都有无限的潜力等待去探索与开发。

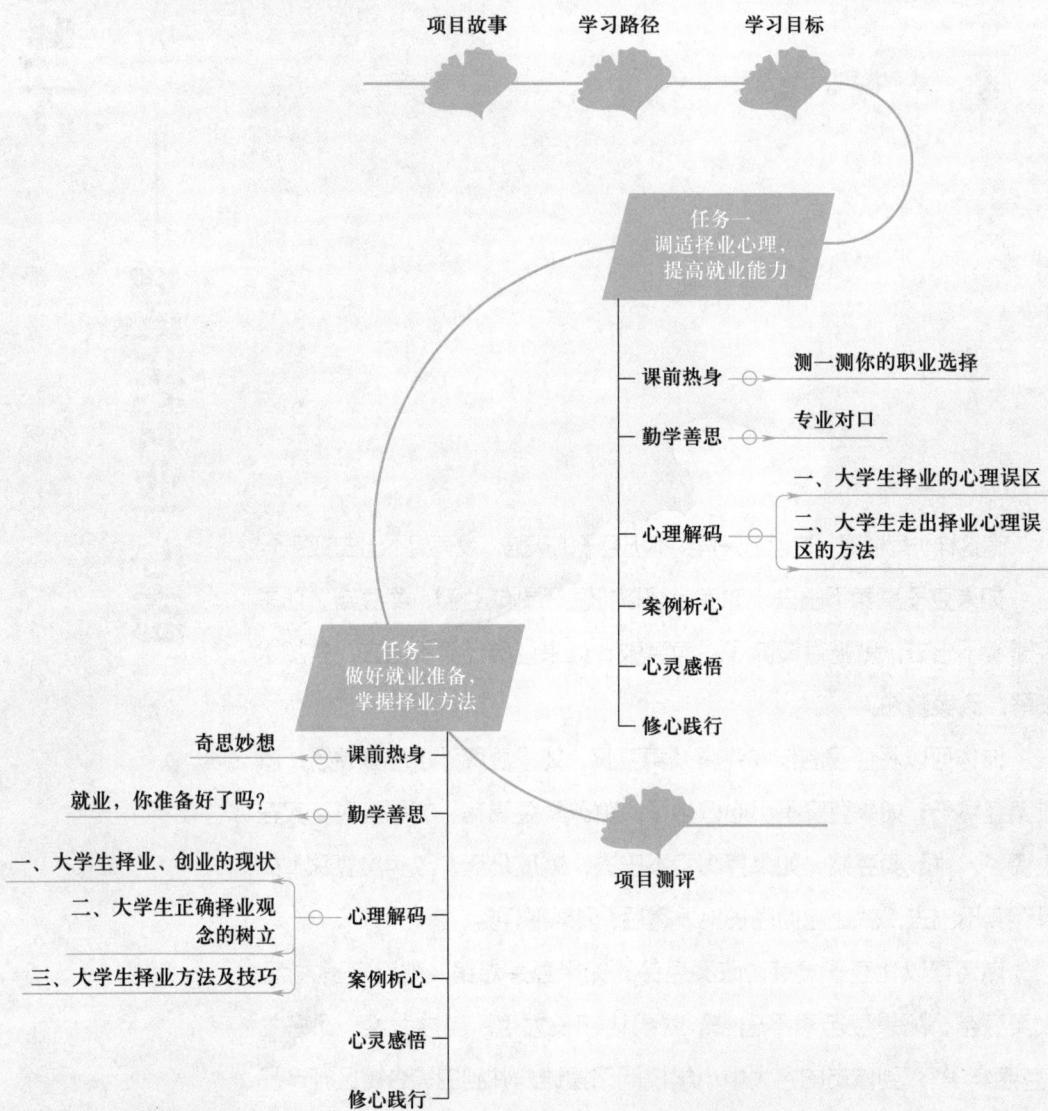

项目故事　　学习路径　　学习目标

任务一
调适择业心理，
提高就业能力

课前热身 ——— 测一测你的职业选择

勤学善思 ——— 专业对口

心理解码 ———
一、大学生择业的心理误区
二、大学生走出择业心理误区的方法

案例析心

心灵感悟

修心践行

任务二
做好就业准备，
掌握择业方法

奇思妙想 —— 课前热身

就业，你准备好了吗？ —— 勤学善思

一、大学生择业、创业的现状
二、大学生正确择业观念的树立
三、大学生择业方法及技巧 —— 心理解码

案例析心

心灵感悟

修心践行

项目测评

学习目标

1. 知识目标：了解大学生择业的心理误区，掌握大学生择业方法及技巧。

2. 能力目标：能够树立正确的择业观念。

3. 素养目标：养成积极健康的择业心态，能够积极乐观地面对择业就业中遇到的问题，树立积极正确的人生观、价值观和就业观。

调适择业心理，提高就业能力

🌿 课前热身

请结合《高职心理健康教育活动手册》项目十四任务一的"课前热身"，完成"测一测你的职业选择"。

🌿 勤学善思

专业对口

王萍大学时学的是学前专业，但她一直对导游非常感兴趣，平时喜欢游玩，也喜欢写作，大学期间在学院报刊上曾发表过多篇文章。毕业后，她前去应聘导游，同学们都说："人家招的是导游，你专业不对口就不要去了。"

王萍却觉得既然自己在大学时就对导游很感兴趣，并且有意识地发展了这一方面的能力，就不必因专业不对口而望而却步。果然，应聘时，她的自信和对职业的喜爱给招聘单位留下了极好的印象。虽然专业不对口，不符合应聘条件，但几位评委一致同意录用王萍。

思考：就业时一定要专业对口吗？

🌿 心理解码

一、大学生择业的心理误区

（一）攀比心理

一些大学生在择业时不是从自身实际出发，而是与同学攀比，特别是看到与自己成绩、能力差不多的同学找到令人羡慕的工作、获得可观的收入时，觉得自己找不到理想职业很没面子。为了获得心理上的平衡，有的大学生将自己择业的目标设计得过高，其结果是高不成、低不就，陷入苦恼之中。

（二）消极自卑心理

大学生因社会上激烈的竞争，以及社会对职业院校毕业生的偏见而产生自卑心理的问题尤为突出。有自卑心理者可以在求职前进行积极的自我暗示，努力克服自卑心态。

（三）就业盲从和冲动心理

部分大学生不能客观地分析社会的需要，对自己的竞争能力缺乏信心，因而在就业时产生了随波逐流的盲从心理。他们在求职择业时，缺乏信心，瞻前顾后，勇气不足，人云亦云，自己毫无主见。还有的大学生表现出情绪的极端性，心境受到多重择业因素的困扰，面对现实处境缺乏应有的冷静和自控能力，情绪急躁、盲目攀比、满腹牢骚，求职缺乏计划性，对各种信息常做出不假思索的反应。

（四）思维定式和求稳求全的心理

不少大学生择业时希望一步到位，然而只有在工作的过程中，才能找到最能发挥自己特长的岗位。因此，"先就业，后择业"能让大学生在工作过程中逐渐找准自己的职业生涯发展方向，不必计较跨出校门的第一个台阶有多高，因为很多大学生没有社会经验，对自己喜欢什么样的工作环境和岗位都不清楚，要找到一份理想的工作是有一定难度的。专业对口和"铁饭碗"的思想束缚了大学生的择业范围，在择业时顾虑重重，思前想后谨慎过头，不敢冒险，缺乏风险意识和风险承受力，妨碍了自我推销的有效展开。

（五）害怕艰苦，盲目追求享受的心理

不少大学生有害怕艰苦、盲目追求享受的心理，甚至受社会功利主义的影响，择业时名利心理过重，对金钱和名利的看法出现了偏差，缺乏对自我的客观评价，不考虑新形势下用人单位对大学生专业、能力、层次等方面的要求，盲目追求高待遇。

（六）不注重提高自身素质，热衷于托关系的心理

不少大学生有很重的依附心理，不把立足点放在自身努力上，忽视自身素质的培养与提高，而是热衷于托关系，依靠家人、亲友给自己找门路。

（七）过分依赖心理

一些大学生缺乏独立意识，在就业上有过分依赖心理。一是过分依赖学校，不主动寻找工作单位，等着学校介绍单位；二是过分依赖家人和亲友，在各种人才交流会上总是可以看见有些父母陪同子女在用人单位的展位前徘徊。一些大学生过惯了校园生活，对父母和学校的依赖性很强，一旦独立面对社会，面对社会角色的客观要求及复杂的社会关系，常常产生逃避心态，因此很难找到理想的工作。

二、大学生走出择业心理误区的方法

大学是一道从校园通往社会的门，有人进来，有人离开。随着高校毕业生就业制度改革的不断深化，就业市场竞争日趋激烈，对于即将毕业的大学生来说，求职择业是一个新鲜而又沉重的话题。他们在好奇兴奋的同时存在诸如期望值过高、攀比、消极自卑等心理误区，那么大学生如何走出择业心理误区呢？

（一）知己知彼

择业是一种双向选择，大学生需要正确地评估自己的优势和劣势，明确自己在择业中可接受的范围，全面、准确地了解用人单位的用人需求和竞争对手的实力。在知己知彼的情况下去选择职业，以增加成功的概率。

（二）目标适中

大学生在择业过程中一定要实事求是地确定择业目标，切不可好高骛远。近几年大学生择业的一个明显特点是向往发达地区、沿海地区和大城市，那些地方因人才集中而很难找到理想的工作。一些欠发达地区、内陆地区的中小城市或广大农村则更需要大学生，大学生在那里往往更受重视，更有用武之地。就我国目前状况来看，如果大学生降低择业标准，到欠发达地区、内陆地区的中小城市或广大农村，那么就业市场还是十分广阔的。

（三）形象设计

在职业生涯的选择阶段，大学生都期望能够给潜在的雇主留下深刻且正面的印象。这种印象主要取决于大学生所提供的信息及他们的实际表现。通过精心的形象设计和信息组织，大学生能够凸显自身的特长与优势，从而在用人单位心中留下鲜明且深刻的良好印象。心理学研究发现，人际交往中的第一印象具有重要作用，因此，适当的自包装和修饰是印象管理的关键环节。此外，在求职过程中，言语沟通至关重要，掌握沟通技巧也是择业必备的技能。总之，预先谋划方能立足，未雨绸缪方可避免失误。这一古训在大学生择业中同样具有指导意义。

（四）扬长避短

扬长避短是竞争性活动要遵循的原则和采用的策略。每个人都有长短优劣，问题在于如何最大限度地体现出自己的优势，规避短处与劣势。有长处没有得到发挥或有短处没有得到规避都会对择业有影响。因此，在择业过程中有必要对自己的长短、优劣做一番分析，使自己的长处得以充分展现，并根据自己的长处和优势选择职业。

（五）自主创业

传统就业观念是从社会提供的各种职业中选择一个适合自己的职业。大学生不但要有多次择业的心理准备，而且要树立自主创业的观念，即职业不仅是可以选择的，还是可以创造的。大学生已具备相应的知识，在条件许可的情况下完全可以根据市场需要和社会需求进行自主创业。同时，国家已经颁布了"税收优惠政策""创业担保贷款和贴息政策"等鼓励大学生创业。

择业过程是对大学生各种心理品质与整体素质的综合检验，大学生应客观认识社会，全面认识自己，积极调适心态，走出误区。

请结合《高职心理健康教育活动手册》项目十四任务一的"课中训练 训练一",完成"模拟企业招聘面试"。

此活动旨在通过模拟面试,让学生熟悉面试的一些必要步骤,了解面试的相关技巧,在日后的学习生活中完善自身,提高求职时的应试技能。

🍃 案例析心

问题回顾:就业时一定要专业对口吗?

案例解析:随着社会和职业的快速发展及多样化,专业对口的问题也在逐渐变化。传统观念认为,专业对口是最佳选择,能发挥个人专业知识和技能。但在现实中,很多人找不到完全对口的工作,这引发了是否必须专业对口的疑问。

对于这个问题,观点不一。有人认为专业对口重要,这样可以保证工作专业性和高效性,有助于职业发展。但也有人认为,现实中很多职业需要的知识和技能不局限于特定专业,可以通过学习和实践适应工作。跨行业就业也能拓宽视野,增加竞争力。实际上,是否专业对口没有固定答案,取决于个人情况和职业规划。如果专业与工作高度相关,那么专业对口是理想选择。但找不到完全对口的工作也不必担心,可通过学习和实践提高职业技能和适应能力,找到适合自己的职业发展方向。

王萍的故事告诉我们,良好的心态是择业成功的前提。只有冷静分析就业形势,坦然面对择业竞争,沉着应对考官提问,才能做到自信、冷静,从而脱颖而出,成功就业。让我们向王萍学习,以积极的心态面对生活的挑战,相信自己,相信未来,我们一定能够创造更加美好的明天。

🍃 心灵感悟

一、放松训练

在身心放松的状态下,在自己的脑海中建立一个"安全岛"。利用丰富联想与积极自我暗示相结合的方式来产生愉悦的放松体验。

具体步骤:① 可以找一个舒服的姿势坐着或者躺下,做 3 个深慢的深呼吸,完全地让自己的身心放松下来。想象有一个很安全的地方,这个岛上没有压力、没有威胁,充满温暖和阳光,只有你一个人可以随意进入,你可以携带任何你需要的物品,这个岛上你可以让自己的心灵得到放松和休息。② 想象这个岛

放松音频:涅槃

上有一个树洞，可以把烦恼和秘密都倾诉出来。还可以想象在这个岛上有一个充满智慧的自己，充满力量的自己，你可以在不同的自己身上获得能量来应对目前的处境。

二、吟诵一句禅

- 机会只留给有准备的人。
- 积极的心态是正视社会，适应社会。
- 道路在我脚下，机会在我手中，责任在我肩上。

随着教师的带读闭目吟诵，体会自己向自己心灵倾诉的感动，将心理观念嵌入自己的潜意识中。

🍃 修心践行

请结合《高职心理健康教育活动手册》项目十四任务一的"课后训练"，完成"就业访谈"。

---------- 任务二 🍃 ----------

做好就业准备，掌握择业方法

🍃 课前热身

请结合《高职心理健康教育活动手册》项目十四任务二的"课前热身"，完成"奇思妙想"。

🍃 勤学善思

就业，你准备好了吗？

小郑与小崔是刚刚步入社会的大学毕业生，都面临着就业的挑战。小郑自信满满，对未来抱有十足信心；相较之下，小崔则谨慎得多，担忧自身能力不足。某日，两人共同参加了一场招聘会。小郑积极投递简历，不久便收到了多家公司的面试邀请，心情激动不已，对前景充满期待，小崔却未能如预期获得回应，陷入焦虑之中。

在面试过程中，小郑表述清晰，应对自如；而小崔则显得紧张，回答问题时稍显犹豫。最终，小郑成功获得一家知名企业的工作机会，小崔则未能收到回复。面对这一结果，小崔倍感沮丧，开始质疑自身能力，认为找到理想工作遥不可及。小郑劝慰小崔保持信心，要明白每个人都有长处与短板，关键在于如何面对并改进不足。小崔听从建议，通过培训和实习提升自身能力，最终也找到了心仪的工作。

思考：小郑和小崔同样面临就业问题，为什么小郑先获得工作机会？

心理解码

一、大学生择业、创业的现状

（一）大学生择业现状

近年来由于受多种因素的影响和干扰，大学生择业的期望值普遍过高。大多数大学生希望选择效益好、工资高的单位；更多的大学生要求到发达的大城市工作。这说明大学生对自身在社会中的定位没有正确的认识和分析。在进行个人社会定位时，必须认真考虑自身的知识和能力水平、专业的社会适应性、自身的个性特征等因素。有些大学生在择业过程中对就业形势和用人单位的需求了解不够，按照自己的理想一厢情愿地谋求高薪高酬职位，由于目标不切合实际，所以在择业过程中屡屡碰壁，结果导致心灰意冷，甚至丧失自信心。某些大学生自恃学有所长，认为"天生我材必有用"，过高地估价自己，在择业时往往以个人的主观择业标准去衡量社会需要，结果常常是高不成、低不就。

（二）大学生创业现状

我国当代大学生创业活动现状是：想创业的人多，选择创业的人少。2023年12月1日，全国高职院校创新创业教育联盟年会现场发布的调研报告显示：在全国21个省区市的69所高职院校中，有77.72%的在校生修过创新创业类课程，在82.86%的在校生参加过创新创业相关课外活动，有35.67%的在校生参加过创新创业项目。高职在校生准备毕业后两年内、毕业3～5年内和毕业五年后创业的比例分别为3.66%、5.70%和9.76%。

创业最大的困难是缺少启动资金（59%）、缺少专业经验（26%）、缺少政府的政策支持（2%）、缺少亲戚朋友的认可（2%）、缺少人脉关系（11%）。

可见，大学生虽然在心理上认同创业，但创业行为审慎。

二、大学生正确择业观念的树立

（一）摆正心态，提升素质

大学生应树立积极乐观的就业心态，摒弃消极懒惰的思想，摆脱"精英情结"，充分理解"精彩人生源于奋斗"的哲理。各类职业并无高低贵贱之别，择业时尤其要注重能让自身能力充分发挥的工作。大学生应将课堂所学知识转化为实际能力和素养，提升自身核心竞争力，全力以赴，以便在从事各类职业和担任不同岗位时赢得社会尊重与认同。

（二）行动为先，拒绝焦虑

大学生在确定职业目标后，应首先付诸实践，持续充实个人知识体系，完善社会认知，为各类考试及面试做好充分准备。在寻求理想工作的过程中，最忌盲目从众且犹豫不决，仅停留于口头表达。当前，部分信息平台以贩卖职业焦虑为手段吸引关注，大学生应对此类信息保持理性，避免因此丧失信心、自我否定乃至迷失方向。在求职前，大学生应积极向有经验的师长及前辈请教，获取第一手职场资料，做好充分准备。

（三）敢于竞争，志在四方

大学生作为国家未来的栋梁，肩负着推动社会进步、促进国家繁荣的重任。当今时代，大学生应树立职业平等的择业观念，立志到基层去，到祖国最需要的地方去，到最能体现自己人生价值的地方去。大学生还应形成竞争就业的择业观念，遵循市场经济调节劳动力配置的规律，打破"依赖、依赖、要求"的消极就业思维，持续学习新知识与技能，不断提升自身素质，成为适应社会需求的人才。

三、大学生择业方法及技巧

大学生在择业时，积极的心理准备和心理调适固然重要，但掌握一定的方法及技巧也是必不可少的。

（一）自荐的方法及技巧

大学生为顺利求职，需要通过各种途径和方法正确地宣传、展示、推销自己。自荐在很大程度上决定了自己能否进一步获得面试的机会，是一次不见面的"面试"，因此，作为大学生要注意以下两个方面。

1. 选择恰当的自荐方式

常见的自荐方式有口头自荐、书面自荐、广告自荐等。选择何种自荐方式，对每位大学生而言，无疑是至关重要的，大学生应当从自身的实际情况出发，选择恰当的自荐方式。谈吐自如、反应敏捷且具有一口流利的普通话的大学生，选择口头自荐较能发挥自己的优势；能写一手隽秀的字体和漂亮文章的大学生，选择书面推荐更能显示出自己的魅力。在人才竞争日益激烈的情况下，选择哪种自荐方式还要看用人单位的需要，同时，自荐材料的递送方式也很重要，大学生向用人单位当面呈送自荐材料，可加深用人单位的印象，增强求职成功的可能性。

图 14-1　通过自荐信求职

2. 自荐材料准备充分

自荐材料包括自荐信（图 14-1）、个人简历、证明材料和学校推荐表等。自荐材料应当完整齐全。自荐信主要是对自我情况的介绍，展示个人的能力和特点；个人简历主要是让用人单位了解自己过去的经历；证明材料主要是个人所取得的成绩；学校推荐表反映学校对自己的认可情况。自荐材料的准备，应做到以下几点：一是实事求是，恰如其分；二是突出重点，强调个人的专长和特点；三是文笔流畅，字迹端正；四是措辞谦虚，不用可能引起别人反感的话语。有时，自荐材料用多种文字书写对求职也有帮助。如果你在少数民族地区择业，那么用民族文字和汉语撰写自荐信会取得良好效果；如果前往外事、旅游、合资企业工作，那么可另准备一封外文自荐信，让用人单位了解你的外文水平。

（二）面试的方法

在择业过程中，用人单位常通过面试来决定是否录用应聘者。面试不仅能考核一个人的综合能力，还可以使招聘者通过观察，了解应聘者是否具备从事某种工作的能力。面试是大学生择业的一个重要环节，应当予以充分重视。

1. 提前做好准备

为了面试时能从容应对，大学生在面试前应从三个方面做好准备。

（1）了解用人单位的情况。大多数招聘者会提出与本单位有关的问题，因此，大学生对用人单位的情况应有所了解，以缩小双方的距离，增加招聘者对你的好感。在面试前，应通过网络、报纸、电视等媒体，或熟人介绍等方式搜集用人单位的信息，如历史、规模、主要业务、用人特点与要求等，从而在面试时能有的放矢。

（2）进行模拟问答。用人单位在面试过程中常会提出这样或那样的问题，大学生应对用人单位在面试中可能提出的问题做出预测，并进行模拟问答。招聘者要求回答的问题通常包括四个方面：一是介绍自己；二是选择该单位的理由；三是对时事政策的了解和看法；四是如果被录用则将以什么样的抱负和姿态投入工作。事先准备好用人单位可能提出的问题及其回答，将有助于大学生在面试中表现出良好状态。

（3）保持良好的精神状态。在参加面试前要适当放松，调整自己的心态，应注意休息，以便有充沛的精力。

2. 充分赢得好感

在求职过程中，赢得招聘者的好感是达成求职目标的重要一步。为了实现这一目标，大学生需要在以下四个方面加以注意：第一，应聘时的着装应当整洁大方、干净利落；第二，大学生应充满自信，表现得落落大方，交谈时从容不迫、声音适中，以展现出自信和专业的素质；第三，在待人接物方面，举止应得体、礼貌，在面试过程中，无论男女，都应避免将手插在口袋中、倒背或叉腰等不良姿势，同时要避免吸烟、指手画脚等不雅行为，给人留下良好的第一印象；第四，在言语表达上，应保持平实、客观，避免过于张扬或夸夸其谈。回答问题时，应切中要害，使用文明用语，避免使用低俗或油腔滑调的言辞。此外，建立良好第一印象的方法也值得我们关注，即 SOLER 原则。具体来说，S（Sit）代表面对别人时要坐（或站）直；O（Open）代表姿势要自然开放；L（Lean）代表身体微微前倾；E（Eye-contact）代表目光接触；R（Relax）代表放松。通过遵循这些原则，我们可以更好地展现出自己的专业素质和形象，从而赢得招聘者的好感，为求职成功打下坚实的基础。

3. 掌握自我介绍的技巧

灵活掌握自我介绍的技巧有利于大学生顺利打开求职的大门。自我介绍时，要积极主动，自信大方；要突出重点，有针对性地强调自己的专业特长、知识面和兴趣爱好；要实事求是，不要文过饰非；要有的放矢，针对用人单位的具体要求来介绍自己的能力。

4. 掌握回答问题的技巧

在面试中，掌握回答问题的技巧对大学生来说十分重要。回答时要抓住重点、言简意赅，切忌长篇大论、让人不得要领。对招聘者提出的问题不可简单地用"是"或"否"作答，应讲清原因和理由，进行适当的解释。如果对招聘者提出的问题一时摸不到边际或难以理解，则可陈述自己对问题的理解，待对方确认后，有的放矢，切忌答非所问。回答问题时要有个人独特的见解，但也不必为此而标新立异。面试时遇到自己不知、不懂、不会的问题，不要不懂装懂、牵强附会，应诚恳坦率地承认自己的不足，虚心向对方请教，反而可能获得招聘者的信任和好感。

心随我动　练　请结合《高职心理健康教育活动手册》项目十四任务二的"课中训练一"，完成"自荐信"。
此活动旨在让学生学会展示自己，告诉招聘者你能为他们做什么。

案例析心

问题回顾：小郑和小崔同样面临就业问题，为什么小郑先获得工作机会？

案例解析：这个问题的答案并非单一的，而是多个因素共同作用的结果。首先，小郑的自信和积极态度为就业之路铺设了坚实的基础；其次，小郑在面试中能够清晰地表达自己的观点和想法，应对自如，展现出较强的沟通能力和应变能力；再次，小郑在就业准备方面也做得更加充分；最后，运气和机遇也在一定程度上影响了小郑与小崔的就业结果。这个案例告诉我们，就业有时并非一蹴而就，需要我们在多个方面付出努力和时间。只有不断提升自己的能力和素质，我们才能在激烈的就业竞争中脱颖而出。

🌿 心灵感悟

一、放松训练

在身心放松的状态下，在自己的脑海中建立一个"安全岛"。利用丰富联想与积极自我暗示相结合的方式来产生愉悦的放松体验。

具体步骤：① 可以找一个舒服的姿势坐着或者躺下，做3个深慢的深呼吸，完全地让自己的身心放松下来。想象有一个很安全的地方，这个岛上没有压力、没有威胁，充满温暖和阳光，只有你一个人可以随意进入，你可以携带任何你需要的物品，这个岛上你可以让自己的心灵得到放松和休息。② 想象这个岛上有一个树洞，可以把烦恼和秘密都倾诉出来。还可以想象在这个岛上有一个充满智慧的自己，充满力量的自己，你可以在不同的自己身上获得能量来应对目前的处境。

放松音频：海浪

二、吟诵一句禅

- 千里之行，始于足下；不积跬步，无以至千里；不积小流，无以成江海。
- 任何时候做任何事，订最好的计划，尽最大的努力，做最坏的准备。
- 失败对创业者来说是一笔财富，只有小的失败才能积累大的成功。

随着教师的带读闭目吟诵，体会自己向自己心灵倾诉的感动，将心理观念嵌入自己的潜意识中。

🌿 修心践行

请结合《高职心理健康教育活动手册》项目十四任务二的"课后训练"，完成"当代大学生就业趋向和优势分析"。

🌿 项目测评

一、学习检测

项目十四自测题

请扫描上方二维码，完成"项目十四自测题"，测测你对本项目知识的学习情况。

二、自我评估

请完成《高职心理健康教育活动手册》项目十四的"项目评估"，对你的学习情况进行自我评价。

模块八

生命教育

　　陈阳是佳琪的同学，是班上特别爱思考和观察的一个人。陈阳上了高职之后感觉很迷茫，不知道自己的前途何在，这样的生命有何意义。因此，陈阳放纵自己，每天都过得"逍遥自在"，时常玩游戏消遣，得过且过。陈阳观察到一部分同学和自己一样，并没有太多目标，都是打算在高职学习一门技能，毕业能找到一份工作养活自己就可以了。但是他也观察到有不一样的同学，如佳琪。佳琪每天都神采奕奕，不是上自习就是去实习，要么就在社团忙得团团转。陈阳非常好奇，佳琪哪来的动力？她的生命意义是什么？

　　有一次陈阳和佳琪聊天，佳琪的回答让陈阳得到很多启发："我觉得活着就是要过瘾、要尽兴、要努力，我不希望自己将来后悔，因此我现在会为自己想要的东西去努力、去奋斗。虽然没有宏伟的目标，但是努力过好每一天，不浪费青春年华，这就是我现在认为最有意义的事情。"听完佳琪的话后，陈阳陷入了沉思，开始反思自己——现在的生活是自己想要的吗？如果想要活得精彩、活得有意义，那么自己要怎么做呢？当天晚上陈阳没有再玩游戏，而是认真思考起了自己的人生。

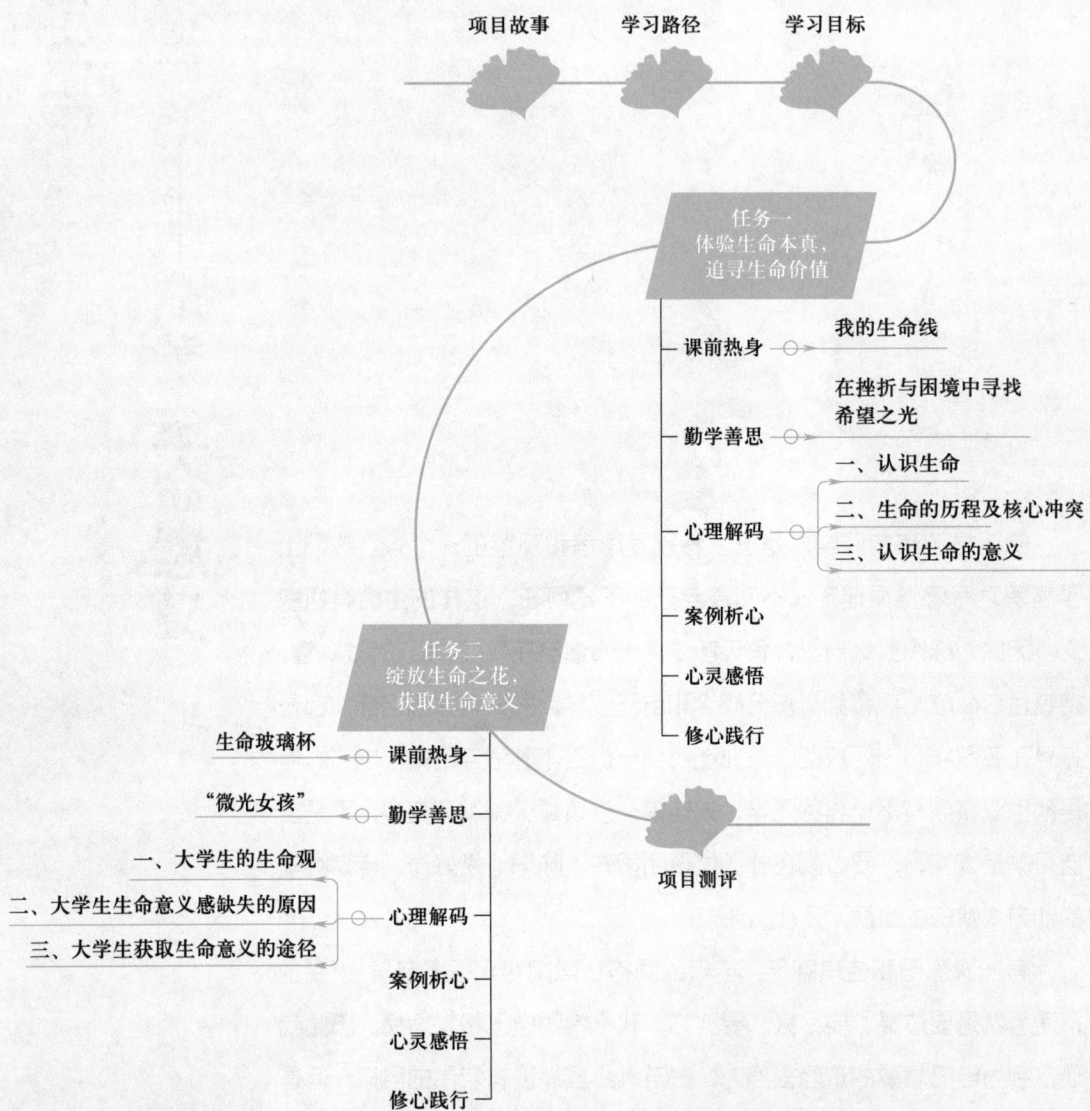

项目故事　　　学习路径　　　学习目标

任务一
体验生命本真，
追寻生命价值

课前热身 —— 我的生命线

勤学善思 —— 在挫折与困境中寻找希望之光

心理解码
一、认识生命
二、生命的历程及核心冲突
三、认识生命的意义

案例析心

心灵感悟

修心践行

任务二
绽放生命之花，
获取生命意义

生命玻璃杯 —— 课前热身

"微光女孩" —— 勤学善思

一、大学生的生命观
二、大学生生命意义感缺失的原因　—— 心理解码
三、大学生获取生命意义的途径

案例析心

心灵感悟

修心践行

项目测评

学习目标

1. 知识目标：理解生命的含义与特点，了解生命的形态、历程及核心冲突，认识生命的意义。

2. 能力目标：能够做到热爱生命、珍惜生命。

3. 素养目标：珍爱生命，拥抱生命的美好，明确人生价值和目标。

---- 任务一 🌿 ----

体验生命本真，追寻生命价值

🌿 课前热身

请结合《高职心理健康教育活动手册》项目十五任务一的"课前热身"，完成"我的生命线"。

🌿 勤学善思

在挫折与困境中寻找希望之光

高职毕业生李鑫（化名）面临毕业，不断寻找实习单位，却屡遭挫折。他对自己应聘的一个心仪岗位充满信心，耐心等待面试结果，却不料石沉大海，一周多过去仍杳无音信。他忍不住主动打电话询问，却得到遗憾落选的消息。考虑到室友们都已找到实习单位，而他却依旧没有结果，李鑫心情无比沉重，深感自己无能。

然而，打击并未结束。与李鑫相恋两年的女友向他提出了分手，这让李鑫备受打击。他陷入自我怀疑，认为连女友也离自己而去，自己的人生是多么的不堪啊。面对前途未卜、情场失意，他觉得颜面尽失、做人失败，生活失去了意义。他开始沉默寡言，闭门不出，整日望着高楼发呆，甚至有时觉得死去比活着更容易，还在微信朋友圈写道："活着比死还难，这样的日子过着挺没意思的。"他还向同学询问"安眠药真的能吃死人吗"等问题，但由于他平时人际关系和性格都不错，同学们并未太在意。直到有一天李鑫跳湖的消息传来，大家大为震惊，幸好有会游泳的同学路过，及时将他救回，才避免了悲剧的发生。

思考：我们该如何看待李鑫的行为？

🌿 心理解码

一、认识生命

（一）生命的含义

我们在日常生活与工作中经常会使用"生命"这个词，如生命价值、生命意义、职业生命等，那么生命究竟是什么？《不列颠百科全书》中对生命是这样定义的："生命是一种物质复合体或个体的状态，主要特征为能执行某些功能活动，包括代谢、生长、生殖及某些类型的应答性和适应性活动。"也就是说，生物学上认为生命是动植物的一种存续状态，其以新陈代谢为基本存在形式，能够利用外界的物质形成自己的身体和繁衍后代，并能够适应、改变环境。

（二）生命的形态

生命体是一个多层次的复杂系统，不同的生命体有着不同的形态、结构。具体到人类，人的生命由实体、精神和社会性三个方面构成，因此可以分为三种形态，如图 15-1 所示。

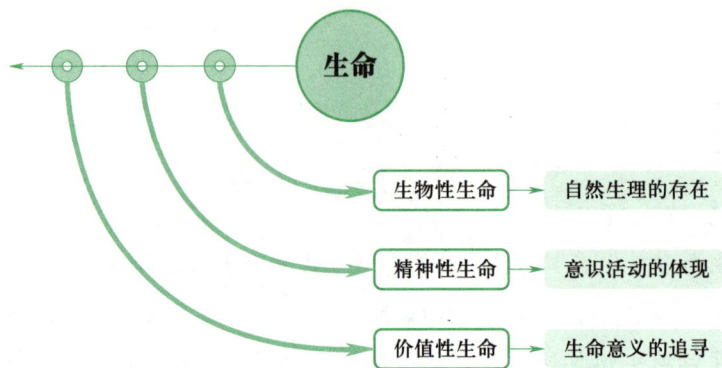

图 15-1　生命的形态

1. 生物性生命

生命最直观的表现是生物体的自身繁殖、生长发育、新陈代谢、遗传变异等生理现象，这是所有生命都必须具备的基本属性。人类也不例外，人首先作为生理性的肉体生命而存在，通过饮食、呼吸等生理活动来维持生存。

2. 精神性生命

人类之所以被称为"万物之灵"，是因为其具有远超于动物的思维意识，具有高度发达的精神性生命。人的精神性生命最大的特征是超越性，即超越自我、超越空间、超越时间，并且永不停歇。人类只要还存活，就不会停止思考，就不会只顾当下，就不会止步不前。人类不仅会思考如何活下去，还会探索如何活得更好，人类不仅可以利用自然界现有的工具，还可以创造出自然中没有的无穷无尽的事物。人类因不满足止步于地球，故努力探寻外太空的秘密。

3. 价值性生命

人都会思考为什么活着、怎样活着的问题，这是人类对于生命价值发自内心的追问，也是对人生意义的一种诉求。是随波逐流、得过且过，还是逆流而上、拼搏奋斗？《钢铁是怎样炼成的》一书中对生命价值做了这样的诠释："人最宝贵的东西是生命。生命对于我们只有一次。一个人的生命应当这样度过——当他回首往事的时候，不因虚度年华而悔恨，也不因碌碌无为而羞愧。"

人只有为自己的理想而奋斗、为自己的信仰而拼搏，才能发挥出生命的价值，实现人的意义。人的价值性生命为人的生存指明了方向、加足了动力，使人的生活更加丰富。

（三）生命的特点

1. 不可逆性

生命的不可逆性指生命过程中的一些变化和过程是无法逆转的，如图 15-2 所示。从胚胎起，生命便一直生长、发育，直到衰亡，这个过程是不可改变的。例如，人从出生开始经历的由生长到老化的过程是不可逆转的，一旦生命走向终结，就将面临死亡。

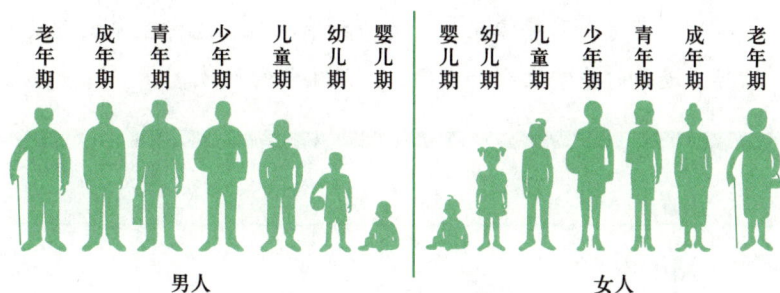

老年期　成年期　青年期　少年期　儿童期　幼儿期　婴儿期　　婴儿期　幼儿期　儿童期　少年期　青年期　成年期　老年期

男人　　　　　　　　　　女人

图 15-2　生命的不可逆性

2. 不可互换性

生命为个体所私有，相互之间不得交换，彼此不可替代。任何生命都有存在的价值，人类的生命尤其特殊：一方面，人类具有其他生物没有的认识和改造世界的功能；另一方面，人类个体具有显著的唯一性、独特性和不可取代性。

3. 有限性

生命的有限性表现在三个方面。第一，生命的有限性。长生不老一直是人们关于生命的童话，现实中人的寿命一般为 70～80 岁，最多百十来岁。第二，生命的无常性。天灾人祸、生老病死等不可预测，任何人都逃脱不了，都必然会走向死亡。第三，生命的群体性。个体生命的存在不能离群索居、不食人间烟火，每个人都需要别人的帮助、支持和关怀。正是生命的有限性，促使人去努力改变生活、创造生活，以实现自己生命的意义。

4. 双重性

双重性具体体现为两个方面：一方面，生命是自然界的一部分，受自然规律的决定和制约，具有自然性；另一方面，人作为精神的存在，要受到道德规则的支配。每个时代、每个人都必须面对这种矛盾。这种双重性、矛盾性及其之间的相互作用，是人的生命存在的最根本的动力。人在生命的双重性中寻求生命的意义，实现生命的价值。

5. 完整性

人的生命是完整的。人的生命是生理、心理和社会性的统一体，是一个不可分裂的整体。人通过实践活动在认识世界和改造世界的同时发展自身，不断超越自我。

6. 创造性

人的生命本身就是一个不断成长、发展、生生不息的动态过程，生命是创造的、超越的。生命就是不间断地运动，但生命比单纯的持续运动更为丰富，生命会不断出现新的创造性运动。人通过创造把握生活的变化、发现生命的意义、实现对自己生命的认识与超越。

心随我动

请结合《高职心理健康教育活动手册》项目十五任务一的"课中训练 训练一"，完成"感知生命的长度"。

此活动旨在引导学生感知生命的有限性，思考生命的意义和人生的目标，进而引导学生珍惜生命，关注生命的价值。

心理视窗·知识卡片

生命中的三次幸运

幸运一：来到地球

宇宙在147亿年前的大爆炸中产生，随后形成了众多星球，包括太阳、月亮、木星等。约46亿年前，地球诞生，它是一个蓝色与白色交织的星球，被水蓝色"纱衣"环绕。约38亿年前，生命在地球上出现。现今，地球各处都有形态各异的生物。为了探寻宇宙生命奥秘，中国发射了"嫦娥""玉兔""天问一号"等探测器。然而，至今尚未发现月球、火星等其他星球存在生命或适合生命存在的条件。

幸运二：成为人类

地球生命的历史是一部不断进化的历史，是一部生命与环境实现着平衡和良性循环的历史。经过漫长的历史演变，地球上的生命历经诞生、单细胞、多细胞、原始生态系统形成等阶段，从简单到复杂、从水生到陆生、由低级到高级不断进化，大约在300万年前，人类在地球上幸运地精彩亮相。

幸运三：成为自己

人类胚胎发育始于受精卵形成。男性每次产生约2亿个精子，女性从性成熟到绝经产生约450个成熟卵子。女性受孕后须经历10月怀胎，胎儿在母体内度过约40周才能降生。在发育过程中，胎儿面临不良情绪、营养不良、病毒、药物、疾病等挑战，有的胎儿无法正常生长，甚至流产、死胎或畸形。因此，从这个角度来看，每个人都是幸运儿，天生就是冠军。

二、生命的历程及核心冲突

人的整个生命过程可分为若干阶段，每个阶段都是在前一个阶段的基础上发展起来的，并为下一个阶段打下基础。美国心理学家埃里克森按照人在特定时期的生理成熟程度和核心冲突，将人的一生分为八个阶段。每个阶段有相应的核心冲突，而核心冲突的处理方式和结果会影响人的一生。

（一）婴儿前期（0~1.5岁）：围绕信任感的心理冲突

在婴儿前期，婴儿还不会说话，只能通过哭闹表达自己的需求，若其需求很快得到满足，那么在这一过程中婴儿会对周围的人产生信任感。信任感有增强自我力量的作用，具有信任感的婴儿敢于希望、富于理想，对未来有强烈的期待。若婴儿的需求持续得不到满足，就会对周围的人产生不信任感，就会不敢希望、时时担忧。

（二）婴儿后期（1.5~3岁）：自主意识与羞怯心理的冲突

在婴儿后期，婴儿掌握了大量的技能，如爬、走、说话等，更重要的是他们有了自主意识，也就是说，婴儿开始自主决定做什么或不做什么。在这个阶段，自主意识与羞怯心理的冲突主要体现在父母与子女的冲突上：一方面，父母必须承担起规范婴儿行为、使之养成良好习惯的任务。例如，训练婴儿大小便，使他们对随地大小便的行为感到羞耻；训练他们好好吃饭，使他们对浪费食物的行为感到羞耻等。另一方面，婴儿有了自主意识，他们坚持自己的进食方式、排泄方式等。

在婴儿后期，家庭教育对婴儿极为重要，过度溺爱不利于婴儿的社会化，过分严厉又会影响其自主意识和自我控制能力的发展。总的来说，过度保护或惩罚不当，都会使婴儿产生自我怀疑，同时变得十分羞怯。

（三）幼儿期（3~6岁）：主动性与内疚感的冲突

在幼儿期，如果幼儿的主动探究行为受到鼓励，幼儿就会形成主动性，这为他将来成为一个有责任感、有创造力的人奠定了基础。如果幼儿的独创行为和想象力受到讥笑，幼儿就会感到羞愧和内疚，并逐渐失去自信心，这使他们将来更倾向接受他人为他们安排好的生活，缺乏自己开创幸福生活的主动性。总的来说，当幼儿的主动性超越内疚感时，他们就能够正视目标，并坚定地追求有价值的目标。

（四）童年期（6~12岁）：成就感与自卑感的冲突

在童年期，儿童都应在学校接受教育。学校是训练儿童适应社会、掌握今后生活所必需的知识和技能的地方。如果他们能够顺利、圆满地完成学业，就会获得成就感，并在今后的独立生活和工作中充满信心；反之，他们就会产生自卑感。

（五）青少年期（12~18岁）：围绕自我同一性的心理冲突

在青少年期，青少年越来越多地接触社会，按自己的方式积极探索世界。在探索的过程中，青少年摒弃不适合自己的东西，逐渐找到适合自己的生活方式。

在青少年期，青少年的主要任务是了解自己，树立自己在他人眼中的形象，明确自己在社会集体中所处的位置，建立起自我同一性。所谓自我同一性，就是对自我有全面的认识，能够将自我的过去、现在和未来组成一个有机的整体，确立自己的理想与价值观念，并思考自己的未来发展。

（六）成年早期（18～25岁）：亲密感与孤独感的冲突

只有具有牢固的自我同一性的青年人，才敢与他人建立爱的关系。因为与他人建立这种爱的关系，就是把自己的同一性与他人的同一性融为一体。其中必然会存在自我牺牲或损失，需要妥协或退让，但是，人只有这样，才能在恋爱中建立真正亲密无间的关系，从而获得亲密感，否则，将会产生孤独感。

（七）成年中期（25～65岁）：围绕生育感的心理冲突

所谓生育感，有生和育两层含义，一个人即使没生孩子，只要关心孩子、教育指导孩子，也可以产生生育感。反之，没有生育感的人只关注自我，只考虑自己的需要和利益，而不关心他人（包括儿童）的需要和利益。

在成年中期，人们不但要生育孩子，而且要工作。这是人最关心下一代的时期，也是人创造力最为旺盛的时期。

（八）成年晚期（65岁以上）：围绕绝望感的心理冲突

由于机体的不断衰老，老人的体力和心智每况愈下，内心会产生一种绝望感，为此他们必须做出相应的调整和适应。自我调整主要是回顾过去，接受自我，承认现实，最终克服绝望感，以超然的态度对待生活和死亡。

三、认识生命的意义

（一）生命的意义在于探索自我

人生之旅，即寻找"我是谁""我从何而来""我到何处去"的答案的过程。生命与自我紧密相连，无法分离。

（二）生命的意义在于丰富情感体验

爱恨情仇，喜怒哀乐，这些情感体验为生命增添色彩，使其多姿多彩。情感的缺失使生命失去意义。生命中的每次微笑、烦恼、伤心和快乐，都赋予生命深远的意义。

（三）生命的意义在于活在当下

不念过去，珍惜现在，不畏将来，把握每分每秒，享受当下的美好，接纳当下的痛苦。活好当下，是对生命的最高礼赞，也是生命的真正意义所在。

（四）生命的意义在于创造和赋予意义

生命如白纸，我们是其主人，涂画其上，赋予其意义。生命的过程取决于我们的选择，追求幸福、成功或家庭美满，都是在为生命赋予意义。

心随我动

请结合《高职心理健康教育活动手册》项目十五任务一的"课中训练 训练二"，完成"讲述生命故事，体悟生命意义"。

此活动旨在通过品读、讲述身边感人的生命故事，让学生感知普通人是如何创造生命意义的，进而寻找自己生命的意义。

案例析心

问题回顾：我们该如何看待李鑫的行为？

案例解析：我们必须认识到，李鑫的轻生行为是不可取的。因为生命是人生最宝贵的财富，它只有一次；生命同时又脆弱不堪，因为它总会受到来自生理或心理的威胁。很多人生病会看病吃药，解决生理上的痛苦，却对心理上的疾病感到不知所措，甚至对自己的心理问题毫无察觉。因此，大学生在关注自身健康状况的同时，要学会珍爱生命，认识自己的心理危机，并及时采取积极的自助或求助方法，来呵护自己的心灵，从而达到身心健康的目的。具体来说，当觉察自己陷入心理困境时，可以前往心理中心寻求心理咨询服务，或者向信任的朋友或家人倾诉，或者参与一些自己感兴趣的集体活动，在活动中体会生命的价值等。而及时发现和识别心理健康问题也是非常关键的一环。当案例中的李鑫出现这些行为（如提到死亡、询问安眠药等）时，他的同学、朋友和教师等身边的人应警觉起来，这些都是出现心理健康问题的明显预警信号。在日常生活中一旦发现这些信号，就应立即告知心理委员和辅导员，予以格外关注，必要时要进一步介入予以帮助。

心灵感悟

一、放松训练

着陆技术的核心是使人回到自己的身体，把注意力从内在的思考转回到思维外的感官世界，是一种帮助我们快速集中注意力、转移注意力的方法。

具体步骤：① 找一个舒服的姿势坐着或者躺下，做 3 个深慢的深呼吸，完全地让自己的身心放松下来。② 身体着陆：专注于呼吸，注意每一次吸气和呼气，放慢速度，在每一次吸气时都重复"安全"这个词；感觉一下双脚

与地面的接触，身体与椅子的接触；动动手指头和脚趾头，用心感受它们的存在以及带给自己的感觉。③ 自我抚慰的着陆：想象你关心的人或关心你的人的样子，看看他们的照片；想一件你期待去做的事情；想一想能让你安心的东西。感受它们的存在以及它们与其他地方接触而给自己带来的感受。

二、吟诵一句禅

- 我们的生命只有一次，因此我们应该更好地度过它。
- 人活着的目的和意义就在于全心全意为人民服务。
- 人生的意义与价值就在于对人类发展的承上启下、承前启后的责任感。

随着教师的带读闭目吟诵，体会自己向自己心灵倾诉的感动，将心理观念嵌入自己的潜意识中。

🍃 修心践行

请结合《高职心理健康教育活动手册》项目十五任务一的"课后训练"，完成"生命意义小调查"。

------------------------------ 🍃 任务二 🍃 ------------------------------

绽放生命之花，获取生命意义

🍃 课前热身

请结合《高职心理健康教育活动手册》项目十五任务二的"课前热身"，完成"生命玻璃杯"。

🍃 勤学善思

"微光女孩"

2019 年高考，江苏省"微光女孩"周芷晴以 407 分的好成绩被中国人民大学录取成了社会热点。与其他优秀高考生不同的是，周芷晴 4 岁突患眼疾，6 岁时左眼球萎缩失明，右眼球仅存微弱视力。在普通人看来，这样的姑娘即便是读书，也一定是在特殊学校。可周母觉得，"她就是个正常人"，将她送进了普通学校。

听课的时候，坐第一排的周芷晴，只有借助望远镜，才能看清黑板；看书写字时，只有借助便携台灯、放大镜，才能看清面前的文字。但她从不抱怨、从不妥协，一路克服种种困难，最终成绩遥遥领先，考上了中国人民大学最好的专业之一——人力资源管理。

当听到周芷晴半开玩笑地说"我视力不好，但我成绩好啊"，你不会觉得是在炫耀，而是一种永不言败的自信和乐观。上天给她的眼睛蒙上厚厚一层纱，可她并没有因此而抱怨、消沉，反而坦然接受、豁达面对、坚强克服。

徐特立说："我从来不知道什么是苦闷，失败了再来，前途是自己努力创造出来的。"周芷晴正是通过不断努力，在残缺的世界傲然绽放，展现了自己最美丽的模样。

思考："微光女孩"周芷晴的故事带给我们的启示是什么？

🌱 心理解码

一、大学生的生命观

大学生的心理状况并不乐观，校园中存在的虚度年华、浪费生命等现象都折射出部分大学生生命意识淡薄、生命行为失范的现实。高职阶段是大学生世界观、人生观、价值观形成的关键时期，他们既处于不断探索和求知之中，又处于压力、竞争和忧患之下。因此，关注大学生的生命现状十分重要，可以帮助他们在珍爱生命的基础上，积极创造并自觉提升生命价值。

大学生的生命观表现在以下几个方面。

（一）对生命的认知方面

大部分大学生对生命有比较正确的认识。他们意识到生命不仅包括自然生命，还包括超自然的精神生命，生命是精神和肉体的统一。

1. 身心健康方面

大学生普遍都很爱惜自己的身体，认为身体健康是人得以健康存活的基本条件。重视身体健康说明大学生爱惜自己的生命。在心理健康方面，大部分大学生的心理健康状况从整体上看还是比较乐观的，但部分大学生心理脆弱和抗挫折能力差的情况依然存在。

2. 求生技能方面

每个人都应具备基本的求生技能，这是珍爱生命的最基本的要求，然而，由于各种原因，大学生的求生技能却不尽如人意。仅有少数的大学生掌握了最基本的求生技能（如遭遇火灾、溺水、地震等危险情况时如何自救和他救）。

（二）对现实生活状况的感受方面

大部分大学生承认在学习和生活中承受了一定的压力，因此生活状态欠佳。这些压力主要表现为就业的压力、学业的压力和人际关系的压力。

（三）对生命死亡的态度方面

大部分大学生对死亡有比较正确的态度，但仍有一些大学生存在错误的观念，如认为自杀是一种摆脱痛苦的方式。

（四）人生价值和意义方面

由于受到社会风气的影响，在人生价值和意义方面，大学生存在一定的功利化和实用化倾向，具体如下。

1. 爱比较

部分大学生将大量精力用于与他人比较，如考试成绩、服饰搭配、家庭背景，乃至恋爱对象。频繁地比较导致心中欲望滋生，幸福感减弱。

2. 金钱至上

受经济发展影响，许多大学生在求学期间便投身经济活动，以盈利为目标，对人生目标和追求缺乏清晰认识。这种金钱至上的价值观使大学生缺乏信念与理想，难以带来长久的幸福感。

3. 不知道奉献

哈佛大学的一项研究表明乐于助人能让人更加快乐。然而，当代大学生中不少为家中独子，受到祖辈与父辈的宠爱，容易形成只知索取的观念，难以学会奉献。

心随我动 **练**

请结合《高职心理健康教育活动手册》项目十五任务二的"课中训练一"，完成"生命之钟"。

此活动旨在引导学生参与活动，加深学生对生命的理解和认识。

二、大学生生命意义感缺失的原因

（一）家庭因素

父母是孩子的第一任老师，家庭是孩子最先获得成长和接受教育的环境，父母的言传身教对孩子生命观的形成至关重要。如果家庭缺乏和谐的氛围，父母没有积极向上的人生观，那么孩子很难形成对生命的热爱。大学生成长过程中父母的教养方式和对其的期望水平对大学生的生命观产生直接影响。家庭生活条件的改善、父母对孩子的溺爱及对孩子学业的过分关注，导致一些大学生以自我为中心的意识很强，难以与他人沟通，一旦生活中出现不如意，往往把问题放大，或用极端手段对待他人。一些家长对孩子的过高期望也往往会给孩子造成难以承受的压力。

（二）学校因素

学生生命意义的缺失与学校教育有着密切的关系。在学校的教育体系中，生命教育往往被忽视，导致学生在探索生命意义和价值的过程中缺乏必要的指导和支持。如果学校过于注重知识成绩和技能培养，而忽视了对学生的生命教育，学生就会缺乏对生命意义的深刻理解和体验。这会导致学生对生活、生命缺少激情，一旦遇到挫折就会对生命的意义产生怀疑，甚至出现伤害生命的行为。

（三）社会因素

现代多元思想观念的冲击对大学生心灵产生强烈震撼，多数大学生正面接受这些信息，将其转化为前进动力。然而，部分大学生在此过程中迷失自我，失去生活方向。部分网络影视媒体过分追求经济利益，大肆渲染悲观厌世情绪，潜移默化地影响自我意识尚不成熟的大学生。面对激烈社会竞争，有部分大学生将压力转化为动力，积极进取；还有部分大学生将某个困难视为人生难以逾越的障碍，忧虑重重，无法体会生命意义与生活快乐；另有部分大学生为提升竞争力，盲目给自己施压，一旦努力失败，容易产生心理挫折，严重者甚至否认生命意义。

（四）自身因素

大学生正处于生理发育基本成熟和心理发展相对滞后的特殊时期，情绪与理智并存，理想与现实脱节，需要与满足的差距往往使大学生产生心理困惑。这种不稳定的心理状态如果进一步受到外界因素的激化，则可能转化为心理危机，甚至危及生命。

三、大学生获取生命意义的途径

（一）从学习与工作中获取生命意义

在学习与工作中，我们能创造社会价值；反过来，学习与工作会提升我们的知识、能力等内在价值。我们要在求知、探索的过程中看到自己的成长，收获喜悦。

此外，不是只有成就轰轰烈烈的大事才能算成功，在平凡的岗位上就就业业、精益求精就是伟大。例如，"发明达人"王德全、带着琴弓走向世界的徐忠华、北斗三号的研究人员谢军、在装配铆工岗位上用小铆钉诠释工匠精神的薛莹、"高铁铺路人"高亮，以及抗击疫情的白衣天使、军人、建筑工人、快递员和社区志愿者等。这些人都是万千劳动人民中平凡的普通人，他们在自己平凡的岗位上发挥着光和热。

云微课

坚定理想信念，获取生命的意义

（二）从大爱与担当中获取生命意义

"忠"与"信"是中华传统美德，儒家高度赞赏这两种品质。鲁迅在《民族的脊梁》中提及，自古就有具备这些品质的英雄，如岳飞、诸葛亮、林则徐、谭嗣同、刘胡兰、董存瑞、白求恩、雷锋等。他们展现了忠信品质，体现了大爱与担当，提升了社会群体的生命质量，增强了归属感和幸福感，促进了个体与群体的和谐共生。

然而，忠诚与信义不仅仅是历史记忆，更是当代社会生活的实践准则。在复杂的现代世界中，忠诚和信义品质尤为珍贵，体现了个人道德修养，是社会和谐稳定的基石。现代社会充满诱惑和挑战，忠诚与信义成为检验人性品质的试金石。坚守忠信之道的人，常能勇担责任，为社会进步贡献力量。

（三）从爱自己和爱他人中获取生命意义

世界因爱而变得美丽，生活因爱而变得精彩，只有懂得爱的人，才懂得享受生活，才能领悟生命的意义。"每逢佳节倍思亲""慈母手中线，游子身上衣"，这些诗句让我们无论身在何处，都能感受到亲情的温暖，燃起浓浓的思乡情。这些深深的牵挂与浓浓的情意，往往会在我们面对困难时化作无形的力量与克服困难的勇气，成为我们强大的精神支柱。那些来自亲人、朋友、师长的暖心支持和真情陪伴，会让我们感受到自己生命的重量。我们要善待自己的生命，悦纳自己，用自己的努力去维护、浇灌自己的生命之花。我们要用心体会那一份份情感连接所带来的幸福，学会感恩、珍惜、给予，学会倾听、陪伴、接纳，用心维系情感，在爱与被爱中体验生命的美好和意义。

> **心随我动**
>
> **练**
>
> 请结合《高职心理健康教育活动手册》项目十五任务二的"课中训训练二"，完成"感恩生命"。
>
> 此活动旨在通过制作感恩卡，引导学生对父母、朋友、师长、环境和磨难的感恩之心，学会正确地认识自己、接纳自己、欣赏自己的长处，提高自信心。

（四）从生活体验中获取生命意义

生命的意义在于体验，体验是我们与世界发生连接的过程。进入大学，大学生第一次离开父母，体验着全新的校园，体验着全新的学习生活方式，体验着全新的集体生活，体验并慢慢熟悉这个城市、这个校园、这里的人、这里的一切……在体验的过程中，大学生不断地感受自己、理解自己、理解生命。有的时候，我们会遇到挫折、烦恼，但不要着急，这也是一份难得的体验，体验情绪使我们在生活的点滴中悄然成长。

（五）从苦难挫折和不幸中获取生命意义

人的一生难免遭遇苦难与挫折。正如苏东坡所说："人有悲欢离合，月有阴晴圆缺。"季羡林也曾说："每个人都争取一个完整的人生。然而，从古至今，海内海外，一个百分之百完整的人生是没有的。所以我说，不完满才是人生。"人生不如意事常八九，我们要学会正视这些不幸和挫折，并且要善于从这些不幸中发现生命的意义。

🌱 **心理视窗·知识卡片**

生命的多彩意义

一、美感丰富生命

美感带来愉悦和享受，体验自然、艺术和科学之美，以及人性的美好品质，都能丰富生命的意义。

二、生活与生命的美

罗丹说："生活中从不缺少美，而是缺少发现美的眼睛。"日常生活中的点滴美好，如家人的关怀、可口的食物、动听的歌曲等，都能带来快乐，让人更加热爱生命和生活。

三、创造与挑战塑造生命

如同流动的河水，人类的生活也需要活力。通过创造与挑战，可以超越有限的生命，留下自己的痕迹。大学生应追求真理、创造价值，挑战险阻，让生命充满活力。

四、感恩与奉献诠释生命

感恩是对生命的领悟，奉献是对生命的回报。大学生应拥有一颗感恩的心，不仅要爱自己和生活，还要爱他人和社会，学会感恩身边的人（图15-3）。通过奉献，让生命充满人情味和社会责任感。

五、困境与死亡的坦然拓展生命

困境是生命的考验，但也可以成为生命的新契机。即使面临死亡，也要坦然面对，把困境视为拓展生命的动力。

图15-3　学会感恩身边的人

🌱 **案例析心**

问题回顾："微光女孩"周芷晴的故事带给我们的启示是什么？

案例解析：人的生命是有限的，要使这有限的生命之花绚烂绽放，就需要对生命持有积极的态度。美国成功大师拿破仑·希尔曾说："人与人之间只有很小的差异，但是这种很小的差异却可以造成巨大的差异。很小的差异即积极的心态还是消极的心态，巨大的差异就是成功与失败。"积极的心态会促进人的身心健康、延长人的生命。在地震灾害中，72 小时的黄金救援期后仍有幸存者被救援人员救出，他们正是凭着良好的心态和强大的心理承受能力创造了生命的奇迹。

🌱 心灵感悟

一、放松训练

着陆技术的核心是使人回到自己的身体，把注意力从内在的思考转回到思维外的感官世界，是一种帮助我们快速集中注意力、转移注意力的方法。

放松音频：
冥想瑜伽

具体步骤：① 找一个舒服的姿势坐着或者躺下，做 3 个深慢的深呼吸，完全地让自己的身心放松下来。② 身体着陆：专注于呼吸，注意每一次吸气和呼气，放慢速度，在每一次吸气时都重复"安全"这个词；感觉一下双脚与地面的接触，身体与椅子的接触；动动手指头和脚趾头，用心感受它们的存在以及带给自己的感觉。③ 自我抚慰的着陆：想象你关心的人或关心你的人的样子，看看他们的照片；想一件你期待去做的事情；想一想能让你安心的东西。感受它们的存在以及它们与其他地方接触而给自己带来的感受。

二、吟诵一句禅

- 生命如流水，只有在奔向前去的时候，才美丽，才有意义。
- 懂得"为何"，承受"任何"。
- 无聊削弱意志，意义激发意志。

随着教师的带读闭目吟诵，体会自己向自己心灵倾诉的感动，将心理观念嵌入自己的潜意识中。

🌱 修心践行

请结合《高职心理健康教育活动手册》项目十五任务二的"课后训练"，完成"品读海伦·凯勒生命故事"。

项目测评

一、学习检测

项目十五自测题

请扫描上方二维码，完成"项目十五自测题"，测测你对本项目知识的学习情况。

二、自我评估

请完成《高职心理健康教育活动手册》项目十五的"项目评估"，对你的学习情况进行自我评价。

16

高峰体验

——活出最佳状态

心理学家马斯洛在调查一批有成就的人士时，发现他们常常提到生命中曾有过的一种特殊经历，"感受到一种发自心灵深处的颤栗、快欣、满足、超然的情绪体验"，由此获得的人性解放、心灵自由照亮了他们的一生。马斯洛把这种感受称为高峰体验。

一个中职生考上高职，免试专升本，考上研究生，人生一路不断超越。她就是长沙职业技术学院学前教育专业 2021 届毕业生任楚楚，她对高峰体验有着深刻的感受。她说："绘画作为我最喜欢的活动，常常给我带来高峰体验。绘制水彩作品时，感受颜色的流动、交织、变化和融合，一心沉浸在丰富多变的颜色体验中，所有的感官都集中在图画上，对于外界环境的变化都少了许多觉察。从铅笔临摹线稿，到水彩颜料上色，再到珠光和高光笔修饰，最后到钢笔定稿轮廓，一下午的时间往往在不经意间流逝。看着完成的作品，我丝毫不觉得烦琐无聊，只生出一种由衷的自豪感和满满的成就感。这种体验支撑着我一路披荆斩棘，迎难而上。"

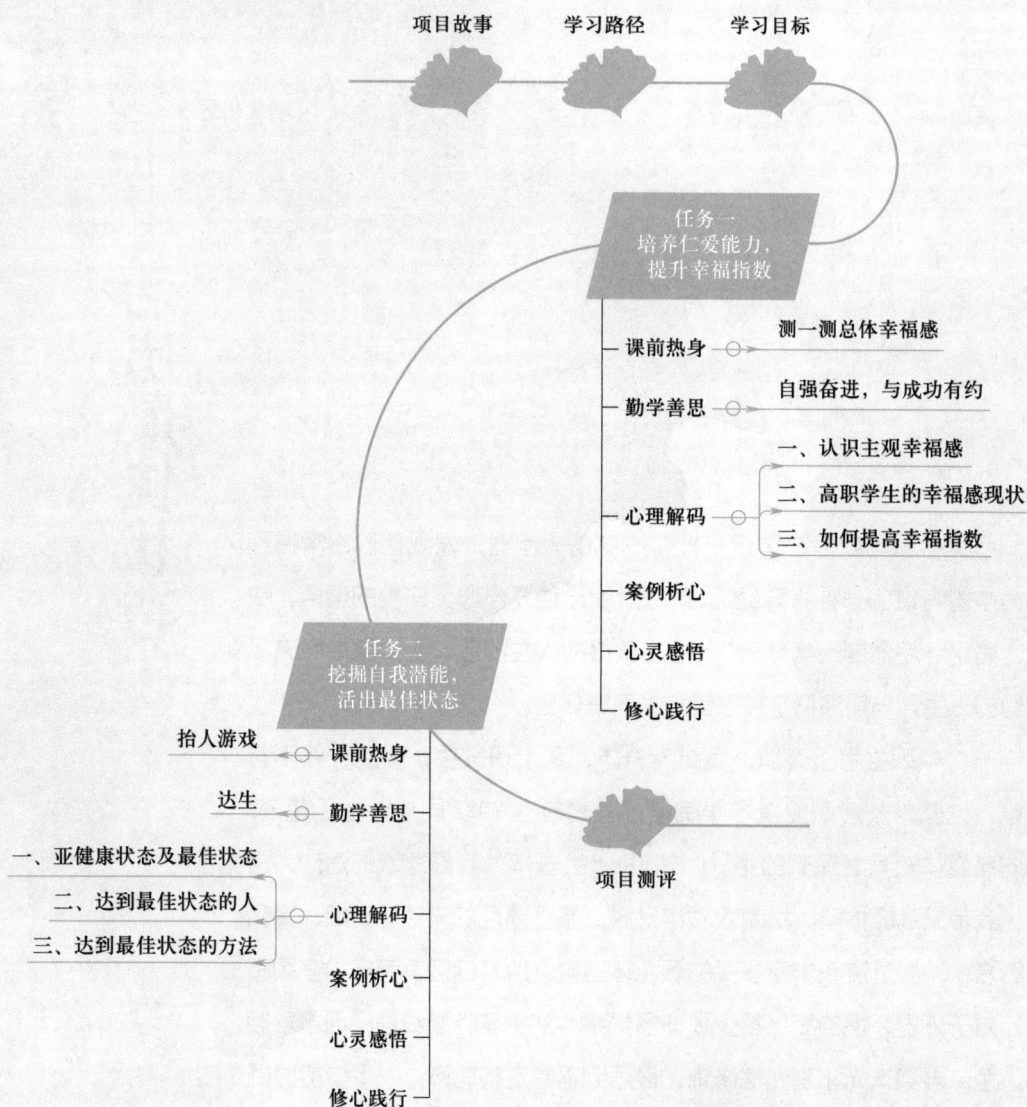

学习路径

项目故事　学习路径　学习目标

任务一
培养仁爱能力，
提升幸福指数

课前热身 —————○ 测一测总体幸福感

勤学善思 —————○ 自强奋进，与成功有约

心理解码 —————○ 一、认识主观幸福感
二、高职学生的幸福感现状
三、如何提高幸福指数

案例析心

心灵感悟

修心践行

任务二
挖掘自我潜能，
活出最佳状态

抬人游戏 ——○ 课前热身

达生 ——○ 勤学善思

一、亚健康状态及最佳状态
二、达到最佳状态的人 ——○ 心理解码
三、达到最佳状态的方法

案例析心

心灵感悟

修心践行

项目测评

学习目标

1. 知识目标：知晓主观幸福感的概念及最佳状态的表现，掌握提升幸福指数、达到最佳状态的方法。

2. 能力目标：培养增强幸福感及提高心理健康水平的能力。学会应对压力，能运用恰当方法来提升幸福和自身健康水平。

3. 素养目标：保持积极心态，主动寻求主观幸福感和高峰体验养成良好的心理健康习惯。

培养仁爱能力，提升幸福指数

课前热身

请结合《高职心理健康教育活动手册》项目十六任务一的"课前热身"，完成"测一测总体幸福感"。

勤学善思

自强奋进，与成功有约

刘牧杰出生在黑龙江省的一个商人家庭，家庭经济条件优越。在他参加高考前，家里的表哥、表姐都考取了国内的名牌大学并已经出国留学，因此父母对他期望很高，希望他也能考取名牌大学。可是事与愿违，由于种种原因，刘牧杰高考失利，只考取了一所高职院校。刘牧杰入学后经过短暂的调整，很快确立了自己的目标，他要在大学里好好锻炼自己，学习专业知识，将来获得属于自己的成功。他学习非常刻苦，入学没多久有的同学就开始逃课、迟到，他却始终坚持努力学习。他每天早上坚持英语晨读，在一年级下学期通过了英语四级考试，在二年级上学期通过了英语六级考试。二年级时他加入了校学生会，因为工作出色，很快就当上了副部长，并在三年级出任了校学生会的主席。然而，工作上的出色并没有影响他的学习成绩，大学期间他年年拿到最高奖学金，学习成绩一直位居前列。很多人只看到了他光鲜的一面，却不知道这成绩的背后是白天工作、晚上熬夜学习换来的。他把几乎所有可利用的时间都用在了学习和校学生会的工作上，舍去了很多逛街、游戏、聚餐的时间。大学毕业后，他应聘到某银行负责销售，由于销售业绩很好，很快得到了升职。

思考：从该案例中你获得了什么启发？

心理解码

一、认识主观幸福感

什么是幸福？如何才能得到幸福？从心理学的角度看，幸福是个体需要得到满足及理想得到实现时产生的一种情绪状态，是由需要（包括动机、欲望、兴趣）、认知、情感等心理因素与外部诱因的交互作用形成的一种复杂的、多层次的心理状态。

（一）主观幸福感的概念与特点

一个人是否幸福，不是取决于别人的判断结果，而是取决于个体内心的深刻体验，因此幸福感通常被更准确地称为主观幸福感，它是衡量个人生活质量的重要综合性心理指标。主观幸福感是主体的积极情感、消极情感和生活满意度三个维度形成的对自己的生活质量的整体评估与反映。概括来说，主观幸福感有以下三个主要特点。

（1）整体性。主观幸福感是反映整体生活质量的重要指标之一，是一种综合评价。

（2）主观性。主观幸福感的评定主要依赖行动者本人的标准，而不是他人或外界的标准。

（3）相对稳定性。虽然主观幸福感在评判时可能受个体当时情绪状态的影响，但在一个人的某一时间段里，主观幸福感是具有相对稳定性的。

心理视窗·知识卡片

幸福基线水平

幸福基线水平（图 16-1）即如果你完成了自己的使命，那么过了一些日子你又会回到之前的幸福感水平，和你以前的感受不会差很多。当我们有追求的时候，我们的幸福会在追求的过程中产生，而不是在获得追求的结果时产生。因此，幸福不只是到达山顶，也不是无目的地围着山转，而是朝向顶峰攀登的体验。

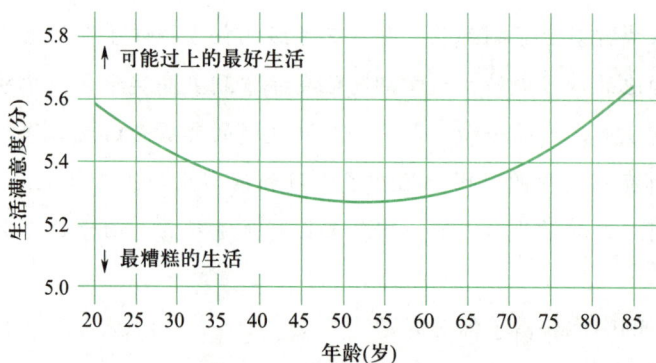

图 16-1　幸福基线水平

目前，人类的幸福感越来越被社会所关注，幸福感量表已经问世。其中，总体幸福感量表（General Well-Being Schedule）是美国国立卫生统计中心制定的一种定式型测查工具，用来评价受试者对幸福的陈述。总体幸福感量表通过将其内容组成六个分量表从而对幸福感的六个因子进行评分。这六个因子是：对健康的担心、精力、对生活的满足和兴趣、忧郁或愉快的心境、对情感和行为的控制、松弛与紧张（焦虑）。

（资料来源：盖洛普世界民意调查，布鲁金斯学会，内容有删改）

心随我动

请结合《高职心理健康教育活动手册》项目十六任务一的"课中训练一",完成"幸福知多少"。

此活动旨在通过趣味测试自己的幸福感,让学生体验自己的幸福状态。

（二）影响主观幸福感的因素

1. 主观因素

主体的人格特质不同,主观幸福感往往不同。例如,研究表明自我和谐的人主观幸福感较高;女性比男性具有更多的主观幸福感（有的研究不同）;情感丰富的人更容易感受到幸福;等等。

主体的认知水平不同,主观幸福感往往也不同。例如:有的人把拥有丰富的物质财富或者取得某一方面的成功理解为幸福;有的人把肉体快乐看成一种幸福;有的人把获得权力当作一种幸福。但是当他们获得这些之后,他们就会发现自己得到的只是短暂的快乐,而不是持久的、相对稳定的幸福感。实际上,更多的人认为,幸福与收入水平不直接相关,人可以"穷快活",也可以"富发愁"。心理学家发现,人的幸福是分层次的,当人们的衣食温饱得到解决后,追求生命的意义成为人们的需要和幸福的来源,在现实生活中,有意义的生活和成功的体验确实会使人更加相信自己的能力,形成强大的自我效能,从而提高主观幸福感。

主体选择的参照系不同,主观幸福感往往也不同。我们总是拿现实条件与某种标准进行比较。当现实条件高于标准时,主观幸福感就高;当现实条件低于标准时,主观幸福感就低。当自己优于别人时,就感到幸福;当自己比不上别人时,就感到难过。例如,农村里的农民住在一起,大家感觉过得挺幸福的,但是如果一个普通农民突然来到城市居住,就可能会因收入差异而变得自卑、痛苦。许多研究证明,主观幸福感强的人往往选择不幸的人、弱于自己的人来做参照物,通过这种比较来提高自己的主观幸福感,他们往往很少抱怨,十分珍惜、满足于已经拥有的生活。

2. 客观因素

社会经济状况、管理模式、人本关怀等客观因素不可避免地会对个人幸福感产生影响。例如,中国目前经济持续增长,政府高度关注民生工程,养老保险、医疗保险、失业保险等社会保障体系全面覆盖,大大减少了人们对未来产生的焦虑感,增强了人们的安全感和幸福感。

二、高职学生的幸福感现状

阜阳幼儿师范高等专科学校张凌艳老师对 554 名高职学生的幸福感进行了调查。结果显示，不到一半的学生幸福感高；精力旺盛、放松、生活满意度高；一半以上学生幸福感一般或较低；极少部分的学生幸福感低。

高职学生的幸福感受多种因素影响，包括共性因素和个别因素。人格、情绪稳定性和精神质对幸福感有显著影响。性别、年级、专业和城乡差异对幸福感影响较小，但家庭条件与幸福感呈显著正相关。生活事件频率、人际关系、学习压力和社会支持也对高职学生的幸福感产生影响。

总之，整体来说，高职学生的主观幸福感的总体水平处于中上水平，目前高职学生在生活中更多体验了积极情感，较少体验到消极情感，对生活质量的评价较高。

三、如何提升幸福指数

（一）保持积极的心态

首先，幸福是辩证的艺术。当看到事物的消极面的时候，同时看到未来它还可能出现积极面；在看到一个人的缺点时，同时看到他存在的优点。只有用全面的、发展的、长远的辩证眼光看问题，我们才能经常保持积极的心态。

其次，幸福是忽略的艺术。梭罗说："减法比加法更能使灵魂成长。"老子说："为学日益，为道日损。"幸福实际上是忽略的艺术。例如，拥有幸福婚姻的人并非他们运气好，遇到了十全十美的配偶，而是他们对待配偶的态度发生了转变，那就是——婚前"睁大双眼"看清要选择的配偶，而婚后则"睁一只眼闭一只眼"，忽略配偶的缺点。要增加幸福指数，必须忽略鸡毛蒜皮的小事。

心随我动

练　请结合《高职心理健康教育活动手册》项目十六任务一的"课中训训练二"，完成"幸福填空"。

此活动旨在通过续写话题，帮助学生思考和领悟自己的生活，从而产生有意义的转变。

（二）建立良好的人际关系

1. 懂得感恩

我们为什么要助人为乐呢？我们可以到医院的病房做一次参观。到了骨科，看到因意外事故受伤的病人，你会感谢命运的关照，自己能如此平安；到了儿科，看到年轻的父母精心照顾自己的患儿，你会感恩父母，自己小时生病不知让父母操了多少心；到了心血管科，看到照顾生病老人的往往是保姆，儿女们都忙于工作，你会忧虑自己能否回报父母的养育之恩……我们能拥有现在的一切，就应该懂得感恩，感恩天地、父母、恩师、朋友……世界上没有谁能够脱离社会孤独地生活，我们从生下来至今就没有离开也永远无法离开他人的帮助。既然每个人都需要别人的帮助，那么我们就不能对别人的疾苦熟视无睹，我们有必要形成一个"人人为我，我为人人"的和谐社会，只有在这样的社会里我们才会有安全感和幸福感。同时只有懂得感恩的人，才能珍惜拥有、充满感激、助人为乐。懂得感恩的人幸福指数往往高于其他人。

2. 真诚宽容

首先，我们要学会真诚。真诚对待生活，生活会以真诚回报。做人要返璞归真，真诚地微笑、容纳、倾听、夸奖、同情和认错。真诚能赢得真心相待，提升幸福感。其次，我们要学会宽容。宽容能激励人进步，化解矛盾，减少消极情绪，提高幸福指数。

3. 寻找生活的意义

幸福往往是因为个体在做一件有意义的事情，因为有意义，所以哪怕它很辛苦我们依然会觉得幸福。有个故事：两个人盖房子，甲说，"我在盖房子，这样艰苦，仅仅只是为了生活"，他到死还是个泥瓦匠；乙说，"我在创造一个艺术品，将来人们会为我的手艺而惊讶，我的后代将为我而自豪"，这个人后来成了工程师。人们做同一件事，意义感不同，身心健康水平不同，前进的动力也不同，他们的未来当然不会相同。我们要学会在普通的事物中看到其存在的意义和价值，要为追求人生价值而工作。

诸多哲学家和心理学家共同阐述了一个观点，即"人生的价值在于奉献，而幸福便寓于奉献之中"，此言不谬。当我们投身于为他人和社会做出贡献的过程中时，便能体会到强烈的意义感，保持较强的意志力和良好的健康状态。相应地，主观幸福感得以提升。这种幸福感又激发我们追求更高层次的幸福，寻求更高的价值感，从而形成良性循环。因此，人的潜能和价值被视为人类最高层次幸福的载体。

简而言之，幸福的公式可以表述为"幸福 = 生活意义 + 积极心态 − 斤斤计较"。此公式可作为提升学生主观幸福感的重要参考。

🌿 案例析心

问题回顾：从该案例中你获得了什么启发？

案例解析：只要保持对梦想永不冷却的热情，就会看见前方的光亮，看见前行的希望。刘牧杰有一个属于自己的梦想，并且为这个梦想付出了艰苦的努力，战胜了自我，超越了自我，重塑了自我。贫困的环境会使人消沉不振、放纵自我；优越的环境会使人缺乏斗志，沉迷于优越环境带给自己的舒适感觉，使人生活空虚、没有目标、无所事事。刘牧杰家庭经济条件优越，但是他并没有沉迷其中，而是怀揣着梦想上路，排除了各种干扰与困难，最终获得成功。

心灵感悟

一、放松训练

选择舒适的坐姿坐在垫子上，双手以智慧手印放于双膝的上侧，双肩和背部放松。吸气，脊柱缓缓向上舒展，呼气，下巴微微内收，整个身体微微地向后靠一下，闭上双眼，调整呼吸，均匀缓慢，双膝放松，双肩放松，放松面部，舒展眉心，嘴角微微上扬，面带一丝微笑，将注意力完全地集中，集中在呼吸上，关注呼吸，关注它，不要去控制它，让身体自己决定什么时候呼、什么时候吸。体会内心平静，心无杂念，深深地吸气，缓缓地呼气，在一吸一呼间，寻找心跳的平缓。抛开所有烦恼、紧张、压力，让心灵伴随着悠扬的乐曲走入安静祥和的冥想世界。

放松音频：
精神治疗

二、吟诵一句禅

- 如果不能改变对方，我们就改变自己；如果不能改变天气，我们就改变心情；如果不能改变现在，我们就改变未来。
- 不做生活挑错者，要做寻找亮点者。

随着教师的带读闭目吟诵，体会自己向自己心灵倾诉的感动，将心理观念嵌入自己的潜意识中。

修心践行

请结合《高职心理健康教育活动手册》项目十六任务一的"课后训练"，完成"幸福手册"。

任务二

挖掘自我潜能，活出最佳状态

课前热身

请结合《高职心理健康教育活动手册》项目十六任务二的"课前热身"，完成"抬人游戏"。

达　生

鲁国木匠梓庆削木做悬挂钟鼓的架子两侧的柱子，上面雕饰着猛兽，对于他做成的柱子，看见的人都惊讶不已，以为鬼斧神工。

鲁侯召见梓庆，要问一问他其中的奥秘。梓庆对鲁侯说，他准备做柱子的时候，不敢损耗自己丝毫的力气，而要用心去斋戒，斋戒是为了"静心"。

斋戒到第三天的时候，他就可以忘记"庆赏爵禄"了。斋戒到第五天的时候，他就可以忘记"非誉巧拙"了，也就是说，别人说他做得好也罢，做得不好也罢，他都已经不在乎了，即忘记名声了。斋戒到第七天的时候，达到忘我之境，他可以忘记是在为朝廷做事了。因为为朝廷做事的人多心有惴惴，有杂念就会做不好。

在这之后，梓庆就会进山寻找他要的木材。他会观察树木的质地及形态，把最合适的木材砍回来，顺手一加工，它就成为现在的样子了。

木匠斋戒七天，其实是穿越了三个阶段：忘记利益，不再想着博取世间的大利；忘记荣誉，不再想着别人的是非毁誉对自己的影响；忘记自己，人其实只有达到忘我之境，才可以做到更好。

思考：谈谈你对忘我之境的认识。

心理解码

一、亚健康状态及最佳状态

（一）亚健康状态的表现

（1）精力不充沛，经常感到疲劳。具体表现为：容易感冒，稍微一动就容易出虚汗，食欲不振，经常做梦，记忆力下降，性功能障碍，等等。

（2）有明显的负面情绪。当一个人的负面情绪（包括焦虑、抑郁、强迫、恐惧、委屈等）强到足以影响一个人的日常生活的时候，就是心理病状态。

（3）经常感到无聊、无意义。无论是在工作中，还是在生活中，经常有无聊、无意义的感觉，长时间处于无所适从、无所事事的状态，喜欢睡懒觉。为了消磨时间、寻求刺激，长久地沉溺于打麻将、玩游戏机等事情。

（4）过度善于适应的状态。毫无疑问，适应环境是非常重要的，但正是由于这种重要性，一些人忘记了适应本身不是目的，而是手段，适应环境的目的是成长。在现实中，不难看到这样的人，他们过分地把精力消耗在人际关系中，一味地讲究适应，而没有创造性地影响环境。这种人没有独立人格，完全被人际关系支配，他们在人际关系的周旋中丧失了个性。有不少大学毕业生刚出校门时还雄心勃勃，踏入社会不久便被磨掉了棱角，被环境同化。

（5）缺乏好奇心和求知欲。对人生意义、宇宙真谛等没有兴趣。他们爱说"不谈虚的，没有意义"。体会不到美、艺术、大自然的美感，或者感觉淡漠。如果对生命的质量提出更高的要求，那么这种状态也应该看作亚健康状态。正如马斯洛所说，在一个只有一米五高的房间里量身高，所有的人都不会超过一米五。

心理视窗·知识卡片

约 拿 情 结

马斯洛在给他的学生上课时，曾向他们提出如下问题："你们班上谁希望写出美国最伟大的小说？""谁渴望成为一个圣人？""谁将成为伟大的领导者？"等等。据马斯洛记录，他的学生们在这种情况下，通常的反应都是咯咯地笑、红着脸、不安地蠕动。马斯洛又问："你们正在悄悄计划写一本什么伟大的心理学著作吗？"他们通常红着脸、结结巴巴地搪塞过去。于是马斯洛继续问："你们难道不打算成为心理学家吗？"有人回答说："当然想啦。"马斯洛说："你是想成为一位沉默寡言、谨小慎微的心理学家吗？那有什么好处？那并不是一条通向自我实现的理想途径。"

对于自己，约拿情结的特点是逃避成长、执迷不悟、拒绝承担伟大的使命。对于他人，约拿情结的特点是如果别人表现出优秀之处，那么他会嫉妒；如果别人收到了祝福，那么他会心里难受；如果别人遇到倒霉的事情，那么他会幸灾乐祸。约拿情结的产生过程如图16-2所示。

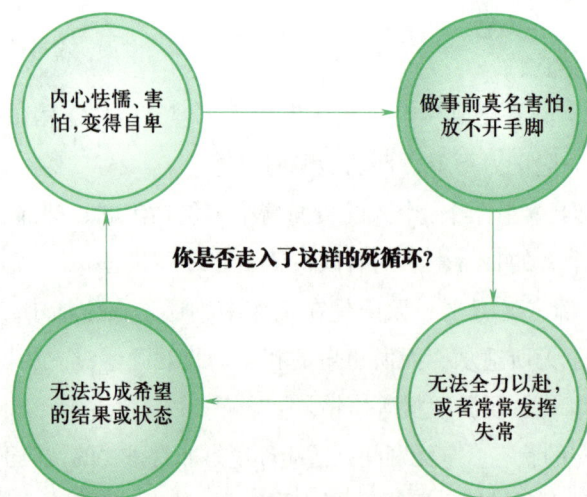

图16-2　约拿情结的产生过程

约拿情结告诉我们：成功源自克服内心的成长障碍。在人生前进的道路上，除了我们自己，没有人能够打败我们。

（二）错误的最佳状态

抽烟、饮酒，达到所谓"饭后一支烟，快活似神仙"及"三杯酒下肚，飘飘然欲仙"的境界；参与赌博，输赢越大，刺激与兴奋感越强；沉迷电子游戏，享受等级晋升的成就感；体验网络恋情，寻求所谓的精神幸福感。这些行为在很大程度上满足了人们在现实生活中无法获得的愉悦感与满足感，然而它们皆为错误的最佳状态。

（三）最佳状态者的特征

人本主义心理学家许金声认为，最佳状态者的特征如下：

（1）积极进取的人生态度；

（2）独立自主的人权意识；争强好胜的竞争精神；惜时如金的效率观念；平等互利的合作习惯；顺其自然的超越心态。

（3）我们要活出自己的最佳状态，就要避免错误的最佳状态，突破亚健康的状态。

二、达到最佳状态的人

只有天才才有最佳状态吗？只有成功的人才有最佳状态吗？只有从事创造性工作的人才有最佳状态吗？

马斯洛的自我实现理论回答了这些问题。所谓自我实现，简单来说就是在对环境积极适应的前提下，充分发挥个体潜能，充分实现个体人生价值，并在这个过程中有利于人类社会。

那么，自我实现是不是只是少数人（如画家、诗人、作曲家、科学家、发明家等）才会有的奢侈品呢？是不是只有天才才会有最佳状态呢？不是，即使是一个普普通通的人也可以成为自我实现的人，也可活在最佳状态之中。

马斯洛彻底地论述了这一点。他说，家庭妇女也可以是自我实现的人。例如，一名妇女，她是没有受过教育的、贫穷的，她所做的那些事情没有一件是创造性的，但是，她是奇妙的厨师、母亲、妻子和主妇。她可以花很少的钱，将家庭装扮得十分美好。她是一个完美的女主人，她做的膳食是盛宴，她在台布、餐具玻璃器皿和家具上的情趣是无瑕的。

她在这些领域中，所做的事情全都是独到的、新颖的、精巧的、出乎意料的、富有创造力的，应该称她是有创造性的。从她及像她一样的人那里，我们认识到：第一流的菜汤比第二流的绘画更具有创造性。

既然家庭妇女都可以是自我实现的人，那么还有什么职业的人不能是自我实现的人呢？自我实现与职业没有关系，也并不取决于与他人的比较，一个人所体现的价值主要看他相对于自己有没有突破。任何人均可活出最佳状态。

三、达到最佳状态的方法

（一）寻求高峰体验

高峰体验与最佳状态有非常密切的关系，在很大程度上，高峰体验就是最佳状态本身。马斯洛认为，高峰体验是一种强烈的同一性体验，如忘我、痴迷、沉醉、尽情、豁然开朗、亢奋、一气呵成、完美极致、令人心荡神游、出神入迷等，都是人生体验之极致。爱情与音乐最易催生高峰体验。如何得到高峰体验呢？威尔森认为高峰体验是可以寻求的。

1. 能量的聚集

威尔森认为，高峰体验从本质上看就是能量的溢出。如果你对一个小孩说"你要是把卧室收拾干净，今晚我就带你去看童话剧"，他就会立刻精神百倍，兴奋不已。平日让他厌烦的清洁工作，这时他会干得热火朝天。这里有一个能量的召唤和聚集的过程，就好像在大喊"全体集合"。正是这种警醒、机敏、准备好了的状态为高峰体验的出现打下了基础。健康的人都有很高水平的"准备状态"。容易产生高峰体验的人是一些在储藏箱中存有大量能量的人。容易厌烦或自认不幸福的人则正相反，他们调动贮备好的能量的能力较弱。

那么，如何聚集我们的能量呢？

（1）意义感与行为。威尔森强调意义能激发意志，使人追求更广阔的视野。意义感能增强内心活力，增加超常表现的可能性。无聊削弱意志，而意义激发意志，两者相辅相成。意志与意义感的关系是存在主义心理学的重要内容。高峰体验是意义感的突然高涨，是精神感知到意义震撼时的能量爆发。

（2）危机和困难产生意义感。当愉悦的刺激无法带来意义感时，危机和困难就会发挥作用。威尔森分享了他的经历：一次乘车时车出了问题，他开始担心无法到达目的地，因此开始关注车况。当司机说只能保持当前速度时，他突然感到高兴。他开始思考，为什么之前的无聊和冷漠会消失？他发现只有痛苦和不便才能激发他的意识，这被称为"无动于衷阈限"。

威尔森解释说："情况不过是抛锚的威胁使得我集中起了精神而已。有一刻钟的时间我仔细地听着引擎发出的声音。潜伏的'危机'使我松懈的神经紧张起来。等到司机告诉我勉强可以开到时，忽然的放松让我欣喜不已。"如果意志长期处于消极状态，那么后果和把车放在车库里一个冬天一样。电瓶跑光了电，生活也就"抛锚"了。

当一个人产生厌烦情绪的时候，他的精神的四分之三就会进入潜藏状态，就像明月只露出了四分之一。只有当他被危机或狂喜刺激的时候，这轮明月才会全部展现。

2. 紧张地持续

当我们找到有意义的事情并克服障碍、孜孜以求地去实现目标时，我们调动自己的全身心的能量，这时就会产生一种紧张感。紧张度越大、持续时间越长，我们在实现目标、完成任务时产生的高峰体验感越强。

（1）主动迎接挑战。挑战的重要性在于，它能够激发我们的人格力量。人们需要冒险与探索，这种强烈的向外的欲望企图创造一种挑战，逼迫人们发挥出最佳状态。

挑战有三层意义：首先，我们遇到了有意义的事情；其次，我们想做这件事情就必须克服一些障碍；最后，我们只有调动自己的潜能，才能够克服这些障碍。

当我们在应战中发挥了自己的人格力量时，意义感就会进一步加强。如果我们要发展、要成长，就必须首先突破"无动于衷阈限"，向外寻求意义，也就是寻求挑战和压力。

（2）承担责任。承担的责任越大，可能产生的意义感就越强，产生的紧张度越强。高峰体验也是意义感突然增强的一种体验。勇于承担责任有利于我们产生高峰体验，高峰体验又可以促使我们把承担责任的范围扩大到我们力所能及的最大范围。

3. 突然地放松

目标的实现来得越"瞬间"，完成任务越杰出，全身心的紧张越是"瞬间"地放松，所产生的高峰体验感越强。这个过程犹如王国维所描述的"古今之成大事业、大学问者，必经过三种之境界"：意义感所唤起的能量聚集好比第一境"昨夜西风凋碧树，独上高楼，望尽天涯路"；紧张地持续好比第二境"衣带渐宽终不悔，为伊消得人憔悴"；突然地放松好比第三境"众里寻他千百度，蓦然回首，那人却在灯火阑珊处"。

> **心随我动**
>
> **练**　请结合《高职心理健康教育活动手册》项目十六任务二的"课中训训练一"，完成"分享高峰体验"。
> 　　此活动旨在引导学生分享过去经历过的高峰体验，不断激励自己成长，实现成功人生。

（二）不断寻求成长的目标

"人是需要目标的动物，当一个人有了目标时他才能够发挥最大潜能。"目标牵引奋斗的方向，目标激发收获的欲望，目标催生搏斗的意志，目标孕育前进的动力。人是充满惰性的动物，如果环境不改变，那么有不少人都会在"做一天和尚撞一天钟"的日子中结束自己宝贵的生命。他们把 99.9% 的时间花在没有意义、没有目标的事情上，终日浑浑噩噩，无聊懒散。

（1）目标的长远性。一个长远的目标在有可能达到的条件下，会比任何急需的物质需求更大地激发人的决心和上进心。人对于未来的洞察能使他们成为潜在的"超人",能给他们以新的力量。

（2）目标的阶段性。长远目标需要阶段性目标的依托。从绝大多数人的奋斗实践与成功事例来看,人生的长远目标需要根据人生的不同阶段与当时的条件加以分解,拟定出阶段性目标。

在高中阶段,人们立志考上某一理想的大学;在大学毕业阶段,人们开始规划报考研究生。这些都是阶段性的奋斗目标。当我们在某一职业岗位上基本稳定后,又开始进一步谋划今后五年、十年的发展目标。例如,在企业技术岗位上工作的人,经过一定时间的努力,以成为专业的技术员、工程师为阶段性目标。

（3）目标的可实现性。吃不到的葡萄激不起人的欲望,因为反正没有希望;唾手可得的橘子难以激起很大的兴趣,因为轻易到手的东西不受重视;只有跳起来才够得着的桃子,才会唤起你努力奋斗的激情。目标要有一定难度,又要可实现,避免"高不攀,低不就"。

（4）目标的可操作性。在长远目标下要有阶段性目标,在阶段性目标下又要有实施计划,落实到每年、每期、每周、每天,并且要有配套的自我激励与自我监督的措施来确保执行。

（三）勇于创造,勇于行动

人的可贵不在于拥有的身体,而在于人的创造性。只要有创造,人的生命的能量就开始流动,人就会感到生命的旺盛,就像一棵大树,可以百折不挠。

人的创造性之所以不能很好地发挥,是因为有太多的能量被滞留。想象一下,在血液里有许多石头阻碍其流动,就像江河里的石头会阻碍河水的流动,可以供给全身的血就会越来越少,能量被损耗。这就意味着人要保持上进心,从根本上拒绝抑郁和各种失败的阴影。

只要用心,在你自己所热爱的工作中投入地、忘我地去经历生活,去放松自我,去感受现实,你就不难找到自我实现的感觉,不难达到你的最佳状态。

美国著名哲学家和心理学家威廉·詹姆斯就曾经指出:"与我们应该成为的人相比,我们只苏醒了一半,我们的热情受到打击,我们的蓝图没有能够展开,我们只运用了我们头脑和身体资源中的极小的一部分。"让我们更多地运用自己的头脑和身体资源,追求我们每个人的自我实现,活出自己的最佳状态。天行健,君子以自强不息。

心随我动 **练** 请结合《高职心理健康教育活动手册》项目十六任务二的"课中训训练二",完成"潜能强度攻击"。

此活动旨在借助团体的力量,通过学生的积极评价与期待,产生无限的暗示作用,从而开发人的潜能,激发学生的自我效能感。

🌿 案例析心

问题回顾：谈谈你对忘我之境的认识。

案例解析：很多人肯定有过这种感受，自己在专注完成一件事的过程中，常常感知不到外界的干扰，忘记吃饭，或者忘记时间的流逝。这个过程实际上就是心流时间。在这个时间里，你是充分沉浸和享受其中的，能够真正感受到幸福。

🌿 心灵感悟

一、放松训练

选择舒适的坐姿坐在垫子上，双手以智慧手印放于双膝的上侧，双肩和背部放松。吸气，脊柱缓缓向上舒展，呼气，下巴微微内收，整个身体微微地向后靠一下，闭上双眼，调整呼吸，均匀缓慢，双膝放松，双肩放松，放松面部，舒展眉心，嘴角微微上扬，面带一丝微笑，将注意力完全地集中，集中在呼吸上，关注呼吸，关注它，不要去控制它，让身体自己决定，什么时候呼，什么时候吸。体会内心平静，心无杂念，深深地吸气，缓缓地呼气，在一吸一呼间，寻找心跳的平缓。抛开所有烦恼、紧张、压力，让心灵伴随着悠扬的乐曲走入安静祥和的冥想世界。

放松音频：
清泉

二、吟诵一句禅

- 无聊削弱意志，意义激发意志。

- 从心底深处，给自己一份微笑，给自己一份彻底的肯定！让每个细胞，时时刻刻洋洋得意！释放生命能量，绽放生命之花！

- 我是我生命的舵手，我是我命运的主宰。每天前进一小步，人生成长一大步。随着教师的带读闭目吟诵，体会自己向自己心灵倾诉的感动，将心理观念嵌入自己的潜意识中。

🌿 修心践行

请结合《高职心理健康教育活动手册》项目十六任务二的"课后训练"，完成"练习镜子技巧"。

项目测评

一、学习检测

项目十六自测题

请扫描上方二维码，完成"项目十六自测题"，测测你对本项目知识的学习情况。

二、自我评估

请完成《高职心理健康教育活动手册》项目十六的"项目评估"，对你的学习情况进行自我评价。

参考文献

［1］李吉珊，彭赛红，娄星明 . 高职心理健康教育活动教程 [M].北京：中国轻工业出版社，2019.

［2］江明辉 . 心理健康教育与素质拓展 [M]. 上海：上海交通大学出版社，2018.

［3］胡凯 . 大学生心理健康教育教程 [M].8 版 . 长沙：湖南人民出版社，2020.

［4］江光荣，梁宇颂 . 大学生心理健康教育（高职高专适用）[M].武汉：华中师范大学出版社，2012.

［5］王红菊，尹红霞 . 大学生心理健康教育 [M]. 成都：电子科技大学出版社，2020.

［6］赵智勇 . 大学生心理健康教程 [M]. 北京：中国传媒大学出版社，2022.

［7］李雄鹰，赵灵芝 . 大学生心理健康教育教程 [M]. 徐州：中国矿业大学出版社，2022.

［8］格林伯格，帕蒂斯基 . 理智胜过情感 [M]. 张忆家，译 . 北京：中国轻工业出版社，2000.

［9］陶国富，王祥兴 . 大学生学习心理 [M]. 上海：华东理工大学出版社，2003.

［10］覃干超，唐峥华 . 大学生心理健康教育 [M]. 桂林：广西师范大学出版社，2020.

［11］张文娟 . 高职学生自主学习能力指导 [M]. 北京：高等教育出版社，2013.

［12］葛玲，张军翎 . 高职高专学生心理健康教育 [M].3 版 . 北京：高等教育出版社，2022.

［13］孔子的弟子及其再传弟子 . 论语 [M]. 黄朴民，译注 . 合肥：安徽文艺出版社，2021.

［14］李雄鹰 . 大学生心理健康教程 [M]. 西安：西安交通大学出版社，2019.

［15］贾晓明，陶来力恒 . 大学生心理健康：走向和谐与适应 [M].北京：北京理工大学出版社，2005.

［16］王搏 . 原生家庭心理学 [M]. 苏州：古吴轩出版社，2020.

［17］李彩娜，赵然 . 家庭治疗 [M]. 北京：中国轻工业出版社，

2009.

［18］张宏耕．中西医结合精神病学［M］．北京：中国中医药出版社，2005.

［19］郑雪．人格心理学［M］．广州：暨南大学出版社，2007.

［20］巴洛．心理障碍临床手册［M］．刘兴华，译．北京：中国轻工业出版社，2004.

［21］毛佩贤，汤宜朗，黄晓华．人性的畸变：人格障碍漫谈［M］．北京：北京出版社，1999.

［22］福鲁德．变态心理学［M］．李虹，译．北京：清华大学出版社，2008.

［23］许又新．精神病理学——精神症状的分析［M］．长沙：湖南科学技术出版社，1999.

［24］钟谷兰，杨开．大学生职业生涯发展与规划［M］．上海：华东师范大学出版社，2008.

［25］邱文成，黄庆华，关文莉．阳光青春：新时代大学生心理健康教育［M］．上海：上海交通大学出版社，2022.

［26］韩光道，王玉洁，高涛．心理健康教育［M］．广州：广东教育出版社，2019.

［27］马建青．大学生心理健康教程［M］．2版．杭州：浙江大学出版社，2015.

［28］彼得森．积极心理学［M］．徐红，译．北京：群言出版社，2010.

［29］弗雷德里克森．积极情绪的力量［M］．王珺，译．北京：中国人民大学出版社，2010.

［30］柏路．大学生马克思主义幸福观教育研究［M］．北京：中国书籍出版社，2015.

［31］郑雪，严标宾，邱林，等．幸福心理学［M］．广州：暨南大学出版社，2004.

［32］瑞奇，克拉维兹．缔造完美婚姻［M］．许思悦，译．上海：上海三联出版社，2004.

［33］苏霍姆林斯基．关于爱的思考［M］．张金长，李天民，李业勋，译．桂林：广西师范大学出版社，2005.

［34］联合国教科文组织．国际性教育技术指导纲要（修订版）［M］.

纽约：联合国人口基金会，2018.

［35］江剑平．大学生性健康教育 [M]．3 版．北京：科学出版社，2018.

［36］燕国材，张人骏．我国古代健康心理学思想初探 [J]．中国健康教育，1991（4）：41-42.

［37］金勇，郭力平．心理健康观的历史演进 [J]．心理科学，1998（5）：465-466.

［38］刘德恩．职业学习理论初探 [J]．职教通讯，2005（3）：8-12.

［39］刘克勇．职业教育促进个体技能学习：障碍及其消解 [J]．中国高教研究，2023，39（11）：88-94.

［40］于晓琳，杜婷淑．生命意义感对青少年学业拖延的影响：自我控制和时间管理倾向的链式中介作用 [J]．中国健康心理学杂志，2023，31（1）：135-141.

［41］许素梅，孙福兵．高职生安全感与自尊的相关研究 [J]．中国健康心理学杂志，2011，19（1）：90-91.

［42］牛其然．大学生网瘾的诊断与防治体系探讨 [J]．河南科技，2010（3）：41.

［43］张敏，苏益南．大学生网瘾预控机制研究 [J]．三峡大学学报（人文社会科学版），2009，31（5）：39-41.

［44］魏坤琳，武亚雪．拒绝做贪恋小甜头的猴子——网络成瘾的脑神经机制及干预策略 [J]．心理技术与应用，2014（6）：3-7.

［45］董王昊，王伟军，王兴超，等．人机互动视角下短视频沉迷的发生机制 [J]．心理科学进展，2023，31（12）：2337‐2349.

［46］葛倚汀，王盼盼，库尔班．网络诈骗手段下大学生受骗心理分析及应对策略 [J]．心理月刊，2020，15（21）：30-31.

［47］祝和刚．高职院校学生的就业心理压力研究 [J]．吉林教育，2020（Z1）：137-138.

［48］陶璐歆．新常态下高职院校大学生就业心理取向探析 [J]．就业与保障，2021（6）：128-129.

［49］许永华．高职学生存在的就业心理问题及其应对措施 [J]．西部素质教育，2019，5（14）：9-10.

［50］罗慧玲．高职生生命意义教育的理论与实践研究 [D]．长沙：湖南大学，2009.

读者意见反馈

为收集对教材的意见建议，进一步完善教材编写并做好服务工作，读者可将对本教材的意见建议通过如下渠道反馈至我社。

咨询电话　400-810-0598

反馈邮箱　gjdzfwb@pub.hep.cn

通信地址　北京市朝阳区惠新东街4号富盛大厦1座　高等教育出版社总编辑办公室

邮政编码　100029

防伪查询说明

用户购书后刮开封底防伪涂层，使用手机微信等软件扫描二维码，会跳转至防伪查询网页，获得所购图书详细信息。

防伪客服电话　（010）58582300

资源服务提示

授课教师如需获取本书配套教学资源，请登录"高等教育出版社产品信息检索系统"（https://xuanshu.hep.com.cn/），搜索本书并下载资源。首次使用本系统的用户，请先注册并进行教师资格认证。

高等职业教育新形态一体化教材

高职
心理健康教育
活动手册

主　编
彭赛红　李成蹊
副主编
李　健　王　燕　文冰洁　张　平

中国教育出版传媒集团

高等教育出版社·北京

内容提要

　　本手册是《高职心理健康教育》的配套手册。本手册以实际操作为导向，通过一系列生动有趣、实操性强的活动，让学生在心理活动实践中体验、感悟，并深化对心理健康理论知识的理解和应用。

　　本手册采用"模块－项目－任务"的形式编排，与主教材一致，确保与主教材内容相互配合。在每个任务中，设置了"课前热身""课中训练""课后训练"，力求为学习者提供全流程、系统化的学习体验。此外，每个项目配备了项目评估表，旨在引导学生从学习态度、知识掌握、活动参与以及效果反馈等四个维度进行自我反思与评价，从而全面提升学习效果。

　　本手册与《高职心理健康教育》配套使用，也可供高校教育管理人员、心理咨询师、心理学爱好者及相关工作者阅读和参考。

Gaozhi Xinli Jiankang Jiaoyu Huodong Shouce

策划编辑	李岳璟	责任编辑	李岳璟	封面设计	贺雅馨	版式设计　李彩丽
责任绘图	马天驰	责任校对	王　雨	责任印制	高　峰	

出版发行	高等教育出版社	网　　址	http://www.hep.edu.cn
社　　址	北京市西城区德外大街 4 号		http://www.hep.com.cn
邮政编码	100120	网上订购	http://www.hepmall.com.cn
印　　刷	北京市艺辉印刷有限公司		http://www.hepmall.com
开　　本	787 mm×1092 mm 1/16		http://www.hepmall.cn
本册印张	9.5		
本册字数	190 千字	版　　次	2024 年 8 月第 1 版
购书热线	010-58581118	印　　次	2024 年 12 月第 2 次印刷
咨询电话	400-810-0598	总 定 价	49.80 元

本书如有缺页、倒页、脱页等质量问题，请到所购图书销售部门联系调换
版权所有　侵权必究
物 料 号　14-22467-9

《高职心理健康教育活动手册》编写组

主　编：彭赛红　长沙职业技术学院

李成蹊　长沙幼儿师范高等专科学校

副主编：李　健　辽阳职业技术学院

王　燕　抚顺职业技术学院

文冰洁　长沙职业技术学院

张　平　长沙职业技术学院

编　者：张　倩　长沙职业技术学院

陈映红　长沙职业技术学院

范　林　济南工程职业技术学院

文喜婷　长沙文创艺术职业学院

张国萍　辽阳职业技术学院

刘朝霞　长沙职业技术学院

王语芝　长沙职业技术学院

彭申珍　长沙幼儿师范高等专科学校

徐庆春　长沙职业技术学院

樊毓美　广西交通职业技术学院

温小珍　广西交通职业技术学院

陆　芸　广西交通职业技术学院

李　丽　抚顺职业技术学院

前言

国务院于 2019 年正式颁布了《国家职业教育改革实施方案》（以下简称《方案》）。该《方案》积极倡导并推荐使用新型活页式与工作手册式教材，以推动职业教育的创新发展。《高职心理健康教育活动手册》正是积极响应国家职业教育改革号召的产物，以工作手册式的创新形式，为高职学生心理健康教育提供了新的思路和途径。本手册充分考虑到高职学生的身心发展特点和心理需求，通过一系列精心设计的心理健康教育活动，旨在帮助学生树立正确的心理健康观念，提升自我认知与情绪管理能力，培养积极的生活态度和良好的人际交往技能。

本手册的编写框架与主教材《高职心理健康教育教程》所采取的"模块 – 项目"编排方式相吻合，共分为八个模块，涵盖十六个项目，细化为三十二项任务，构建了一个完整的活动体系。每个活动任务均依据教学规律与学生特点，精心设置了"课前热身""课中训练"和"课后训练"三个环节，且每个项目均配备项目评估表。

- **课前热身**

课前热身旨在借助一系列心理游戏，有效激发学习者的兴趣与热情，或通过心理测试帮助学生深入了解自身心理品质及当前心理状况，进而激发其求知欲，确保学生在整个学习过程中保持高度的专注度与参与度。

- **课中训练**

课中训练紧密围绕主教材的理论框架进行设计，通过循序渐进、由简单到复杂的训练活动，引导学生深入觉察自我、有效释放情绪、提升自我认识，从而实现"做中学"与"学中悟"的有机结合。在活动组织方面，本手册采用分组研讨、心理情景剧表演、意象对话、投射测试、团体心理训练等多种形式，旨在充分激发学生的参与热情，进一步提升心理课堂的教学质量与教学成效。

- **课后训练**

课后训练着重于课后行为巩固训练与日常练习，旨在激发学生心理品质的持久转变，进而有助于学生将心理知识进一步内化，并促进学生心理素质的全面提升。

- **项目评估**

项目评估主要围绕学习态度、知识掌握程度、活动参与情况及效果反馈等四个核心维度展开，采用自我评分机制，旨在帮助学生更深入地了解自己的学习状况，进而针对性地调整学习策略，优化学习路径，提高自我反思力，最终实现学习效果的有效提升。

本手册课前、课中、课后三个阶段的活动紧密衔接，配合自我评价这一关键环节，共同构成了一个层层递进、相互关联的教学体系，巧妙地将原本抽象、深奥的理论知识，以生动丰富的活动形式进行诠释与演绎，从而使学生能够更好地理解和掌握心理健康教育相关知识。

本手册由彭赛红负责总体设计与具体指导，由李成蹊、李健统稿、审稿，编写分工如下：项目一张倩，项目二陈映红，项目三范林、张平，项目四李健、陈映红，项目五张国萍、文冰洁，项目六陆芸、李成蹊，项目七文冰洁，项目八刘朝霞，项目九王语芝，项目十彭申珍、李成蹊，项目十一张平，项目十二徐庆春、彭赛红，项目十三樊毓美、温小珍、徐庆春，项目十四王燕、张倩，项目十五樊毓美、刘朝霞，项目十六李丽、文喜婷。

本手册在编写过程中参考借鉴了国内专家学者的团体活动设计成果，也得到了同行的大力支持，在此表示感谢！由于编者水平有限，本书还存在不足之处，敬请广大读者提出宝贵意见、批评指正！

编　者

2024 年 5 月

目录

模块一

适应心理

项目一 化蛹成蝶——适应高职生活

任务一

打开你我心扉，保持心理健康

一、课前热身

心理健康知多少

活动流程

以手臂为尺（图1-1），手臂停留位置为所了解心理健康知识的程度，当教师说心理健康知多少时，请大家把手臂放在你最合适的刻度上，并分享你了解的心理健康知识。

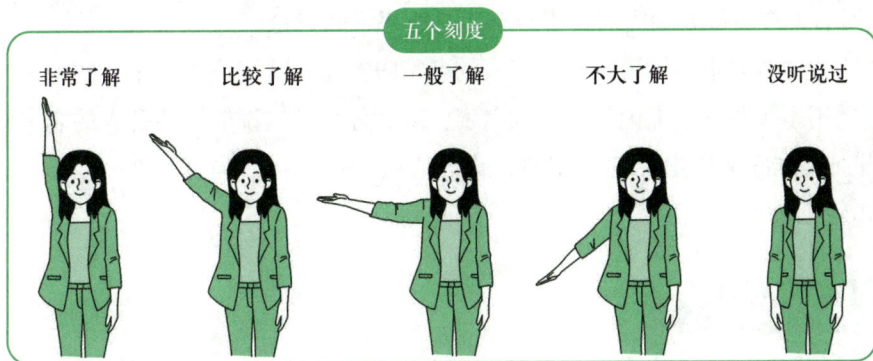

图1-1 以手臂为尺 ◀

二、课中训练

训练一 组建心理学习小组

活动流程

（1）分组：6～8人为一组，可报数分组。

（2）请小组成员于组内推选出一名组长，并在组长的组织下结合课程与小组特色，共同商定小组名称、口号、成长目标及成长计划。

小组名称：＿＿＿＿＿＿＿＿＿＿＿＿＿＿＿＿＿＿＿＿＿＿＿＿

小组成员：＿＿＿＿＿＿＿＿＿＿＿＿＿＿＿＿＿＿＿＿＿＿＿＿

小组口号：＿＿＿＿＿＿＿＿＿＿＿＿＿＿＿＿＿＿＿＿＿＿＿＿

小组成长目标：＿＿＿＿＿＿＿＿＿＿＿＿＿＿＿＿＿＿＿＿＿＿

小组成长计划：＿＿＿＿＿＿＿＿＿＿＿＿＿＿＿＿＿＿＿＿＿＿

（3）小组展示。

训练二 自我介绍体验活动

活动流程

（1）以学习小组为单位，围坐成一个圆圈。

（2）按顺时针方向，从某个成员（如 A）开始介绍自己。具体要求如下。

① 先用一句话介绍自己，这句话必须包含三个信息：姓名、籍贯及爱好。例如，A 说："我是来自长沙、喜欢打羽毛球的 ××。"

② A 介绍完以后，顺时针方向的 B 应该先复述 A 的信息，再介绍自己。例如，B 介绍自己说："我是坐在来自长沙、喜欢打羽毛球的 ×× 旁边的来自平江、喜欢游泳的 ×××。"以此类推。每位成员都要努力记住之前已介绍的成员的名字及特征。

（3）所有的成员都介绍完后，引导学生进行思考和讨论。

① 在刚才的游戏中，你记住了所有人的名字吗？你一共记住了几个人的名字？

② 你采用了哪些方法来记住别人的名字？或者你为什么没能记住别人的名字？

③ 当别人准确地说出你的名字时，你内心的感受如何？当别人叫不出你的名字时，你内心的感受又如何？

三、课后训练

打卡心理健康中心

请与学习小组一起打卡心理健康中心，并填写表 1-1。

表 1-1 心理健康中心知多少

心理健康中心地点	
心理健康中心预约方式	

在什么情况下需要预约心理咨询?	
我的打卡感受	

任务二

主动适应环境，提高适应能力

一、课前热身

"互助拍拍背"

活动流程

（1）全体同学站立，围成一个圈，每个人都将双手搭在前方同学的肩上，当教师说"开始"时，所有人开始为前面的同学敲打背部，或者按摩肩部，尽可能地让其放松和舒服。

（2）约一分钟后，教师说"停，向后转"，大家一齐向后转，双手搭在前方同学的肩上，并用同样的方法为其按摩敲打。

（3）约一分钟后，教师引导大家对给自己按摩的同学表示感谢。

（4）同学们分享活动感受。

二、课中训练

训练一　测一测你的适应能力

指导语：请你扫描右侧二维码，仔细阅读每个句子，并根据你自己最近一段时间内的实际情况，从题后的五个选项（1= 不同意、2= 不太同意、3= 不确定、4= 比较同意、5= 同意）中选出你同意或者不同意的程度。

中国大学生
适应量表[①]

---

① 张智，幸荔芸.高职学生心理健康教育（活页式）[M].上海：上海交通大学出版社，2021.

训练二 心有千千结

活动流程

（1）以学习小组为单位，每组学生手拉手围成圆圈，并记住自己的左手和右手边分别拉的是谁。

（2）记住后，当主持人说"放手"时，大家立刻放手，并在一定范围内走动，要求走得越乱越好，当主持人说"停"时，大家都立住不动，迅速找到原来左手和右手所拉的人。（注意：左手和右手的顺序不要改变，这次的目的是让小组恢复到游戏开始时的样子）

（3）当手拉住后，结成"人结"。在不可放开手的情况下，解开这个错综复杂的"人结"。如果解不开，则可征求大家意见剪开"人结"。

分享交流

（1）来到新学校、新班级，我们适应困难的"结"有哪些？

（2）解开这些"结"靠的是什么？

（3）希望大家可以适应新环境中的种种困难。

三、课后训练

适应能力实操训练

请尝试运用你所学的如何适应新生活的方法处理一个关于你或者你朋友的新生入学适应困难问题，并将处理过程和感受记录到表 1–2 中。

表 1–2 适应能力实操训练表

新生入学适应困难问题	
产生原因	
处理过程（运用的适应方法）	
我的感受	

项目评估

亲爱的同学，项目一学习完毕，请你结合自身对本项目的学习情况在表 1-3 中进行打分。评分标准如下：A 代表优秀（8～10 分）、B 代表良好（5～7 分）、C 代表一般（4～6分）、D 代表不太理想（3～5 分）、E 代表几乎没有完成（0～2 分）。

表 1-3　项目一 项目评估表

评估项目	维度	评估内容	A	B	C	D	E
任务一	学习态度	树立明确的学习目标，以较高的热情参与到本项目学习中					
	知识掌握	了解健康的新概念					
		了解心理健康的基本内涵					
		掌握大学生心理健康的基本标准					
	活动训练	积极参与课中训练活动，认真完成既定的学习任务					
		认真完成课后训练活动，巩固课堂所学知识，提高相关技能					
	效果反馈	能够运用所学知识判断自我心理健康状态，并进行积极调整					
任务二	学习态度	树立明确的学习目标，以较高的热情参与到本项目学习中					
	知识掌握	了解高职新生适应不良的表现					
		了解高职新生产生不适应的原因					
		掌握高职新生适应新生活的方法					
	活动训练	积极参与课中训练活动，认真完成既定的学习任务					
		认真完成课后训练活动，巩固课堂所学知识，提高相关技能					
	效果反馈	能够熟练运用所学知识解决适应困难					
总分							

模块二

自我探索

项目二　自我认知——全面了解自我

——任务一——
正确认识自我，接纳真实自我

一、课前热身

测一测你的自尊程度

指导语：请你扫码后认真阅读每个条目，选择你认为最符合你情况的选项。答案无正确与错误或好与坏之分，请按照你的真实情况进行选择。注意要保证对每个问题都做了回答，并且只选一个答案。

自尊量表[①]

二、课中训练

训练一　SWOT 自我分析

SWOT 分析法又被称为态势分析法，由旧金山大学的管理学教授海因茨·韦里克于20世纪80年代初提出，SWOT 四个英文字母分别代表优势（Strengths）、劣势（Weaknesses）、机会（Opportunities）、威胁（Threats）。请同学们学习用 SWOT 分析法进行自我分析，并在分析的基础上确定高职三年的学习生活目标。

内部环境

	优势 Strengths	劣势 Weaknesses
外部环境	机会 Opportunities	威胁 Threats

活动流程

（1）观看视频，了解 SWOT 自我分析模型（图 2–1）。

图 2–1　SWOT 模型 ◀

---

① 资料来源：申自力，蔡太生. Rosenberg 自尊量表中文版条目 8 的处理 [J]. 中国心理卫生杂志，2008，22（9）：661–663.

（2）进行 SWOT 自我分析，根据分析结果及个人志向确定高职三年的学习生活目标（升学、入伍、就业、创业等）。

（3）组内交流。

（4）请以升学、入伍、就业、创业为目标的学生代表各一人分享自己的 SWOT 分析。

（5）自我优化的目标和策略。

目标：_____。

策略一：_____。

策略二：_____。

策略三：_____。

训练二　同学眼中的我

他人和社会是自我的一面镜子，请学生通过了解他人对自己的看法，多角度了解自己。

活动流程

（1）请你采访你的同桌和其他任意两位同学对你的看法，并把采访的结果简单地写成 100 字的小报道"同学眼中的我"，具体模板如下。

今天，我分别采访了_____、_____、_____，他们认为我_____。

我的感受是_____，

今后应该_____。

（2）请三位同学分享采访小报道。

（3）你的感受与收获：_____。

三、课后训练

自我探索：我是谁

请学生通过自我探索，增进对自己的了解，并反思自己的自我认识是否客观。

活动流程

（1）写出 20 句"我是一个_____的人"。

要求：尽量选择表现个人风格的语句，避免出现类似"我是一个男生""我是中国人"的句子。

①我是一个_____的人，因为_____；

② 我是一个＿＿＿＿＿＿＿＿的人，因为＿＿＿＿＿＿＿＿＿＿＿＿＿＿＿＿＿；

③ 我是一个＿＿＿＿＿＿＿＿的人，因为＿＿＿＿＿＿＿＿＿＿＿＿＿＿＿＿＿；

④ 我是一个＿＿＿＿＿＿＿＿的人，因为＿＿＿＿＿＿＿＿＿＿＿＿＿＿＿＿＿；

⑤ 我是一个＿＿＿＿＿＿＿＿的人，因为＿＿＿＿＿＿＿＿＿＿＿＿＿＿＿＿＿；

⑥ 我是一个＿＿＿＿＿＿＿＿的人，因为＿＿＿＿＿＿＿＿＿＿＿＿＿＿＿＿＿；

⑦ 我是一个＿＿＿＿＿＿＿＿的人，因为＿＿＿＿＿＿＿＿＿＿＿＿＿＿＿＿＿；

⑧ 我是一个＿＿＿＿＿＿＿＿的人，因为＿＿＿＿＿＿＿＿＿＿＿＿＿＿＿＿＿；

⑨ 我是一个＿＿＿＿＿＿＿＿的人，因为＿＿＿＿＿＿＿＿＿＿＿＿＿＿＿＿＿；

⑩ 我是一个＿＿＿＿＿＿＿＿的人，因为＿＿＿＿＿＿＿＿＿＿＿＿＿＿＿＿＿；

⑪ 我是一个＿＿＿＿＿＿＿＿的人，因为＿＿＿＿＿＿＿＿＿＿＿＿＿＿＿＿＿；

⑫ 我是一个＿＿＿＿＿＿＿＿的人，因为＿＿＿＿＿＿＿＿＿＿＿＿＿＿＿＿＿；

⑬ 我是一个＿＿＿＿＿＿＿＿的人，因为＿＿＿＿＿＿＿＿＿＿＿＿＿＿＿＿＿；

⑭ 我是一个＿＿＿＿＿＿＿＿的人，因为＿＿＿＿＿＿＿＿＿＿＿＿＿＿＿＿＿；

⑮ 我是一个＿＿＿＿＿＿＿＿的人，因为＿＿＿＿＿＿＿＿＿＿＿＿＿＿＿＿＿；

⑯ 我是一个＿＿＿＿＿＿＿＿的人，因为＿＿＿＿＿＿＿＿＿＿＿＿＿＿＿＿＿；

⑰ 我是一个＿＿＿＿＿＿＿＿的人，因为＿＿＿＿＿＿＿＿＿＿＿＿＿＿＿＿＿；

⑱ 我是一个＿＿＿＿＿＿＿＿的人，因为＿＿＿＿＿＿＿＿＿＿＿＿＿＿＿＿＿；

⑲ 我是一个＿＿＿＿＿＿＿＿的人，因为＿＿＿＿＿＿＿＿＿＿＿＿＿＿＿＿＿；

⑳ 我是一个＿＿＿＿＿＿＿＿的人，因为＿＿＿＿＿＿＿＿＿＿＿＿＿＿＿＿＿。

（2）将陈述的 20 项内容做下列归类。

① 身体状况（属于你的体貌特征，如年龄、身体、体型等），编号：＿＿＿＿＿＿＿＿

＿＿＿＿＿＿＿＿＿＿＿＿＿＿＿＿＿＿＿＿＿＿＿＿＿＿＿＿＿＿＿＿＿＿＿＿＿＿＿。

② 情绪状况（你常有的情绪情感，如开朗乐观、烦恼沮丧等），编号：＿＿＿＿＿＿

＿＿＿＿＿＿＿＿＿＿＿＿＿＿＿＿＿＿＿＿＿＿＿＿＿＿＿＿＿＿＿＿＿＿＿＿＿＿＿。

③ 才智状况（你的智力、能力情况，如聪明、灵活、机灵、能干等），编号：＿＿＿＿

＿＿＿＿＿＿＿＿＿＿＿＿＿＿＿＿＿＿＿＿＿＿＿＿＿＿＿＿＿＿＿＿＿＿＿＿＿＿＿。

④ 社会关系状况（与他人关系、对他人的态度、为人处世的原则等，如热情、坦诚、乐于助人、爱交朋友等），编号：＿＿＿＿＿＿＿＿＿＿＿＿＿＿＿＿＿＿＿＿＿＿＿＿＿。

（3）分析自我认知。

① 评估自己的描述是积极的还是消极的。在每句话后面加上加号（＋）或减号（－）。加号表示对自己肯定、满意，减号表示对自己否定、不满意。

② 看看自己的加号数量多还是减号数量多。加号多于减号，说明自我概念比较积极，自我接纳状况良好；减号近半或多于加号，说明自我概念比较消极，自尊程度较低，需要

自我思考一番，如你是否过低地评价了自己？什么原因使你这样评价自己？有没有改善的可能？

任务二

构建积极自我，达成理想自我

一、课前热身

变"废"为"宝"

通过此活动，引导学生以一分为二的辩证思维看待自己的优缺点。

活动流程

（1）请一名愿意分享自己缺点的学生到台上来，大家一起帮他想想如何将他的缺点转化成优点。

（2）请将下列性格特点变成优点：内向、急躁、固执、易冲动、爱面子、缺乏激情、爱耍性子、好出风头、轻信他人、多疑等。

（3）分享交流感受与收获：_____。

二、课中训练

训练一　积极自我心理暗示

活动流程

1. 感受心理暗示

请全体学生起立一起完成一个心理游戏。

请将你的双手伸直，平放在胸前，掌心朝上，并使双手保持在同一高度。请保持安静，闭上眼睛，深呼吸，抛开杂念。

想象你的左手上有一个氢气球，你的右手上有一个铅球，并跟着下列话语在脑海中静静地想象。左手的氢气球在慢慢膨胀着，变得很轻，越来越轻，要飘起来了……你右手上的铅球也在慢慢膨胀着，变得很沉，越来越沉，你托不住它了……（重复）

请睁开双眼，看看自己的手和周围同学的手，观察它们是不是发生了变化？双手感觉如何？说说你刚才的体验。

2. 认识心理暗示

（1）小组讨论：我们日常生活中常用的心理暗示语有哪些？请小组长记录并分享。例如，当有些事情我们想做却不敢做的时候怎么暗示自己？明知上课不能玩手机却没忍住的时候怎么暗示自己？熬夜到 12 点还想继续刷视频的时候怎么暗示自己？想站起来回答问题却没站起来的时候怎么暗示自己？当一个专业知识弄不懂的时候怎么暗示自己？每天记20 个英语单词想放弃的时候怎么暗示自己？

（2）了解心理暗示的种类：一类能起到鼓舞激励的作用，是积极心理暗示；另一类起到压抑贬低的作用，是消极心理暗示。

（3）进行积极心理暗示的要求：① 要用积极的语句进行自我肯定；② 要以现在时态进行自我肯定；③ 语句简短有力；④ 形象性、可行性；⑤ 注入情感。

3. 修正心理暗示。

请同学们根据以上要求修正自己的消极暗示语。

训练二　自我超越游戏：一分钟击掌

通过此活动，学生能够发现自己的潜能，自我激励，增强信心。

活动流程

（1）估计自己一分钟能击掌多少次，将估数写下来。

（2）击掌一分钟，将击掌数写下来。

（3）激励自己以最快的速度、最优的方法再次击掌一分钟，记下击掌数。

（4）分享感悟和收获。

① _____；

② _____；

③ _____。

（5）请同学们用形容词填空。

我永远比自己估计的要_____；

我永远比自己估计的要_____；

我永远比自己估计的要_____；

我永远比自己估计的要_____；

我永远比自己估计的要_____；

我永远比自己估计的要_____；

我永远比自己估计的要_____；

我永远比自己估计的要_____；

我永远比自己估计的要_____。

（6）自我激励。

请同学们站起来，举起双手，张开双臂，然后缓缓地环抱自己的双肩，给自己一个大大的拥抱，轻轻地对自己说："对不起，我一直低估和轻视了你；感谢你，今天让我看到了不一样的自己，你一直比我认为的更好、更优秀！"

三、课后训练

自我调节实操训练

请尝试运用你所学的自我调节理论和方法改变自己的不良行为习惯，进行自我完善，并将处理过程和感受记录到表 2-1 中。

表 2-1　自我调节实操训练表

存在的不良行为习惯	
不良行为习惯的消极影响	
处理过程（采取的自我调节措施）	
我的感受	

项目评估

亲爱的同学，项目二学习完毕，请你结合自身对本项目的学习情况在表 2-2 中进行打分。评分标准如下：A 代表优秀（8～10 分）、B 代表良好（5～7 分）、C 代表一般（4～6 分）、D 代表不太理想（3～5 分）、E 代表几乎没有完成（0～2 分）。

表 2-2　项目二 项目评估表

评估项目	维度	评估内容	A	B	C	D	E
任务一	学习态度	树立明确的学习目标，以较高的热情参与到本项目学习中					
	知识掌握	了解自我意识的概念、结构和作用					
		了解大学生自我意识发展的特点、矛盾和任务					
	活动训练	积极参与课中训练活动，认真完成既定的学习任务					
		认真完成课后训练活动，巩固课堂所学知识，提高相关技能					
	效果反馈	能够熟练运用所学知识明晰自我形象					
任务二	学习态度	树立明确的学习目标，以较高的热情参与到本项目学习中					
	知识掌握	了解大学生自我意识发展的任务					
		掌握正确认识自我、积极悦纳自我、有效调控自我的途径与方法					
	活动训练	积极参与课中训练活动，认真完成既定的学习任务					
		认真完成课后训练活动，巩固课堂所学知识，提高相关技能					
	效果反馈	能够熟练运用所学知识培养健全的自我意识，不断完善自我、超越自我					
总分							

项目三　千人千面——塑造积极人格

任务一
透视人格结构，了解影响因素

一、课前热身

趣味测试：哪个手在上

尝试两手交握，你是右手拇指在上还是左手拇指在上？尝试换一下，你有什么感受？

教师总结：手的上下的不同，体现了行为方式、优势大脑的不同（左脑主管言语、逻辑思维等；右脑主管空间思维、艺术等），也体现了人格的不同。

二、课中训练

训练一　寻找改变和未改变的人格特征

活动流程

请回忆初中时的你，并与大学时的你相比较，找出三个显著改变的特征，然后列出三个没有改变的特征，填入表3-1，这些特征能反映出人格的特定方面。

表3-1　人格特征比较

项目	序号	初中时的我	大学时的我
改变的人格特征	1		
	2		
	3		
未改变的人格特征	1		
	2		
	3		

小组内分享讨论，你有什么新的发现和感受？

_____

_____

_____

注意事项

通过活动体会人格的相对稳定性与可塑性。

训练二　测一测你的气质

以下测试可以帮助你测试自我气质类型。请你扫描二维码，根据自己的真实情况在"很符合、比较符合、不确定、比较不符合、完全不符合"五个答案中选择一个适合自己的。

气质类型
测验①

三、课后训练

人格影响因素分析

视频：电影
《黑天鹅》

（1）观看电影《黑天鹅》，分析主人公妮娜（Nina）的人格特点，梳理人格影响因素，填写表 3–2。

表 3–2　妮娜人格分析

人格结构	特点	影响因素
气质		
性格		

（2）根据主教材中影响人格形成的因素（生物遗传因素、社会文化因素、家庭环境因素、教育环境因素、自然环境因素）分析自身人格，填写表 3–3。

---

① 资料来源：张拓基，陈会昌 . 关于编制气质测验量表及其初步试用的报告 [J]. 山西大学学报：哲学社会科学版，1985（4）：73–77.

表 3-3　人格影响因素分析

影响因素	对我的积极影响	对我的消极影响
生物遗传		
社会文化		
家庭环境		
教育环境		
自然环境		

任务二

真诚接纳自我，人格协调发展

一、课前热身

简版大五人格测验

　　请你扫描左侧二维码查看内容，其中，会有一些人格特质描述，可能适合你，也可能不适合你。请根据你的赞同和反对程度在七个选项中选择一项。通过测试结果，你会获得关于自己性格的全面认识。

---

①　资料来源：弗里德曼，舒斯塔克.人格心理学：经典理论和当代研究 [M].王芳，译.6 版.北京：机械工业出版社，2021.

训练一 优点轰炸

活动流程

（1）将全班学生分成若干组，每组 6～8 人，成员依次坐好。给每个学生分发一张小卡片，制作优点卡。

（2）每组选择一个优点轰炸对象，小组每位成员轮流说出他（她）的优点及令人欣赏之处（如性格、相貌、待人方式等）。被轰炸者要真诚地对赞扬他的人说"谢谢"。小组所有成员依次接受优点轰炸。

（3）每个人将优点写在优点卡上。

分享交流

被称赞时哪些优点是自己以前觉察到的？哪些优点是自己以前不知道的？被人称赞时的感受如何？称赞别人时感受如何？

_____

_____

_____

注意事项

必须称赞别人的优点，称赞时要具体，态度要真诚，要努力地发现别人的长处，不能毫无根据地吹捧，这样反而会伤害别人。

训练二 个性成就梦想

也许你想成为一名政治家，那么你是否拥有果敢的意志？

也许你想成为一名艺术家，那么你是否拥有缜密的思维？

也许你想成为一名发明家，那么你是否拥有创新的火花？

也许你想成为一名军事家，那么你是否拥有敏捷与勇敢？

也许你想成为一名教育家，那么你是否拥有对学生的挚爱？

也许你想成为一名医学家，那么你是否拥有对病人的热忱？

请你分析自己的个性特点和性格优势，依据自身特点谋划未来的成功方向，同时，请朋友对自己的个性化选择提出建议，并填写表 3-4。

表 3-4 分析自己的个性

个性特点	性格优势	成功方向	朋友建议

三、课后训练

21 天打卡活动

心理学家詹姆斯说过：种下一个行动，收获一种行为；种下一种行为，收获一种习惯；种下一种习惯，收获一种性格；种下一种性格，收获一种命运。请选择一项感兴趣的活动（如阅读、跑步、画画、专业学习等），进行 21 天的打卡，并填写表 3-5。

表 3-5 21 天习惯养成打卡

习惯名称：_____

时间	完成情况	满意度	若未完成，则在此写下原因
第 1 天			
第 2 天			
第 3 天			
第 4 天			
第 5 天			
第 6 天			
第 7 天			
第 8 天			
第 9 天			
第 10 天			
第 11 天			
第 12 天			
第 13 天			
第 14 天			

时间	完成情况	满意度	若未完成，则在此写下原因
第 15 天			
第 16 天			
第 17 天			
第 18 天			
第 19 天			
第 20 天			
第 21 天			

项目评估

亲爱的同学，项目三学习完毕，请你结合自身对本项目的学习情况在表 3–6 中进行打分。评分标准如下：A 代表优秀（8～10 分）、B 代表良好（5～7 分）、C 代表一般（4～6 分）、D 代表不太理想（3～5 分）、E 代表几乎没有完成（0～2 分）。

表 3–6　项目三 项目评估表

评估	维度	评估内容	A	B	C	D	E
任务一	学习态度	树立明确的学习目标，以较高的热情参与到本项目学习中					
	知识掌握	了解人格的基本知识					
		了解人格的影响因素					
		分析自我的气质类型					
	活动训练	积极参与课中训练活动，认真完成既定的学习任务					
		认真完成课后训练活动，巩固课堂所学知识，提高相关技能					
	效果反馈	加深对自身人格的认知，理解自身人格形成的原因					
任务二	学习态度	树立明确的学习目标，以较高的热情参与到本项目学习中					
	知识掌握	了解高职学生人格特点					
		掌握大五人格测验的使用方法					
	活动训练	积极参与课中训练活动，认真完成既定的学习任务					
		认真完成课后训练活动，巩固课堂所学知识，提高相关技能					
	效果反馈	形成主动完善人格的意识，塑造积极健康的人格					
总分							

模块三

情绪管理

项目四　收放自如——管理自我情绪

任务一
正确认识情绪，合理表达情绪

一、课前热身

演一演——情绪表演

通过此活动，引导学生初步感知情绪、识别情绪，活跃课堂气氛。

活动流程

（1）先请一位学生从教师事先准备好的纸条中抽出一张，纸条上有表示情绪的词语，如"兴高采烈""怒火中烧""心急如焚"等。

（2）请这位学生用表情和动作向台下的学生表演纸条上的情绪，不可说出来，也不可写出来。

（3）台下的学生如果猜出了所表演的情绪，则表演成功，然后请表演者选出下一个表演者。如果台下的学生没猜出来，则表演者可以请求友情援助。

（4）活动感悟：_____。

二、课中训练

训练一　画情绪饼图

引导学生通过此活动觉察自己当下的情绪状态，并学会用恰当的方式表达情绪。

活动流程

（1）回忆上一周你的主要情绪有哪些，每种情绪占比多少？例如，平静占比为65%，郁闷占比为35%。

（2）画一个圆圈，把每种情绪的占比画在圆圈中。

（3）每种情绪选用一种颜色来代表，在圆圈内涂上颜色。

（4）组内分享交流：是什么原因让你产生这些情绪的？你为什么用这样的颜色代表情

绪？如果因他人的影响而产生了消极情绪，那么你会如何表达？

（5）请2～3位学生分享。

训练二　情绪双刃剑

引导学生通过此活动了解情绪对人的影响。

活动流程

（1）阅读下列资料，思考问题。

①《史记》中记载，伍子胥在过韶关时陷入进退两难的处境，结果因极度焦虑而一夜间须发全白。

②《三国演义》中描写的周瑜才华出众、机智过人，但诸葛亮利用其气量狭小的弱点巧设计谋，气得周瑜在风华正茂的年纪断送了性命。

③《儒林外史》中描写的范进多年考不中举人，直到50多岁时终于听到自己金榜题名的消息，他喜极而泣，患上了失心疯。

问：这三则材料分别表达了什么情绪？你有什么感悟？

_____；

_____。

（2）分组交流：你最生气、最高兴、最伤心、最焦虑时有什么感受与反应？每组派代表在全班发言。

_____；

_____。

（3）教师总结情绪的影响作用。

三、课后训练

情　绪　捕　手

学生通过自我探索，增进对自己情绪的觉察。

活动流程

（1）完成下面的句子。

我最开心的一件事：_____。

我最放松的一件事：_____。

我最自豪的一件事：_____。

我最感恩的一件事：_____。

我最生气的一件事：_____。

我最难过的一件事：_____。

我最担心的一件事：_____。

我最丢脸的一件事：_____。

我最无助的一件事：_____。

（2）分组交流：注意营造安全自在的分享氛围，约定好彼此尊重，事后不议论、不扩散。

（3）你认为自己情绪的觉察能力如何？

_____。

任务二

争做情绪主人，体悟快乐人生

一、课前热身

测一测情绪稳定性

请你扫描右侧二维码，并阅读其中的每个条目，并根据自己的情况做出"是"或"否"的回答。

情绪稳定性测评①

二、课中训练

训练一　体验白熊效应

通过此活动，引导学生明白接纳情绪是调适情绪的前提。

活动流程

（1）请安放好自己的手和腿，让自己舒适地坐好，手臂放松，腿部放松，全身放松。

（2）闭上双眼，深呼吸 3～5 次。

（3）请不要去想象一只白色的熊。

（4）分享交流感受与收获：_____

_____。

---

① 高雨.大学生心理健康与素质拓展 [M].长春：东北师范大学出版社，2021.

训练二 "动情"一刻

通过此活动，引导学生认识行为动作对情绪的影响，学会通过运动锻炼改善情绪。

活动流程

（1）双手自然下垂，低下头，眼睛注视地板半分钟。

（2）举起双手，抬起头，眼睛注视天花板半分钟。

（3）说说做两种不同动作时的感受有什么不同。

_____。

（4）围成一圈，一起跳简单欢快的舞蹈，如兔子舞。

训练三 唱 反 调

通过此活动，引导学生换角度看问题，通过改变认知，调节情绪。

活动流程

（1）给每位同学发一张小卡纸，在小卡纸上写上最近一周内引起消极情绪的挫折事件，如失恋了、考试挂科了、与好朋友闹崩了等。

（2）将小卡纸交给教师，教师随机抽出几张，读出挫折事件。

（3）请其他同学唱反调，说出不同的看法，即先在挫折事件后加上"太好了"三个字，再说明原因。例如，失恋太好了，让我从一段纠结的关系中走出来了；失恋太好了，我有更多的自由时间提升自己了。

（4）请同学们分享感悟。

_____。

三、课后训练

合理情绪实操训练

请尝试运用你所学的合理情绪疗法调节自己的不良情绪，并将处理过程和感受记录到表4–1中。

表4–1 合理情绪实操训练表

日期	事件	我的评价	我的情绪及强度	替代想法	结果

日期	事件	我的评价	我的情绪及强度	替代想法	结果

项目评估

亲爱的同学，项目四学习完毕，请你结合自身对本项目的学习情况在表 4-2 中进行打分。评分标准如下：A 代表优秀（8~10 分）、B 代表良好（5~7 分）、C 代表一般（4~6 分）、D 代表不太理想（3~5 分）、E 代表几乎没有完成（0~2 分）。

表 4-2　项目四 项目评估表

评估项目	维度	评估内容	A	B	C	D	E
任务一	学习态度	树立明确的学习目标，以较高的热情参与到本项目学习中					
	知识掌握	了解情绪的类别与功能					
		了解情绪情感产生的原理					
		了解大学生的情绪表现					
	活动训练	积极参与课中训练活动，认真完成既定的学习任务					
		认真完成课后训练活动，巩固课堂所学知识，提高相关技能					
	效果反馈	能够熟练运用所学知识有效识别自己的情绪情感					
任务二	学习态度	树立明确的学习目标，以较高的热情参与到本项目学习中					
	知识掌握	了解情绪管理的概念					
		掌握情绪管理的方法					
		了解情绪管理的意义					
	活动训练	积极参与课中训练活动，认真完成既定的学习任务					
		认真完成课后训练活动，巩固课堂所学知识，提高相关技能					
	效果反馈	能够熟练运用所学知识解决情绪困扰					
总分							

项目五　铿锵人生——学会抗挫耐压

任务一

应对心理挫折，合理防卫机制

一、课前热身

测一测你的挫折承受力

活动流程

（1）全体学生不分组，自由面向前台站立。

（2）教师宣布游戏内容和规则。

① 游戏中有四种角色，从低到高依次为鸡蛋、小鸡、母鸡、凤凰。这四种角色的标志姿势分别为：鸡蛋——身体蹲下；小鸡——身体半蹲，手扶膝盖；母鸡——身体直立，一手上举；凤凰——展开双臂呈飞翔状。

② 全班所有人共同参加游戏。

③ 所有人最初都是鸡蛋，只有通过和同级别的人角逐才可能一步步晋升。

④ 角逐的方式是"石头—剪刀—布"，赢的上升一级，输的降为鸡蛋。

⑤ 凤凰不用再参加角逐，"展翅飞回"团体辅导室两边的座位即可。

⑥ 游戏进行到只剩一个鸡蛋、一只小鸡、一只母鸡，其他所有人都晋升为凤凰时结束。

⑦ 先晋升者没有奖励，没能晋升者也没有惩罚。

（3）游戏进行 2～3 轮，每轮结束后请大家明确没能晋升者和直接连续晋升者分别是哪几位同学。

二、课中训练

训练一　看见挫折

活动流程

（1）请写下令自己伤心、失望、沮丧、痛苦的事件，在这些事件中你的心理反应是什么？你学到了什么？将相关内容填入表 5-1。

表 5-1 挫折分析表

序号	挫折情境	情绪反应	行为反应
1			
2			
3			
4			
5			

（2）小组交流讨论。

_____

_____

_____

（3）小组代表在班级进行分享。

训练二 情景表演

活动流程

（1）依据"训练一"中的挫折情境，分小组进行情景表演，剧情包含具体挫折情景的演绎、挫折应对等。参考主题如下：① 交友遇到挫折；② 恋爱遇到挫折；③ 学习遇到挫折。

（2）分组展示。

（3）全班进行讨论。

① 你如何看待遇到的挫折，现在回想有什么积极意义？

_____

_____

_____

② 下次遇到类似的挫折情境，你会如何应对？

_____

_____

_____

三、课后训练

搜 一 搜

搜集积极面对挫折的典型案例或名人名言。当自己的人生遭遇挫折时，学会用这些典型案例或名人名言来激励自己，渡过难关。

任务二

纾解心理压力，保持前进动力

一、课前热身

做做心理减压操

活动流程

从下面四种心理减压操中任选一种做五分钟。

第一种："静思颐养操"，用一种你认为最舒适的姿势坐在高度适中的椅子上，让同伴缓缓地按摩你的肩、颈部肌肉。其间，做均匀的深呼吸，并轻微地转动头部。时间一般以15分钟左右为宜。该练习可以缓解学习时注意力不集中、思维混乱等心理障碍。

第二种："耳部按摩操"，选择一种舒服的姿势平躺或静坐，然后闭上双眼，用拇指和食指夹住耳朵。拇指在后，食指在前，自耳朵上部向下部来回轻轻捏揉10分钟左右。该练习可以改善记忆力减退的状况。

第三种："提腿摸膝操"，两脚开立与肩同宽。先平抬左腿，用右手摸左膝；再抬起右腿，换左手摸右膝，如此交叉反复练习三分钟。然后改做平行练习，即先抬左腿，以左手摸左膝；再抬右腿，以右手摸右膝，持续练习三分钟。该练习可以促进大脑两半球协调工作的能力，缓解单侧用脑过度引发的身心疲劳症状。

第四种："想象放松操"，选择舒适的姿态让自己倚靠或平躺下来，然后闭上双眼，努力想象一个令自己舒适、轻松的场景。练习时间为10分钟。该练习可以减少杂念和焦虑，增强内在的平衡感。

训练一　压力光谱图

了解了自己的压力，也了解了其他人的压力，大家有什么感想？其实，面临一个比较重要的事件时，我们都会不同程度地感到紧张，产生压力，这是很自然的事情。面对压力，我们并不"孤单"。

活动流程

（1）以教室前后墙面分别代表数字"0"和数字"10"，并说明："0"代表几乎没有压力，"10"代表压力很大难以承受；数字"0"到"10"之间即代表压力的连续"光谱"。

（2）请学生评估自己的压力大小，分小组站到"光谱"的相应位置，同样程度压力的成员可站成一排。

（3）请学生相互观察，了解自己的压力情况及其他人的压力情况。

分享交流

（1）你的压力情况（0～10的某一水平）是怎样的？为什么这样评估？

_____

_____

_____

（2）这种压力对你目前的影响是什么？

_____

_____

_____

训练二　故事解读

活动流程

请朗读"九只狐狸与压力应对"的故事。

九只狐狸与压力应对

盛夏酷暑，一群口干舌燥的狐狸来到一个葡萄架下，一串串晶莹剔透的葡萄挂满枝头，狐狸们馋得直流口水，可葡萄架很高它们够不到。

第一只狐狸跳了几下摘不到，从附近找来一个梯子，爬上去满载而归。

第二只狐狸跳了多次仍吃不到，找遍四周，没有任何工具可以利用，笑了笑说："这里的葡萄一定特别酸！"于是，它心安理得地走了。

第三只狐狸高喊着"下定决心，不怕万难，吃不到葡萄死不瞑目"的口号，一次又一次地跳个没完，最后累死在葡萄架下。

第四只狐狸因吃不到葡萄而整天闷闷不乐，抑郁成疾，不治而亡。

第五只狐狸想："连个葡萄都吃不到，活着还有什么意义呀！"于是用一根树藤上吊了。

第六只狐狸吃不到葡萄便破口大骂，被路人一棒子了却了性命。

第七只狐狸抱着"我得不到的东西也决不让别人得到"的阴暗心理，一把火把葡萄园烧了，遭到其他狐狸的共同围剿。

第八只狐狸想从第一只狐狸那里偷、骗、抢些葡萄，也受到了严厉的惩罚。

第九只狐狸因吃不到葡萄而气急发疯、蓬头垢面，口中念念有词："吃葡萄不吐葡萄皮……"

另有几只狐狸来到一个更高的葡萄架下，经过友好协商，利用叠罗汉的方法，最终成果共享，都得到了葡萄。

分享交流

（1）狐狸面对压力时，分别采用了哪种心理防御机制？

_____

_____

_____

（2）当在生活中面对压力时，你愿做哪只狐狸？为什么？

_____

_____

_____

三、课后训练

看一看释压电影

观看缓解压力的经典电影，如《阿甘正传》《美丽心灵》《跳出我天地》《肖申克的救赎》《面对巨人》等。

项目评估

亲爱的同学，项目五学习完毕，请你结合自身对本项目的学习情况在表5-2中进行打分。评分标准如下：A代表优秀（8~10分）、B代表良好（5~7分）、C代表一般（4~6

分）、D 代表不太理想（3~5分）、E 代表几乎没有完成（0~2分）。

表 5-2　项目五 项目评估表

评估项目	维度	评估内容	A	B	C	D	E
任务一	学习态度	树立明确的学习目标，以较高的热情参与到本项目学习中					
	知识掌握	了解挫折的定义及其三个方面的含义					
		了解高职学生挫折心理的成因					
		了解应对挫折的方法					
	活动训练	积极参与课中训练活动，认真完成既定的学习任务					
		认真完成课后训练活动，巩固课堂所学知识，提高相关技能					
	效果反馈	能够熟练运用所学知识应对挫折					
任务二	学习态度	树立明确的学习目标，以较高的热情参与到本项目学习中					
	知识掌握	了解常用的减压方法					
		了解压力的内涵、来源及不良身心反应					
		了解高职学生常见的压力					
	活动训练	积极参与课中训练活动，认真完成既定的学习任务					
		认真完成课后训练活动，巩固课堂所学知识，提高相关技能					
	效果反馈	能够熟练运用所学知识管理压力					
总分							

模块四

学习心理

项目六　自主高效——发挥学习优势

-------------------- 任务一 🌿 --------------------

坚持自主学习，养成良好习惯

一、课前热身

测一测你的自主学习能力

请扫描右侧二维码根据自己的实际情况做出选择。

高职学生自
主学习能力
评估[1]

二、课中训练

训练一　学习情景的表演

活动流程

（1）分组准备情景表演，每组 6 ~ 8 人。每个小组依据不同学习情景，用情景演绎的形式表现出来。反思自己在平时的学习中是否存在这种现象，从模拟表演中你是否看到了自己的身影？谈谈你的感受，并说说今后该如何做。假设学习中存在下列情景。

① 在课堂上，自主学习 = 自己学习，上甲课做乙事。

② 要交作业时，马上赶抄作业或机械地抄参考书答案。

③ 晚自习时，一有问题就问人。

④ 在课堂上，偷看手机。

⑤ 双休日，不知如何打发时间，不是蒙头大睡就是整日上网或瞎逛。

⑥ 面对考试，平时"不烧香"，临时"抱佛脚"。

（2）根据自主学习的三个特征，回答三个问题。

① 你的自主学习能力如何？

---

[1]　资料来源：蔡梦娇. 网络学习环境下大学生自主学习能力影响因素研究 [D]. 广州：广东技术师范大学，2024.

②哪些方面表现好，需要巩固和坚持？

③哪些方面比较欠缺，需要加强与改进？

分享交流

每个小组推举一个代表分享活动感受，给自己的自主学习状况做一个评价，明确努力的方向。

注意事项

分组时要注意使外向学生与内向学生搭配，课前布置任务做好准备，将学习问题情景化，适当添加旁白。

训练二　高职学习方式

活动流程

写下中学时期（高中或中职）与高职时期的学习差异。

（1）学习内容上有哪些不同？

_____

（2）学习方式、方法上有哪些不同？

_____

（3）学习环境上有哪些不同？

_____

（4）学习时间安排上有哪些不同？

_____

（5）学习评价上有哪些不同？

_____

分享交流

分组讨论交流，推举一个代表分享小组答案并做总结，分享对高职学习方式改变的体会，调整自己的学习方式的心得。

注意事项

可以按寝室分组，便于学生课前与课后进行充分讨论与交流。

三、课后训练

今日学习自我评价

请你完成今日学习自我评价表（表6-1）。

表 6-1　今日学习自我评价表

序号	题目	好	中	差
1	上课的准备是否充分			
2	作业是否按时完成			
3	上课时注意力是否集中			
4	课堂发言是否积极			
5	不懂的地方是否主动请教他人			
6	课堂练习都做对了吗			
7	每节课的学习任务都完成了吗			
8	学习方法的使用情况怎么样			
9	对所学的知识感兴趣吗			
10	今天的学习与昨天相比如何			

请写下自己的感想和意见：＿＿＿＿＿＿＿＿＿＿＿＿＿＿＿＿＿

任务二

优化学习策略，发挥学习优势

一、课前热身

测一测你的学习技能

请你扫描右侧的二维码，根据自己的实际情况，对每道题目进行作答，每道题只能选择一个答案。本测验旨在帮助你找到自己的优势和不足，对自己的学习情况进行全面、客观的评价。

学习技能
测验①

二、课中训练

训练一　优 势 学 习

活动流程

（1）下面有六种学习方式，你最喜欢哪一种？在你最喜欢的学习方式后面画"√"。

动手学习：通过自己动手学习知识。

---

① 资料来源：秦一民. 大学生职业生涯规划指导 [M]. 西安：西安交通大学出版社，2011.

视觉学习：通过声像学习知识。

自由学习：通过自由坐姿学习知识。

伴音学习：通过背景音乐学习知识。

成对学习：通过小组协作学习知识。

走动学习：通过间歇活动学习知识。

（2）对照下面的学生学习特点描述，确认你属于哪种学生。

① 动手型学生。这类学生在学习中需要较多的身体活动参与，只有这样才能记住课堂教学的内容。动手项目，如模型制作及节目表演，对他们来说是一种有效的学习手段。

② 视觉型学生。这类学生记住知识的最佳方式是亲眼见到所学的知识，电影、教育电视节目及博物馆展品可以帮助他们很好地学习。

③ 自由型学生。这类学生在不太严格的学习中，成绩突出。躺在舒适的软椅上，也许比使用书桌和直背椅子更能提高他们的学习成绩。

④ 伴音型学生。这类学生在学习时，需要用声音作为一种背景，这样能更好地集中思想。一些电台播放的摇滚乐会促进他们学习，而不会干扰他们。

⑤ 成对型学生。这类学生在与另一个伙伴合作学习时成绩最佳，而单独学习时成绩不理想。

⑥ 走动型学生。这类学生在学习时，要走来走去，或稍稍休息一下，停下来，喝点水，向窗外眺望一会儿。这会使其注意力更集中。

（3）找到你最擅长的学习风格了吗？现在请你找到班里和自己学习风格一致的同学，并和他们组成一个小组。全班一共分为六个小组。

分享交流

请每个小组根据小组的优势学习风格，分享这种学习风格给自己带来的积极的影响，同时讨论如何避免这种学习风格的不足。

注意事项

在活动中最好邀请辅导员、任课教师参加小组讨论与分享。学生形成学习小组，分类承担班级的学习任务与班级主题活动。

训练二　独门学习秘籍

活动流程

（1）每位学生在纸上写出适合自己的学习方法与策略，也可提出自己在学习中遇到的困难与问题。

（2）每6～8位学生组成一组，在小组中交流个人的学习方法和问题，分享经验，并讨论学习问题的解决办法。

每个小组派一名代表总结小组成员的学习经验、问题及解决问题的办法，在班上交流，大家共同分享团体活动的成果。

注意事项

学习策略因人而异，不能负面评价别人的学习经验，我们应结合自己学习实际，有选择性地学习别人的学习策略。

三、课后训练

养成良好的学习习惯

行为主义心理学研究显示，21 天的重复会形成一种习惯，90 天的重复会形成一种稳定的习惯。这一过程大致可分为三个阶段。

第一阶段：1~7 天。此阶段的特征是"刻意，不自然"。你需要刻意提醒自己改变，而且会觉得有些不自然、不舒服。在此阶段，你能感受到新旧习惯格斗的疲累，也能体味到不断超越旧习惯的欣喜。

第二阶段：7~21 天。不要放弃第一阶段的努力，继续重复，即跨入第二阶段。此阶段的特征是"刻意，自然"。你已经觉得比较自然、比较舒服了，但是一不留意，你又会回到从前的状态。因此这一时期也是最危险的时期，许多新习惯因在这一时期疏忽了对自己的提示而又被破坏。因此你需要经常刻意提醒自己改变。

第三阶段：21~90 天。此阶段的特征是"不经意，自然"。一旦你跨入此阶段，就代表着你已经完成了自我改造，这项习惯已经成为你生命中一个有机组成部分，它会自然而然地一刻不停地为你服务。

在一个新习惯形成的全过程中，有两个最关键的字——坚持。特别是在第一阶段和第二阶段，没有坚持，你什么习惯都不可能形成。只有不断坚持，你才会由"刻意，不自然"过渡到"刻意，自然"，最终形成一种"不经意，自然"的好习惯。

现在，请找出一种你最想养成的良好的学习习惯，从今天开始实践，坚持 90 天，相信你一定能形成一种稳定的好习惯。例如，养成课前预习的习惯；养成集中注意力听课的习惯；养成做笔记的习惯；养成及时完成作业的习惯；养成职业技能练习的习惯；等等。

项目评估

亲爱的同学，项目六学习完毕，请你结合自身对本项目的学习情况在表 6-2 中进行打分。评分标准如下：A 代表优秀（8~10 分）、B 代表良好（5~7 分）、C 代表一般（4~6

分）、D代表不太理想（3~5分）、E代表几乎没有完成（0~2分）。

表 6-2　项目六 项目评估表

评估项目	维度	评估内容	A	B	C	D	E
任务一	学习态度	理解自主学习的重要性					
	知识掌握	理解自主学习的概念与特征					
		了解大学生自主学习能力培养的方法					
	活动训练	积极参与课中训练活动，认真完成既定的学习任务					
		认真完成课后训练活动，巩固课堂所学知识，提高相关技能					
	效果反馈	能够熟练运用所学知识培养自主学习能力					
任务二	学习态度	理解学习策略的重要性					
	知识掌握	理解学习策略的界定、特征					
		理解认知策略、元认知策略和资源管理策略的相关理论					
		掌握新时代大学生自主学习能力提升的策略					
	活动训练	积极参与课中训练活动，认真完成既定的学习任务					
		认真完成课后训练活动，巩固课堂所学知识，提高相关技能					
	效果反馈	能够熟练运用所学知识提升自主学习能力					
总分							

项目七 告别拖延——提高时间效率

—— 任务一 🌿 ——

强化时间观念，科学安排时间

一、课前热身

感受一分钟

活动流程

（1）全班依次完成以下任务，感受一分钟：① 扎马步一分钟；② 金鸡独立一分钟；③ 扎马步—双手托书一分钟。

（2）主持人提出讨论的问题：这一分钟给你什么样的感受？

（3）小组讨论。

（4）全班交流。

二、课中训练

训练一 撕 纸 知 时

活动流程

（1）每人拿到一张大小相同的纸条（图 7-1）。在纸条上有一个时间轴，整张纸条的长度代表大学三年的学习时光。

0						100
入学	第一学期	第二学期	第三学期	第四学期	第五学期	第六学期

图 7-1 时间轴纸条 ◀

（2）现在请你一一列出大学期间想要实现的目标，并在纸条上点出自己可能实现这一目标的时间点。

（3）开始撕纸。首先，撕去已经过去的时间，因为对于过去的时光我们已经无能为力了。然后，撕去确定目标后我们没有为之努力的时间。例如，要撕掉 1/3 的睡眠时间，还要撕掉吃饭、逛街、看电视等共 1/3 的娱乐时间……

分享交流

（1）撕完后还有多少时间可以用来实现目标？

（2）撕纸条的时候你是什么感受？

（3）拿着这张代表剩余时间的小纸条，你想到了什么？

训练二　时间四象限

活动流程

（1）列出自己上一周内完成的 10 件事情，并排出先后顺序及这样安排的原因，完成表 7-1。

表 7-1　上周完成的 10 件事

顺序	事件	原因
1		
2		
3		
4		
5		
6		
7		
8		
9		
10		

（2）教师介绍时间四象限的使用方法

（3）成员们将这些事情填在时间四象限表（表 7-2）中，完成后在小组内分享。

表 7-2　时间四象限表

	紧急	不紧急
重要		
不重要		

（1）比较表 7-2，表 7-2 中事件顺序有何不同？

_____

_____

（2）从中你有什么收获、启示？

_____

_____

_____

注意事项

引导学生做事要分清轻重缓急，要事优先，要懂得团队协作等。

三、课后训练

规划一天的时间

活动流程

（1）说说你一天的时间是怎样度过的，并填在表 7-3 中。

表 7-3　一天时间规划比较表

时间段	小米	你
0:00 ~ 1:00	刷微博	
1:00 ~ 7:00	睡觉	
7:00 ~ 8:20	起床、上早自习、吃早餐	
8:20 ~ 12:00	上课	
12:00 ~ 13:00	吃中餐	
13:00 ~ 14:00	午睡	
14:00 ~ 17:00	上课、社团活动	
17:00 ~ 18:00	吃晚餐	
18:00 ~ 19:00	运动 / 外出购物	
19:00 ~ 21:00	自习、练琴	
21:00 ~ 23:00	听音乐、看剧、聊天等	
23:00 ~ 24:00	洗漱上床	

小米："唉……这样算不算有规律啊？但是好像不够健康。你的一天是怎样的？"

（2）科学规划你一天的时间，并填在表7-4中。

表7-4　一天时间规划表

时间段	事项

------- 任务二 -------

避免拖延行为，提高学习效率

一、课前热身

快 速 行 动

活动流程

（1）参与者站成一圈。

（2）其中一个人喊出一个任务，如"立刻举起右手"。其他人要尽快做出相应动作，不能拖延。

（3）谁动作最慢，就淘汰出局，最后剩下的人获胜。

（4）可重复玩多次。

让学生直观地感受到拖延会导致失败，从而提醒学生要避免拖延，迅速行动。

二、课中训练

训练一　聊聊"拖延"这件事

活动流程

（1）4～5人形成一个小组（最好一个小组内既存在有拖延困扰的同学，也有无拖延困扰的同学）。

（2）请有拖延困扰的学生尽情诉说自己的拖延经历及感受。可以参考下面的提问展开诉述。

① 你平时拖延的表现是什么？当你拖延的时候，内心有什么样的感受？

② 你觉得自己为什么会拖延？

③ 拖延带给你什么影响？你想摆脱拖延吗？你做了哪些尝试？是否成功？

④ 你觉得身边的家人、朋友和教师可以做些什么来帮助你摆脱拖延？

⑤ 克服拖延会带给你什么？

（3）请没有拖延困扰的学生说说自己的感受。可以参考下面的提问展开诉述。

① 过去你对拖延的认识是什么？

② 听完刚刚有拖延困扰的学生的分享，你对拖延的认识有改变吗？

③ 你平时是怎样预防拖延的？

④ 关于拖延，你还想了解什么？

⑤ 你打算怎么帮助有拖延困扰的学生？

（4）为有拖延困扰的学生寻找改变的办法。

训练二　时间的偷窃者

活动流程

（1）讨论、分享自己的时间是如何分配的，以及哪些时间用得合理、哪些时间用得不合理。

（2）小组内的每位成员用纸条写出一两条时间用得不合理的例子，在小组内打乱，让每位成员抽1～2张纸条，然后给出相关的建议，帮助其他组员解决问题。

（3）小组讨论，每组派一个代表发言。

分享交流

（1）你觉得自己的大部分时间用得是否合理？在什么地方用得不合理？

（2）当听到别人给你提的意见的时候，你有想过这样的办法吗？做到了吗？如果没有，则说明理由。

（3）你给别人提建议的时候，你的心情是怎样的？你曾经有过时间管理不合理的经历吗？

三、课后训练

与拖延说再见

（1）招募组员。召集有着相同拖延行为的同学成立一个小组。自觉没有拖延的同学可作为助力员分配到各组中，帮助拖延小组。

（2）为小组命名。例如，可命名为"上课不迟到小组""作业不拖延小组""天天运动小组""天天减肥小组"等。

（3）小组内研讨。确定组长、组员公约、后续行动计划等，并将其写到宣传纸上。

（4）小组轮流展示。重点展示各组的行动计划。

（5）回归小组内，成员之间分享交流感受。

① 成员自由发言：谈谈自己对制订行动计划的看法，以及观摩其他组后的感受等。

② 助力员分享：可以分享自己不拖延的经验，或自己对行动计划的见解等。

项目评估

亲爱的同学，项目七学习完毕，请你结合自身对本项目的学习情况在表 7-5 中进行打分。评分标准如下：A 代表优秀（8~10分）、B 代表良好（5~7分）、C 代表一般（4~6分）、D 代表不太理想（3~5分）、E 代表几乎没有完成（0~2分）。

表 7-5　项目七 项目评估表

评估项目	维度	评估内容	A	B	C	D	E
任务一	学习态度	树立明确的学习目标，以较高的热情参与到本项目学习中					
	知识掌握	理解管理时间的重要性					
		掌握有效管理时间的策略					
	活动训练	积极参与课中训练活动，认真完成既定的学习任务					
		认真完成课后训练活动，巩固课堂所学知识，提高相关技能					
	效果反馈	能够熟练运用所学知识管理时间					

评估项目	维度	评估内容	A	B	C	D	E
任务二	学习态度	树立明确的学习目标，以较高的热情参与到本项目学习中					
	知识掌握	了解拖延症的表现及危害					
		了解拖延症的类型及成因					
		掌握拖延症的预防方法					
	活动训练	积极参与课中训练活动，认真完成既定的学习任务					
		认真完成课后训练活动，巩固课堂所学知识，提高相关技能					
	效果反馈	能够熟练运用所学知识预防拖延症					
总分							

模块五

人际心理

项目八 和而不同——构建和谐人际

认识人际心理，提升人际魅力

一、课前热身

说出初印象

活动流程

（1）回忆初印象。请同学们回忆自己在班上认识的第一位同学，以及对方在自己心中的初印象。

（2）讲述初印象。组织者随机请一位同学担任第一位讲述者，并请他走到自己在班上认识的第一位同学面前，和对方打招呼（如握手、击掌等）。然后向对方讲述自己对他／她的初印象。被讲述的同学回馈听到后的感受及对对方的初印象。

第一位讲述者指定下一位讲述者，向自己认识的第一位同学表达初印象。具体轮次由组织者确定。

（3）记录活动感受。

_____

_____

_____

二、课中训练

训练一 绘制我的人际圈

活动流程

人从出生到死亡，是一个逐步社会化的过程，在这个过程中，人们都在一定的相对稳定的群体中生存。这个相对稳定的群体可以被称为人际圈。你身处于怎样的人际圈中？

图 8-1 为一个人际圈，最中间的圆代表你自己。打开你的记忆，寻找和你的生命有联结的人，他/她可能是你的亲人、同学，或者是对你产生重大影响的人。根据你们之间关系的亲疏（越靠近"我"代表关系越亲近），把他们写在同心圆的不同位置上。希望大家通过绘制自己的人际圈并对自己的人际关系进行分析，进而反思与改进自己的人际现状。

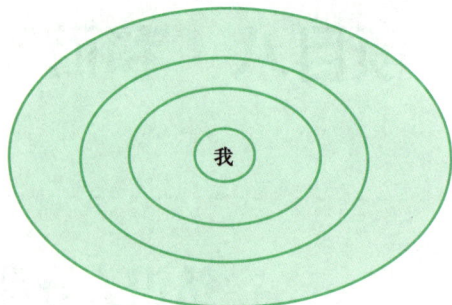

图 8-1　我的人际圈 ◀

分享交流

（1）自己的人际现状如何？（是否丰富？目前交往比较紧密的人有哪些？）

_____

_____

_____

（2）你对自己的人际现状满意吗？为什么？

_____

_____

_____

（3）你觉得应如何扩展自己的人际圈？

_____

_____

_____

_____

训练二　请你帮帮我

活动流程

（1）以小组为单位，每个人在纸条（表 8-1）上写下一个自己在人际交往中遇到的困难。

（2）大家互换纸条（请沿着虚线裁剪后交换），每个人拿到一张他人的纸条，并在纸条上写下应对这一人际困难的办法。

（3）将纸条还回到主人手中。

分享交流

（1）组内分享各自遇到的人际困难，看看大家的困难有何相似和不同之处。

（2）分享自己看到别人写的应对办法后的感受和收获。

（1）活动目的在于通过相互帮助与分享，让学生体验到互帮互助的快乐，认识并体会人际交往的意义。

（2）分组形式和分享环节的程序可根据需要适当调整。

（3）书写纸条环节大约需要五分钟，组内交流大约需要 10 分钟。带领者要注意表述清晰、态度亲切。

温馨提示：请沿着虚线裁剪表格

表 8-1 "请你帮帮我"活动记录表

姓名：_____ 　　　　　　　　　　　　　　　　　　　组别：_____

我遇到的人际困难	
你的建议	
我的感受和收获	

三、课后训练

人际吸引小调查

（1）请找不少于三位同学（不局限于本班级）回答以下问题。

① 回顾我国的历史名人，你最欣赏的人是谁？请列举他 / 她三项以上的个性品质。

② 你身边最受欢迎的同学是谁？请列举他 / 她三项以上的个性品质。

（2）总结调查结果并填写至表 8-2 中，并与你的伙伴分享调查结果。

表 8-2　人格特质调查结果记录表

历史名人	个性品质

身边人物	个性品质

任务二

开展有效沟通，形成和谐关系

一、课前热身

我 说 你 画

活动流程

1. 第一轮

（1）邀请一位同学上台担任传达者，其余同学都是倾听者。

（2）传达者看样图（一）两分钟，背对全体倾听者，传达画图指令。倾听者们根据传达者的指令画出图形，倾听者不许提问。

（3）教师展示倾听者画的图，请传达者和倾听者分别谈谈自己的感受。

2. 第二轮

（1）邀请另一位同学上台扮演传达者，其余同学作为倾听者。

（2）传达者看样图（二），面对倾听者们传达画图指令，并允许倾听者提问。

（3）教师展示倾听者画的图，请传达者和倾听者谈谈自己的感受，并比较两轮活动的过程和结果。

"我说你画"
活动样图

分享交流

（1）采访倾听者：画样图（一）时，你认为传达者的表述准确吗？哪里不够准确让你容易出错？

（2）采访倾听者：画样图（二）时，你认为传达者的表述比前一位更好吗？为什么？

（3）采访倾听者：你觉得画哪个图样更容易更准确？为什么？

（4）采访两位传达者：你觉得他们画的是你所表达的吗？

（5）采访全体同学：根据这个活动，你认为有效沟通的关键在哪里？你从中有什么收获？请记录在下方。

_____

_____

_____

_____

注意事项

（1）为确保获得最佳的活动体验，每轮活动开始时，样图只给本轮传达者看。

（2）样图的顺序仅供参考，教师可以自主设定样图的顺序。

二、课中训练

训练一　人际冲突小剧场

活动流程

（1）提前布置任务：让学生以寝室为单位撰写寝室人际冲突小剧本。例如，在宿舍被霸凌、被孤立。又如，因生活习惯差异或个性差异产生矛盾冲突等。

（2）挑选出 3~4 个能反映典型矛盾冲突并成功化解矛盾的剧本，安排演员排练。

（3）现场表演人际冲突小剧场。

分享交流

（1）学生以寝室为小组，针对每部剧进行讨论分析，并填写表 8-3。

表 8-3　"人际冲突小剧场"活动记录表

剧目序号	这部剧中产生人际矛盾的原因是什么？	剧中人运用了哪些化解人际冲突的方法和技巧？效果如何？	还可以采取哪些方法和技巧来化解这一人际冲突？
1			

剧目序号	这部剧中产生人际矛盾的原因是什么？	剧中人运用了哪些化解人际冲突的方法和技巧？效果如何？	还可以采取哪些方法和技巧来化解这一人际冲突？
2			
3			
4			

（2）通过观察人际冲突小剧场，你认为哪些人际交往原则是格外重要的？

_____

_____

_____

_____

记录心里话

讨论结束后，请在下方写下自己最想对室友说的话。

_____

_____

_____

注意事项

（1）剧本需要提前请学生以宿舍为单位创作，应建构反映当代高职学生典型矛盾冲突的场景，注意避免主题的雷同。教师应予以适当指导。

（2）现场展示的剧本数量可以根据班级学生的实际情况确定，尽可能满足本班学生的人际交往需要。

（3）注意营造安全自在的交流氛围。大家约定好彼此尊重，履行保密原则，事后不议论。

训练二　学会拒绝，勇于说"不"

活动目的

在生活中，很多人会碍于情面不好意思拒绝别人的请求，久而久之，反而容易让自己陷入人际困境。因此学生学会在必要时恰当拒绝他人，有利于创造良好的人际关系。本次训练旨在帮助学生掌握拒绝的艺术和智慧，勇敢表达拒绝。

活动流程

1. 设定情景

周六这天，你的好朋友小米说心情不太好，想约你去看一部你们都很想看的电影，而你已经和朋友小青结为搭档报名了下周一的朗诵比赛，你们约好了周六一起练习，为比赛做准备。你会如何拒绝朋友小米呢？

2. 分组交流

（1）学生们分组针对上述情景讨论拒绝的办法。每组派一个代表发言，模拟拒绝的表述，并阐述选择这种拒绝方式的意图。

（2）请大家说说各组拒绝方式的不同或相似之处。

3. 教师介绍如何运用下面三种拒绝方式应对上述情景

（1）补偿式拒绝：提出另一建议，以示诚意，如"你还可以……"。

（2）先肯定后拒绝：以示其情非得已，如"我本想……，但是……"。

（3）爱护性拒绝：站在对方立场说理由，如"我知道你……"。

4. 应用练习

请分组讨论如何运用上述拒绝方式来应对下列情景。

室友小甲平时习惯请别人帮忙。小乙想着室友之间应该互帮互助，便时常给予小甲帮助，但是次数多了，小乙也开始不太乐意。这天小乙刚要去商店购买周末出游的物品，小甲知道他／她的去向后，便想请他／她去菜鸟驿站帮忙把快递拿回来。小乙一想到自己提一堆物品还要去帮他拿快递，内心便想拒绝。如果你是小乙，那么你会如何拒绝小甲？

活动感受

说说自己对恰当拒绝的理解。

_____

_____

_____

人际交往实操训练

请尝试运用你所学的人际交往理论和方法处理一个关于你或者你朋友的人际关系问题，并将处理过程和感受记录到表 8-4 中。

表 8-4 人际交往实操训练表

存在的人际关系问题	
产生原因	
处理过程（运用的人际交往技巧）	
我的感受	

项目评估

亲爱的同学，项目八学习完毕，请你结合自身对本项目的学习情况在表 8-5 中进行打分。评分标准如下：A 代表优秀（8～10 分）、B 代表良好（5～7 分）、C 代表一般（4～6 分）、D 代表不太理想（3～5 分）、E 代表几乎没有完成（0～2 分）。

表 8-5 项目八 项目评估表

评估项目	维度	评估内容	A	B	C	D	E
任务一	学习态度	树立明确的学习目标，以较高的热情参与到本项目学习中					
	知识掌握	了解人际交往的定义及高职学生人际交往的特点					
		了解高职学生人际交往的影响因素					
		了解人际交往中的心理效应					
	活动训练	积极参与课中训练活动，认真完成既定的学习任务					
		认真完成课后训练活动，巩固课堂所学知识，提高相关技能					
	效果反馈	能够熟练运用所学知识增强人际关系					

评估项目	维度	评估内容	A	B	C	D	E
任务二	学习态度	树立明确的学习目标，以较高的热情参与到本项目学习中					
	知识掌握	了解人际交往中的常见问题					
		了解人际交往的原则					
		了解人际交往的常见技巧					
	活动训练	积极参与课中训练活动，认真完成既定的学习任务					
		认真完成课后训练活动，巩固课堂所学知识，提高相关技能					
	效果反馈	能够熟练运用所学知识解决人际关系困扰					
总分							

项目九 溯源心灵——接纳原生家庭

任务一
认识家庭意义，分析自我成长

一、课前热身

寻觅我的"家"

活动流程

（1）请学生手拉手围成一个大圈。

（2）根据教师提示变换围成一圈的人数，组成新的"家"。例如，教师说四，所有学生就要四个人围成一圈，落单的学生就只能在外边。

（3）教师变换家庭成员数字 3～4 次。

二、课中训练

训练一 描述我的家庭

活动流程

想起自己的家庭时，第一时间在脑海中浮现的物品是什么？感受到的味道是什么？请打开你的记忆通道，将下面的句子补充完整。

我的家庭是_____，有_____的味道。

我的家庭是_____，有_____的味道。

我的家庭是_____，有_____的味道。

分享交流

（1）请几位同学分享自己填写的内容。

（2）请分析家庭在你生命中的作用。

注意事项

教师在学生分享过程中引导学生体会家庭的作用和功能。

训练二 绘制我的家谱图

活动流程

家谱图是理解家庭模式的一个实用工具，它通常包含三代直系血亲成员之间的关系，可以生动地呈现一个家庭的信息，这些信息可以帮助我们了解家庭带给自己的影响。我们来绘制一下自己的家谱图吧！

1. 认识家谱图

图 9-1 是一位 19 岁女高职生的家谱图，女生爸爸 47 岁，妈妈 38 岁，有一个小 5 岁的弟弟。父母在女生 6 岁时离异，女生和弟弟跟随爸爸和爷爷奶奶一起生活，与妈妈关系疏远了。小时候父母都外出工作，外婆带过女生一段时间，对外婆有一定的感情。爷爷脾气有点急躁，爸爸容易跟爷爷吵架，奶奶温柔包容，女生与爷爷奶奶相处较好，特别喜欢奶奶。叔叔年轻的时候也经常关心女生买礼物小零食，但是成家后关系就疏远了。女生与弟弟关系还可以，但是目前弟弟处于青春期，好独立有个性，在家中容易跟爸爸发生矛盾。

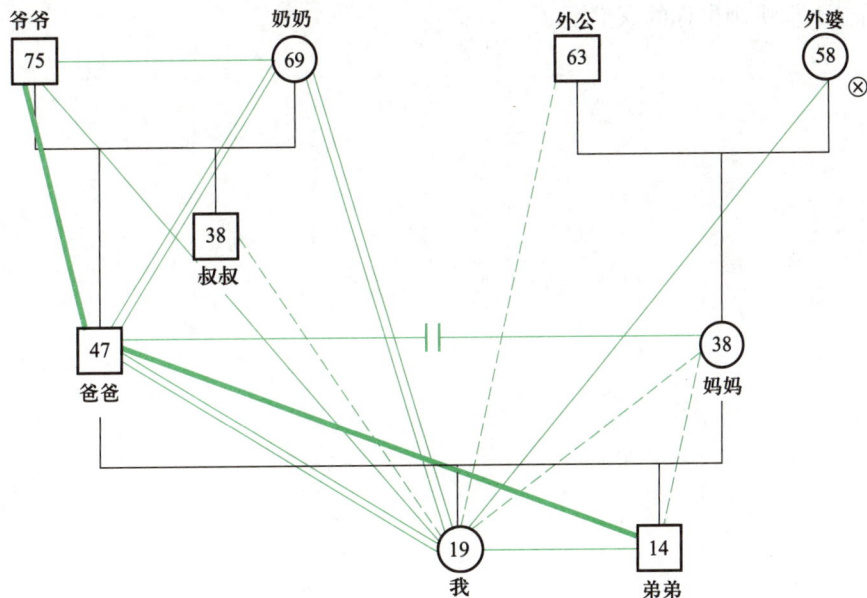

备注：黑色线条表示家庭成员之间的身份关系，彩色线条表示家庭成员之间的人际互动模式。

图 9-1　家谱图绘制范例 ◀

2. 理解家谱图中的符号和线条

方框代表男性，圆圈代表女性；图形用数字写明年龄；如果该家庭成员已逝世，则在代表该逝世成员的身份后面打一个"×"表示；用图 9-2 所示的线条符号连接出家庭成员之间的关系。

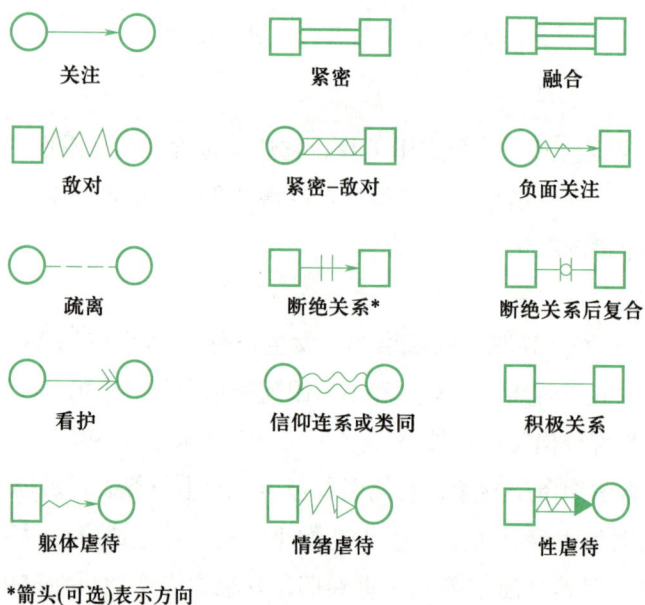

图 9-2　人际互动模式的线条符号 ◀

3. 请在下框中画出你的家谱图

三、课后训练

写给_____的一封信

请向对自己影响最大的家人写一封信，可以是祝福，可以是抗争，可以是感激，可以是从来没有表达过的，也可以是你希望重复加强的。请认真完成这封信，并利用假期，亲自念给对方听，写下读完信的感受。

_____

_____

_____

_____

_____

_____

_____

_____

_____

_____

_____

_____

_____

_____

_____

_____

_____

_____

_____

_____

朗读时间：_____朗读地点：_____

朗读感受：_____

_____

_____

_____

_____

_____

_____

_____

主动亲子沟通，重塑家庭关系

一、课前热身

快乐传真

活动流程

（1）请一组学生排队上台，事先背对观众，不能转身或偷看题目，然后教师将游戏题目给观众们看。

（2）游戏开始后第一位组员能转身观看题目，其他组员还是背对观众。

（3）第一位组员要通过肢体动作向第二位组员表达刚刚看到的题目，在这个传递过程中所有人都不能说话，每位表达者只有一分钟的时间。

（4）一分钟时间到后，第一位组员要走到一边，以防泄露答案。

（5）第二位组员要根据刚刚第一位组员的肢体表达，将联想到的答案写在纸上，然后向观众和教师展示。

（6）第三位组员转过身，由第二位组员通过肢体动作来表达题目，以此类推，直至最后一位参与者。

分享交流

（1）上台的小组成员分享自己在游戏过程中的感受。

（2）观众分享自己在观看过程中的感受。

注意事项

（1）前期所准备的题目类型最好是可以用肢体语言描述的夸张一些的，最好不要出现简单的数字。

（2）在活动中，教师要强调不能用言语进行交流，可以用手势、动作或表情等其他方式交流。

二、课中训练

训练一 亲子冲突小剧场

活动流程

（1）亲子冲突场景：放假前一周父母频繁给我打电话询问放假时间，刚回家的前几天父母还热情似火，第二周父母就开始念叨我了，"白天不起，晚上不睡""整天就知道玩手机"，请续演……

（2）请一位学生扮演当事人，请2~3位学生分别扮演其他家庭成员，其他学生坐在台下认真观察。

（3）现场续演亲子冲突场景。

分享交流

（1）采访观察的学生：表演中的亲子沟通模式属于哪种？你感受到了家庭成员的哪些情绪？你认为沟通效果如何？

（2）采访扮演者：表演过程中你有什么感受？有什么发现？

请记录在下方。

_____

_____

_____

_____

_____

_____

_____

_____

_____

_____

训练二　沟通改善一小步

活动流程

在亲子沟通中，我们不必等待父母的改变，我们可以运用方法主动加强沟通。请依据自身家庭情况，将下面的句子补充完整。

关于亲子沟通，之前我和父母有一个不一致的想法，即_____

_____，接下来我能做的一小步变化是

_____。

分享交流

（1）与组内成员分享自己的"沟通改善一小步"。

（2）交流分享倾听的感受。

学唱歌曲《是妈妈是女儿》

《是妈妈是女儿》是一首充满温馨和感动的歌曲，它通过母女之间的故事，展现了女性在生活中的坚韧和力量，同时表达了母女之间深厚的情感。歌曲的歌词朴实而深刻，旋律温馨而感人，在学唱过程中学生能够感受到母女之间的情感交流和相互理解。请你学唱这首歌曲，将这首歌曲唱给家人听，并在班级进行展示。

歌曲：是妈妈是女儿

项目评估

亲爱的同学，项目九学习完毕，请你结合自身对本项目的学习情况在表 9-1 中进行打分。评分标准如下：A 代表优秀（8～10 分）、B 代表良好（5～7 分）、C 代表一般（4～6分）、D 代表不太理想（3～5 分）、E 代表几乎没有完成（0～2 分）。

表 9-1　项目九 项目评估表

评估项目	维度	评估内容	A	B	C	D	E
任务一	学习态度	树立明确的学习目标，以较高的热情参与到本项目学习中					
	知识掌握	知晓家庭的含义					
		知晓家庭的特征和功能					
		了解家庭对个人心理成长的影响					
	活动训练	积极参与课中训练活动，认真完成既定的学习任务					
		认真完成课后训练活动，巩固课堂所学知识，提高相关技能					
	效果反馈	能够熟练运用所学知识理解家庭对自己的影响					
任务二	学习态度	树立明确的学习目标，以较高的热情参与到本项目学习中					
	知识掌握	知晓家庭关系和亲子沟通的意义					
		了解亲子沟通模式的种类					
		掌握重塑亲子关系的方法和途径					
	活动训练	积极参与课中训练活动，认真完成既定的学习任务					
		认真完成课后训练活动，巩固课堂所学知识，提高相关技能					
	效果反馈	能够熟练运用所学知识主动且有技巧地与父母沟通，重塑家庭关系					
总分							

项目十　成长必修——懂得爱与尊重

追求美满爱情，感受幸福生活

一、课前热身

测一测你的依恋类型

本量表旨在衡量你对情感关系的感受程度。请扫描右侧二维码考虑你的所有关系（过去的和现在的），并回答你在这些关系中通常的感受。

成人依恋量表[①]

二、课中训练

训练一　绘制我的情侣照

活动流程

如果你拥有一段完美的恋情，那么那时的你会是什么样的？你理想中的他/她又是什么样的？在纸的左边画自画像，并用五个"我"来形容自己。在纸的右边画出理想伴侣的画像，并用五个"你"来形容。我的情侣照如图10-1所示。

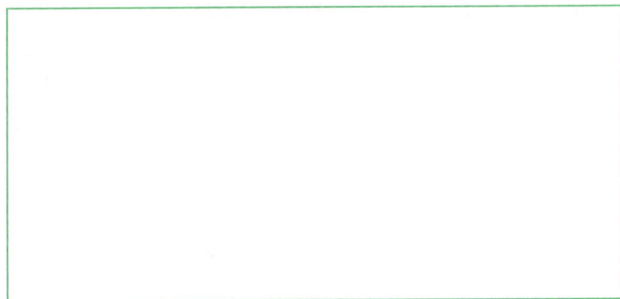

---

① 资料来源：吴薇莉，张伟，刘协和. 成人依恋量表（AAS-1996修订版）在中国的信度和效度 [J]. 四川大学学报（医学版），2004，35（4）：536-538.

我＿＿＿＿＿＿＿＿＿；	你＿＿＿＿＿＿＿＿＿；
我＿＿＿＿＿＿＿＿＿；	你＿＿＿＿＿＿＿＿＿；
我＿＿＿＿＿＿＿＿＿；	你＿＿＿＿＿＿＿＿＿；
我＿＿＿＿＿＿＿＿＿；	你＿＿＿＿＿＿＿＿＿；
我＿＿＿＿＿＿＿＿＿。	你＿＿＿＿＿＿＿＿＿。

图 10-1　我的情侣照 ◀

分享交流

（1）分享"我"和"我"理想伴侣的样子，并说明原因。

（2）如果世界上有男版／女版的你，那么你会喜欢他／她吗？为什么？

训练二　种植我的爱情树

活动流程

（1）每位学生画一棵爱情树（图 10-2），在它的不同位置写下自己认为爱情中必须包含的元素。画完以后向其他学生介绍自己这棵爱情树。

（2）为了让爱情树茁壮成长，你需要为小树施肥，如果你有四个肥料包，那么你会如何排序？说一说你的理由。

A. 尊重和关怀

B. 体察他人的感受

C. 心理独立

D. 人格稳定

图 10-2　爱情树 ◀

你的排序：＿＿＿＿、＿＿＿＿、＿＿＿＿、＿＿＿＿。

父母爱情故事专访

请向你的父母了解他们的爱情故事，问问他们："对方哪些特质让你决定与之相伴终身？在完美婚姻中最重要的元素有哪些？"

总结调查结果并填写至表 10-1 中，与你的伙伴分享调查结果。

表 10-1 父母爱情故事专访记录

父母爱情故事简介：

理想伴侣特质	爱情的重要元素

- - - - - 任务二 - - - - -

了解性爱心理，调适性爱行为

一、课前热身

大胆开麦——性是什么

活动流程

（1）说到"性"，你会想到什么？以开火车的方式给出你认为的关键词。

（2）谈一谈，听到"性"有什么感受？

在活动中教师需要活跃气氛，营造一种开放、自由的言论氛围。

二、课中训练

训练一　成熟的标志

活动流程

画一画、写一写：一个性心理成熟的异性在生活中具有哪些行为表现？结合不同的生活情境，在图 10-3 中填写自己的想法。

图 10-3　成熟的行为表现 ◀

分享交流

（1）小组内讨论与归纳至少 2～3 条内容。

（2）将小组的讨论结果与班级其他学生分享。

训练二　打破性审美偏见

活动流程

（1）"娘娘腔""女汉子"……你还听过哪些充满偏见和刻板印象的词汇？请举出一个与性审美相关的负面词汇。

（2）尝试正面解析这一词汇，说一说该特点的优势，并填入图 10-4 中。

分享交流

交流你的感受和收获。

注意事项

辩证思考，尊重不同声音，不将特征具体到个人，不进行人身攻击。

"娘娘腔"——往往性格温和，乐意去倾听和安慰别人

"假小子"——豁达爽朗、个性独立

"大粗腿"——充满力量、健康的身体

"伪娘"——

图10-4　正面解析偏见词汇 ◀

三、课后训练

性健康小调查

利用网络与周边资源，采访2～3人，调查常见的性侵害与性困惑，讨论能够预防和对抗伤害的途径，营造更好的环境。

总结调查结果并填写至表10-2中，并与你的伙伴分享调查结果。

表10-2　性健康调查表

调查案例1	
性别/年龄/困扰：	可能的对策：
调查案例2	
性别/年龄/困扰：	可能的对策：
调查案例3	
性别/年龄/困扰：	可能的对策：
小结：	

项目评估

亲爱的同学，项目十学习完毕，请你结合自身对本项目的学习情况在表 10-3 中进行打分。评分标准如下：A 代表优秀（8～10 分）、B 代表良好（5～7 分）、C 代表一般（4～6 分）、D 代表不太理想（3～5 分）、E 代表几乎没有完成（0～2 分）。

表 10-3　项目十　项目评估表

评估项目	维度	评估内容	A	B	C	D	E
任务一	学习态度	树立明确的学习目标，以较高的热情参与到本项目学习中					
	知识掌握	了解爱情的本质和爱情三因素理论					
		知晓大学生恋爱心理误区					
		掌握培养爱的能力的方法					
	活动训练	积极参与课中训练活动，认真完成既定的学习任务					
		认真完成课后训练活动，巩固课堂所学知识，提高相关技能					
	效果反馈	能够熟练运用所学知识解决恋爱困扰					
任务二	学习态度	树立明确的学习目标，以较高的热情参与到本项目学习中					
	知识掌握	了解大学生的性心理特征及性心理成熟的标志					
		知晓大学生常见的性困扰与应对方式					
		掌握培养健康的性心理的途径					
	活动训练	积极参与课中训练活动，认真完成既定的学习任务					
		认真完成课后训练活动，巩固课堂所学知识，提高相关技能					
	效果反馈	能够去除性羞耻与性偏见，将自己作为性主体，主动学习和掌握保护自己的方法					
总分							

模块六

健康心理

项目十一　积极应对——直面心理障碍

--------------------- 任务一 🌿 ---------------------

认识心理障碍，排解心理障碍

一、课前热身 🍃

测一测你的心理健康状况

请认真阅读表 11-1 中的每个条目，根据最近一周的实际情况与自身相符合的程度在五个选项中画"√"选出一项：1 没有（自觉无该项症状 / 问题）；2 很轻（自觉有该项症状，但对自己并无实际影响，或者影响轻微）；3 中度（自觉有该项症状，对自己有一定影响）；4 偏重（自觉有该项症状，对自己有相当程度的影响）；5 严重（自觉该症状的频度和强度都十分严重，对自己影响严重）。

90 项症状清单评分规则

表 11-1　90 项症状清单 [1]

序号	描述	1	2	3	4	5
1	头痛	1	2	3	4	5
2	神经过敏，心中不踏实	1	2	3	4	5
3	头脑中有不必要的想法或字句盘旋	1	2	3	4	5
4	头晕或晕倒	1	2	3	4	5
5	对异性的兴趣减退	1	2	3	4	5
6	对旁人责备求全	1	2	3	4	5
7	感到别人能控制你的思想	1	2	3	4	5
8	责怪别人制造麻烦	1	2	3	4	5
9	忘性大	1	2	3	4	5

----

[1]　资料来源：中国就业培训技术指导中心，中国心理卫生协会 . 心理咨询师：国家职业资格三级 [M]. 北京：中国劳动社会保障出版社，2017.

序号	描述	1	2	3	4	5
10	过于关注自己的衣饰整齐度及仪态端正度	1	2	3	4	5
11	容易烦恼和激动	1	2	3	4	5
12	胸痛	1	2	3	4	5
13	害怕空旷的场所或街道	1	2	3	4	5
14	感到自己的精力下降，活动减慢	1	2	3	4	5
15	想结束自己的生命	1	2	3	4	5
16	听到旁人听不到的声音	1	2	3	4	5
17	发抖	1	2	3	4	5
18	认为大多数人不可信任	1	2	3	4	5
19	胃口不好	1	2	3	4	5
20	容易哭泣	1	2	3	4	5
21	同异性相处时感到害羞、不自在	1	2	3	4	5
22	感到受骗、中了圈套或有人想抓住你	1	2	3	4	5
23	无缘无故地突然感到害怕	1	2	3	4	5
24	自己不能控制地大发脾气	1	2	3	4	5
25	怕单独出门	1	2	3	4	5
26	经常责怪自己	1	2	3	4	5
27	腰痛	1	2	3	4	5
28	感到难以完成任务	1	2	3	4	5
29	感到孤独	1	2	3	4	5
30	感到苦闷	1	2	3	4	5
31	过分担忧	1	2	3	4	5
32	对事物不感兴趣	1	2	3	4	5
33	感到害怕	1	2	3	4	5
34	你的感情容易受到伤害	1	2	3	4	5
35	旁人能知道你的私下想法	1	2	3	4	5
36	感到别人不理解你、不同情你	1	2	3	4	5
37	感到人们对你不友好，不喜欢你	1	2	3	4	5
38	做事必须做得很慢以保证做得正确	1	2	3	4	5

序号	描述	1	2	3	4	5
39	心跳得很厉害	1	2	3	4	5
40	恶心或胃部不舒服	1	2	3	4	5
41	感到比不上他人	1	2	3	4	5
42	肌肉酸痛	1	2	3	4	5
43	感到有人在监视你、谈论你	1	2	3	4	5
44	难以入睡	1	2	3	4	5
45	做事必须反复检查	1	2	3	4	5
46	难以作出决定	1	2	3	4	5
47	搭乘电车、公共汽车、地铁或火车	1	2	3	4	5
48	呼吸有困难	1	2	3	4	5
49	一阵阵发冷或发热	1	2	3	4	5
50	因感到害怕而避开某些东西、场合或活动	1	2	3	4	5
51	脑子变空了	1	2	3	4	5
52	身体发麻或刺痛	1	2	3	4	5
53	喉咙有梗死感	1	2	3	4	5
54	感到前途没有希望	1	2	3	4	5
55	不能集中注意力	1	2	3	4	5
56	感到身体的某部分软弱无力	1	2	3	4	5
57	感到紧张或容易紧张	1	2	3	4	5
58	感到手或脚发重	1	2	3	4	5
59	想到死亡的事	1	2	3	4	5
60	吃得太多	1	2	3	4	5
61	当别人看着你或谈论你时感到不自在	1	2	3	4	5
62	有一些不属于你自己的想法	1	2	3	4	5
63	有想打人或伤害他人的冲动	1	2	3	4	5
64	醒得太早	1	2	3	4	5
65	必须反复洗手、点数	1	2	3	4	5
66	睡得不稳不深	1	2	3	4	5
67	有想摔坏或破坏东西的想法	1	2	3	4	5

序号	描述	1	2	3	4	5
68	有一些别人没有的想法	1	2	3	4	5
69	感到对别人神经过敏	1	2	3	4	5
70	在商店或电影院等人多的地方感到不自在	1	2	3	4	5
71	感到做任何事情都很困难	1	2	3	4	5
72	感到一阵阵恐惧或惊恐	1	2	3	4	5
73	感到在公共场合吃东西很不舒服	1	2	3	4	5
74	经常与人争论	1	2	3	4	5
75	单独一人时神经很紧张	1	2	3	4	5
76	别人对你的成绩没有做出恰当的评价	1	2	3	4	5
77	即使和别人在一起也感到孤单	1	2	3	4	5
78	感到坐立不安、心神不定	1	2	3	4	5
79	感到自己没有什么价值	1	2	3	4	5
80	感到熟悉的东西变得陌生或不像是真的	1	2	3	4	5
81	大叫或摔东西	1	2	3	4	5
82	害怕会在公共场合晕倒	1	2	3	4	5
83	感到别人想占你的便宜	1	2	3	4	5
84	为一些有关性的想法而很苦恼	1	2	3	4	5
85	你认为应该因自己的过错而受到惩罚	1	2	3	4	5
86	感到要很快把事情做完	1	2	3	4	5
87	感到自己的身体有严重问题	1	2	3	4	5
88	从未感到和其他人很亲近	1	2	3	4	5
89	感到自己有罪	1	2	3	4	5
90	感到自己的脑子有毛病	1	2	3	4	5

二、课中训练

训练一　角色扮演：如何做一个更好的陪伴者

活动流程

（1）两两一组，一人扮演有抑郁情绪/抑郁症的人（甲），另一人扮演其朋友（乙），参照表 11-2 进行对话，先进行一轮反馈 1 对话，后进行一轮反馈 2 对话，体验两种不同的反馈方式。

表 11-2 抑郁反馈对话

甲	乙：反馈 1	乙：反馈 2
我觉得我抑郁了	你有什么好抑郁的，你又聪明又漂亮	能告诉我怎么回事吗
我早晨都起不来床	别这么懒惰，整天躺在那儿有什么用	为什么有这种感觉？今天有什么令你担忧的事吗
我太累了	你不是一整天都在坐着吗	我们回家吧，我给你做好吃的，然后聊聊你今天的经历
我压力很大，很迷惘，而且我不知道该怎么办	谁都这样	你不是孤身一人，我愿意给你建议
我可能要去找个医生看看	别告诉别人，你不想被人当成异类吧	如果这样有帮助的话，就快去吧

（2）互换角色，进行不同的体验。

分享交流

分享不同的反馈带给自己的不同感受，谈谈哪种反馈方式更加正确合理。

注意事项

（1）活动中需要用心去体会不同的反馈方式带来的不同感受，学习如何与有抑郁情绪的人交流。

（2）活动中采用反馈 1 方式的乙没有充分理解有抑郁情绪的人，没有聆听其内心的声音，没有站在中立的角度去理解和共情甲；采用反馈 2 方式的乙运用了较正确的方式和甲沟通，对其有关注、倾听和理解。

训练二　出谋划策，共渡难关

活动流程

（1）每人写出自己遇到的一个心理困扰，并尝试写出多条应对方法，填入表 11-3。

表 11-3 抑郁反馈对话

心理困扰	应对方法

（2）每六位学生就近组成一个小组，每位学生在小组中交流自己的心理困扰和应对方法，共同分享经验。

（3）小组讨论，将每位学生的心理困扰进行归类，并设想自己遇到这些困扰时应怎样解决，提出更多更好的心理困扰应对方法，相互启发，共同分享。

（4）每个小组派一名代表总结小组学生的心理困扰和应对经验，在班上交流，共同分享团体活动成果。

注意事项

（1）活动中尽可能找到更多的建设性的应对心理困扰的方法。

（2）对应对方法进行分类，每组进行总结分享，教师对全部方法进行总结。

三、课后训练

测试你的抑郁程度

请认真阅读表 11-4 中的每个条目，在过去的两周里，你生活中以下症状出现的频率是多少？请根据自己的实际情况在 A（没有）、B（有几天）、C（一半以上时间）、D（几乎天天）中画"√"做出选择。

抑郁筛查量表评分规则

表 11-4　抑郁筛查量表 [①]

序号	描述	A	B	C	D
1	做什么事都没兴趣，觉得没意思	0	1	2	3
2	感到心情低落、抑郁、没希望	0	1	2	3
3	入睡困难，总是醒着，或睡得太多，嗜睡	0	1	2	3
4	常感到很疲倦、没劲	0	1	2	3
5	胃口不好，或吃得太多	0	1	2	3
6	自己对自己不满，觉得自己是个失败者，或让家人丢脸了	0	1	2	3
7	无法集中精力，即便是在读报纸或看电视时，记忆力下降	0	1	2	3
8	行动或说话缓慢到引起人们的注意，或刚好相反，坐立不安，烦躁易怒，到处走动	0	1	2	3
9	有不如一死了之的念头，或想伤害自己	0	1	2	3

---

① 资料来源：杨淑娟，余彬，唐雪峰，等.艾滋病抗病毒治疗依从性提升策略及实践[M].成都：四川大学出版社，2021.

任务二

了解人格障碍，区别对待差异

一、课前热身

测一测你的人格

请认真阅读表 11-5 中的每个条目，根据平时的实际情况与自身相符合的程度在"是"和"否"两个选项中画"√"选出一项。请尽快回答，不要在每道题目上做太多思索，回答时不要考虑应该怎样，只回答你平时是怎样的。每道题都要回答。

艾森克人格问卷计分和解释

表 11-5 艾森克人格问卷 ①

序号	描述	是	否
1	你是否有许多不同的业余爱好		
2	你是否在做任何事情以前都要停下来仔细思考		
3	你的心境是否常有起伏		
4	你有过明知是别人的功劳而你去接受奖励的经历吗		
5	你是否健谈		
6	欠债会使你不安吗		
7	你曾无缘无故觉得"真是难受"吗		
8	你曾贪图过分外之物吗		
9	你是否在晚上小心翼翼地关好门窗		
10	你是否比较活跃		
11	你见到一个小孩或一只动物受折磨时是否感到非常难过		
12	你是否常常为自己做了不该做的事、说了不该说的话而紧张		
13	你喜欢跳降落伞吗		
14	通常你能在热闹的联欢会中尽情地玩吗		
15	你容易激动吗		
16	你曾经将自己的过错推给别人吗		
17	你喜欢会见陌生人吗		

---

① 资料来源：袁勇贵.中国卒中后抑郁障碍规范化诊疗指南 [M].南京：东南大学出版社，2016.

序号	描述	是	否
18	你是否相信保险制度是一种好办法		
19	你是一个容易伤感情的人吗		
20	你所有的习惯都是好的吗		
21	在社交场合你是否总不愿露头角		
22	你会服用具有奇异或危险作用的药物吗		
23	你常有厌倦之感吗		
24	你曾拿过别人的东西吗（哪怕一针一线）		
25	你是否常爱外出		
26	你是否因伤害你所宠爱的人而感到有趣		
27	你常为有罪恶之感而苦恼吗		
28	你在谈论中是否有时不懂装懂		
29	你是否宁愿去看书也不愿去多见人		
30	你有要伤害你的仇人吗		
31	你觉得自己是一个神经过敏的人吗		
32	对人有所失礼时你是否经常表示歉意		
33	你有许多朋友吗		
34	你是否喜爱讲些有时确能伤害人的笑话		
35	你是一个多忧多虑的人吗		
36	你在童年时是否按照要求去做事且毫无怨言		
37	你认为你是一个乐天派吗		
38	你很讲究礼貌和整洁吗		
39	你是否总在担心会发生可怕的事情		
40	你曾损坏或遗失别人的东西吗		
41	交新朋友时一般是你采取主动吗？		
42	当别人向你诉苦时，你是否容易理解他们的苦衷		
43	你是否认为自己很紧张，如同"拉紧的弦"		
44	在没有废纸篓时，你是否将废纸扔在地板上		
45	当你与别人在一起时，你是否言语很少		
46	你是否认为结婚制度是过时的，应该废止		

序号	描述	是	否
47	你是否有时感到自己可怜		
48	你是否有时有点自夸		
49	你是否很容易将一个沉寂的集会搞得活跃起来		
50	你是否讨厌那种小心翼翼开车的人		
51	你为你的健康担忧吗		
52	你曾讲过什么人的坏话吗		
53	你是否喜欢对朋友讲笑话和有趣的故事		
54	你小时候曾对父母粗暴无礼吗		
55	你是否喜欢与人混在一起		
56	如果知道自己工作有错误，你会感到难过吗		
57	你会失眠吗		
58	你吃饭前必定洗手吗		
59	你常无缘无故感到无精打采和倦怠吗		
60	和别人玩游戏时，你有过欺骗行为吗		
61	你是否喜欢从事一些动作迅速的工作		
62	你的母亲是一位善良的妇人吗		
63	你是否常常觉得人生非常无味		
64	你曾利用过某人为自己取得好处吗		
65	你是否常常参加许多活动，且超过你的时间所允许		
66	是否有几个人总在躲避你		
67	你是否因你的容貌而非常烦恼		
68	你是否觉得人们为了未来有保障而办理储蓄和保险所花的时间太多		
69	你曾有过不如死了好的愿望吗		
70	如果有把握永远不会被人发现，那么你会逃税吗		
71	你能使一个集会顺利进行吗		
72	你能克制自己不对人无礼吗		
73	遇到一次难堪的经历后，你是否在很长一段时间内感到难受		
74	你患有"神经过敏"吗		
75	你是否曾经故意说些什么来伤害别人的感情		

序号	描述	是	否
76	你是否与别人的友谊容易破裂，虽然不是你的过错		
77	你常感到孤单吗		
78	当人家寻你的差错、你工作中的缺点时，你是否容易在精神上受挫伤		
79	你赴约会或上班曾迟到过吗		
80	你喜欢忙忙碌碌和热热闹闹地过日子吗		
81	你愿意别人怕你吗		
82	你是否觉得有时浑身是劲，有时懒洋洋的		
83	你会把今天应做的事拖到明天去做吗		
84	别人是否认为你是生机勃勃的		
85	别人是否对你说了许多谎话		
86	你是否对某些事物容易发火		
87	当你犯了错误时，你是否常常愿意承认它		
88	你会为一只动物落入圈套被捉拿而感到很难过吗		

二、课中训练

训练一 分享经历

活动流程

（1）分组，8人一组。

（2）谈谈你所见到的为人处世性格"怪怪"的人符合哪种人格障碍类型？有什么样的表现？如果他/她与你同居一个寝室，则你会怎样对待他/她？

（3）每组派一个代表进行分享。

注意事项

（1）每组可以重点讨论一种类型的人格障碍，也可以讨论多种。

（2）注意把握各类人格障碍的核心特点。

训练二 电影讨论

活动流程

（1）分组，8人一组。

（2）谈谈你所看过的电影中的角色符合哪种人格障碍类型？有什么样的表现？运用什么方法进行治疗？

（3）每组派一个代表进行分享。

注意事项

（1）每组可以重点讨论 1~2 个电影中的人格障碍。

（2）注意把握和理解各类人格障碍的表现及防治。

三、课后训练

摆脱自毁行为

辩证行为治疗是目前有最多循证医学支持的针对边缘型人格障碍的有效治疗方法，它最重要的功能是帮患者摆脱自毁的行为，如自伤、自残、火烧或抓挠自己。下面是一些可以用来摆脱自毁情绪和想法的更安全的行为。在你愿意尝试的内容前画"√"，然后加上你能想到的任何健康、无害的行为[①]。

_____用手握住一块冰，然后挤压它，以此来代替你的自伤行为，彻骨的寒意能麻痹你并分散你的注意力。

_____用红色粗头记号笔在你身上具体标出你想切割的部位来代替刀割，用红油漆或指甲油营造出流血的感觉；然后用黑笔画上伤口缝线；如果你需要更多地分散注意力，就同时用另一只手挤冰块。

_____你每次想自伤的时候，就弹你手腕上的橡胶带，这或许痛苦，但它比刀割、火烧或残损自己的伤害小得多。

_____用指甲掐你的手臂，但不要弄破皮。

_____把你恨的人画在气球上，然后拍打。

_____给你恨的人或伤害过你的人写封信，说说他们对你做过的事和恨他们的原因，然后把信扔掉或保存下来以后再看。

_____拼命地把泡沫球、袜子卷或枕头扔到墙上。

_____对着枕头，或在一个不会引人注意的地方尽力尖叫，如声音很大的音乐会现场或你的车里。

_____用别针扎玩偶代替自伤，你可用卷起的袜子、泡沫球和记号笔来制作娃娃；或者从商店买一个玩偶来扎，要那种软的易扎的。

---

① 资料来源：麦克凯，伍德，布兰特里.辩证行为疗法：掌握正念、改善人际效能、调节情绪和承受痛苦的技巧[M].王鹏飞，李桃，钟菲菲，译.重庆：重庆大学出版社，2018.

_____哭泣，有时人们用做其他事来代替哭泣，他们害怕一旦哭出来就停不下来，事实上，哭泣能让你感觉好些，因为体内会分泌缓压荷尔蒙。

_____其他健康、无害的行为：_____

_____

_____

_____

_____。

项目评估

亲爱的同学，项目十一学习完毕，请你结合自身对本项目的学习情况在表11-6中进行打分。评分标准如下：A代表优秀（8~10分）、B代表良好（5~7分）、C代表一般（4~6分）、D代表不太理想（3~5分）、E代表几乎没有完成（0~2分）。

表 11-6　项目十一 项目评估表

评估项目	维度	评估内容	A	B	C	D	E
任务一	学习态度	树立明确的学习目标，以较高的热情参与到本项目学习中					
	知识掌握	了解心理障碍的含义和分类					
		了解心理障碍的产生原因					
		知晓常见心理障碍（神经症、心境障碍、精神分裂症）的表现和治疗					
	活动训练	积极参与课中训练活动，认真完成既定的学习任务					
		认真完成课后训练活动，巩固课堂所学知识，提高相关技能					
	效果反馈	能够熟练运用所学知识识别各种常见心理障碍					
任务二	学习态度	树立明确的学习目标，以较高的热情参与到本项目学习中					
	知识掌握	了解人格障碍的含义、特点和形成原因					
		知晓常见人格障碍的表现					
		了解人格障碍的防治					
	活动训练	积极参与课中训练活动，认真完成既定的学习任务					
		认真完成课后训练活动，巩固课堂所学知识，提高相关技能					
	效果反馈	能够熟练运用所学知识识别各种人格障碍					
总分							

项目十二　喜好有度——合理使用网络

任务一

合理利用网络，预防网络成瘾

一、课前热身

测一测你的网络成瘾度

请扫描右侧二维码进行测试，根据你最近一个月的情况作答，注意在同一题上不要斟酌太多时间，尽量根据看完题后的第一反应进行选择。

网络成瘾量表①

二、课中训练

训练一　预防网瘾有妙招

活动流程

（1）将全班学生分成若干小组。

（2）分组讨论：哪些人容易患上网络成瘾症？请一些上网高手谈谈他们是怎样较好地发挥网络优势，又是如何巧妙地避免网络成瘾的。

（3）分小组汇报。

分享交流

小组讨论，每组派一个代表发言。

_____

_____

_____

_____

---

① 资料来源：白羽，樊富珉. 团体辅导对网络依赖大学生的干预效果 [J]. 中国心理卫生杂志，2007，21（4），247–250.

训练二　合理上网管理训练

活动流程

（1）分小组分享自己的上网行为，确立自我管理目标。

（2）成立合理上网互助小组，订立合理上网承诺书，组员相互监督。

合理上网承诺书

我是＿＿＿＿＿＿学院＿＿＿＿＿＿班级＿＿＿＿＿＿，为了提高网络自我管理能力，从今天开始，我郑重承诺做到以下几点：

（1）做网络的主人，不做网络的奴隶。

（2）规范网络行为，文明、健康、合理使用网络。

（3）让网络赋能学习生活，绝不让网络影响健康、妨碍学习。

（4）不沉迷网络游戏，不痴迷网络视频，不实施网络暴力。

（5）不参与网络诈骗，不沾染网络赌博，不进行网络借贷，维护网络安全。

请＿＿＿＿＿＿、＿＿＿＿＿＿、＿＿＿＿＿＿监督。

承诺人：＿＿＿＿＿＿

＿＿＿＿＿＿年＿＿＿月＿＿＿日

三、课后训练

上网周计划单

为了预防自己网络成瘾，你不妨在上网之前填写一张上网周计划单（表12-1），就像预先给自己接种网瘾疫苗一样，有效地调控自己的上网时间。

表 12-1　上网周计划单

日期	计划上网时间	我上网的目的	我须浏览的有关网站	阻止上网超时的对策	奖励和惩罚的方法
星期一					
星期二					
星期三					
星期四					
星期五					
星期六					
星期日					

注意事项

上网周计划单的内容要具体、可实施。

任务二

区分虚拟世界，避免网络欺诈

一、课前热身

雨点变奏曲

活动流程

请学生听到下面的词语时做相应的动作：

"风声"——手掌相摩擦。

"小雨"——手指互相敲击。

"中雨"——两手轮拍大腿。

"大雨"——大力鼓掌。

"暴雨"——跺脚。

教师描述语如下：天边飘过来一片乌云，然后风声越来越大，慢慢地下起了小雨，小雨越下越大，变成了中雨，中雨越下越大，变成了大雨，突然一阵响雷，下起了暴雨，不一会儿，暴雨又变成了大雨，大雨又变成了中雨，中雨又变成了小雨，雨越来越小，最后雨停了，天晴了。

注意事项

（1）需要学生专注倾听。

（2）按照教师的描述语做相应的动作。

二、课中训练

训练一　案例分析

活动流程

教师出示三则案例，具体内容如下。

案例 1：2022 年 12 月至 2023 年 1 月，湖南某学校学生张某为非法获取利益，出售自己的银行卡"跑分"。在尝到甜头后，又以每张银行卡 1 500 元的价格买卖、租用周围同学名下的银行卡，先后为涉诈"跑分"团伙提供七名同学的银行卡，涉及案件 14 起，涉案流水达 13 万余元。张某在明知其上线使用他人银行卡帮助电信网络诈骗团伙转移违法犯罪所得资金的情况下，收购、出售、出租银行卡，其行为已经触犯了《中华人民共和国刑法》第二百八十七条之二的规定，涉嫌帮助信息网络犯罪活动罪，2023 年 3 月 4 日他被刑事拘留。

案例 2：广西某大学学生在互联网借贷平台借贷，最后无力偿还，被人到学校追债、威胁后才告诉教师，此时已累计欠债 20 多万元。作为一个无收入的学生，其父母也都在农村工作，收入微薄，无力偿还这笔债务。即使学校能继续收留他，他也无心读书。

案例 3：义乌的小傅（化名）在杭州某大学上学，2021 年 6 月中旬在网上结交了一名游戏主播，陪聊陪玩之后，双方很快发展成恋人关系，之后主播提出的任何要求小傅都尽量满足。从 6 月中旬起至 8 月，小傅总共向主播刷礼物、转账了 300 多万元。可令小傅万万没有想到的是，自己那娇俏可人的"女神"的身份、照片居然是假的。8 月 21 日上午，在上海警方的协助下，民警在一宾馆房间内将女子黄某抓获。目前，黄某因涉嫌诈骗罪已被义乌警方依法刑事拘留。

分享交流

通过阅读以上三个案例，小组讨论它们分别带来了什么启示，每组派一个代表发言。

_____

_____

_____

教师总结

高职学生防范网络诈骗的注意事项。

训练二　校园防诈小剧场

活动流程

（1）学生以寝室为单位撰写校园防网络诈骗情景剧剧本。

（2）遴选能反映学生真实生活且场景比较典型，并具有启发和警醒作用的剧本，安排演员排练。

分享交流

现场表演后，以小组为单位讨论分析。

（1）受骗前主人公有何心理？

（2）受骗中主人公有何心理？

（3）受骗后主人公有何心理？如何应对受骗后的心理失衡？

三、课后训练

防诈骗知识课后实践活动

运用课余时间，以小组为单位到社区或学校宣传公安部发布的"反诈灵魂八问"，并将宣传活动的时间、地点、对象与感受记录到表12-2中。

表12-2　小组防诈骗知识课后实践表

活动时间	
活动地点	
活动对象	
活动感受	

项目评估

亲爱的同学，项目十二学习完毕，请你结合自身对本项目的学习情况在表12-3中进行打分。评分标准如下：A代表优秀（8~10分）、B代表良好（5~7分）、C代表一般（4~6分）、D代表不太理想（3~5分）、E代表几乎没有完成（0~2分）。

表 12-3 项目十二 项目评估表

评估项目	维度	评估内容	A	B	C	D	E
任务一	学习态度	树立明确的学习目标，以较高的热情参与到本项目学习中					
	知识掌握	理解网络是把双刃剑					
		了解高职生网络成瘾的原因					
		知晓高职生网络成瘾的危害					
	活动训练	积极参与课中训练活动，认真完成既定的学习任务					
		认真完成课后训练活动，巩固课堂所学知识，提高相关技能					
	效果反馈	能够熟练运用所学知识有效预防网络成瘾					
任务二	学习态度	树立明确的学习目标，以较高的热情参与到本项目学习中					
	知识掌握	明晰校园网络诈骗的主要类型					
		探寻高职生的受骗心理					
		掌握防范网络诈骗的方法					
	活动训练	积极参与课中训练活动，认真完成既定的学习任务					
		认真完成课后训练活动，巩固课堂所学知识，提高相关技能					
	效果反馈	能够熟练运用所学知识自觉警惕网络欺诈					
总分							

模块七

择业心理

项目十三　凡预则立——规划职业生涯

确定职业目标，明确奋斗方向

一、课前热身

测一测你的人生规划潜能

测验共有 10 个项目。如果项目所描述的情况与你的实际相符，就请你在其后的括号内填上"是"。如果项目所描述的情况与你的实际情况不相符，就请你在其后的括号内填上"否"。

1. 我常常想到自己未来要干些什么。　　　　　　　　　　　　（　　）

2. 我知道自己想要从工作中得到什么。　　　　　　　　　　　（　　）

3. 我知道自己的人生目标在哪里。　　　　　　　　　　　　　（　　）

4. 我知道如何实现自己的人生价值。　　　　　　　　　　　　（　　）

5. 我了解自己的性格适合做哪些工作。　　　　　　　　　　　（　　）

6. 我认为事业是人生所必需的。　　　　　　　　　　　　　　（　　）

7. 我一直在朝着自己的目标努力。　　　　　　　　　　　　　（　　）

8. 我认为大学期间应该好好规划自己的人生。　　　　　　　　（　　）

9. 我了解自己的兴趣和特长。　　　　　　　　　　　　　　　（　　）

10. 我知道自己离所喜欢的职业的要求还有哪些差距。　　　　　（　　）

测试结果说明：你填"是"的项目越多，说明你对职业生涯发展规划的认识越成熟。

二、课中训练

训练一　六岛环游游戏

活动流程

了解自己的人格（兴趣）—职业类型。假设在度假途中，你所乘坐的轮船发生了意外故障，必须紧急靠岸。此时，轮船正处于以下六个岛屿中间。如果要你这辈子生活在某一岛屿上，那么请回答以下问题：

（1）你最希望选择哪一个岛屿靠岸？＿＿＿＿＿＿＿＿＿＿＿＿＿＿＿

（2）你还会选择哪两个岛屿？＿＿＿＿＿＿＿＿＿＿＿＿＿＿＿＿＿＿

（3）你绝对不会选的岛屿是哪一个？＿＿＿＿＿＿＿＿＿＿＿＿＿＿

A 岛：美丽浪漫的岛屿，岛上充满了美术馆、音乐馆，弥漫着浓厚的艺术文化气息。同时，当地的原住民还保留了传统的舞蹈、音乐与绘画，许多文艺界的朋友都喜欢来这里找寻灵感。

I 岛：深思冥想的岛屿，岛上人迹较少，建筑物多僻处一隅，平畴绿野，适合夜观星象。岛上有多处天文馆、科博馆，以及图书馆等。岛上居民喜好沉思、追求真知，喜欢和来自各地的哲学家、科学家、心理学家等交换心得。

C 岛：现代形态的岛屿，岛上建筑十分现代化，是进步的都市形态，以完善的户政管理、地政管理、金融管理见长。岛上居民个性冷静保守，处事有条不紊，善于组织规划。

R 岛：自然原始的岛屿，岛上保留有热带的原始植物林，自然生态保育很好，有相当规模的动物园、植物园、水族馆。岛上居民以手工见长，自己种植花果蔬菜、修缮房屋、打造器物、制作工具。

S 岛：温暖友善的岛屿，岛上居民个性温和、十分友善、乐于助人，社区均自成一个密切互动的服务网络，人们多互助合作，重视教育，弦歌不辍，充满人文气息。

E 岛：显赫富庶的岛屿，岛上居民热情豪爽，善于企业经营和贸易。岛上的经济高度发展，处处是高级饭店、俱乐部、高尔夫球场。来往者多是企业家、经理人、政治家、律师等。

训练二　找寻我的职业目标

活动流程

请回答以下问题，结合自身情况进行自我职业目标的探索。

我的专业是：＿＿＿＿＿＿＿＿＿＿＿＿＿＿＿＿＿＿＿＿＿＿＿＿＿＿＿

近三年来，本专业的师兄、师姐的就业方向是：＿＿＿＿＿＿＿＿＿＿＿＿

我的父母希望我从事的职业是：＿＿＿＿＿＿＿＿＿＿＿＿＿＿＿＿＿＿

我喜欢的职业是：＿＿＿＿＿＿＿＿＿＿＿＿＿＿＿＿＿＿＿＿＿＿＿

我要达到自己的目标需要做到：＿＿＿＿＿＿＿＿＿＿＿＿＿＿＿＿＿＿

生涯人物访谈

结合自己所学的专业，通过对已经参加工作的目标职场人物进行访谈（2~3位），了解有关工作环境、工作内容、工作所需技能、福利待遇等的信息。尽可能寻找有一定职场经验的人员，可以通过熟人推荐、直接预约等形式找到访谈对象，也可以是已毕业的师兄、师姐。提前做好访谈提纲，并完成生涯人物访谈记录表（表13-1）。

访谈提纲可参考以下问题：

（1）你是如何找到这份工作的？

（2）你平常的工作内容具体是什么？

（3）工作中哪部分让你最满意，哪部分让你最不满意？

（4）本职业需要什么样的个性品质？

（5）在工作中需要具备什么能力或技能？

（6）公司的氛围如何？

（7）你认为将来本领域中潜在的不利因素有哪些？

（8）哪些方法有助于更深入了解该工作领域？

……

表13-1　生涯人物访谈记录表

访谈时间		访谈地点		访谈对象	
访谈问题					
访谈内容					

制订职业规划，落实行动计划

一、课前热身

心中的图画

活动流程

（1）以小组为单位，画一幅自己心中的图画，可以是自己向往的生活，也可以是自己特别想画的内容，但只有两分钟的时间，时间到了传给下一位学生，不可以交流，收到画的学生按自己对画的理解继续画，直到本组最后一位学生。

（2）教师将小组画好的画张贴在黑板上，并请学生仔细观察各小组合作的画。

（3）请学生找出主题比较明确的画，并说出此画蕴含的主题。

二、课中训练

训练一　澄清你的职业价值取向

活动流程

教师列出人们在选择工作时通常会考虑的一些因素，即工作价值标准。阅读这些标准并回答问题。

1. 工资高、福利好

2. 工作环境（物质方面）舒适

3. 人际关系良好

4. 工作稳定有保障

5. 能提供继续教育机会

6. 有较高的社会地位

7. 工作不太紧张、外部压力小

8. 能充分发挥自己的能力特长

9. 社会需求与社会贡献大

10. 上下班交通便利

11. 晋升机会多

12. 单位知名度高，规模大

13. 自主性大，不受约束

14. 机会均等，公平竞争

思考

你希望从工作中获得哪些满足？从工作价值标准中选出四条：

_____

如果你的这些需要不能同时获得满足，你会最先放弃哪一条？然后再放弃哪一条？依次下去，看看最后剩下哪一条。

训练二　我的成就故事

活动流程

（1）在表 13-2 中写出过去的成就。尽可能多地按照表格内容填写自己做过的自认为比较成功或感觉很不错的事情，至少五个，大小皆可。

表 13-2　个人成就表

序号	成就事件（学习、工作、人际交往等）	体现的能力或优秀品质

（2）小组成员分享，每组派一个代表发言。

拟写个人职业生涯规划表

请你在分析自身条件和社会环境的基础上，设计一份个人职业生涯规划。可用文字形式，也可用表格形式，可参照表 13–3。

表 13–3　个人职业生涯规划表

姓名		性别		年龄	
健康状况		政治面貌		所学专业	
职业意向					
个人因素分析					
环境因素分析					
职业生涯目标	人生目标				
	长期目标				
	中期目标				
	短期目标				
在校学习规划与措施					
中期规划与措施					
长期规划与措施					
备注					

项目评估

亲爱的同学，项目十三学习完毕，请你结合自身对本项目的学习情况在表 13-4 中进行打分。评分标准如下：A 代表优秀（8～10分）、B 代表良好（5～7分）、C 代表一般（4～6分）、D 代表不太理想（3～5分）、E 代表几乎没有完成（0～2分）。

表 13-4 项目十三 项目评估表

评估项目	维度	评估内容	A	B	C	D	E
任务一	学习态度	树立明确的学习目标，以较高的热情参与到本项目学习中					
	知识掌握	知晓职业生涯目标的定义和意义					
		了解确定职业目标的方法					
		做好自己的优势劣势分析					
	活动训练	积极参与课中训练活动，认真完成既定的学习任务					
		认真完成课后训练活动，巩固课堂所学知识，提高相关技能					
	效果反馈	能够熟练运用所学知识确定职业目标					
任务二	学习态度	树立明确的学习目标，以较高的热情参与到本项目学习中					
	知识掌握	了解职业生涯规划的含义					
		知晓主要的职业生涯规划理论					
		知晓影响大学生职业生涯规划的因素					
	活动训练	积极参与课中训练活动，认真完成既定的学习任务					
		认真完成课后训练活动，巩固课堂所学知识，提高相关技能					
	效果反馈	能够熟练运用所学知识制定职业生涯规划					
总分							

项目十四　天生我才——摆正就业心态

任务一

调适择业心理，提高就业能力

一、课前热身

测一测你的职业选择

说明

（1）以下测试题共计四个部分，每部分有七道选择题，每道选择题只有两个选项；请选择最符合你的一个选项，每部分你选择最多的选项，即代表了你的倾向性。例如，在第一部分七道选择题中，你选择了四个 E、三个 I，则你的倾向性是 E，以此类推。

（2）最后，将你的"四个倾向性"与职业选择测试参考答案对照，即可看出比较适合你的职业类型。

（3）注意，此测试仅供参考，并不代表你未来的职业一定就是你在此测试中获得的测试答案。

测试

第一部分

1. 你倾向从何处得到力量？（　　　）

（E）别人

（I）自己的想法

2. 当你参加一个社交聚会时，你会如何做？（　　　）

（E）在夜色很深时，一旦开始投入，也许就是最晚离开的那一个

（I）在夜晚刚开始的时候就疲倦了，并且想回家

3. 下列哪一件事听起来比较吸引你？（　　　）

（E）与相爱的人到有很多人且社交活动频繁的地方

（I）待在家中与相爱的人做一些特殊的事情，如观赏一部有趣的录像带并享用你

最喜欢的外卖食物

4. 在约会中，你通常是什么状态？（　　　）

　（E）整体来说很健谈

　（I）比较安静，有些拘谨，直到觉得舒服

5. 过去，你遇见异性朋友的方式多是哪种？（　　　）

　（E）在宴会中、夜总会中、工作上、休闲活动中、会议上遇见，或通过朋友介绍认识

　（I）通过私人的方式，或是由亲密的朋友和家人介绍

6. 下列选项中，你倾向拥有（　　　）。

　（E）很多认识的人和很亲密的朋友

　（I）一些很亲密的朋友和一些认识的人

7. 过去，你的朋友和同事倾向对你说（　　　）。

　（E）你难道不可以安静一会儿吗

　（I）可以请你从你的世界中出来一下吗

第二部分

1. 你倾向通过以下哪种方式收集信息？（　　　）

　（N）对有可能发生的事的想象和期望

　（S）对目前状况的实际认知

2. 你倾向相信（　　　）。

　（N）自己直觉

　（S）自己直接的观察和现成的经验

3. 当你置身于一段关系中时，你倾向相信（　　　）。

　（N）永远有进步的空间

　（S）若它没有被破坏，则不予修补

4. 当你对一个约会觉得放心时，你偏向谈论（　　　）。

　（N）未来，关于改进或发明事物使生活改变的种种可能性。例如，谈论一个新的科学发明，或更好的表达感受的方法

　（S）实际的、具体的、关于"此时此地"的事物。例如，谈论品酒的好方法，或即将要参加的新奇旅程

5. 你是哪种人？（　　　）

　（N）喜欢先纵观全局的人

　（S）喜欢先掌握细节的人

6. 你是哪种类型的人？（　　　）

（N）与其活在现实中，不如活在想象里

（S）与其活在想象里，不如活在现实中

7. 你通常偏向于（   ）。

（N）想象一大堆关于即将来临的约会的事情

（S）拘谨地想象即将来临的约会，只期待它自然地发生

第三部分

1. 你倾向怎么做决定？（   ）

（F）首先依自己的心意，然后依自己的逻辑

（T）首先依自己的逻辑，然后依自己的心意

2. 你较易察觉到（   ）。

（F）人们需要情感上的支持

（T）人们不合逻辑

3. 当和某人分手后，你会怎么做？（   ）

（F）通常让自己的情绪深陷其中，很难抽身出来

（T）虽然觉得受伤，但一旦下定决心，就会直截了当地将过去恋人的影子甩开

4. 当与一个人交往时，你比较看重（   ）。

（F）情感上的相容性；表达爱意和对另一半的需求很敏感

（T）智慧上的相容性：沟通重要的想法，客观地讨论和辩论事情

5. 当你不同意另一半的想法时，你会怎么做？（   ）

（F）尽可能地避免伤害对方的感情；若是会对对方造成伤害，就不会说

（T）通常毫无保留地说话，并且对另一半直言不讳，因为对的就是对的

6. 认识你的人倾向形容你为（   ）。

（F）热情和敏感

（T）逻辑和明确

7. 你把大部分和别人的相遇视为（   ）。

（F）友善及重要的

（T）另有目的

第四部分

1. 若你有时间和金钱，朋友邀请你到国外度假，并且在前一天才通知，你会（   ）。

（J）必须先检查时间表

（P）立刻收拾行装

2. 在第一次约会中，若对方迟到了，那么你是什么感受？（   ）

（J）会很不高兴

（P）对方迟到一点儿没关系，因为自己常常迟到

3. 你偏好（　　　）。

（J）事先知道约会的行程：要去哪里，有谁参加，会在那里待多久，该如何打扮

（P）让约会自然地发生，不做太多事先的计划

4. 你选择的生活充满着（　　　）。

（J）日程表和组织

（P）自然发生和弹性

5. 下列哪一项较常见？（　　　）

（J）自己准时出席而其他人都迟到

（P）其他人都准时出席而自己迟到

6. 你是喜欢（　　　）的人。

（J）下定决心并做出最后肯定的结论

（P）放宽自己的选择面并持续收集信息

7. 你是哪种类型的人？（　　　）

（J）喜欢在一段时间里专注于一件事情，直到完成

（P）享受同时进行好几件事情

二、课中训练

模拟企业招聘面试

活动流程

以学习小组为单位，轮流进行，分为自我介绍和现场提问两个环节，完全真实模拟企业招聘面试现场。

问题1：你能为我们公司做些什么？

_____

_____

_____

_____

问题2：说一说你的三个优点与不足。

_____

_____

_____

_____

_____

问题3：你在接受别人批评、指导时，会不会感到难受或觉得受到伤害？

_____

_____

问题4：你最喜欢哪种类型的领导？

_____

_____

三、课后训练

就 业 访 谈

访谈目的：_____

访谈时间：_____

访谈方式：_____

访谈人物：_____

职位：_____

访谈者：_____

访谈内容：_____

_____

_____

_____

_____

_____

_____

_____

_____

_____

_____

_____

_____

任务二

做好就业准备，掌握择业方法

一、课前热身

奇 思 妙 想

活动流程

（1）以学习小组为单位，准备好纸和笔。

（2）出示一个简单的 U 状图形。

（3）以头脑风暴的形式，想象它像什么。

（4）记录小组成员的所有答案。

（5）讨论：你觉得这个游戏考验我们的是什么？最开始你认为答案大概有几个？在这个游戏中你的感受是什么？

注意事项

头脑风暴的原则：大胆表达自己的想法，观点越独特越好；不能反对和批评任何观点；允许异想天开，只要能想到答案；勇于创新，拓展思维。

二、课中训练

自 荐 信

假设你要向某个公司人力资源部门领导写一封自荐信，要求择业岗位明确，自身优势突出，态度诚恳，语句通顺，字迹工整。

_____

_____

_____

_____

_____

_____

_____

_____

_____

_____

_____

_____

_____

_____

_____

_____

_____

_____

_____

_____

_____

三、课后训练

当代大学生就业趋向和优势分析

恰逢热血青春，奋斗趁现在，大学生就业已经逐步成为社会的关注点。随着互联网的发展，大学生就业逐步开拓新的途径。面对新型就业的机遇和风险，就业逐步改变着大学生的社会轨迹。在新型的就业岗位和更大的就业压力下，大学生就业不仅开拓了就业市场，还在降低失业率、实现自我人生价值等方面具有一定的作用。请列举大学生的就业优势。

_____

_____

_____

_____

项目评估

亲爱的同学，项目十四学习完毕，请你结合自身对本项目的学习情况在表14-1中进行打分。评分标准如下：A代表优秀（8～10分）、B代表良好（5～7分）、C代表一般（4～6分）、D代表不太理想（3～5分）、E代表几乎没有完成（0～2分）。

表 14-1　项目十四 项目评估表

评估项目	维度	评估内容	A	B	C	D	E
任务一	学习态度	树立明确的学习目标，以较高的热情参与到本项目学习中					
	知识掌握	了解大学生择业的心理误区					
		掌握大学生走出择业心理误区的方法					
		养成积极健康的择业心态					
	活动训练	积极参与课中训练活动，认真完成既定的学习任务					
		认真完成课后训练活动，巩固课堂所学知识，提高相关技能					
	效果反馈	能够熟练运用所学知识养成积极健康的择业心态					
任务二	学习态度	树立明确的学习目标，以较高的热情参与到本项目学习中					
	知识掌握	了解大学生择业、创业的现状					
		树立正确的择业观念					
	活动训练	积极参与课中训练活动，认真完成既定的学习任务					
		认真完成课后训练活动，巩固课堂所学知识，提高相关技能					
	效果反馈	能够熟练运用所学知识培养就业创业思维					
总分							

模块八

生命教育

项目十五　珍爱生命——赋予生命意义

体验生命本真，追寻生命价值

一、课前热身

我的生命线

活动流程

（1）请在下面的空白框中间画一条线，在右侧标出箭头，这一条线代表你的生命线，起点代表你出生的时候，在终点写上你预测死之年龄。然后找出自己现在所处的位置。

（2）回忆过去发生在你生活中的事情，并将它们按事件顺序在生命线上列出来。根据你的感受，将愉快的事件放线条上方，将不愉快的事件放在线条下方。

（3）想象未来想要做的事情及可能发生的事情，仍然按愉快或不愉快放在线条上下方。

分享交流

（1）找到你目前所在的点，对比过去已经走过的人生之路和未来要走的人生之路，你有什么感受？

（2）看到这条属于你的生命线，你有何感受？

训练一　感知生命的长度

活动流程

1. 分发小纸条（表 15–1）

表 15–1　生 命 长 度

岁数	0 ~ 10	10 ~ 20	20 ~ 30	30 ~ 40	40 ~ 50	50 ~ 60	60 ~ 70	70 ~ 80	80 ~ 90	90 ~ 100

注：纸条从 0 到 100 的数值代表个体生命的长度。

2. 感知生命长度

（1）请问你今年几岁（请在纸条上将其前面的日子划掉）？

（2）请问你能活到几岁（请在纸条上将其后面的日子划掉）？

（3）请问你每天的 24 个小时一般如何分配？如果你有 1/3 的时光用于吃饭、休息、看电视、聊天、开车上班，又有 1/3 的时光用于睡觉，那么请你将剩下的纸条的 2/3 划掉。你手里的纸条还剩多长没有划掉？人生还有多少时光是掌握在自己手中的？

3. 分享交流自己的感想

（1）在这短暂的时光里，你最想做什么？

（2）你的存在对家人、朋友有何意义？你希望自己对社会有何意义？

（3）你希望自己在人世留下怎样的人生痕迹？

4. 明确目标和计划

为了在短暂的时光中让自己的生命更加丰富且有意义，请为自己树立明确的目标，并制订对应可行的实施计划。请将目标和实施计划写在表 15–2 中。

表 15–2　目标及实施计划

目标	实施计划

5. 请学生将自己对生命长度和生命意义的思考，以及对制定目标和计划的感受写在下面，以激励自己，不忘记自己的人生方向

_____

_____

_____

_____

_____

_____

训练二 讲述生命故事，体悟生命意义

活动流程

1. 阅读生命故事

请在阅读完下面的故事后谈谈自己的读后感悟。

柔弱的年轻妈妈用身体为女儿挡住垮塌的楼房

在玉树地震后，灾区出现了许多感人的事迹，其中一个令人难忘。地震发生时，一位年轻的妈妈为保护不到一岁的女儿，将女儿死死搂在怀里，用身体挡住垮塌的楼房。年轻的妈妈当场被砸身亡，她用鲜血挽救了女儿的生命。

2010年4月16日上午，记者来到玉树人民医院时，这个女婴正躺在导医卓玛的怀抱里。小家伙睁着一双泪汪汪的大眼睛，医护人员称，她最喜欢的一个姿势就是把头深深埋入医护人员的怀抱，用小手紧紧搂着对方。

玉树人民医院医护人员介绍，2010年4月14日中午12点多，几名医护人员跟随玉树警方到当地一处招待所救援时挖出了一具年轻女性的遗体——她整个身子弓着，两手撑开，好像在死命护着什么。当警察将她拉出土堆时，发现有一只小手紧紧拽着她，遗体底下有个女婴，而且还是活着的。女婴不到一岁大，眼睛充满着惊恐，头发上有湿漉漉的血迹。这时，人们才发现这是一对母女。地震发生时，年轻的妈妈为了保护女儿用身体挡住垮塌的楼房，当场被砸身亡，她用鲜血挽救了女儿的生命。警察将女婴抱起来，女婴号啕大哭，使劲用手抓着妈妈的血衣，凄惨的场景让所有人落泪。

她为了保住自己心爱的女儿，居然用自己坚强的意志支撑起垮塌的楼房，至死支撑着、坚持着，没有放弃，直到身体僵硬，她还保持着这样的身姿……生命所产生的能量是如此的巨大。

后来救援队在孩子身旁找到了年轻妈妈的手机，上面显示："孩子，如果你还活着，请不要忘了妈妈是爱你的……"妈妈的力量来自爱，到死的那一刻，她最大的感受是自己此刻的生命意义——保住孩子。

2. 讲述生命故事

每组派代表讲一个发生在自己身边的感人故事，即一个普通人是如何在生命意义的感召下做出惊人成绩的。（课前请学生搜索了解自己身边的感人故事，做好准备）

3. 讨论交流

（1）听完同学们分享的生命故事，你有什么感受？

_____

_____

_____

（2）当一个人达到相当高的社会地位或拥有比较富足的物质财富时，他是否应该继续超越自我，追求新的生命意义？此时他应该怎样去追求生命意义？

_____

_____

_____

（3）你认为人的终极意义到底是什么？

_____

_____

_____

三、课后训练

生命意义小调查

1. 请找三个或三个以上学生（不局限于本班级），询问对方以下问题

（1）回顾我国的历史名人，谁的生命故事最能打动你？为什么？

（2）你希望自己的生命具有怎样的意义？你打算怎么实现它？

2. 总结调查结果并填写至表 15-3 中，与你的伙伴分享调查结果

表 15-3　生命意义小调查结果记录表

历史名人	生命故事

历史名人	生命故事

身边人物	生命意义	实现方式

- - - - - - - - - - - - - - - 任务二 🍃 - - - - - - - - - - - - - - -

绽放生命之花，获取生命意义

一、课前热身

生命玻璃杯

活动流程

1. 生命玻璃杯

教师指导语如下："生命犹如玻璃杯，精心呵护不易碎；生命犹如玻璃杯，能盛蜜水和泪水；生命犹如玻璃杯，透明如水有言以对。那小小的玻璃杯可盛满我们的心事，启迪我们勇敢地面对生活。"

每位学生准备一张空白纸，然后在纸上画一个玻璃杯，在玻璃杯里写上自己生命中正面临的烦恼，即"一滴泪水"，不署名。（背景音乐：钢琴曲《秋日私语》）

2. 生命之河

教师把学生画好的所有玻璃杯收上来，将玻璃杯"大洗牌"后再发下去。每位学生得到一张其他学生画的玻璃杯，与邻桌学生分享并解答每个玻璃杯中的烦恼。

3. 小挑战，大帮手

每个小组选派一名成员上台，介绍本组得到的玻璃杯中的烦恼及解决方法。针对普遍烦恼，其他组的成员可同时说出他们的解决方法。

注意事项

（1）注意营造安全自在的分享氛围。大家约定好要彼此尊重，履行保密原则，事后不议论。

（2）分组的形式和分享环节的程序可根据需要适当调整。

二、课中训练

训练一　生命之钟

活动背景

人们常常认为，死亡只是老年人需要考虑的问题，其实这是一个认识误区。每个人从降临到这个世界开始，生命之钟的倒计时就已经启动了。一个人在年轻的时候就思索死亡与年老的时候才思索死亡，甚至临终时都不曾思索过死亡是完全不同的境界。年轻的时候思索死亡，就会产生一种"及时当勉励，岁月不待人"的紧迫感，生命就会充满激情，人生更有盼头；年老的时候才思索死亡，就会形成一种"日日待明日"的惰性和"少壮不努力，老大徒伤悲""万事成蹉跎"的人生感叹。

活动流程

1. 教师念指导语营造情境

由于某种原因，你的生命只剩下最后一个月的时间，但你可以自由地思考与行动。终期将至，时间只允许你做最后五件事情，你最想做哪五件事情？如果要将这五件事情按照重要性进行先后排序，则你会怎样排序？

2. 列出生命最后时刻最想做的五件事情

每个人认真思考后，在表15-4中写下生命最后时刻最想做的五件事情和排序的原因。

表 15-4　生命最后时刻最想做的五件事情

序号	事情	排序的原因
1		
2		
3		
4		
5		

3. 组内分享、交流

（1）阐述自己生命最后时刻最想做的五件事情和排序的原因。

（2）你在写的时候和排好序的时候有什么感受？这感受对你今后的生活会有什么影响？

_____

_____

_____

训练二　感恩生命

活动背景

感恩是一种积极的、乐观的生活心态。感恩，可以是病床上奄奄一息的患者看到第二天初升的太阳；可以是沙漠中断水口渴之人举步维艰之时发现的一片绿洲；可以是迷茫无助之时忽然的"柳暗花明又一村"。感恩，不同于一般意义上的感谢、感激，而是一种更深的、发自内心的生活态度。对生命感恩，其实就是善待自我、学会生活。

活动流程

（1）请选择生命中想感恩的对象（可以选择多个），然后撰写感恩誓词。

感恩我的父母，因为_____

感恩我的朋友，因为_____

感恩我的师长，因为_____

感恩我的_____，因为_____

感恩我的_____，因为_____

感恩我生活的环境，因为_____

感恩我生活中的磨难，因为_____

感恩我_____，因为_____

感恩我_____，因为_____

（2）向同学们分享自己的感恩誓词。

（3）选择一位最想感恩的对象，制作感恩卡（图15-1），把想对他/她说的话写在卡片上，然后将感恩卡寄给对方。

_____ :

_____

_____

_____

_____

_____

_____

_____

_____

_____

_____

年　月　日

图 15-1　感恩卡 ◀

三、课后训练

品读海伦·凯勒的生命故事

海伦·凯勒注定要成为人类的奇迹，她昭示残疾人的尊严和伟大。盲聋哑集于一身的她接受了生命的挑战，以非凡的毅力克服了语言和交流的障碍，后毕业于哈佛大学拉德克利夫学院，她还用自己的全部力量为残疾人造福，建起一家家慈善机构，被评为"20世纪美国十大英雄偶像"。

海伦一岁半时突患急性脑充血病，连日的高烧使她变成了一个又盲、又聋、又哑的人。1887年3月3日对海伦来说是个极重要的日子。这一天，家里为她请来了一位影响海伦一生的教师——安妮·莎莉文。在她辛勤的指导下，海伦通过用手触摸学会了手语，通过摸点字卡学会了读书，后来用手摸别人的嘴唇，练习发音，有时为发一个音一练就是几个小时，她不怕辛苦，终于学会了说话。为了让海伦接近大自然，莎利文让她在草地上打滚、在田野间跑跑跳跳、在地里埋下种子、爬到树上吃饭；还带她去触摸刚出生的小猪、到河边去玩水。

1894年夏天，海伦出席了美国聋人语言教学促进会，并被安排到纽约赫马森聋人学校上学，学习数学、自然、法语、德语。没过几个月，她便可以自如地用德语与人交谈。在纽约期间，海伦结识了许多朋友。马克·吐温为她朗读自己的精彩短篇小说，霍姆斯在河边幽静的家里为她读《劳斯·豆》诗集。人世间美好的思想情感、隽永深沉的爱心像春天的种子深深植入她的心田。海伦自信地说："有朝一日，我要上哈佛大学！"这一天终于来了，哈佛大学拉德克利夫学院以特殊方式安排她入学考试。只见她用手在凸起的盲文上熟练地摸来摸去，用打字机回答问题。前后九个小时，各科全部通过，英文和德文还获得了优等成绩。

1904年6月，海伦以优异的成绩从拉德克利夫学院毕业。两年后，她被任命为马萨诸塞州盲人委员会主席，开始了为盲人服务的社会工作。她每天都接待来访的盲人，回复雪片一样飞来的信件，为聋盲人的教育和治疗计划而奔波。1921年，在她的领导下，美国盲人基金会民间组织终于成立。海伦工作之余完成了14部著作。《我生活的故事》《石墙之歌》《走出黑暗》《假如给我三天光明》等，都产生了世界范围的影响。其中，耗时10年的《我的老师》是献给莎莉文的一份厚礼。

1956年11月15日，竖立在美国波金斯盲童学校入口处的一块匾额上的幕布，由海伦用颤抖的手揭开了，上面写着：纪念海伦·凯勒和安妮·莎莉文·麦西。这不是一块普通的匾额，而是为那些在人类文明史上写下突出篇章的人们所设立的。的确，海伦把一生献给了盲人福利和教育事业，赢得了全世界人民的尊敬，联合国还曾发起"海伦·凯勒"世界运动。1968年6月1日，海伦·凯勒——这位谱写出人类文明史上辉煌生命赞歌的盲聋哑学者、作家、教育家，在鲜花包围中告别了人世。然而，她那不屈不挠的奋斗精神永远载入了史册，正如著名作家马克·吐温所言，19世纪出现了两个了不起的人物，一个是拿破仑，另一个就是海伦·凯勒。

海伦·凯勒是如何获取生命意义的？她的故事带给你的生命启示是什么？请分享在下方。

_____

_____

_____

_____

亲爱的同学，项目十五学习完毕，请你结合自身对本项目的学习情况在表 15–5 中进行打分。评分标准如下：A 代表优秀（8～10 分）、B 代表良好（5～7 分）、C 代表一般（4～6 分）、D 代表不太理想（3～5 分）、E 代表几乎没有完成（0～2 分）。

表 15–5　项目十五 项目评估表

评估项目	维度	评估内容	A	B	C	D	E
任务一	学习态度	树立明确的学习目标，以较高的热情参与到本项目学习中					
	知识掌握	理解生命的含义与特点					
		了解生命的形态、历程及核心冲突					
	活动训练	积极参与课中训练活动，认真完成既定的学习任务					
		认真完成课后训练活动，巩固课堂所学知识，提高相关技能					
	效果反馈	能够熟练运用所学知识加深对生命意义的理解					
任务二	学习态度	树立明确的学习目标，以较高的热情参与到本项目学习中					
	知识掌握	了解大学生的生命观					
		知晓大学生生命意义感缺失的原因					
		知晓大学生获取生命意义的途径					
	活动训练	积极参与课中训练活动，认真完成既定的学习任务					
		认真完成了课后训练活动，巩固课堂所学知识，提高相关技能					
	效果反馈	能够熟练运用所学知识探寻高职学生生命意义					
总分							

项目十六 高峰体验——活出最佳状态

任务一

培养仁爱能力，提升幸福指数

一、课前热身

测一测总体幸福感

（1）测评方式：他评或自评。

（2）量表功能：总体幸福感量表（General Well-Being Schedule，GWB）是为美国国立卫生统计中心制定的一种定式型测查工具，用来评价受试者对幸福的陈述，本量表共有33项。得分越高，幸福度越高。国内学者段建华对本量表进行了修订，即采纳该量表的前18项进行施策。研究表明，该量表比其他测量焦虑和抑郁的量表的效能强。

（3）适用人群：各种人群。

（4）测评时长：10~15分钟。

（5）具体测试指导语：此量表主要测试你最近（过去的一个月里）对生活的感受与看法，无好坏之分，请您仔细阅读每道题目，根据自己的真实情况和切身体验（自己的第一反应）选出相应的选项。

（6）测试题目与选项，如表16-1所示。

表 16-1 总体幸福感量表（中国版）[①]

序号	题目	选项
1	你的总体感觉怎么样	A. 好极了 B. 精神很好 C. 精神不错 D. 精神时好时坏 E. 精神不好 F. 精神很不好

---

① 资料来源：段建华. 总体幸福感量表在我国大学生中的试用结果与分析 [J]. 中国临床心理学杂志，1996，4（1）：56-57.

序号	题目	选项
2	你是否为自己的神经质或"神经病"感到烦恼	A. 极端烦恼 B. 相当烦恼 C. 有些烦恼 D. 很少烦恼 E. 一点也不烦恼
3	你是否一直牢牢地控制着自己的行为、思维、情感或感觉	A. 绝对的 B. 大部分是 C. 一般来说是 D. 控制得不大好 E. 有些混乱 F. 非常混乱
4	你是否因悲哀、失去信心、失望或有许多麻烦而怀疑还有任何事情值得去做	A. 极端怀疑 B. 非常怀疑 C. 相当怀疑 D. 有些怀疑 E. 略微怀疑 F. 一点也不怀疑
5	你是否正在受到或曾经受到约束、刺激或压力	A. 相当多 B. 不少 C. 有些 D. 不多 E. 没有
6	你的生活是否幸福、满足或愉快	A. 非常幸福 B. 相当幸福 C. 满足 D. 略有些不满足 E. 非常不满足
7	你是否有理由怀疑自己曾经失去理智或对行为、谈话、思维、记忆失去控制	A. 一点没有 B. 只是一点点 C. 有些 D. 不多 E. 没有
8	你是否感到焦虑、担心或不安	A. 极端严重 B. 非常严重 C. 相当严重 D. 有些 E. 很少 F. 无

序号	题目	选项
9	你睡醒之后是否感到头脑清醒和精力充沛	A. 天天如此 B. 几乎天天 C. 相当频繁 D. 不多 E. 很少 F. 无
10	你是否因疾病、身体的不适、疼痛或对患病的恐惧而烦恼	A. 所有的时间 B. 大部分时间 C. 很多时间 D. 有时 E. 偶尔 F. 无
11	你每天的生活中是否充满了让你感兴趣的事情	A. 所有的时间 B. 大部分时间 C. 很多时间 D. 有时 E. 偶尔 F. 无
12	你是否感到沮丧和忧郁	A. 所有的时间 B. 大部分时间 C. 很多时间 D. 有时 E. 偶尔 F. 无
13	你是否情绪稳定并能把握自己	A. 所有的时间 B. 大部分时间 C. 很多时间 D. 有时 E. 偶尔 F. 无
14	你是否感到疲劳、过累、无力或精疲力竭	A. 所有的时间 B. 大部分时间 C. 很多时间 D. 有时 E. 偶尔 F. 无

序号	题目	选项
15	你对自己健康关心或担忧的程度如何？［从不关心（0）到非常关心（10）］	A. 0 B. 1 C. 2 D. 3 E. 4 F. 5 G. 6 H. 7 I. 8 J. 9 K. 10
16	你感到放松或紧张的程度如何？［从松弛（0）到紧张（10）］	A. 0 B. 1 C. 2 D. 3 E. 4 F. 5 G. 6 H. 7 I. 8 J. 9 K. 10
17	你感觉自己的精力、精神和活力如何？［从无精打采（0）到精力充沛（10）］	A. 0 B. 1 C. 2 D. 3 E. 4 F. 5 G. 6 H. 7 I. 8 J. 9 K. 10

序号	题目	选项
18	你忧郁或快乐的程度如何？［从非常忧郁（0）到非常快乐（10）］	A. 0 B. 1 C. 2 D. 3 E. 4 F. 5 G. 6 H. 7 I. 8 J. 9 K. 10

注意：量表结果与当下情绪状态相关，不代表长期状态，如果有疑问，则可咨询心理中心教师。

二、课中训练

训练一　幸福知多少

活动流程

（1）在图 16–1 中，指认出最符合自己感觉的表情图像，选择一个画"√"，你觉得自己的幸福指数如何？

图 16–1　表情图像 ◀

（2）在图 16–2 中，有若干个星星，每颗星星代表能带给自己的幸福感的某个方面或某件事情。若你有体验到某方面的幸福感，请选择一颗星星，并涂上颜色，而未涂色的星星则代表自己在某些方面不够幸福。涂色星星越多，代表幸福指数越高。

分享交流

分组交流各自的幸福指数与幸福星星状态，推选有代表性的几位学生上台分享。

注意事项

课前准备 12 色彩笔。人们对幸福的理解存在主观差异，因此不轻易打断学生发言，不做优劣评判。

图 16-2 星星 ◀

训练二 幸福填空

活动流程

觉察幸福这个方法是心理治疗师纳撒尼尔·布兰登最早提出的，他被公认为自信理论之父。在某个不完整的句子后创造多种可能的结尾可以帮助学生思考和领悟自己的生活，从而带来有意义的转变。

续写下面的话题。

如果我可以对我的生活多 5% 的觉察，_____

让我开心的事情是，_____

如果我的生活可以增加 5% 的幸福感，_____

如果我更多地担负起满足自己内心需要的责任，_____

如果我可以直接说"是"或"不"，_____

如果我深呼吸，用心地去体会幸福的感觉，_____

我开始了解到，_____

分享交流

在写下你的答案后，看看自己有没有从中学到什么，你有可能需要多试几次才能发现它的功效。

注意事项

很快想出 7 个或更多不同的结尾，然后把它们填写在不完整句子的后面，要记住，答案是没有对错的。

幸福手册

每个学生制作一个幸福手册，找一本耐磨的日记本，在扉页上认真写下几个字：幸福手册。每天记录三件好事，可以有效提升人生的幸福度。可以是奋斗后的成功，可以是学业能力的长进，可以是帮助别人的愉悦，可以是人际情感体验，可以是大自然的欣赏，可以是宁静的休闲，不一而足。

心理学研究发现，如果能坚持记录六个月，就会养成记录的习惯，了解自己的优势并喜欢上这项练习。这将促进自我观察、自我反思、自我激励和自我成长，同时使我们更加关注生活中的积极方面，培养乐观的心态，提高幸福感和生活质量。

任务二

挖掘自我潜能，活出最佳状态

一、课前热身

抬 人 游 戏

活动流程

（1）分组：每组六名参与者，其中包括一名被抬起的志愿者和五名抬起志愿者的队员。志愿者可以是任意一名参与者，但最好是体重适中的，以便其他队员能够轻松抬起。

（2）游戏规则：队员们都站在平坦的地面上，志愿者站在队员们的正中间。队员们分别伸出两根手指，其中一名队员将手指放在志愿者下巴的下方，两名队员分别将手指放在志愿者的脚后跟下方，以及另外两名队员将手指放在志愿者的腋下，确保志愿者平均受力。队员们需要紧密合作，同时抬起志愿者，使其离地并保持十秒钟以上。如果在抬起过程中志愿者触地或抬起时间不足 10 秒，则游戏失败，需要重新开始游戏。

分享交流

抬人者与被抬者分别分享活动中的感受，真切体会团结一致力量大的意义。

注意事项

在游戏过程中，要确保志愿者的安全，避免其受伤或不适。队员们要紧密配合，避免出现力量不均衡或手指夹伤等情况。如果游戏失败或志愿者感到不适，则应立即停止游戏并寻求帮助。

二、课中训练

训练一　分享高峰体验

活动流程

想一想生活中最奇妙的经验：狂喜的时刻，全神贯注的时刻，被爱情、音乐、书画艺术品打动的时刻，一些伟大的创作时刻，艰难奋斗后获得成功的时刻。首先把这些记下来：

_____

_____

_____

分享交流

这个敏感的时刻你的感觉怎样？和你在其他时刻的感受有何不同？

_____

_____

_____

注意事项

教师讲述自己的高峰体验，引导学生找到过去经历过的高峰体验。描述越细致真切，情感带入效果越好。

训练二　潜能强度攻击

"潜能强度攻击法"的创始人奥图认为，心理健康的人一般对自己的弱点和问题一清二楚，而对自己人格的坚强和未发挥的潜能却所知有限。为此，必须借助团体的力量，从整体上开发人的潜能。

活动流程

首先，将所有学生的学号写在纸条上，将纸条揉成一个个小纸团，置于一个盒子内。其次，让一个学生随机摸出一个，被抽中学号的学生就成了"被攻击的靶子"。

再次，这个学生先把自己的优势和特长一一列出来，再由其他学生根据对他的能力及其还没有发挥的潜能的印象来描述他。

最后，由最了解他的学生对他的未来做预期性设想：假定从现在起，这个学生能够将我们所发现的潜能完全发挥出来，那么五年后他将是怎样的情况？

分享交流

推选几个有代表性的学生分享自己被"攻击"的体验。

注意事项

分析自己的能力与特长时不必谦虚，"攻击"别人的能力与特长时态度是真诚的，用语是正面积极的。

三、课后训练

练习镜子技巧

镜子技巧是由心理学家布里斯托总结而成的，这一方法简单有效，可以使你充满信心，强化激情。

具体做法如下：站在镜子前，看到身体的上半部分。笔直站立，脚后跟靠拢，收腹、挺胸、昂首，做三四次深呼吸，直到对自己的能力和决心有了一种感受。然后凝视眼睛深处，告诉自己会得到所要的东西，大声说出它的名字。每天至少早晚做两次，还可以用肥皂或颜料笔等将喜欢的口号、精彩的格言写在镜面上，只要它们确实代表你曾设想并希望实现的某些事情即可。

项目评估

亲爱的同学，项目十六学习完毕，请你结合自身对本项目的学习情况在表 16-2 中进行打分。评分标准如下：A 代表优秀（8~10 分）、B 代表良好（5~7 分）、C 代表一般（4~6 分）、D 代表不太理想（3~5 分）、E 代表几乎没有完成（0~2 分）。

表 16-2　项目十六 项目评估表

评估项目	维度	评估内容	A	B	C	D	E
任务一	学习态度	树立明确的学习目标，以较高的热情参与到本项目学习中					
	知识掌握	知晓主观幸福感的概念，掌握提升幸福指数的方法					
		能够增强幸福感并提高心理健康水平					
		通过教育与培养，学会应对压力、建立积极情绪和培养良好的心理健康习惯					
	活动训练	积极参与课中训练活动，认真完成既定的学习任务					
		认真完成课后训练活动，巩固课堂所学知识，提高相关技能					
	效果反馈	能够熟练运用所学知识提升幸福体验					

评估项目	维度	评估内容	A	B	C	D	E
任务二	学习态度	树立明确的学习目标，以较高的热情参与到本项目学习中					
	知识掌握	了解亚健康状态的表现					
		理解最佳状态者的特征					
		掌握达到最佳状态的方法					
	活动训练	积极参与课中训练活动，认真完成既定的学习任务					
		认真完成课后训练活动，巩固课堂所学知识，提高相关技能					
	效果反馈	能够熟练运用所学知识活出最佳体验					
总分							

参考文献

［1］阳志平. 积极心理学团体活动课操作指南 [M]. 北京：机械工业出版社，2009.

［2］田国秀. 团体心理游戏实用解析 [M]. 北京：学苑出版社，2010.

［3］樊富珉，何瑾. 团体心理辅导 [M]. 上海：华东师范大学出版社，2010.

［4］李吉珊，彭赛红，娄星明. 高职心理健康教育活动教程 [M]. 北京：中国轻工业出版社，2019.

［5］江明辉. 心理健康教育与素质拓展 [M]. 上海：上海交通大学出版社，2018.

［6］田文. 中小学心理健康教育活动设计与实施 [M]. 北京：清华大学出版社，2013.

［7］张文娟. 高职学生自主学习能力指导 [M]. 北京：高等教育出版社，2013.

［8］张拓基，陈会昌. 关于编制气质测验量表及其初步试用的报告 [J]. 山西大学学报：哲学社会科学版，1985（4）：73–77.

［9］余敏. 团体心理辅导对大学生时间管理的改善效果 [J]. 文学教育（下），2016（5）：169.

［10］王钰璇. 玫瑰少年，在我心里——"打破性别角色刻板观念"主题心理辅导活动课 [J]. 中小学心理健康教育，2023（29）：28–31.

［11］吴薇莉，张伟，刘协和. 成人依恋量表（AAS–1996修订版）在中国的信度和效度 [J]. 四川大学学报（医学版），2004，35（4）：536–538.

［12］刘钊乐，尹海兰. 基于"体验式"教学的高职院校大学生心理健康教育信息化课程设计——以"人际交往"单元为例 [J]. 教育教学论坛，2019（32）：73–74.

［13］张晓玲，李佳. 大学生性与恋爱心理困扰团体辅导方法与效果研究 [J]. 黑龙江高教研究，2009（2）：147–149.

［14］白羽，樊富珉. 团体辅导对网络依赖大学生的干预效果 [J]. 中国心理卫生杂志，2007，21（4），247–250.

［15］幸珊珊，刘欢，杨佳斌. 大学生心理幸福感量表编制 [J]. 品味·经典，2023（8）：49–52.

郑重声明

高等教育出版社依法对本书享有专有出版权。任何未经许可的复制、销售行为均违反《中华人民共和国著作权法》，其行为人将承担相应的民事责任和行政责任；构成犯罪的，将被依法追究刑事责任。为了维护市场秩序，保护读者的合法权益，避免读者误用盗版书造成不良后果，我社将配合行政执法部门和司法机关对违法犯罪的单位和个人进行严厉打击。社会各界人士如发现上述侵权行为，希望及时举报，我社将奖励举报有功人员。

反盗版举报电话　（010）58581999　58582371

反盗版举报邮箱　dd@hep.com.cn

通信地址　北京市西城区德外大街4号　高等教育出版社知识产权与法律事务部

邮政编码　100120

读者意见反馈

为收集对教材的意见建议，进一步完善教材编写并做好服务工作，读者可将对本教材的意见建议通过如下渠道反馈至我社。

咨询电话　400-810-0598

反馈邮箱　gjdzfwb@pub.hep.cn

通信地址　北京市朝阳区惠新东街4号富盛大厦1座　高等教育出版社总编辑办公室

邮政编码　100029

防伪查询说明

用户购书后刮开封底防伪涂层，使用手机微信等软件扫描二维码，会跳转至防伪查询网页，获得所购图书详细信息。

防伪客服电话　（010）58582300

资源服务提示

授课教师如需获取本书配套教学资源，请登录 "高等教育出版社产品信息检索系统"（https://xuanshu.hep.com.cn/），搜索本书并下载资源。首次使用本系统的用户，请先注册并进行教师资格认证。